Zu Füßen des Meisters – Gespräche mit Sathya Sai Baba

Anil Kumar Kamaraju (Hrsg.)

Zu Füßen des Meisters

Gespräche mit Sathya Sai Baba

Sathya Sai Vereinigung e.V.

Titel der englischsprachigen Originalausgabe: Sathyopanishad
Ins Deutsche übersetzt von Edith Zeile.

Umschlaggestaltung: Ananda Kurt Pilz

Die Deutsche Bibliothek verzeichnet diese Publikation in der Deutschen Nationalbibliografie; detaillierte bibliografische Daten sind im Internet unter http://dnb.ddb.de abrufbar.

ISBN:3-932957-29-6

1. Auflage 2004

Sathya Sai Vereinigung e.V., Buchzentrum, Grenzstr. 43, D-63128 Dietzenbach
Herstellung: !PS Paul Schrader Print+Media Service, D 53757 Sankt Augustin

Inhalt

Vorwort

Das *Prasthānatraya*, das aus den *Upanishaden*, dem *Brahmasūtra* und der *Bhagavadgita* besteht, nimmt einen sehr wichtigen Platz in der vedischen Literatur ein. Diese heiligen Schriften behandeln spirituelle Aspekte wie Handlung *(karman),* Verehrung *(bhakti)* und Weisheit *(jnāna).* Der größere Teil einer *Upanishad* besteht aus Gesprächen zwischen Schüler und Lehrer. Sai Baba erklärt das Wort *Upanishad* so: „upa" heißt „nahe", „ni" heißt „zu Füßen" und „shad" heißt „sitzen". So heißt *Upanishad* „das Sitzen zu Füßen des Meisters". Eine *Upanishad* erfordert also, dass ein Schüler sich sehr nahe zu seinem Lehrer setzt und ihm mit großer Aufmerksamkeit zuhört. Der Schüler macht seinem Lehrer eine Freude, indem er bereit ist, ihm zu dienen, Disziplin, Hingabe und Lerneifer aufzubringen.

Der Begriff *Upanishad* beschwört das Bild von Menschen herauf, die sich auf harmonische und ehrerbietige Weise unter der liebevollen Führung eines Gurus um höchste Weisheit bemühen. Ich hatte das große Glück, dass Sai Baba mir erlaubte, viermal an einem Sommerkurs in Kodaikanal teilzunehmen. Anwesend waren eine ausgewählte Schar von Studenten und ein oder zwei Besucher. Baba ermutigte sie, ihm ihre Fragen und Zweifel vorzutragen. Voller Liebe und Geduld ging er auf Fragen ein, die sich mit einer Vielfalt von Themen befassten: Politik, Wirtschaft, Gesellschaft, Psychologie, Metaphysik, Ethik, Erziehung, Naturwissenschaft und Kultur.

Ich fühlte mich von ihm inspiriert, diese Gespräche chronologisch in meinem Tagebuch niederzuschreiben. In der Tat sind diese Gespräche eine *Upanishad.* In der Meditation habe ich sie Sathyopanishad genannt.

Die Sathyopanishad ist ein Gnadengeschenk, das Sai Baba der Menschheit als Zeichen seiner unendlichen Liebe gewährt hat. In der Form von Fragen und Erläuterungen, einer für die *Upanishaden* typischen Erzählweise, belehrt dieses spirituelle Handbuch die Aspiranten darüber, wie sie sich ihrer eingeborenen Göttlichkeit bewusst werden können, und bewahrt sie vor Fallstricken, Ablenkungen und Resignation, damit sie ihre Göttlichkeit und die des Universums erkennen können. R.W. Emerson stellt fest, dass der spirituelle Aspirant erkennt, dass die „alte Regel": „Erkenne dich selbst" und die neue Forderung: „Studiere die Natur" letztendlich identisch sind. Baba sagt: „Die Gesellschaft beschäftigt sich heutzutage mit dem Atom, aber ignoriert den *Atman.*"

Als vedische Seher die Menschheit als „Kinder der Unsterblichkeit“ (amritasyaputra) begrüßten, wiesen sie schon auf den Auftrag hin, den Baba durch seine Inkarnation auf sich genommen hat. In all seinen Reden wiederholt Baba die Wahrheit von der wesensmäßigen Göttlichkeit des Menschen. Fast immer spricht er die Zuhörer als „Verkörperungen des göttlichen Selbst“ (divyātmasvarūpa) an.

Der Mensch von heute verliert sich in der Welt, die er selber als „säkular“ bezeichnet hat. Er ist erschöpft, weil er zahllosen Wünschen hinterherjagt, durch die Massenmedien bombardiert und mit Unmengen von Informationen überschüttet wird, die die Bildungsanstalten als „Wissen“ bezeichnen. Eine tiefe Unzufriedenheit verwirrt ihn, eine göttliche Unzufriedenheit, und er versucht, ein Vakuum zu füllen, das er nicht benennen kann. Eine *Upanishad*, die auf unsere Persönlichkeit, unsere Geisteshaltung, unsere Ängste und unsere Zeit ausgerichtet ist, wird dringend gebraucht. Swami Vivekananda hat darauf hingewiesen, dass in Krisenzeiten wie den unsrigen „jene liebevollen und ehrerbietigen Wahrheitssucher“ tatsächlich unverdientes Glück haben, denn „der Herr offenbart ihnen wunderbare Dinge bezüglich Wahrheit, Güte und Schönheit.“ Es ist von großer Bedeutung, dass Sai Baba, der höchste Lehrer, sich selber als Kenner der Wahrheit (satyabôdhaka) bezeichnet hat.

Jedes Wort von Sai Baba ist ein Mantra, jeder Satz, den er spricht, ist eine *Upanishad*, und jede Rede, die er hält, ist ein Veda. Es ist unsere heilige Pflicht, seinen Worten mit vollkommener Aufmerksamkeit zu lauschen, da ihre Bedeutung und ihr tiefer Sinn immens sind. Außerdem ist es unsere Pflicht, diese kostbaren Edelsteine, nämlich Sai Babas Worte, den kommenden Generationen zu übergeben, denn wir hatten das Glück, aufgrund seiner unendlichen Gnade daran teilhaben zu dürfen. Dieses Ziel vor Augen wollen wir die Worte der Weisheit aus dem Munde unseres geliebten *Bhagavān,* des *Avatars* dieses Goldenen Zeitalters, in unser Herz senken, darüber berichten, sie bewahren und ihren unschätzbaren Wert anerkennen.

Die Sathyopanishad ist schon ins Tamil und Malayalam übersetzt worden und als Buch erschienen. In der Kannada und Telugu-Ausgabe der Zeitschrift Sanatana Sarathi wird sie fortlaufend abgedruckt. Diese zweibändige Ausgabe ist die englische Übersetzung der Sathyopanishad. Ich bitte Sai Baba, mir zu helfen, die Wahrheit (satya), die er in der Sathyopanishad erläutert hat, zu verstehen und zu praktizieren.

Mir fehlen die Worte, um unserem geliebten Sai Baba Dank zu sagen, dem Bewohner unseres Herzens, der mich angeregt und inspiriert hat, all diese Gespräche niederzuschreiben. Ich danke Sai Baba, dass er mir diese lebenslange Gelegenheit schenkt, und ich hoffe sehr, dass auch andere Sucher in diesem Buch einen Leuchtturm sehen, der ihnen auf ihrer spirituellen Reise den Weg zeigt.

Ich nutze die Gelegenheit, an ein Wort von Sai Baba zu erinnern, eine am *Gurupūrnimā*-Fest 1983 an uns gerichtete Mahnung: „Entschließe dich, deine Gedanken zu reinigen, und den höchsten Herrn in dein Herz aufzunehmen. Lass Gott allein dein wahrer Guru sein."

A-13 Staff Quarters
Samadhi Road
Prashanti Nilayam - 515134
Anil Kumar Kamaraju

Teil I

Kultur (samskriti)

„Das unsterbliche Indien“

Frage 1: Swami! Indien ist das Land der Religion und Spiritualität. Alle Inkarnationen sind in Indien erfolgt. Was ist der Grund dafür?

Bhagavān: Indien ist das Land der Spiritualität *(yogabhūmi)*. Indien ist das heilige Land (punyabhūmi). Indien ist das Land heiliger Tätigkeit (karmabhūmi). Indien ist das Land der Entsagung (tyāgabhūmi). Hier beten Heilige, Weise, Seher, Aspiranten, Sucher und Gläubige zu Gott, um sich an seiner Nähe zu erfreuen. Das führt notwendigerweise zur Herabkunft Gottes in menschlicher Form oder als göttliche Inkarnation. Als Antwort auf ihre inständigen Bitten und Gebete kommt Gott aus Gnade und Mitgefühl auf die Erde, oder er inkarniert sich und bewegt sich mitten unter uns. Seine Anhänger erfahren Glückseligkeit und folgen ihm nach.

Hier ist ein anschauliches Beispiel. Du fragtest, warum Indien immer Geburtsort der Inkarnationen gewesen ist. Du weißt, dass der Zug vorn eine Lokomotive hat, an die mehrere Wagen angekoppelt sind. Die in der Lokomotive erzeugte Energie zieht die Wagen vorwärts. Wo findest du den Wagenführer? Natürlich sitzt er in der Lokomotive und überwacht den Zug, nicht wahr? Ebenso fungiert Indien im Zug der Welt als Lokomotive, und die einzelnen Wagen sind die damit verbundenen Länder. Gott ist der Wagenführer. Die Lokomotive ist sein Platz. So wie dort Hitze und Kraft hervorgebracht werden, so sind die gleichen Elemente als Ergebnis heiliger Rituale *(yajna, yāga)* zustande gekommen, die seit altersher in diesem Lande Indien durchgeführt worden sind.

In dem großen Epos *Mahabharata* lesen wir, dass *Arjuna* und *Bhīma* immer *Dharmaja* folgten. Hier steht *Arjuna* für Intelligenz, *Bhīma* symbolisiert physische Stärke. Indien ist in der Position *Dharmajas*. Amerika ist *Arjuna*, während Russland *Bhīma* ist. So wie *Bhīma* und *Arjuna* den Befehlen *Dharmajas* gehorchen, sollten Amerika und Russland Indien *(bhārat)* folgen.

Der Name *Bhārat* enthält drei Buchstaben (das bezieht sich auf die Form in *Telugu*). „Bhā", der erste Buchstabe, steht für *„bhāva"* oder Gefühl, „ra", der zweite, bezeichnet *„rāga"*, Melodie, und „ta", der dritte, heißt soviel wie „tāla" oder Rhythmus. So ist *Bhārat* das Land, wo der Ruhm Gottes gesungen wird, eine Melodie voller Gefühl und Rhythmus. Dieses Land hat noch einen Namen, nämlich Hindudesham. Es bezeichnet ein Land, das Gewalt ablehnt. „Him" – „himsā" oder Gewalt, „du" – „dūra" oder ablehnen. Aus diesen Gründen hat sich Gott entschieden, sich in Indien in menschlicher Form zu inkarnieren.

Frage 2: Swami! Wir stellen fest, dass die Anhänger jeder Religion einer spezifischen heiligen Schrift und einem besonderen Pfad folgen. Aber im *Sanātana Dharma* gibt es zahlreiche Pfade, Schriften und Philosophiesysteme wie z.B. den Dualismus, die qualifizierte Nichtzweiheit und die Nichtzweiheit, die neun Pfade der Verehrung, die sechs Philosophiesysteme, die vier Veden, zahlreiche Hymnen und so weiter. Wie können wir diese verstehen und die Prinzipien des *Sanātana Dharma* in die Praxis umsetzen?

Bhagavān: *Sanātana Dharma* ist die älteste spirituelle Lebensweise. Seine Vielfalt entspricht dem Spektrum menschlicher Verhaltensweisen, Temperamente und Geisteshaltungen. Er ist praktisch und verleiht göttliche Erfahrungen.

Ein kleines Beispiel: Du kaufst ein Stück Stoff und gibst es zu einem Schneider, damit er einen Anzug für dich daraus macht. Der Schneider wird den Anzug nach deinen Maßen anfertigen, nicht wahr? Du kannst keinen Anzug tragen, der für jemand anderen gemacht worden ist. Er könnte zu weit oder zu eng, zu lang oder zu kurz sein. Daher muss deine Kleidung deiner Körpergröße entsprechen. Ebenso schätzt vielleicht jemand *Rāma*, ein anderer *Shiva, Krishna* und so weiter. Man findet es leicht, sich auf eine Gottheit seiner Wahl einzustimmen, während die Anhänger anderer Glaubensrichtungen vielleicht ein Kleidungsstück von ein und derselben Größe tragen müssen.

Noch ein Beispiel: Vielleicht kennt ihr das Nādasvaram, das südindische Musikinstrument, das bei jeder feierlichen Gelegenheit gespielt wird. Um den begleitenden Rhythmus beizubehalten, spielt eine Person das ganze Stück hindurch auf dieselbe Weise. Andererseits kann man mit diesem Instrument alle Arten von Melodien spielen. *Sanātana Dharma* lässt sich mit dem Nādasvaram vergleichen.

Ein weiteres Beispiel: Welche Kombination von Wahlfächern ihr beim Grundstudium im Fach Naturwissenschaft auch belegt, sei es „M.P.C." (Mathematik, Physik und Chemie) oder „C.B.Z." (Chemie, Botanik und Zoologie), ihr bekommt den B.Sc. (Bachelor of Science, Anm. d. Ü.). Ebenso kann man in der vom Weisen *Vyāsa* errichteten Universität einen Kurs über die *Shastras*, die Veden, die *Upanishaden* und so weiter wählen.

Das ist die Bedeutung unseres alten *Sanātana Dharma*, das euch eine große Entscheidungsfreiheit bezüglich eurer Studieninhalte bietet.

Noch ein Beispiel: Ein Apotheker und ein Kaffeehausbesitzer bekamen am gleichen Tag Kopfschmerzen. Um sie loszuwerden, ging der Apotheker ins Café, um eine Tasse Kaffee zu trinken, und der Kaffeehausbesitzer ging in die Apotheke, um sich Tabletten zu besorgen. Einer vertraut also auf eine Tasse Kaffee, während der andere sich auf die Tablette verlässt. Ebenso solltet ihr den spirituellen Weg wählen, dem ihr vertraut, und jene Schriften lesen, die euch ansprechen und überzeugen.

Frage 3: Swami! Muslime gehen jeden Freitag in eine Moschee, um zu beten, und die Christen gehen regelmäßig sonntags in die Kirche. Wie kommt es, dass die Hindus nicht wie andere religiöse Gruppen im Tempel zusammenkommen?

Bhagavān: Du machst einen Fehler, wenn du denkst, die Hindus sollten das tun. Es besteht kein Grund, dass sie sich wie die anderen an einem bestimmten Tag versammeln sollten. Du fragst nach dem Grund? Jeder Hindu hat einen Altarraum oder einen Altar in seinem Heim, wo er seiner Verehrung Ausdruck geben kann. Er betet dort täglich. Deshalb besteht kein Grund für ihn, zu einem Gruppengebet zusammenzukommen wie jene, die einer anderen Religion angehören.

Frage 4: Swami! Brauchen wir Tempel, wenn Gott doch allgegenwärtig und allwissend ist, und sollen wir Pilgerreisen zu heiligen Plätzen wie Shirdi, Puttaparthi, Tirupati und so weiter machen?

Bhagavān: Das ist eine dumme Frage. Du zeigst nur deine Unwissenheit und deine „moderne" Denkweise, die in den allermeisten Fällen verkehrt ist. Es gibt keine Beziehung zwischen dem, was gesagt, und dem, was erfahren wird. Du sagst, Gott sei überall. Aber das sagst du nur so daher, indem du deine Sprechwerkzeuge und Worte gebrauchst. Glaubst du wirklich fest daran, dass Gott überall ist? Hast du die Erfahrung der alles durchdringenden Gottheit gemacht? Du sprichst nur wie ein Papagei. Ich gebe dir hier ein einfaches Beispiel: Im Körper einer Kuh zirkuliert das Blut. Aber du kannst die Milch nur aus dem Euter herausziehen! Du kannst nicht das Ohr einer Kuh drücken oder ihren Schwanz verdrehen, um an ihre Milch heranzukommen, nicht wahr? Daher kann der alles durchdringende Gott in einem Tempel und an einer heiligen Pilgerstätte visualisiert werden.

Frage 5: Swami! Warum suchten die alten Seher, Weisen und Heiligen Wälder auf, um spirituelle Übungen *(tapas)* durchzuführen und asketisch zu leben? Warum wählten sie die Einsamkeit?

Bhagavān: Das ist zweifellos wichtig. Warum gingen sie in die Wälder, um asketisch zu leben? Hier ist ein Beispiel: Stellt euch vor, eine Ausstellung wird in einer Stadt organisiert. Natürlich fühlt ihr euch von den Ständen und den Ausstellungsgegenständen angezogen. Die Musik, die Esswaren, die Kleidung, alles fasziniert euch. Die Ausstellungsgegenstände erregen eure Sinne, da sie direkt vor euren Augen sind. Aber in einem Wald gibt es nichts, was eure Aufmerksamkeit erregen oder schwächen könnte.

Einsamkeit hilft euch, inneren Frieden und Ruhe aufrecht zu erhalten, was eine notwendige Voraussetzung für das Meditieren ist. Sie schafft eine für das spirituelle Leben günstige Atmosphäre. Also suchten Heilige und Weise immer Wälder auf, um asketisch zu leben. In anderen Worten, „forest" bedeutet in spiritueller Hinsicht „for-rest" (Wald ist ein Ort der Ruhe; Wortspiel im Englischen; Anm. d. Ü.).

Frage 6: Swami! Keine zwei Personen können sich verstehen, es gibt nur Gezänk und unterschiedliche Positionen. Man findet kaum Verständnis oder Brüderschaft unter den Menschen. Was ist der Grund dafür?

Bhagavān: Eine Sache müsst ihr klar erkennen, wenn ihr über Verständigung und Streit zwischen Menschen nachdenkt. Was ist der Grund? Heutzutage verstehen sich keine zwei Menschen. Dies ist die Hauptursache für alle Konflikte, Feindschaft und Streitigkeiten. Daher passen sich die Menschen nicht an. Anpassung ist nur bei gegenseitigem Verständnis möglich. Aber heutzutage bewegt man sich in die andere Richtung. Man glaubt, man könne sich zuerst anpassen, und dann käme das Verständnis. Das aber ist falsch. Zuerst muss man verstehen, und dann wird die Anpassung leicht.

Ich möchte das ein wenig veranschaulichen. Wenn du dich mit deiner Frau hervorragend verstehst, wird sie es nicht übel nehmen, wenn du erst spät am Abend von der Arbeit nach Hause kommst. Sie empfindet Mitgefühl und Sympathie für dich. Voller Liebe bringt sie dir eine Tasse Kaffee. Aber wenn es ein kleines Missverständnis zwischen euch gibt und du kommst womöglich fünf Minuten später von deiner Arbeit nach Hause als sonst, gibt es einen Bürgerkrieg zu Hause. Was ist der Grund dafür? Da es ein Missverständnis gibt, kann sie sich schlecht anpassen. Sie stellt dann Fragen wie: „Wo bist du bis jetzt gewesen? Wohin bist du gegangen? Mit wem hast du die Zeit verbracht?" Verstehen ist also unbedingt Voraussetzung für Anpassung. Viele gesellschaftliche Probleme könnten heutzutage gelöst werden, wenn das erkannt würde.

Frage 7: Swami! Die Hindus werden kritisiert, weil sie Götterbilder, Bäume usw. verehren. Viele sind der Meinung, dies sei Aberglaube oder blinder Glaube. Was denkst du darüber?

Bhagavān: Indien ist das spirituelle Zentrum der Welt. Dies ist das Land, das die Lehre von der Existenz Gottes in allen organischen und anorganischen Dingen, vom Atom bis zum ganzen Kosmos, praktizierte, predigte und verbreitete. Ihr werdet bemerken, dass in diesem Lande der Ameisenhügel, der Berg, der Baum und der Vogel Objekte der Verehrung und Anbetung sind. Ein Ameisenhügel wird als Wohnung des Gottes *Subrahmanya* verehrt, ein Vogel wird als Gefährt von *Vishnu* geachtet, ein Berg ist spirituell bedeutsam, weil er als *Govardhana* angesehen wird, der von *Krishna* hochgehoben wurde, und ein Baum wird als *Ashvatthavriksha* (ficus religiosa) verehrt. Alle Dinge sind göttlich, so steht es in unseren Schriften. Dies ist kein Aberglaube. Dies ist keineswegs blinder Glaube. *Sanātana Dharma* möchte, dass wir Gott überall sehen, fühlen und erfahren. Dies ist der spirituelle Pfad. Dies ist die höchste und edelste Erfahrung.

Frage 8: Swami! Sag uns bitte, was jetzt in unserem Lande getan werden sollte.

Bhagavān: Ihr braucht euer Land jetzt nicht zu beschützen. Ihr solltet Wahrheit *(satya)* und Rechtschaffenheit *(dharma)* schützen und aufrechterhalten. Ihr solltet unbedingt diesen beiden Prinzipien folgen. Sie werden das ganze Universum beschützen. Ihr solltet Liebe zum Universum in all seiner Weite und Größe entwickeln.

Liebt alle und dient allen. Erhebt euch über die engen Grenzen von Kaste, Glauben und Nationalität. Glaubt an die Bruderschaft der Menschen und an Gott, den Vater. Ihr solltet nie Zeit vergeuden. Eure Dankbarkeit sollte so ausgedrückt werden, dass ihr der Gesellschaft dient, in der ihr geboren und aufgewachsen seid, in der ihr Geld verdient und euch Ansehen erworben habt. Seid Patrioten und bemüht euch um Integration, Harmonie, Frieden und Sicherheit in der Gesellschaft. Ihr solltet die große und einzigartige Kultur Indiens schätzen und hochhalten. Pflegt die menschlichen Werte und erkennt die Göttlichkeit in euch. Politik ohne Prinzipien, Wirtschaft ohne Moral, Wissenschaft ohne Menschlichkeit und Bildung ohne Charakter sind nicht nur nutzlos, sondern auch gefährlich. Ihr solltet vollkommene, ideale Menschen sein. Ihr kommt von Gott. Ihr seid Funken des Göttlichen. Deshalb sollten eure Eigenschaften göttlich und nicht dämonisch sein. Ihr sagt: „Ich bin ein menschliches Wesen." Dies ist nur die halbe Wahrheit. Die andere Hälfte lautet: „Ich bin kein Tier." Ihr solltet animalische Eigenschaften aufgeben. Wenn ihr sowohl animalische als auch menschliche Eigenschaften habt, heißt das, dass euer Geist *(mind)* zweigeteilt ist. Ein solcher Mensch ist halbblind.

Wenn ihr eure Wünsche einschränkt, werdet ihr glücklich sein. Wer viele Wünsche hat, ist der ärmste Mensch. Der zufriedene Mensch ist der reichste. Tugend ist wichtiger als Geld.

Ihr solltet Zweck und Ziel eures Lebens kennen. Das Leben besteht nicht nur aus Essen, Trinken und Schlafen. Das machen auch die Tiere. Was macht dann eure Besonderheit aus? Gott hat euch das Leben geschenkt, damit ihr den Gott in euch erkennt, erfahrt und verwirklicht. Moral und Integrität sind sehr wichtig. Moral ist der Nationalcharakter. Ein Telugu-Gedicht lautet so: „Ohne Charakter bist du schlimmer als ein Affe. Der Ruhm einer Nation hängt von ihrer Moral ab. Nur jene Nation verdient Nation genannt zu werden, die ein hohes sittliches Niveau und Individualität anstrebt."

Ihr solltet euch immer die folgenden drei wichtigen Punkte vergegenwärtigen. Der erste ist: Vertraut nicht auf weltliche Gegebenheiten. Manchmal täuschen und lenken sie euch nicht nur ab, sondern verraten euch auch. Der zweite Punkt ist: Vergesst niemals Gott, der immer bei euch, in euch, über euch und unter euch ist. Nein, ihr seid Gott. Der dritte Punkt ist: Fürchtet euch nicht vor dem Tod, er kommt mit Sicherheit. Tatsächlich ist der Tod das Kleid des Lebens. Folgt dem heiligen Pfad im Leben, indem ihr Einheit im Denken, Reden und Handeln praktiziert.

Noch etwas bitte ich euch zu beachten. Öffnet euer Herz und schließt den Mund. Heutzutage sagen die Menschen etwas anderes, als sie meinen; ihr Herz ist voller Eifersucht, Stolz, Neid und dergleichen. Ich möchte, dass ihr euer Herz öffnet und euch von jenen befreit, die es beschmutzen, und den Mund schließt. Dienen sollte Mittelpunkt eures Lebens sein. Lasst Gott das höchste Ziel und Streben sein. Dies meine ich, wenn ich sage: „Hände in der Gesellschaft und den Kopf im Wald."

Ihr solltet euer kostbares Wissen und eure wertvolle Erfahrung mit anderen teilen. Ihr solltet anderen Sais Botschaft mitteilen. Vertraut euch selbst zuerst, und dann könnt ihr Gott vertrauen. Die wahre Ursache der Probleme der Gegenwart liegt hier: Ihr vertraut euch nicht. Ihr habt kein Selbstvertrauen.

Betrachtet den Dienst in den Dörfern (grāmasevā) als Dienst, den ihr dem Gott *Rāma* erweist (rāmasevā). Erklärt den Dorfbewohnern genau, was es mit Hygiene, Gesundheit und Sauberkeit auf sich hat, und organisiert Medizin Camps. Sorgt dafür, dass die Wasserversorgung gewährleistet ist, vor allem die Trinkwasserversorgung. Klärt sie über die schädlichen Folgen von Rauchen und Trinken auf. Helft ihnen, sich von diesen schlechten Gewohnheiten zu befreien. Wenn ihr eure Arbeit und euren Dienst inmitten der Dorfbewohner tut, werden sie im Laufe der Zeit imstande sein, selbständig zu arbeiten und Selbstvertrauen zu entwickeln. Dienst am Menschen ist Dienst für Gott. Dienen ist – in spiritueller Hinsicht – größer und bedeutender als Meditation, Askese, Verehrung und Gesänge. Dient den Armen und Bedürftigen.

Seid nicht egoistisch. Gebt Eifersucht, Stolz und Anhaftung keinen Raum. Entwickelt Tugenden wie Hingabe, Wahrheitsliebe, Disziplin, Großzügigkeit, und verfallt niemals Großspurigkeit, Stolz und Egoismus. Schlechte Eigenschaften sind wie Tiger, während edle Eigenschaften an Kühe erinnern. Werden Tiger Kühen erlauben zu leben? Nein. Also verscheucht schlechte Eigenschaften aus eurem Herzen. Ihr solltet mehr und mehr die menschlichen Werte verinnerlichen und die Ideale, die ihr hochschätzt, verwirklichen.

Frage 9: Swami! Erzähle uns etwas über die zwei Weisen *Vasishtha* und *Vishvāmitra,* die im *Ramayana* eine bedeutende Rolle spielen.

Bhagavān: In den alten Zeiten wurden die Könige von ihren Lehrern beraten. Sie konsultierten sie bei allen größeren Angelegenheiten. Auf diese Weise wurden Wahrheit und Rechtschaffenheit aufrechterhalten. Die Geschichte nennt uns Beispiele von Königen, die ihre Gurus um ihren Segen baten und so berühmt wurden. Ihr wisst, wie der König Krishnadevaraya von seinem Mentor und Lehrer Vidyāranya unterrichtet wurde, und der Kaiser Shivaji von Samartha Ramadas.

Rāma und *Lakshmana* folgten dem Weisen *Vishvāmitra,* lernten das Bogenschießen von ihm und töteten Dämonen wie Kāra und Dūshana, die vedische Rituale in der Wildnis behinderten und entweihten. So diente *Vishvāmitra* als Instrument, der Welt im großen Maßstab den Mut und die Tüchtigkeit von *Rāma* und *Lakshmana* vorzuführen. *Vishvāmitra* lehrte *Rāma* auch das heiligste *Mantra*, das *Gāyatrī*-Mantra. *Vishvāmitra* trug außerdem die Verantwortung für die göttliche Vermählung von *Sītā* und *Rāma*, die im Wesentlichen eine Vereinigung von Materie *(prakriti)* und Energie *(purusha),* dem Absoluten, war. Er war und ist der Freund des ganzen Universums, und daher passt sein Name so außerordentlich gut zu ihm.

Vishvāmitra war derjenige, der der Menschheit das *Gāyatrī*-Mantra schenkte. Als seine spirituelle Kraft zunahm, wollte er, dass *Vasishtha* ihn Brahmarshi nannte. In *Vasishtha* sah er immer einen Rivalen, auf den er neidisch war und zwar so sehr, dass er ihn sogar zu töten beabsichtigte. An einem Vollmondtag plante er, *Vasishtha* zu töten. Er hatte einen großen Stein in der Hand, den er auf dessen Kopf fallen lassen wollte. Da hörte er, wie *Vasishtha* gegenüber seiner Frau Arundhati den Glanz und die Schönheit des Mondlichts beschrieb und sie mit der Kraft *Vishvāmitras* verglich, die dieser durch spirituelle Übungen erworben hatte. Sofort gab dieser seine Absicht auf, fiel *Vasishtha* zu Füßen, und der andere redete ihn mit Brahmarshi an, da er sein Ego besiegt hatte.

Frage 10: Swami! Welche Bedeutung hat *Vālmīki* unter den Weisen?

Bhagavān: Das *Ramayana* wurde während der Zeit, als *Rāma* sich inkarniert hatte, verfasst und vorgetragen. Was den großen Weisen und Asketen *Vālmīki*, einen Zeitgenossen *Rāmas*, angeht, so ist er als Verfasser des *Ramayana* der größte Dichter. Er bot *Sītā*, die wegen ihrer Tugend und Keuschheit berühmt war, eine Zuflucht an und erzog ihre

Söhne *Lava* und *Kusha* und lehrte sie die Kunst des Bogenschießens und andere Künste. So spielte er eine herausragende Rolle im *Ramayana*.

Als er das *Ramayana* vollendet hatte, dachte er angestrengt darüber nach, wie man ein so großes Werk verbreiten könne. Zu diesem Zeitpunkt traten *Lava* und *Kusha* in Erscheinung und gelobten in der Gegenwart von *Vālmīki* und anderen Weisen, dass sie selber das *Ramayana* vortragen und den Menschen auf der ganzen Welt den süßen Nektar schenken würden. So zeichnet sich *Vālmīki* auf einzigartige Weise dadurch aus, dass er als *Rāmas* Zeitgenosse das göttliche Epos *Ramayana* verfasste und dieses in *Rāmas* Gegenwart vorgetragen wurde. *Vālmīki* machte die ganze Welt mit den Idealen und der Göttlichkeit *Rāmas* bekannt, den er als Beschützer der Welt und Inspirator seiner Kunst pries. Gott trat also erst im *Tretāyuga* in der Menschheit in Erscheinung.

Der Zweck der Inkarnation *Rāmas* war, die Menschheit über die Pflichten des Menschen aufzuklären. Was heutzutage geschieht, ist genau dasselbe Phänomen. Ihr habt sicher schon bemerkt, dass über den gegenwärtigen *Avatar* auch Biographien von Zeitgenossen geschrieben werden und seine Göttlichkeit anerkannt, verehrt, erfahren und auf der ganzen Welt gefeiert wird. Dass all das während seines Lebens geschieht, ist eine weitere Parallele zu *Rāmas* Herabkunft. Dasselbe Ideal! Dieselbe Liebe! Dieselbe Botschaft, d.h. die Praxis von Wahrheit und Rechtschaffenheit.

Frage 11: Swami! Wir haben von König *Dasharatha* gehört, von der Opferzeremonie, die man „putrakameshti“ nennt und so weiter. Erzähle uns bitte etwas von König *Janaka*.

Bhagavān: *Janaka* war ein großer Weiser *(rājayogī)*, der kein Körperbewusstsein besaß. Deshalb wurde er als *videha* bezeichnet, d.h. jemand, der keine Anhaftung an den Körper besitzt. *Sītā* – Tochter dieses Königs – wurde daher als Vaidehī bekannt, d.h. jemand, der aus *Videha* stammt. *Janaka* war ein idealer König, der seinem Lehrer tiefe Verehrung entgegenbrachte, eine umfassende Kenntnis der heiligen Schriften *(shāstra)* besaß sowie den Geist der Entsagung. Die Vermählung *Sītās* war ihm höchste Pflicht. Später zog sich *Rāma* mit *Sītā* und *Lakshmana* in die Wildnis zurück. Obwohl sie sich jahrelang in den Wäldern aufhielten, betrat *Janaka* niemals den Wald. So zeichnete sich *Janaka* durch eine Fülle von Weisheit *(jnāna)* und innere Freiheit *(vairāgya)* aus.

Frage 12: Swami! Wir haben erfahren, dass *Ādishankara* in jungen Jahren gestorben ist. Was könnte der Grund dafür sein?

Bhagavān: Es stimmt, dass der Begründer der *Advaita*-Lehre, des Nicht-Dualismus, als junger Mann gestorben ist. Er schrieb Kommentare zu drei wichtigen heiligen Schriften, die als *Prasthānatraya* bekannt geworden sind, das sind die *Upanishaden*, die *Brahmasūtras* und die *Bhagavadgita*. Außerdem verfasste er eine große Zahl von Hymnen, in denen er den Weisheitsaspekt *(jnāna)* in der Verehrung *(bhakti)* betonte. Er bereiste das ganze Land und gründete Zentren der Verehrung und spirituellen Ausbildung. Er symbolisiert *Sanātana Dharma,* die alte, zeitlose spirituelle Kultur dieses Landes.

Ādishankara besuchte den alten Pilgerort *Kāshī*, wo er zur Tempelgottheit *Vishvanātha* betete, weil er drei Fehler begangen hatte. Der erste Fehler war, dass er sich nicht seinen Aussagen entsprechend verhalten hatte. Während er behauptete, Gott sei allgegenwärtig (vāsudevah sarvam iti), war er nach *Kāshī* gekommen, um Gott zu sehen. Der zweite Fehler war, dass er versucht hatte, Bücher über Gott zu schreiben, während er doch wusste, dass die Gottheit jenseits unseres Verständnisses und unserer Beschreibung ist. Der dritte Fehler war, dass er trotz seiner Überzeugung, dass Gott sich in der Vielheit manifestiert (eko 'ham bahuh syām) und dass derselbe Gott in jedem anwesend ist (ātmavat sarvabhūtāni) und dass Bewusstsein in jedem ist (prajnānam brahma), Ausbildungsstätten gründete, in denen seine Schüler ihm als selbständige, von ihm getrennte Wesen erschienen.

Vielleicht habt ihr auch noch eine andere Episode aus seinem Leben gehört. Er bat seine Mutter um Erlaubnis, ein zölibatäres Leben als *Sannyāsin* zu führen. Zunächst akzeptierte sie dies nicht. Eines Tages ging *Shankara* zu einem nahen Fluss, um ein Bad zu nehmen. Plötzlich packte ihn ein Krokodil an den Füßen. Da schrie er: „Mutter! Mutter! Dieses Krokodil zieht mich ins Wasser. Es lässt mich nicht los, bis du mir erlaubst, ein *Sannyāsin* zu werden.“ Da erhielt er schließlich die Erlaubnis der Mutter, und das Krokodil ließ *Shankara* frei. Die tiefe Bedeutung der Episode ist, dass der Fluss ein Bild für das weltliche Leben *(samsāra)* und das Krokodil ein Bild für sinnlichen Genuss ist. Der Mensch wird vom Krokodil des weltlichen Genusses in den Fluss des Lebens gezogen. Befreiung ist durch Verzicht oder Nicht-Anhaftung zu erreichen.

Shankara legte bald nachdem er die Aufgaben, die er sich gestellt hatte, erfüllt hatte, seine sterbliche Hülle ab, weil er sicher war, dass seine Mission durch seine Schüler, Fackelträger seiner Philosophie, fortgeführt und seine Theorie des Nicht-Dualismus weit verbreitet und bekannt werden würde. Auch seine Schüler besaßen den Charakter und die Größe, um seine Mission erfolgreich weiter zu führen.

Frage 13: Swami! *Tyāgarāja*, als Anhänger *Rāmas* gut bekannt, verfasste Hymnen zum Lobe Gottes, die noch heute gesungen werden. Was ist das Besondere an ihnen?

Bhagavān: Es gibt viele Namen von Gläubigen, die Hymnen zu Ehren Gottes schrieben. Gott antwortete darauf. Diese Lieder versetzen euch in Ekstase und erzeugen eine Atmosphäre der Erhabenheit. Aber den Hymnen von *Tyāgarāja* ist etwas Besonderes eigen. Jedes Lied bezieht sich auf ein Ereignis in seinem Leben.

Ein Beispiel: Als der König von *Tanjore* ihm Juwelen, Lebensmittel und teure Geschenke übersandte, wies *Tyāgarāja* sie liebenswürdig zurück und stellte sich selber in Liedform die Frage: „Macht Geld einen glücklich oder die Nähe zu Gott?" Einmal warf sein Bruder alle Götterbilder, die *Tyāgarāja* verehrte, in den Fluss Cauvery. *Tyāgarāja* war untröstlich und beweinte den Verlust. Eines Tages, als er sein Bad im Cauvery nahm, bekam er durch die Gnade *Rāmas* diese verlorenen Götterstatuen zurück, und als er sie nach Hause trug, sang er: „Geliebter *Rāma*! Bitte komm in mein Heim." Bei einem Konzert am Hofe eines Königs trat er als Sänger auf und entbot allen Würdenträgern in der Versammlung seinen Respekt: „Edle und berühmte Leute sind hier anwesend, ich begrüße sie alle voller Demut." Wie in diesem Falle hat jede von *Tyāgarāja* verfasste Hymne einen Bezug zu einer realen Situation oder einem tatsächlichen Ereignis seines Lebens. *Tyāgarājas* Hymnen sind ein Ausdruck praktischer Hingabe und Verehrung.

Frage 14: Swami! Wir sind jetzt in Kodaikanal. Tamil Nadu ist wegen seiner bedeutenden Gläubigen bekannt. Oft werden Manikya Vachakar und Tiruvalluvar erwähnt. Kannst Du uns etwas über diese beiden erleuchteten Söhne Tamil Nadus sagen?

Bhagavān: Manikya Vachakar ist die Verkörperung von Selbstbeherrschung, Nachsicht, Geduld und Hingabe. Einmal suchte ihn der Sohn eines reichen Mannes auf. Ihr wisst, dass Mankya Vachakar Saris verkaufte und so den Lebensunterhalt für seine Familie verdiente. Dieser Junge, der zu ihm kam, war ein verwöhntes, verdorbenes Kind. Er nahm einen Sari und fragte nach dessen Preis. Mankya Vachakar sagte: „Zwanzig Rupien, mein Herr." Der Junge zerriss den Sari in zwei Hälften und sagte: „Was kostet dieser halbe Sari?" Der Verkäufer sagte: „Zehn Rupien, mein Herr." Der Junge riss den Sari erneut in zwei Hälften und fragte nach dem Preis für diesen Viertelsari. Der Verkäufer erwiderte geduldig: „Fünf Rupien, mein Herr." Die Geduld Manikya Vachakars verblüffte den frechen Jungen nicht wenig, und er erkundigte sich, warum dieser so ruhig auf seine Frechheit reagierte. Manikya Vachakar lächelte und sagte. „Ich glaube an Gott und setze all mein Vertrauen auf ihn. Er ist für meinen Frieden und meine Ruhe verantwortlich."

In Tamil Nadu gab es einmal einen Gläubigen mit Namen Tiruvalluvar. Er hatte einen sehr guten Ruf und ist heute noch wegen seines erbaulichen Werks Tirukkural bekannt. In jener Zeit umgab sich der König Pandya mit jungen Leuten, die ihm als Minister zur Seite standen. Tiruvallar war einer von ihnen. Der König Pandya hatte eine große Schwäche für Pferde. Er hatte Freude daran, Rassepferde aus allen Teilen des Landes zu besitzen. Er rief Tiruvallar zu sich, händigte ihm Geld aus und schickte ihn fort, damit er neue Züchtungen aus verschiedenen Teilen des Landes kaufte. Dieser nahm den Auftrag an und machte sich auf den Weg.

Unterwegs traf Tiruvalluvar auf einen Tempel, der am Zerfallen war. Er beschloss, ihn wieder instand zu setzen. Dafür gab er das ganze mitgenommene Geld aus. Als dem König dies zu Ohren kam, wurde er wütend. Er ließ Tiruvalluvar zur Strafe ins Gefängnis werfen. Dort im Gefängnis schrieb Tiruvalluvar sein berühmtes Werk Tirukkural. Der König bereute später seine schnelle und falsche Entscheidung. Er bat Tiruvalluvar, an den Hof zurückzukommen und seine Pflichten als Minister wieder zu übernehmen. Doch Tiruvalluvar weigerte sich höflich, Pflichten im Königreich zu übernehmen. Er verbrachte den Rest seines Lebens, indem er sich ganz spirituellen Anliegen widmete.

Frage 15: Swami! Gott ist eigenschaftslos. Er steht über den Eigenschaften, die sattvischer, rajasischer und tamasischer Natur sind. Aber wir sind an diese drei Eigenschaften gebunden. Wie können wir dann Gott verwirklichen?

Bhagavān: Das Göttliche hat zwei Aspekte. Es kann als etwas erfahren werden, was Eigenschaften besitzt, und auch als etwas, was eigenschaftslos ist. Ihr solltet vor allem eines wissen: Gott ist in den Eigenschaften. Aber die Eigenschaften sind nicht in ihm. Eigenschaften oder Merkmale können ohne innewohnende Göttlichkeit nicht funktionieren. Gold ist in Juwelen. Aber Juwelen findet man nicht im Gold. Töpfe werden aus Ton gemacht, aber nicht umgekehrt. Silbergeschirr, wie etwa ein Becher oder ein Teller, ist aus Silber hergestellt worden. Aber im Silber ist weder Becher noch Teller enthalten.

Ein weiteres Beispiel: Ihr wisst, eine Glühbirne leuchtet, und ein Ventilator dreht sich. Radios und Fernsehgeräte benötigen Elektrizität. Es sind Elektrogeräte. Elektrizität ist die Hauptursache dafür, dass sie funktionieren. Aber in der Elektrizität finden sich keine Geräte. Ebenso ist Gott in den Eigenschaften vorhanden, sie aber nicht in ihm. Also können wir sagen, dass er Eigenschaften hat *(saguna)* und zu gleicher Zeit ohne Eigenschaften *(nirguna)* ist.

Jeder Mensch hat drei Grundeigenschaften: rein *(sattva),* aktiv *(rajas)* und träge *(tamas).* Aber die Eigenschaft, die stärker ist als die zwei anderen, bestimmt sein Denken, Fühlen und Handeln. Aber bevor wir diese drei Eigenschaften nicht transzendieren, können wir das Göttliche im eigentlichen Sinne nicht erfahren. Hier ist ein Beispiel: Was solltest du tun, wenn du deine eigene Brust sehen willst? Du solltest zuerst den Mantel, dann das Hemd und schließlich sogar das Unterhemd ausziehen, nicht wahr? Also sollte man, um die Brust Gottes zu sehen, zuerst den Mantel der Trägheit, dann das Hemd der Aktivität und das Unterhemd der Reinheit ausziehen.

Frage 16: Swami! Wir bitten Dich, uns die zwei Aspekte Gottes zu erläutern, den mit Form und den ohne Form.

Bhagavān: Hier tritt viel Verwirrung auf. Wie könnt ihr euch – selber eine Form habend – das Formlose vorstellen? Wie ist es euch möglich, das Formlose zu visualisieren? Da ihr eine Form habt, könnt ihr euch Gott nur mit einer Form vorstellen. Zum Beispiel kann sich ein Fisch, falls er sich Gott vorstellen sollte, ihn nur als einen größeren Fisch vorstellen. Sollte ein Büffel sich Gott vorstellen, kann er sich Gott nur als größeren Büffel vorstellen. Ebenso kann sich der Mensch Gott nur in menschlicher Form vergegenwärtigen, in der Form eines idealen Menschen.

Selbst der formlose Aspekt Gottes kann Gegenstand der Meditation sein, wobei der formale Aspekt Gottes die Grundlage bildet. Man kann das Formlose nur von einer Form ableiten. Hier ein kleines Beispiel: Ihr sitzt heute alle in dieser Halle vor Swami in Kodaikanal. Ihr lauscht den Worten Swamis. Diese Erfahrung hat etwas mit der Form zu tun. Später geht ihr nach Hause, und nach ein paar Tagen fangt ihr an, über die Geschehnisse hier nachzudenken. Ihr erinnert euch an die ganze Szenerie. Nun, ist Swami tatsächlich an eurem Wohnort körperlich in Erscheinung getreten? Gibt es dieses Zimmer bei euch zu Hause? Seid ihr alle dahin gegangen? Nein. Aber diese direkte Erfahrung wird geistig erneut vergegenwärtigt, was euch die indirekte Erfahrung gibt, hier zu sein. Was ihr hier seht, ist die Form *(sākāra)* und was ihr dort erfahrt, ist das Formlose *(nirākāra)*.

Also basiert das Formlose auf der Form. Das eine kann ohne das andere nicht existieren.

Ein weiteres Beispiel: Hier ist Milch. Ihr wollt sie trinken. Wie trinkt ihr sie? Braucht ihr nicht eine Tasse oder ein Glas? Ebenso ist bei der Verehrung Gottes (Milch) eine Form (Tasse) nötig.

Swami, welcher Aspekt Gottes ist bei der Verehrung von größerer Bedeutung, der formlose Gott oder der, der eine Form angenommen hat?

Bhagavān: Meiner Meinung nach sind beide gleich wichtig. Keiner ist bedeutender als der andere. Jetzt seid ihr in Coimbatore. Hier ist das Land eben, ohne Erhebungen. Das Land ist durchgehend flach. Niemand hat es eingeebnet. Niemand hat das Land so präpariert. Das ist eben die Natur von Coimbatore. Aber Kodaikanal liegt oben in den Bergen. Keiner hat dort Berge zusammengetragen. Die Landschaft hat eben diese Merkmale. Coimbatore und Kodaikanal unterscheiden sich voneinander. Beide sind aber auf ihre Weise vollkommen.

So ist der Wert der beiden Methoden, ob nun Gott in der Form oder der formlose Gott verehrt wird, gleich hilfreich für Wahrheitssucher und Aspiranten spiritueller Erleuchtung.

Frage 17: Swami! Die Schriften sagen, Gott sei allgegenwärtig, er sei überall anwesend. Bitte erkläre uns diesen Aspekt Gottes. Wie sollen wir das verstehen?

Bhagavān: Die *Bhagavadgita* sagt: „Erkenne mich als den Samen, als den Ursprung aller Wesen" (bījam mām sarvabhūtānām). Ein Beispiel: Ihr seht hier einen Mangosamen: Ihr steckt ihn in die Erde. Der Same keimt im Laufe der Zeit. Schließlich bringt der Same eine Wurzel, dann einen Stamm, ein Blatt, Äste und dann Blüten hervor. Der Same ist in jedem Teil der Pflanze latent enthalten, da alle Teile direkt oder indirekt daraus hervorgehen. Schließlich ist im harten Samen der Frucht auch der ursprüngliche Samen vorhanden. Ebenso ist Gott im ganzen Universum gegenwärtig. Die ganze Welt ist ein Baum, Gott ist der Same, und die Früchte sind die Wesen oder Geschöpfe, die vom Baum der Welt erschaffen worden sind.

Frage 18: Swami! Warum gibt es so viele Unterschiede, wenn doch derselbe Gott in allen ist? Warum unterscheiden wir uns so voneinander, wenn Gott doch derselbe in uns allen ist?

Bhagavān: Es heißt: „Brahman ist Eines ohne ein Zweites" (ekam evādvitīyam brahma).

Wie lassen sich dann die Vielfältigkeit und die mannigfachen Unterschiede verstehen? Zum besseren Verständnis ein kleines Beispiel: Die Helligkeit der Glühbirnen hängt von ihrer Wattstärke ab, obwohl die Energieversorgung bei allen gleich ist. Eine 25-Watt-Glühbirne leuchtet nicht so stark wie eine 100-Watt-Birne, nicht wahr? Aber die Elektrizität, die durch die Birnen fließt, ist dieselbe. Die Glühbirnen unterscheiden sich in Bezug auf ihre Wattstärke, und dies bestimmt ihre Leuchtkraft. So gleichen auch unsere Körper Glühbirnen, durch die der innere Strom der Göttlichkeit fließt.

Swami! Du sagtest, Gott wohne in jedem. Wo war er dann, bevor wir geboren wurden? Existiert Gott nach unserem Tode weiter?

Bhagavān: Gott ist. Gott ist unvergänglich, rein und makellos. Er kennt weder Geburt noch Tod. Er ist ewig und beständig. Er ist jenseits von Zeit und Raum. Gott übersteigt alle Naturgesetze.

Nun, du fragst, wo Gott sich vor deiner Geburt befand und wo er nach dem Tod sein wird, wo er doch während deiner Lebenszeit in dir wohnt. Siehst du, an der Wand befindet sich ein Kabel und hier und da sind auch Fassungen, in die Glühbirnen eingeschraubt werden. Ihr könnt nur Licht haben, wenn eine Birne in einer Fassung ist, sonst nicht. Was ist der Grund? Der Strom fließt durch den Draht, der auf die in die Fassung geschraubte Birne trifft. Wenn ihr die Glühbirne in der Hand haltet, wird sie nicht aufleuchten, da ja keine Energie vorhanden ist. Was ihr verstehen müsst, ist Folgendes: Der Strom wurde nicht hergestellt, um die Birne zu versorgen. Er war schon immer in dem Draht. Was passiert mit dem Strom, wenn ihr die Birne entfernt? Nun, dann wird er nur im Draht sein. Der einzige Unterschied ist, dass ihr sein Vorhandensein nicht als Licht erfahrt. So lässt sich auch euer Körper mit einer Glühbirne vergleichen, in die der göttliche Strom als lebenspendendes Licht fließt. Wenn dieser Körper oder die Glühbirne entfernt wird, besteht natürlich dieser göttliche Strom weiter, latent oder verborgen, und das immer, vor eurer Geburt, während eurer Lebenszeit und sogar nach eurem Tode wie der elektrische Strom auch.

Frage 19: Swami! Es heißt, Gott sei der Bewohner unseres Herzens *(hridayavāsin).* Ist es dasselbe Herz, das sich links in unserer Brust befindet?

Bhagavān: Nein, nein, das ist das physische Herz. Aber der Sitz Gottes ist das spirituelle Herz, das auch *hridaya* genannt wird. Es bedeutet „hri" + „dayā" = *„hridaya"*. Das, was voll Mitgefühl ist, ist *hridaya.* Heute ist Mitgefühl eine Modesache. Man zieht ein orangefarbenes Gewand (kāsāyavastra) an, aber hat das Herz eines Schlächters (kasāyihridaya).

Das physische Herz befindet sich auf der linken Seite der Brust, während das spirituelle auf der rechten ist. Das spirituelle Herz ist der Tempel Gottes. In der *Gita* sagt *Krishna:* „O *Arjuna*, der Herr wohnt im Herzen aller Wesen" (īshvarah hrideshe 'rjunatishthati). Wissen, sei es körperbezogenes, weltliches, naturwissenschaftliches oder technisches Wissen, bezieht sich auf den Kopf und nicht auf das Herz. Aber Liebe, Mitgefühl, Wahrheit, Opferbereitschaft und Barmherzigkeit wohnen im Herzen.

Frage 20: Swami! Kann Göttlichkeit untersucht werden? Ist es möglich, sie durch Nachdenken zu erkennen?

Bhagavān: Alle weltliche Erfahrung ist an Raum und Zeit gebunden. Eure Sinne helfen euch, alles in der äußeren Welt zu erfahren. Naturwissenschaft und Technologie erforschen die fünf Elemente, stellen Verbindungen her und führen Veränderungen herbei, die den Menschen vieles erleichtern und vereinfachen und ihnen ein besseres Leben ermöglichen. Dazu gehören Elektrogeräte, Computer usw.

Ein Wissenschaftler führt ein Experiment durch, aber wenn ein spiritueller Aspirant eine Gotteserfahrung sucht, kann er das nicht durch ein Experiment im Labor erreichen. Wie lässt sich etwas über die Gottheit aussagen, die jenseits aller Ausdrucksmöglichkeiten ist? Wie stellt ihr euch die Gottheit vor, die jenseits aller Erkenntnis ist? Wie könnt ihr das Göttliche erforschen oder damit herumexperimentieren, das doch all eure Vernunft und eure Sinne transzendiert? Die Naturwissenschaften basieren auf Experimenten und die Religion auf Erfahrung. In der Wissenschaft wird analysiert, aber in der Religion realisiert.

Frage 21: Swami! Was sollten wir tun, um Gottes Gnade zu erlangen?

Bhagavān: Es gibt keinen anderen Weg als Hingabe und Verehrung. Euer Reichtum, eure Bildung, eure Stellung und Persönlichkeit reichen nicht aus, um Gott zu gefallen. Es kommt einzig und allein auf eure Hingabe an.

Kennt ihr nicht *Guha* im *Ramayana*? Welches Wissen besaß er, um *Rāma* zu gefallen? Gar keins. Er war nicht einmal gebildet. Sicher habt ihr auch schon von Shabarī gehört, eine ergebene Anhängerin von *Rāma*. War sie reich, um in die Nähe von *Rāma* zu kommen? Nein. Sie war in Lumpen gekleidet, die Ärmste der Armen. Was veranlasste *Rāma*, dem Vogel *Jatāyu* seinen besonderen Segen zu schenken, indem er mit seinen göttlichen Händen das Sterberitual durchführte? Nicht einmal *Rāmas* Vater *Dasharatha* hatte so viel Glück wie dieser Vogel *Jatāyu*, denn er starb, als sich *Rāma* in den Wäldern befand, weit entfernt von *Ayodhyā*.. Was lässt sich über *Hanumān* sagen, einen Affen? Sein unerschütterlicher Glaube und seine bedingungslose Hingabe an *Rāma* führten nicht nur zum Erfolg bei der ihm zugewiesenen Aufgabe, sondern ihm wurde auch große Verehrung von Seiten der Anhänger des Herrn entgegengebracht, und dies dauert seit den Tagen *Rāmas* an.

Im *Mahabharata* wird *Draupādi,* die Königin der *Pāndavas*, als ergebenste Anhängerin von *Krishna* vorgestellt, zu allen Zeiten, in Zeiten des Erfolgs oder der Niederlage, Freude oder Schmerz, Ruhe oder Turbulenzen, an allen Orten, sei es auf dem Thron in *Hastināpura* oder in der Wildnis. Die *Pāndavas* sind wegen ihrer tiefen Hingabe und grenzenlosen Liebe zu *Krishna* bekannt. Sie sind das beste Beispiel für Gleichmut und vollkommene Hingabe an Gott, so dass *Krishna* selbst sich vollkommen mit ihnen identifizierte, indem er sagte, *Dharmaja* sei sein Kopf, *Arjuna* sein Herz, *Bhīma* seine Schultern und die zwei jüngsten Brüder *Nakula* und *Sahadeva* seine zwei Füße. Das ist wahre Hingabe. Das macht einen idealen Gottsucher aus.

Im *Bhāgavatam* begegnen wir den Hirtenmädchen *(gopī),* unschuldigen und ungebildeten Mädchen vom Lande, deren vollkommene Hingabe an Gott (madhurabhakti) von bedingungsloser Liebe und Unterwerfung gekennzeichnet war. Ihre Verehrung war edel, rein, vorbildlich und nektargleich. Sie sahen *Krishna* in Büschen, Dornen, Blättern, Zweigen und Blüten. Könnte man das nicht eine vollkommene Identifizierung (tadātmyabhāva) nennen? Ließe sich das nicht als non-dualistische Einstellung (advaitabhāva) bezeichnen? Sie konnten den Schmerz der Trennung von Krishna nicht einmal für den Bruchteil einer Sekunde ertragen. Das drückt die Tiefe ihrer Hingabe aus.

Habt ihr nicht von *Tyāgarāja*, dem südindischen Sänger und Dichter gehört, der die Frage gestellt hat, ob Reichtum glücklich mache oder die Nähe zu Gott. *Ramadas, Surdās, Kabīr, Tulsīdās, Jayadeva, Tukārām, Mīrā* und andere waren wahre Verkörperungen der Hingabe. Man erinnert sich bis heute an sie. Wenn ihr etwas über sie lest, werdet ihr nicht nur Gottes Gnade erfahren, sondern einen Anspruch darauf haben. Ihr wisst, dass eure Frau vom Augenblick der Vermählung an einen Anspruch auf euren Besitz hat. Das hängt von dem heiligen *Mangalasūtra* ab, das zur Zeit der Hochzeit geknüpft wurde. Ebenso ist Verehrung ein Glücksband (bhaktisūtra), das dem Gottsucher einen Anspruch auf Gottes Gnade zuerkennt. Deshalb ist in allen Angelegenheiten Verehrung außerordentlich wichtig. Für die meisten ist es der richtige und edle Weg zu Gott.

Frage 22: Swami! Warum haben wir nicht an der göttlichen Gnade teil?

Bhagavān: Es ist nicht in Ordnung, dies zu glauben. Es ist falsch, so zu denken. Gottes Gnade steht euch allen in gleichem Maße zu. Er macht keinen Unterschied, was Kaste, Glaubensbekenntnis, Geschlecht oder Nationalität angeht. Ihr solltet wissen, dass es an euch liegt. Ihr müsst den Behälter eures Herzens reinigen. Ein Beispiel: Es regnet jetzt sehr heftig. Wenn ihr Wasser in einem Gefäß sammeln wollt, müsst ihr es gerade halten. Was passiert aber, wenn ihr es nach unten neigt oder gar umdreht? Da kann es lange regnen, es nützt euch nichts. Deshalb müssen wir unser Herz immer rein halten und für die Gnade Gottes empfänglich sein. Wir müssen es öffnen, damit der Regen göttlicher Gnade hineinfallen kann. Nicht wahr?

Frage 23: Swami! Unser Glück ist unermesslich groß, wie viele bekommen schon diese Gelegenheit! Das verdanken wir Deiner Gnade. Aber wie können wir sie uns erhalten?

Bhagavān: Passt einmal auf! Wie viele der Millionen *Devotees* können hierher kommen? Ist diese Nähe jedem möglich? Ihr habt euch in mehreren vergangenen Leben dies verdient. Wie viele Studenten unter den Tausenden in unseren Instituten haben das Glück, hier zu sein? Nur ein paar von euch konnten mir an diesen Ort, Kodaikanal, folgen. Das müsst ihr festhalten und sorgfältig bewahren.

Ein kleines Beispiel: Hier ist eine Spule, auf die der Faden sorgfältig aufgewickelt ist. In der Tat, eine zeitraubende Tätigkeit! Wenn man mit dieser Prozedur beginnt und mittendrin aus Nachlässigkeit und Sorglosigkeit die Spule fallen lässt, landet der Faden unordentlich auf dem Boden. So ist auch euer Glück wie diese Spule, auf der eure guten, in früheren Leben erworbenen Verdienste fleißig und sorgfältig aufgewickelt sind. Wenn ihr diese gute Gelegenheit missachtet und die Chance verspielt, könnt ihr dies nicht zurückbekommen. Alle Anstrengungen sind dann vergeblich gewesen. Das dicke Polster in der Mitte der Spule ist wie euer Glaube, um den herum sich eure verdienstvollen Taten legen. Deshalb vernachlässigt dieses große Glück niemals noch nehmt es als selbstverständlich hin noch seht darin etwas Einfaches und Gewöhnliches. Nachlässigkeit und Sorglosigkeit schaden spirituellen Aspiranten.

Frage 24: Swami! Wie wirkt sich Deine Gnade auf unser Schicksal aus und auf unser vergangenes Karma?

Bhagavān: Gottes Gnade und Wille kann alles ändern. Gott ist Liebe. Sein unendliches Mitgefühl bringt ihn dazu, die karmischen Folgen eurer früheren Leben *(prārabdhakarman)* zu ändern. Ein Gottsucher kann Gott in das Gefängnis seines Herzens einsperren. In dieser Welt gibt es nichts, was sich nicht durch Hingabe erreichen lässt. Gottes Gnade kann alle karmischen Wirkungen oder die bösen Folgen früherer Leben aufheben. Nichts Böses kann euch passieren. Hier ein kleines Beispiel: In einer Apotheke kann man viele Medikamente kaufen. Jedes Medikament trägt die Daten der Herstellung und des Verfalls. Jenseits des Verfallsdatums wird das Medikament nicht mehr wirksam sein. Es nützt einfach nicht mehr. Gott macht genau dasselbe. Gott stempelt das Verfallsdatum auf die Arzneiflasche. So hebt er die karmischen Folgen eurer früheren Leben, das Leid eures jetzigen Lebens, auf. Dann hört euer Leiden auf. Auf diese Weise schenkt euch Swami aus reiner Gnade und Mitgefühl Erleichterung.

Frage 25: Swami! Können wir der Gnade Gottes sicher sein, wenn wir regelmäßig spirituelle Übungen durchführen?

Bhagavān: Sicher! Absolut sicher! Warum zweifelt ihr? Stellt euch vor, ihr habt einen Hund. Ihr füttert ihn täglich, und ihr werdet feststellen, dass er sich daran gewöhnt, täglich zur gleichen Zeit zur Fütterung zu erscheinen. Stimmt das nicht? Wenn ein Hund so auf Regelmäßigkeit reagiert, sollte das Gott nicht auch? Auf jeden Fall werdet ihr seine Gnade erhalten.

Frage 26: Swami! Wir sind hier in Deiner Nähe, weil Du uns Deine unendliche Gnade und Barmherzigkeit schenkst. Weil Du uns gesegnet hast, sind wir hier. Wir baden im Sonnenschein der Glückseligkeit, den uns Deine göttliche Betrachtung *(darshana)*, Berührung *(sparshana)* und das Gespräch mit Dir (sambhāshana) vermitteln. Benötigen wir dann noch Verdienste und Neigungen aus früheren Leben?

Bhagavān: Der gegenwärtige Zustand der Glückseligkeit und die Verdienste aus früheren Leben sind beide wesentlich und sollten zusammengehen. Sie sind eng miteinander verknüpft. Hier ist ein Beispiel: Der Boden hier ist sandig. Bei heftigen Regenfällen verschwindet das Wasser im Boden und wird absorbiert. Im Augenblick befindet ihr euch in der gleichen Situation. Verehrung ist ja nicht beständig. Aber was passiert mit dem Regen, wenn er in einen Fluss fällt? Das Wasser wird mit noch größerer Kraft fließen. Ebenso lässt sich eure Anwesenheit in meiner Nähe mit einem Regenguss vergleichen. Wenn ihr einen guten Charakter, den man mit einem Fluss vergleichen könnte, aus eurem vergangenen Leben mitgebracht habt, dann wird sich euer Zustand der Glückseligkeit intensivieren.

Gottes Gnade ist wie ein Regenschauer. Eure Verdienste aus der Vergangenheit werden es euch ermöglichen, sie zu bewahren. So ermahne ich euch oft, das Glück, die Gelegenheit und das Privileg festzuhalten. Ihr holt euch mit einem Eimer Wasser an einer Quelle. Aber ihr müsst den mit Wasser gefüllten Eimer schon selber hoch heben. Was passiert aber, wenn ihr den Eimer zwischendurch fallen lasst? Dann ist kein Wasser mehr da, ihr habt es verschüttet. Allerdings ist eins ganz wichtig. Wenn ihr Gott inständig liebt, könnt ihr alles erreichen. Wenn sich jemand stärker bemüht, kommt Gottes Gnade hinzu und erhöht den Grad und die Intensität des Bemühens, so dass am Ende der Erfolg nicht ausbleiben kann.

Gesellschaftliche Entwicklungen

Frage 27: Swami! Das Verhalten des Menschen ist nicht so, wie man es erwartete. Er verliert seine menschliche Natur. Wie sollte er sich in diesem kritischen Augenblick verändern? Was geschieht mit der Gesellschaft, Swami, wenn sich der Mensch nicht ändert?

Bhagavān: Ihr wisst nicht, dass ihr Worte gebraucht, ohne ihre Bedeutung zu kennen. Wenn ihr die Worte, die ihr gebraucht, versteht, werdet ihr erkennen, dass sie sich selber erklären und keineswegs zweideutig sind. Was heißt eigentlich dieses Wort *„mānava“* (Mensch)? „Mā“ heißt *„Maya“* oder Illusion; „na“ heißt „nati“ (Telugu); „va“ ist „vartincu“ (Telugu). In anderen Worten, *„mānava“* ist „derjenige, der *Maya* durchkreuzt und sich entsprechend verhält“ und auf jeden Fall nicht der, der der Sklave von *Maya* ist. Es lässt sich auch auf andere Weise interpretieren: Das Wort *„mānava“* heißt „ma“ = „nicht“ und „nava“ = neu“. Also ist die Bedeutung von *„mānava“* „nicht neu“. Der Mensch hatte viele frühere Geburten, und die jetzige Geburt ist nicht neu.

Der Mensch wird im Sanskrit auch *„nara“* genannt. „Na“ bedeutet „nicht“ und „ra“ bedeutet „vergänglich“. Also ist *„nara“* = „unvergänglich“. Offensichtlich ist der, der unvergänglich ist, ewig, unsterblich oder die Wahrheit *(ātman)*. Es gibt im Sanskrit noch ein anderes Wort, nämlich „vānara“, das „Affe“ bedeutet. „Vā“ bezeichnet den Schwanz (vālā). *„Nara“* heißt also „ein Mensch ohne Schwanz“.

Der Mensch ist „sakshara“: „sa“ = „göttlich“ und „akshara“ = „unzerstörbar“. „Sakshara“ ist also jemand, der unzerstörbar, unvergänglich oder ewig ist, d.h. der *Atman*. Wer sich dieses *Atman* bewusst wird, ist „sakshara“ Aber leider verhält sich der Mensch heute wie ein Dämon *(rākshasa)*. Von dem Menschen sollte man erwarten können, dass er seine Sinne unter Kontrolle hat *(dama)*, aber er ist voller Einbildung und Stolz *(mada)*. Wenn wir also die Bedeutung dieser Wörter verstehen, werden wir erkennen, dass der Mensch, das Individuum, *(vyakti)* die Eigenschaften des *Atman*, der er in Wahrheit ist, hervorbringen und ausdrücken sollte.

Eine Gemeinschaft oder eine Gruppe von Individuen bildet eine Gesellschaft. Ein einzelner Baum kann keinen Wald bilden. Ein einzelnes Haus kann kein Dorf bilden. Was ist die Bedeutung von *„samāja“* (Gesellschaft)? „Sama“ = Gleichheit oder Gleichmut, „ja“ = „entstanden aus“. So ist *„samāja“* ein Gebilde, das Gleichheit und Gleichmut aufrechterhält. Was macht eine ideale Gesellschaft aus? Das sind Einheit, Koordination, Integration, Bruderschaft und Gleichheit. Dies sind die Merkmale einer idealen Gesellschaft.

Man sagt, die Gesellschaft sollte sich verändern. Dies ist jedoch meiner Meinung nach falsch. Wenn sich der Einzelne verändert, wird sich die Gesellschaft automatisch verändern. Hier ist ein kleines Beispiel: Ein Vater zeigte seinem kleinen Sohn eine Karte von Indien. Der Junge zerriss sie aus Versehen und wurde von seinem Vater gescholten. Nach einer Weile setzte der Junge die Karte wieder zusammen. Als der Vater von ihm wissen wollte, wie er das gemacht hätte, wies der Sohn darauf hin, dass auf der Rückseite der Landkarte das Gesicht eines Menschen sei. Er hätte also nur die zerrissenen Stücke des Menschen richtig zusammenfügen müssen, um das Original wieder herzustellen. So entstand die Landkarte automatisch.

Wenn sich Individuen verändern, verändert sich also die Gesellschaft automatisch. Alle sollten wissen, dass das Glück des Einzelnen von dem der Gesellschaft abhängig ist. Das Wohlergehen, der Fortschritt und das Glück des Menschen hängen von der Gesellschaft ab. Diese Wahrheit muss von allen ganz verstanden werden. Wenn zum Beispiel in der Nachbarschaft ein Feuer ausbricht, versucht ihr doch, es zu löschen. Der Grund liegt darin, dass euer Haus, wenn ihr es nicht tut, auch nicht sicher ist. Wenn alle anderen Häuser in der Nachbarschaft vom Feuer zerstört werden, wird das bei eurem Haus auch so sein. Wenn Epidemien wie Cholera auftreten, werdet ihr besondere Vorkehrungsmaßnahmen treffen; sonst werdet ihr auch Opfer der Krankheit sein. So ähnlich ist die Beziehung zwischen einem Einzelnen und der Gesellschaft, in der er lebt.

Frage 28: Swami! Heutzutage fehlt in der Familie das Verständnis füreinander, vielleicht eine Folge der Einwirkung des eisernen Zeitalters. Es gibt in vielen Familien Missverständnisse, Konflikte, Probleme, Konkurrenz; und manchmal eskaliert die Situation so, dass der Familienstreit vor Gericht ausgetragen wird. Bitte, Swami, zeige uns einen Weg aus dieser traurigen Lage.

Bhagavān: In dieser Welt ist eine Einheit vorhanden, obwohl vordergründig Vielfalt zu sehen ist. Vielfalt ist offensichtlich. Aber die darunter liegende Einheit ist verborgen. Die ganze Natur zeigt diese beiden Aspekte.

Nehmen wir die Erde als Beispiel: Wir finden nicht überall dasselbe. Da gibt es Hügel, Berge und Täler. Aber erfahrungsgemäß visualisieren wir ein Ganzes. Sind die fünf Finger einer Hand identisch? Nein. So sind eben die Mitglieder einer Familie nicht gleichartig oder gleich. Es sind keine Stereotypen. Trotzdem kann es keinen triftigen Grund für das Fehlen von Brüderlichkeit, einem Gefühl der Zusammengehörigkeit und Liebe unter den Mitgliedern einer Familie geben.

Das lässt sich anhand unserer Epen sehr gut veranschaulichen. Analysieren wir einmal die Familie *Shivas: Shiva* trägt den Ganges, also Wasser, auf dem Kopf und Feuer auf der Stirn zwischen den Augen. Daher ist er „der dreiäugige Gott" (trinetra). Wasser und Feuer unterscheiden sich ihrer Natur nach sehr und können nicht zusammen existieren. *Shiva* trägt um seinen Hals giftige Schlangen. Das Gefährt seines älteren Sohnes *Subrahmanya* ist ein Pfau. Schlangen und Pfaue sind Feinde. Das Gefährt der Göttin *Pārvatī*, *Shivas* Gemahlin, ist ein Löwe. Das Gesicht von *Shivas* zweitem Sohn ist das eines Elefanten. *Ganesh* wird aus diesem Grunde *„Gajānana"* genannt. Ein Elefant kann nicht einmal vom Anblick eines Löwen träumen. *Pārvatī* trägt alles Geschmeide, aber ihr Herr, *Shiva*, ist nackt, sein Körper ist mit Asche bedeckt und von Dämonen umgeben. Obwohl *Shivas* Familie voller Gegensätze und Widersprüche ist, sind Integration, Koordination, Harmonie und ein Gefühl der Einheit vorhanden.

So unterscheiden sich auch in euren Familien die einzelnen Glieder voneinander. Doch solltet ihr imstande sein, wie *Shivas* Familie in vollkommener Harmonie miteinander zu leben. Dies ist die Lehre, die *Shiva* der Welt über Jahrhunderte hinweg vermittelt hat.

Frage 29: Swami! Heutzutage ist die ganze Welt in Aufruhr. Rassendiskriminierung, Klassenkonflikte, Blutvergießen, Krieg und so weiter sind an der Tagesordnung. Bitte gib der Welt heute eine Botschaft.

Bhagavān: Gegenwärtig gibt es viele Intellektuelle, die in der Einheit viele verschiedene Dinge entdecken. Nur ein paar entdecken Einheit in der Vielfalt. Dies ist der Grund für die gegenwärtigen Probleme, Turbulenzen, Kriege und so weiter in der Welt. Der Mensch *(mānava)* verhält sich wie ein Dämon (dānava). Also findet man gewalttätige, dämonische, bestialische und inhumane Tendenzen bei den Menschen. Wenn der Mensch Einheit in der Vielfalt erkennt und erfährt, stellen sich augenblicklich Frieden, Wohlbehagen, Sicherheit und Glück ein.

Die Zusammensetzung des menschlichen Bluts ist auf der ganzen Welt dieselbe. Alle atmen nichts als Sauerstoff. Alle laufen auf demselben Boden. Jeder hat Hunger, sei es ein Reicher, der vielleicht in einem 5-Sterne-Hotel diniert, oder ein Bettler, der seinen Hunger nur mit Reismehl stillt. Jeder hat Durst, der Reiche, der ein kaltes Getränk zu sich nimmt, und der Arme, der auf der Straße Wasser aus der Leitung trinkt. Der eine wie der andere fühlt sich in Augenblicken der Freude glücklich und ist in schweren Zeiten traurig

Der menschliche Körper besteht aus den fünf Elementen Erde, Wasser, Luft, Feuer und Raum. Der Körper ist leblos. Beim Atmen nimmt der Körper Luft in sich auf. Es ist auch Feuer darinnen, das den Körper warm hält und beim Verdauen der Nahrung hilft. Es gibt Raum im Körper, in dem alle Teile untergebracht werden. Es gibt viel Wasser im Körper. Die fünf Elemente, die es in der Außenwelt gibt, sind also auch in euch. Jeder besitzt sie im selben Verhältnis. Alles, was ihr habt, haben auch alle anderen. Weshalb streckt ihr dann eure Hände aus und bettelt andere an? Wofür? Was hast du nicht, was der andere besitzt? Im Grunde nichts! Dies ist die Philosophie der Einheit in der Vielfalt. Diese Einheit ist Gott.

Die Erfahrung dieser Art von spiritueller Einheit ist Befreiung, während die Gefühle von Vielfalt, Pluralität und Unterschiedlichkeit zu Unfreiheit, Dualismus und Bindung führen.

Es gibt viele Blumen, aber nur eine Verehrung.
Es gibt viele Kühe, aber nur eine Milch.
Es gibt viele Juwelen, aber nur ein Gold.
Es gibt viele Wege, aber nur ein Ziel.
Es gibt viele Sterne, aber nur einen Himmel.
Es gibt viele Wesen, aber nur einen Atem.
Es gibt viele Namen und Formen, aber nur einen Gott.

Dies ist Einheit. Es gibt viele verschiedene Fäden, aber wenn man sie zusammenwebt, entsteht ein Stück Tuch. Auf diese Weise solltet ihr Einheit entdecken und erfahren, um eure Göttlichkeit zu realisieren. Die Menschen kämpfen im Namen der Religion. Welche Schmach! Keine Religion fordert euch auf, zu lügen, andere zu verletzen oder zu töten oder ähnliche Dinge zu tun. Alle Religionen betonen Liebe, Brüderlichkeit, Opferbereitschaft, Frieden, Wahrheit und so weiter. Es ist also absurd, im Namen der Religion zu kämpfen. In der Tat, welche Religion ist schlecht, wenn euer Denken gut ist?

Es gibt nur eine Religion, die Religion der Liebe. Unterschiede aufgrund von Sprache oder Rasse herauszustellen, ist ein Zeichen von Engstirnigkeit. Es gibt nur eine Sprache, die Sprache des Herzens. Es ist sehr schäbig, aufgrund der Zugehörigkeit zu einer Kaste Unterschiede zu machen. Ihr werdet nicht mit einem Schild geboren, auf dem eure Kaste vermerkt ist. Was ist die Kaste der Luft? Zu welcher Kaste gehört das Wasser? Was ist die Kaste von Feuer und Erde? Daher gibt es nur eine Kaste, die Kaste der Menschheit. Kriege werden im Namen Gottes geführt. Wisst ihr nicht, dass es nicht viele Götter gibt? Gott ist einer ohne einen zweiten. Ihr könnt ihn bei jedem Namen rufen. Es gibt nur einen Gott, der allgegenwärtig ist.

Es gibt nur eine Wahrheit, aber sie wird von den Gelehrten auf vielfache Weise interpretiert (ekam sat viprāh bahudhā vadanti). Es gibt keine Unterschiede in Bezug auf Gott. Mit einem reinen Herzen könnt ihr das Prinzip der Einheit erfahren, und das ist der Weg zur Göttlichkeit. Zuerst entwickelt Reinheit. Das hilft euch, die Einheit mit Gott zu erreichen.

Frage 30: Swami! In Wirklichkeit ist die ganze menschliche Rasse ein und dasselbe, da ihre Grundlage göttlich ist. Warum reagieren wir dann nicht alle gleich? Warum denken und handeln wir unterschiedlich?

Bhagavān: Die Menschheit mag eins sein, aber die Menschen verhalten sich unterschiedlich. Keine zwei sind gleich. Das ist das Gesetz der Natur. Gedanken, Worte und Taten hängen von der Zeit und den Umständen ab. Ich möchte euch ein Beispiel geben: Eine Frucht im Frühstadium hat einen sauren Geschmack; eine unreife Frucht ist säuerlich, während eine reife Frucht süß ist. Das sind drei Entwicklungsstufen derselben Frucht, nicht wahr? Sie ist sauer, säuerlich und schließlich süß. Warum das? Die Änderung des Geschmacks ist von der Zeit abhängig. Niemand hat die reife Frucht mit Zucker gefüllt. So heißt es in einem Telugu-Gedicht: Wie das Denken (mati), so das Schicksal (gati), wie die Stellung, so der Wohlstand (sampatti).

Im menschlichen Leben gibt es drei wichtige Aspekte: Handeln (Körper), Denken *(mind),* Sein *(ātman).* Der Körper hat Wünsche, der

Verstand denkt, und der *Atman* macht Erfahrungen. Ihr solltet Großzügigkeit besitzen und niemals engstirnig sein. Warum seid ihr nicht glücklich, dass so viele die Prüfungen bestanden haben, wenn die Prüfungsergebnisse veröffentlicht werden? Wenn ihr großherzig nach eurem Ergebnis Ausschau haltet, werdet ihr sicher eure Nummer unter der anderer Kandidaten in der Zeitung finden. Es ist ein Zeichen von Engstirnigkeit, wenn ihr nur nach eurer Nummer sucht und die anderen euch gleichgültig sind.

Ein anderes Beispiel. Sicher freut ihr euch über ein gelungenes Gruppenfoto, auf dem alle gut aussehen. Wenn ihr dann eure eigene Person sucht, wird man das als Großzügigkeit auslegen.

Das menschliche Leben ist eine Verbindung von drei Eigenschaften *(triguna)*. Diese drei arbeiten vollkommen harmonisch zusammen – wie die drei Flügel eines Ventilators. So wie Chutney aus Tamarinde, Salz und Chili gemacht wird, so hat auch das menschliche Leben drei gut vermischte Eigenschaften. Sicher kennt ihr auch „pan“, das die Inder kauen. Es besteht aus drei Komponenten, Betelblatt, Betelnuss und Kalk, deren Farben grün, braun und weiß sind. Wenn diese Bestandteile, die verschiedenfarbig sind, gekaut werden, entsteht die rote Farbe.

Ganz ähnlich sind im menschlichen Leben die drei Eigenschaften *(guna)* vermischt. Aber in spiritueller Hinsicht ist die Essenz des Menschen Sein *(sat)*, Bewusstsein *(cit)* und Glückseligkeit *(ānanda)*.

Ein Beispiel: Hier sind zwei getrennte Dinge, Wasser und Zucker. Wenn ihr beide miteinander vermischt, ist kein Zucker und kein Wasser mehr da, sondern Sirup. Wasser ist also *„sat“*, Zucker ist *„cit“*, und beide bringen Sirup *„ānanda“* hervor. Die drei *Gunas* und die fundamentale Natur von Sein, Bewusstsein und Glückseligkeit, die mit dem Körper, dem Verstand und dem Intellekt verbunden werden, die mit der äußeren Welt interagieren, führen zu Verschiedenartigkeit oder Vielfalt oder Pluralität.

Frage 31: Swami! Man gebraucht die Wörter „rājanīti“ und „rājakīyam“. Drücken sie tatsächlich ein und dasselbe aus? Wie sollen wir das, was wir in unserer Umgebung sehen, bezeichnen?

Bhagavān: „Rājanīti“ und „rājakiyam“ können niemals dasselbe sein. Nehmen wir doch einmal das Wort *„Rājayoga“*. Unter den Yoga-Wegen bezeichnet man den königlichen Weg, der am höchsten verehrt wird, als *Rājayoga*. Ganz ähnlich werden jene moralischen Prinzipien, die als größte moralische Grundsätze gelten „rājanīti" genannt, weil sie dem Status eines Königs entsprechen. Ihr wisst, dass der Löwe der König der Tiere ist. Diese moralischen Prinzipien sind der Wahrheit und Rechtschaffenheit verpflichtet und verleihen allen Wohlergehen. Was wir heutzutage erleben, sind weder Staatskunst noch politische Strategien, sondern königliche Schlachten (rājakayyam), denen Bosheit, Neid und Hass zugrunde liegen. Es sind bittere Kämpfe.

Frage 32: Swami! Es gibt Menschen verschiedenen Temperaments, verschiedener Ansichten, Anschauungen, Meinungen, ehrgeiziger Pläne und Interessen. Konflikte sind da unvermeidlich. Jeder will, dass alles so abläuft, wie er es sich vorstellt. Was sollten wir dann tun?

Bhagavān: Köpfe unterscheiden sich. Keine zwei Menschen sehen gleich aus, keine zwei denken gleich. Es ist ganz natürlich, dass sich die Anschauungen unterscheiden. Jeder glaubt, seine Auffassung sei die richtige. Aber ihr solltet den Geist der Einheit, Gleichheit und des Gleichmuts aufrecht erhalten.

Hier ist ein kleines Beispiel: Einmal versuchten alle fünf Finger einer Hand ihren Anspruch auf die Vorherrschaft anzumelden. Zuerst sagte der kleine Finger zu den anderen: „Seht! Wenn man die Hände zum Gruß zusammenlegt *(namaskāra),* komme ich zuerst. Daher bin ich wichtig." Darauf sagte der Ringfinger: „Was! Wisst ihr nicht, wie wertvoll ich bin? Teure Diamanten und goldene Ringe schmücken mich!" Darauf sagte der Mittelfinger: „Sehr komisch! Wovon redet ihr eigentlich. Ich bin bereit, kostbare Ringe zu tragen. Warum denn nicht. Manche tun es auch schon. Außerdem, seht ihr nicht, dass ich größer bin als ihr alle? Genügt das nicht, um festzustellen, dass ich euch allen überlegen bin?" Der Zeigefinger sagte dann: „Wenn ihr jemandem etwas zeigen wollt, bin ich der erste. Man braucht mich, um andere zu führen. Außerdem kann ich sie warnen und auf Dinge aufmerksam machen. Also bin ich der erste. Erkennt ihr das nicht?" Dann zu guter Letzt sagte der Daumen lächelnd: „Ich habe euch die ganze Zeit nur zugeschaut! Wenn ich mich euch nicht anschließe, selbst wenn ihr euch alle vier zusammentut, könnt ihr nicht funktionieren. Könnt ihr beim Essen irgendetwas zustandebringen ohne mich? Warum aber so weit gehen? Beim Abschießen eines Pfeils muss ich mit Gewalt die Schnur nach hinten ziehen. Sonst fliegt der Pfeil nicht weit. Also ist meine Position die höchste unter uns."

So meinen die Menschen, ihre Überlegenheit über andere feststellen zu müssen. Ihr solltet immer bereit sein, Gutes von anderen entgegenzunehmen. Ihr solltet bereitwillig und harmonisch zusammenarbeiten. Niemand sollte sich einem anderen überlegen fühlen. Sonst entstehen aus diesem Gefühl der Überlegenheit Gruppen und Parteien, Konkurrenzkämpfe, Streitigkeiten und Konflikte. Als Ergebnis verschwindet der Geist der Liebe vollständig. Wenn sich nicht alle fünf Finger zusammentun, könnt ihr nichts erreichen. Die Gesellschaft kann keine Fortschritte erzielen, wenn Kooperation, Integration und Einheit ihrer Glieder fehlen.

Frage 33: Swami! Wenn man sagt, Männer und Frauen seien gleich, warum gibt es dann Unterschiede und Diskriminierung zwischen den beiden Geschlechtern?

Bhagavān: In körperlicher Hinsicht unterscheiden sich Männer und Frauen. Aber in spiritueller Hinsicht, d.h. aus der Perspektive des *Atman*, sind beide gleich. Tatsächlich ist Gott der einzige, der männlich ist, während alle anderen weiblich sind. Der Körper *(deha)* wird auch Wohnstätte (pura) genannt. Es ist das Prinzip des *Atman*, das von oben nach unten wirkt. Ihr wisst, dass, wenn die Colleges für Frauen Jubiläen feiern und während dieser Zeit ein Theaterstück aufführen, die Mädchen unterschiedliche Rollen spielen, z.B. die eines Soldaten, eines Beamten, eines Königs und so weiter. So sind alle Menschen Frauen in dieser Welt außer Gott. Etwas ganz ähnliches passierte im Leben *Mīrās*, der großen Verehrerin von *Krishna*. Man verwehrte ihr am Haupteingang den Eintritt in einen Krishnatempel in *Brindāvan*, indem man sie darauf hinwies, dass Frauen keinen Zutritt zu einem Tempel Gottes hätten. Daraufhin sagte *Mīrā*: „O, wirklich? Wo sind hier Männer? Ich sehe nur Frauen. Gott ist die einzige männliche Person."

Dennoch unterscheiden sich Frauen von Männern aus weltlicher Sicht, wenn es um Arbeitsteilung geht. Alles und jeder ist göttlich. Obwohl es euer eigener Körper ist, tragt ihr doch keine Schuhe auf dem Kopf oder an den Händen. In Bezug auf die Funktion unterscheiden sich die Teile des Körpers voneinander, obwohl sie doch zur selben Person gehören. So sind Männer und Frauen unterschiedliche Wesen, was ihre physische Form und ihre Funktion angeht.

Frage 34: Swami! In unserer Gesellschaft werden heutzutage sehr seltsame Behauptungen aufgestellt. Man spricht über die Freiheitsbewegung der Frauen. Manche behaupten, Frauen würde seit undenkbaren Zeiten nicht der ihnen gebührenden Platz gewährt. Sie klagen darüber, dass es immer Diskriminierung aufgrund des Geschlechts gegeben habe und eine Frau niemals ihren gerechten Teil erhalten habe. Die Frauen kämpfen jetzt um ihre rechtliche Gleichstellung mit Männern. Wir bitten Dich, beschreibe uns die Rolle der Frauen in unserer Gesellschaft.

Bhagavān: Dies trifft nicht zu, spirituell gesehen. Es gibt zwar körperliche Unterschiede, aber der *Atman* oder Geist ist derselbe. Jeder muss allerdings die von ihm oder ihr erwarteten Pflichten erfüllen. In einer gesellschaftlichen Ordnung sind Männer und Frauen wie zwei Hände, zwei Augen und zwei Füße. Der eine ist der positive, der andere der negative Pol, damit der Strom fließen und tätig sein kann. *Shiva* wird der androgyne Gott *(ardhanarīshvara)* genannt, um diese Einheit zu erklären. Mann und Frau sind wie Materie und Energie. Eine Frau wird als höchste Kraft (ādishakti, parashakti) beschrieben.

Ihr könnt auch in der Geschichte Indiens sehen, welche Position den Frauen eingeräumt worden ist. Viele sind heutzutage wegen ihrer Opferbereitschaft, Weisheit und Verehrung bekannt, und viele konnten ihren Gatten guten und vernünftigen Rat geben. Frauen wie *Sāvitrī, Mandodarī, Sītā, Anasūyā, Damayantī* und *Draupadī* sind sehr berühmt. *Draupadī* diente ihren fünf Ehemännern treu und gewissenhaft, lehnte keine Arbeit ab, die man ihr zuwies, und lebte ein Leben in Zufriedenheit. Als es ein Streitgespräch zwischen *Ādishankara* und Mandana Mishra gab, übernahm dessen Ehefrau Ubhaya Bhāratī die Rolle des Schiedsrichters und erklärte am Ende, *Ādishankara* habe gewonnen. In uralten Zeiten waren *Gārgī* und *Maitreyī* wegen ihrer großen Gelehrsamkeit und spirituellen Meisterschaft berühmt. Habt ihr nicht – wenn wir Beispiele aus neuerer Zeit anführen wollen – davon gehört, welche Rolle die Mütter von Kaiser Shivaji und Gandhi, dem Vater der Nation, gespielt haben, indem sie deren Charakter und Persönlichkeit geformt haben? Beide lernten Lebensweisheit im Schoße ihrer Mütter! *Kausalyā* und *Sītā*, die ihren Söhnen *Rāma* und *Lava* und *Kusha* Liebe und Weisheit entgegenbrachten, wurden unsterblich und gelten bis heute in der ganzen Welt als Vorbild.

In unseren täglichen Gebeten sagen wir: „Die Mutter ist Gott" (mātridevo bhava). Kennt ihr nicht die Reihenfolge der Namen in zusammengesetzten Namen wir *Sītā-Rāma, Gaurī-Shankara, Lakshmī-Nārāyana* und so weiter? Die Namen der Frauen stehen immer an erster Stelle. In der Vergangenheit gab es kein Beispiel, wo Frauen gedemütigt, vernachlässigt oder respektlos behandelt wurden. Gibt es nicht Worte wie „Mutterland“ (engl. motherland), „Muttersprache“, Zeichen der Hochachtung vor Frauen?

Die *Bhagavadgita* bezieht sich auf sieben Arten von Kräften, die Frauen als selbstverständliche Rechte ansehen. Die Frau hat eine ganze Reihe von Titeln, die ihren Beitrag zur Familie und ihre besondere Rolle unterstreichen. Eine Hausfrau wird „illālu“ genannt, das ist jemand, der sich um das Haus (illu) kümmert. Sie wird als „sahadharmacārinī“ beschrieben, d.h. als diejenige, die ihren Mann auf den Pfad der Rechtschaffenheit führt. Sie wird als „grihalakshmī“ gepriesen, die vollkommene Verkörperung des Reichtums, Friedens und Wohlstands der Familie. Sie wird „ardhāngī“ genannt, weil sie eine Hälfte des Mannes repräsentiert, die bessere Hälfte.

Die Frau steht für Geduld, Opferbereitschaft, Selbstbeherrschung, Respekt, Demut und Gehorsam, Eigenschaften, die dem Mann gewöhnlich fehlen. Eine Frau ist bereit, für ihr Kind oder ihren Mann zu sterben. Sie schuftet und kämpft für den Fortschritt und das Wohlergehen der Familie. Sie ist das Rückgrat des Landes. Sie ist das Licht und das Glück der Familie.

Frage 35: Swami! Es ist unbedingt notwendig, bei all unseren Aktivitäten eine Änderung herbeizuführen. Fast alle Bereiche des öffentlichen Lebens sind heutzutage verunreinigt, abstoßend und enttäuschend. Wie lässt sich eine Änderung herbeiführen?

Bhagavān: In der Tat leben Dorfbewohner, die ungebildete, unschuldige und einfache Naturen sind, in größerer Eintracht, engeren Beziehungen und größerer gegenseitiger Liebe als die weltmännischen, gebildeten und scheinbar kultivierten Städter. Die letzteren sind voller Ego und Eifersucht. Um eine Änderung herbeizuführen, müssen sie sich anstrengen. Ohne ein hohes Maß an aufrichtigem Bemühen können sie Eigenschaften wie Egoismus, Stolz, Eifersucht und Hass nicht überwinden. Butter ist zweifellos weich. Aber um Ghee daraus zu machen, muss man sie erhitzen. Ebenso ist eine Anstrengung nötig, wenn man eine Änderung herbeiführen möchte. Zunächst sollte man frommen Leuten zuhören. Dieses Zuhören *(shravana)* ist die erste Stufe. Aber das einfache Zuhören reicht nicht aus. Man sollte sich an das Gehörte erinnern, es sich vergegenwärtigen, überdenken und wiederholen *(manana)*. Das dritte ist die Anwendung des Gehörten und Gelernten *(nididhyāsa)*. Hier ist ein kleines Beispiel: Euer Essen muss in der Küche gekocht werden. Dann muss es auf den Esstisch gestellt und serviert werden. Dann nehmt ihr es zu euch. Außerdem muss die Nahrung verdaut, assimiliert und die Nährstoffe müssen an die verschiedenen Teile des Körpers weitergeleitet werden. Nicht wahr? So gleicht also das Zuhören *(shravana)* dem Kochen, das Erinnern *(manana)* den auf den Tisch gestellten Speisen, während die Anwendung des Gehörten *(nididhyāsa)* dem Essen und Verdauen entspricht.

Frage 36: Swami! Wir sind immer in Eile. Wir müssen schnell zu so vielen Orten gehen, um mit der Zeit hinzukommen und mit der Arbeit mithalten zu können. Ist es denn möglich, sich in einem so schnellen Leben spirituell zu entwickeln? Können wir im spirituellen Bereich auch schnell vorankommen?

Bhagavān: Heutzutage sind viele Krankheiten auf drei Faktoren zurückzuführen, die gewöhnlich bei euch anzutreffen sind: Eile, Aufregung und Curry (engl.: „hurry, worry, curry"; Anm. d. Ü.). Also vermeidet Hetze. Geduld ist sehr wichtig und wesentlich. In meiner letzten Inkarnation in *Shirdi* (als *Shirdi Baba*; Anm. d. Ü.) habe ich Aufrichtigkeit und Geduld betont.

Die Menschen laufen gewöhnlich, um den Zug oder den Bus zu bekommen oder sie rennen ins Geschäft und so weiter. Vor Kinos steht ihr stundenlang Schlange. Aber hier seht ihr auf die Armbanduhr und fragt euch, warum Swami nicht schon zum *Darshan* gekommen ist. Ihr müsst also geduldig sein, um wahre Glückseligkeit zu erfahren. Für alles, was geschieht, gibt es die richtige Zeit, sie ist vorherbestimmt, festgelegt und von Gott angeordnet. Ihr wisst doch, dass *Arjuna* 74 Jahre alt werden musste, um die *Bhagavadgita*, das Lied Gottes, aus *Krishnas* Mund zu hören, obwohl beide jahrelang in einer sehr engen Freundschaft verbunden waren. So solltet ihr auch warten. Ihr solltet nicht denken: „Was ist los! Warum spricht Swami nicht zu mir?" Zur rechten Zeit werde ich das Rechte für euch tun. Seht doch, wie eine Frucht sich vom Baum löst und auf den Boden herabfällt, nachdem sie reif geworden ist! Ihr müsst warten, bis die Zeit reif ist. Eile ist auf dem spirituellen Weg fehl am Platze.

Frage 37: Swami! Heutzutage gibt es zunehmend die Tendenz, immer mehr Geld zu verdienen. Ego und Stolz geraten außer Kontrolle. Würdest Du uns bitte eine Lösung für dieses Problem aufzeigen?

Bhagavān: Die Erde dreht sich um die Sonne. So dreht sich heute der Mensch um das Geld. Tatsächlich verschafft uns Geld nur Bequemlichkeit und Annehmlichkeiten. Vieles lässt sich mit Geld nicht kaufen.

Wenn man Geld hat, kann man in einem 5-Sterne-Hotel ausgezeichnet essen.
Aber habt ihr Appetit?
Ihr könnt ein schönes Bett kaufen,
Aber könnt ihr Schlaf kaufen?
Ihr könnt die neuesten, teuersten Medikamente kaufen,
Aber könnt ihr mit eurem Geld das Leben eines Sterbenden verlängern?

Ihr glaubt, mit Geld könne man vieles erreichen, aber das stimmt nicht. Es macht euer Leben lasterhaft. Die Menschen haben zwei wichtige Hilfsmittel: „den Kopf“ und „das Herz“. Der Kopf muss Verantwortung übernehmen. Er besitzt das Wissen der äußeren Welt *(pravritti)*, aber das Herz steht für das innere Erwachen *(nivritti)*. Werte wie Opferbereitschaft, Wahrheitsliebe, Barmherzigkeit, Liebe, Mitgefühl kommen aus dem Herzen. Alles, was ihr im Außen vorfindet, ist nur „künstlich“, aber das Herz ist in eurem Inneren (im Engl. Wortspiel: „art“ – „heart“; Anm. d. Ü.). Lasst euch nicht von der „Künstlichkeit“ der äußeren Welt überwältigen.

Der Luftzug, der durch eine Anzahl elektrischer Ventilatoren entsteht, lässt sich nicht mit einer natürlichen Brise vergleichen. Wasser aus einem Teich, Flusswasser und Seewasser können niemals mit Regenwasser gleichgesetzt werden. Gott ist unendlich. Wo steht der Mensch vor ihm? Warum bist du egoistisch und stolz? Weshalb? Berge mögen eine große Höhe haben. Aber das Wasser fließt vom Berggipfel nur hinunter. Genauso bist du vielleicht ein großer Gelehrter oder nimmst eine hohe Position ein. Wenn du stolz und egoistisch bist, steht dein Fall kurz bevor. Licht steigt nach oben. Auch das Feuer des Wissens trägt dich nach oben. Tatsächlich ist der moderne Mensch schlimmer als Katzen und Hunde. Wenn sie krank sind, fressen sie nichts, sie fasten oder hungern. Der Mensch jedoch ist selbst in Zeiten, da er krank ist, auf ein Festmahl aus. Er „fastet“ nie, er feiert nur „Feste“. Deshalb wird er oft krank.

Der Schöpfungszyklus wird durch die drei Grundeigenschaften *(guna)* in Gang gehalten: Trägheit *(tamas),* Aktivität *(rajas)* und Reinheit *(sattva),* die durch die Dreiheit *Brahma*, den Schöpfer, *Vishnu*, den Erhalter, und *Shiva*, den Zerstörer, repräsentiert werden. Unter den 8.400.000 Arten nimmt der Mensch einen besonderen Platz ein. Gott hat ihn mit den Gaben des Verstands und des Intellekts gesegnet. Aber der Mensch ist so egoistisch und stolz geworden, dass er sogar die Existenz Gottes, seines Schöpfers, bezweifelt, in Frage stellt und leugnet. Dies ist die Bedeutung der Episode von *Mohinī* und *Bhasmāsura* in unseren Epen.

Es gab einmal einen Dämonenkönig namens *Bhasmāsura*. Er tat Buße und erfreute *Shiva.* Er betete zu *Shiva* und bat um die Gabe, jeden in Asche verwandeln zu können, wenn er ihm die Hand auf den Kopf legte. *Shiva* gewährte ihm diese Gabe. Berauscht durch diese neue Kraft, legte *Bhasmāsura* allen Personen, die sich in seiner Nähe befanden, unterschiedslos die Hand auf den Kopf. Natürlich – als Folge der göttlichen Gabe – starben sie und wurden zu Asche. Er wurde ein so charakterloser, furchtbarer und in hohem Maße egoistischer Mensch, dass er sogar beschloss, *Shiva*, von dem er seine Gabe erhalten hatte, die Hand auf den Kopf zu legen. Daraufhin nahm *Vishnu* die Gestalt der schönen Tänzerin *Mohinī* an und begann, vor *Bhasmāsura* zu tanzen, der, durch ihre hinreißende Schönheit betört, zu tanzen anfing. Gesten und Positionen wechselten sich ab, und so hatte *Mohinī* plötzlich ihre Hand auf ihren Kopf gelegt und *Bhasmāsura* tat das auch. In dem Augenblick, in dem er seine Hand auf seinen Kopf legte, starb er. Wer Gott verleugnet, schadet sich selber.

Der moderne Mensch ist wie *Bhasmāsura.* Er schädigt die Person, die ihm hilft. Alles, was er sagt, denkt und tut, ist voller Egoismus. Er kann den Wert der grundsätzlichen Unterscheidungskraft nicht mehr einschätzen, die sich überall und zum Wohl aller einsetzen lässt. Ihm fehlen göttliche Eigenschaften wie Wahrheitsliebe, Friede und Liebe. Das ist sein Makel. Ihm fehlen göttliche Eigenschaften, er besitzt stattdessen dämonische wie Eifersucht, Stolz und Hass. Er „tötet“ sein Wissen. Stattdessen sollte er sein Wissen „schulen“, um sein Gleichgewicht zu erhalten (im Engl. Wortspiel: „kill“ – „skill“; Anm. d. Ü.). Das ist der Grund für all seine Probleme. Er entfernt den Buchstaben „S“, der für „Sai“ steht, vom Wort „skill“ und verliert sein Gleichgewicht. Egobewusstsein, Habgier, Eifersucht und andere schlechte Eigenschaften sind auf die Nahrung, Gesellschaft und Interaktion zurückzuführen. Wenn ihr Selbstbeherrschung zeigt, werdet ihr die Lösung finden.

Frage 38: Swami! In einer Organisation, in der wir mit anderen zusammenarbeiten müssen, begegnen wir sehr oft Leuten, die einander kritisieren und tadeln. Das ist sehr entmutigend und führt zu Aufspaltung in Gruppen. Ehrliche Leute fühlen sich durch unbarmherzige Kritik entmutigt. Es scheint, als ob Charakter-Totschläger und Dreckschleuderer am Werk seien. Wie sollen wir uns auf dieses böse Verhalten einstellen, das überall vorherrscht?

Bhagavān: Es ist eine Sünde, andere zu kritisieren. Es ist ein Zeichen von Schwäche und einem Minderwertigkeitskomplex. Ihr solltet niemanden kritisieren oder hassen. Tatsächlich steht es niemandem zu, andere zu kritisieren. Um das zu lernen, sollte man sich von allem Anfang an die Frage stellen, wer eigentlich kritisiert wird. Dann fühlt ihr euch nicht weiter verletzt. Der Grund? Wenn sich die Kritik auf euren Körper bezieht, braucht ihr euch nicht verletzt zu fühlen, weil der Körper vergänglich und kurzlebig ist. Ihr solltet gegenüber eurem eigenen Körper gleichgültig sein, der euch in so viele Schwierigkeiten und Probleme hineinzieht. Der andere erweist euch einen Dienst, wenn er euren Körper kritisiert. Ihr solltet ihm dankbar sein, wenn er das euch zuliebe tut. Gilt die Kritik denn dem *Atman*? Das ist nicht möglich, weil dieselbe Seele oder derselbe *Atman* auch im Kritiker ist. Der *Atman* ist das Selbst, das in allen dasselbe ist. Also wer ist der Kritiker und wer der Kritisierte? Es läuft darauf hinaus, dass man sich selber kritisiert. Egobewusstsein und Eifersucht sind die Motive, die jemanden dazu bringen, an anderen Kritik zu üben.

Ihr habt eine weitere Frage gestellt. Ihr wollt wissen, wie ihr auf Kritik reagieren sollt. Hier ist ein kleines Beispiel: Stellt euch vor, ihr bekommt einen eingeschriebenen Brief. Wenn ihr ihn nicht annehmen wollt, könnt ihr die Annahme verweigern. Das Einschreiben geht dann an den Absender zurück, nicht wahr? So könnte man gegen euch gerichtete Kritik als Einschreibebrief ansehen. Nehmt sie einfach nicht an. Weigert euch, so dass dieser kritische Einschreibebrief zum Kritiker zurückgeht. Wenn jemand öffentlich laut und aggressiv gegen euch zu Felde zieht, verschwindet alles in der Luft oder in eurer Nähe. Wenn jemand euch heimlich anklagt, geht es zum Ankläger selbst zurück.

Ich denke, man sollte aufgrund seiner Verdienste beurteilt werden und nicht aufgrund seiner Schwächen. Ich fordere euch immer wieder auf, eure eigenen Schwächen und die Stärken anderer herauszufinden. Wenn ihr gründlich darüber nachdenkt, werdet ihr erkennen, dass persönliche Kritik nur „ein Spiegelbild eures Inneren" ist. Ihr entdeckt das Schlechte in der Außenwelt, weil ihr das Schlechte in euch tragt. Es gibt nichts, was ihr außerhalb von euch finden könnt. *Duryodhana* wurde aufgefordert, einen guten Menschen zu suchen. Er kam zurück und behauptete, er habe keinen gefunden. Wenn ihr einen guten Menschen auf der Welt finden wollt, dann seid ihr es selber. *Dharmaja* wurde gebeten, sich umzuschauen und einen bösen Menschen zu finden. Er kehrte zurück und meinte, er habe außer seiner eigenen Person keinen schlechten Menschen gefunden. So unterscheidet sich die Haltung zweier Menschen, die eine unterschiedliche Lebensauffassung haben. Wie eure Vorstellung ist, so erscheint die Schöpfung. Von der Farbe der Brillengläser hängt die Farbe der Welt ab, die ihr seht. Wenn ihr euch dieser Wahrheit bewusst werdet, werdet ihr niemanden mehr kritisieren.

Wen auch immer ihr achtet und verehrt, es kommt der Verehrung Gottes gleich. Da Gott in jedem ist, respektiert ihr Gott, wenn ihr jemanden achtet. Ebenso hasst ihr Gott selbst, wann immer ihr jemanden hasst. Wenn ihr tief in die Augen des Menschen seht, der vor euch steht, seht ihr euer eigenes Spiegelbild. Deshalb ist er keine von euch getrennte Person, sondern euer eigenes Spiegelbild.

Es gibt nur einen ohne den zweiten, d.h. Gott, der in allen anwesend ist. Wenn ihr mit dem Zeigefinger auf die Fehler eines anderen Menschen zeigt, sind drei Finger auf euch gerichtet und erinnern an eure eigenen Fehler. Wenn ihr das versteht, werdet ihr niemanden mehr kritisieren oder tadeln. Gott gibt und vergibt. Ich sage euch oft, was vergangen ist, ist vergangen, und es lässt sich nicht wieder gutmachen. Deshalb seid achtsam.

Frage 39: Swami! Wenn wir unser Leben betrachten, finden wir es verwirrend und entmutigend. Wir haben auch unsere Zweifel, ob wir die richtige Richtung eingeschlagen haben. Du bist unsere einzige Zuflucht. Gib uns bitte einen Rat.

Bhagavān: Ihr kennt Mridanga, das südindische Musikinstrument, das wie eine Trommel beim Spiel beidseits geschlagen werden muss. Euer Leben ist wie eine Ratte, die in dieser Trommel gefangen ist. Wird die Trommel auf der einen Seite geschlagen, rennt die Ratte auf die andere Seite und umgekehrt, da es keinen Ausweg gibt. Ebenso denkt ihr an Gott, wenn ihr dieser Welt überdrüssig seid. Wenn Gott euch prüft, driftet ihr wieder in Richtung Welt ab. Eure Bewegung zwischen der Welt und Gott gleicht der der Ratte. Das ist nicht in Ordnung.

Hier ein kleines Beispiel: Zwei Studenten wetteiferten miteinander, wer am schnellsten Bananen essen könne. Der eine Student wollte zuerst die äußere Schale jeder Frucht essen und dann das weiche Innere. Der andere Student plante, den weichen Teil zuerst und dann die Schale zu essen. Also fingen sie an zu essen. Der erste, der mit den Schalen anfing, hatte den Bauch bald voll von diesem Zeug und konnte die süßen Früchte nicht mehr essen. Also hatte er verloren und außerdem Magenschmerzen und Verdauungsprobleme. Der zweite Student stopfte seinen Bauch mit den weichen Früchten voll und konnte dann die Schalen nicht mehr vertilgen. Also verlor auch er den Wettbewerb. Dennoch blieb er gesund.

Ebenso ist es mit den Menschen, die voller weltlicher Begierden sind und nach Sinnesfreuden streben. Sie werden ihr Leben im Elend beenden, da sie kein Heilmittel für das Leiden weltlicher Bindung finden. Dies lässt sich mit der Situation des ersten Studenten vergleichen, der nur die äußere Schale der Bananen im Wettbewerb aß. Aber die, die an Gott denken, sind wie der zweite Student, der das weiche Innere aß. Sie werden stärker, was ihr göttliches Leben angeht.

Das Leben sollte von der Auffassung ausgehen, dass man der Diener des Herrn ist (dāso 'ham). In der Mitte des Lebens sollte man unablässig fragen: „Wer bin ich (ko 'ham)?" Am Ende sollte die volle Erkenntnis der Identität des individuellen Selbst mit Gott stehen: „Ich bin Gott (so 'ham)." Dies ist die richtige Art zu leben. Der Mensch sollte erkennen, dass Glück und Frieden, derer er grundsätzlich bedarf, in der äußeren Welt nicht zu finden sind. Ein kleines Beispiel: Jemand suchte ein Hotel auf. Der Kellner fragte ihn: „Was möchten Sie essen?" Der Mann antwortete: „Ich möchte Idli und Sambar." Darauf antwortete der Kellner ganz überrascht: „Mein Herr, haben Sie die Tafel dort nicht gesehen? Dies ist ein nicht-vegetarisches Militärhotel." Ebenso könnt ihr nicht Gerichte wie Palav, Biryani und Hähnchen in einem brahmanischen vegetarischen Hotel erwarten.

So ist an dieser Welt auch ein Schwarzes Brett angebracht, auf dem steht: „Diese Welt ist vergänglich und voller Leid." Wie könnt ihr Frieden und Glück in dieser Welt erwarten? Deshalb sagt *Krishna* in der *Bhagavadgita:* „Denkt an mich oder verehrt mich oder verbindet euch mit mir oder gebt euch mir hin." Ihr solltet euer Leben im vollen Wissen dieser Tatsachen führen.

Frage 40: Swami! Wie sollten wir uns in der Gesellschaft verhalten? Was sind gesellschaftliche Normen?

Bhagavān: Ihr solltet zwei Dinge vergessen: die Hilfe, die ihr anderen geleistet habt, und das Leid, das andere euch zugefügt haben. Außerdem solltet ihr euch an zwei Dinge erinnern: an die Hilfe, die man euch geleistet hat, und das Leid, das ihr anderen zugefügt habt. Dann wird es weder Ego, Stolz, Eifersucht, Neid, Hass noch andere böse Neigungen in euch geben.

Dann solltet ihr auch noch einer anderen wichtigen Sache eure Aufmerksamkeit schenken. Wie klein auch immer ein Fehler von euch sein mag, seht ihn als groß an. Gleichzeitig verkleinert den Fehler bei anderen, wenn er euch groß erscheint. Seht eure eigene Güte als gering an und die anderer als groß. Diese Einstellung hilft euch, euren Charakter zu verbessern und befähigt euch, die Fehler anderer zu vergeben und zu vergessen.

Aber heutzutage passiert genau das Gegenteil. Jeder prahlt mit seiner eigenen Güte und minimiert die anderer, sieht seine Vergehen, die so hoch sind wie der Himalaya, als kleine Ameisenhügel an, während ihm die kleinsten Fehler anderer riesengroß erscheinen. Dies ist die Ursache für alle Konflikte und Kämpfe.

Es gibt außerdem noch zwei extremere Gruppen von Menschen. Einige sehen ihre Fehler sogar als Verdienste an, erkennen nichts Falsches an ihren Fehlern und versuchen, die Aufmerksamkeit auf ihre Tugenden zu richten, die ihnen tatsächlich abgehen. Dann gibt es noch die Gruppe jener, die sogar schlimmer als Dämonen sind. Das sind Leute, die anderen Fehler, Schwächen und Mängel zuschreiben, was nicht der Wahrheit entspricht, und deren Stärken völlig ignorieren. Berichtigt eure eigenen Fehler zuerst. Beurteilt andere aufgrund ihrer Stärken und nicht ihrer Schwächen. Entdeckt eure eigenen Schwächen und die Stärken der anderen.

Frage 41: Swami! Viele Menschen glauben, sie hätten keine Zeit, um sich zu entspannen. Wie also kann man sich entspannen?

Bhagavān: Entspannung tritt ein, wenn man die Arbeit wechselt. Ihr solltet niemals untätig sein. Ihr solltet nicht faul sein. Wer rastet, der rostet. Aber Arbeit ist die beste Entspannung (im Engl. Wortspiele: „rust and dust“ und „rest and best“; Anm. d. Ü.). Wenn ihr einer bestimmten Art von Arbeit überdrüssig seid, macht euch an eine andere. Entspannung tritt ein, wenn man die Arbeit wechselt.

Frage 42: Swami! Wir machen uns eine Menge Sorgen. Manchmal werden wir deswegen sogar krank. Was sind Sorgen? Sage uns bitte, wie man sich davon befreien kann.

Bhagavān: Meiner Meinung nach existieren sie nicht. Wenn ihr gründlich darüber nachdenkt, werdet ihr herausfinden, dass es so etwas wie Sorgen überhaupt nicht gibt. Es ist nur ein psychologisches Phänomen. Sorgen sind Ängste, die der Geist hervorgebracht hat. Das ist alles. Sonst nichts. Es ist nur eure Phantasie.

Manchmal habt ihr Schuldgefühle. Also macht ihr euch Sorgen wegen eurer Vergangenheit, die doch nicht mehr zu ändern ist. Alle Anstrengungen, Vergangenes zu ändern, gehen ins Leere. Vergangenes ist vergangen. Weshalb sollte man sich dann Sorgen machen? Welcher Sinn sollte darin liegen? Ihr könnt euch wegen der Zukunft Sorgen machen. Dies ist meiner Meinung nach auch nutzlos. Ihr fragt warum? Nun, die Zukunft ist ganz unsicher, alles kann passieren. Wer weiß das schon. Die Zukunft ist unbekannt. Warum sollte man sich dann Sorgen machen? Was gewinnt ihr dadurch?

Macht es euch ganz klar: Alles ist in der Gegenwart enthalten. Sie ist nicht einfach gegenwärtig, sie ist allgegenwärtig. Wie lässt sich das verstehen? In der Gegenwart liegen die Ergebnisse der Vergangenheit. Die Gegenwart ist die Basis der Zukunft. Der Same von heute stammt vom Baum, den ihr gestern gepflanzt habt, und er wird keimen und der Baum von morgen sein. So braucht man sich also keine Sorgen zu machen, denn es ist nutzlos.

Frage 43: Swami! Heutzutage verschwenden viele Gebildete Zeit, Geld und Energie in den Städten und Cities. Bhagavān, wir bitten Dich um Deine Meinung dazu.

Bhagavān: „Zeit ist Gott.“ In euren Gebeten sagt ihr, dass Zeit göttlich ist. Ihr solltet keine Zeit vergeuden. Es ist eine Sünde, Zeit zu verschwenden oder zu missbrauchen. Jeder muss sich auf die Zeit einstellen. Gott ist der Herr der Zeit. Zeit verschwenden heißt das Leben verschwenden. Eile führt zu Verschwendung, Verschwendung führt zu Sorgen, also geht niemals hastig an eine Sache heran. Wir sollten gute Taten vollbringen und so unsere Zeit heiligen. Die Jugend und ein Fluss fließen niemals rückwärts. Wenn ihr das Stadium der Jugend hinter euch habt, kommt es nie zurück. Das Wasser des Flusses fließt vorwärts und zieht sich niemals zurück. Deshalb sollte Zeit für euch etwas sehr Kostbares sein.

Ihr habt auch darauf hingewiesen, dass Geld von vielen Gebildeten verschwendet wird. Das ist sehr schlecht. Geldverschwendung ist eine schlimme Sache. Ihr solltet Geld niemals missbrauchen. Denkt immer daran, dass Geld zu vielen anderen falschen Dingen führt. Viel Geld kann auch zu schlechten Gewohnheiten führen. Ihr solltet Geld für karitative Zwecke spenden. Ihr solltet der Gesellschaft, die für eure soziale Stellung verantwortlich ist, eure Dankbarkeit zeigen, indem ihr Geld für soziale Aktivitäten bereitstellt. Ihr solltet für die Armen und Bedürftigen Opfer bringen. Befreiung *(moksha)* wird nur durch Opfer erreicht. Keine Tat, keine Nachkommen, kein Besitz oder Eigentum kommen jemals einem Opfer gleich.

Im menschlichen Körper sollte das Blut immer zirkulieren. Ebenso sollte das Geld in der Gesellschaft fließen. Es sollte nicht in den Händen einiger weniger stagnieren. Wenn das Blut im Organismus nicht frei zirkuliert, entwickelt sich ein Geschwür oder ein Tumor im Körper. Wenn ihr über zu wenig Geld verfügt, ist es schwierig, mit allem im Leben zurechtzukommen. Gleichzeitig verdirbt euch zu viel Geld. Es sollte wie ein passender Schuh sein. Wenn die Schuhe zu groß sind, könnt ihr nicht darin gehen; wenn sie zu eng sind, fällt euch das Gehen auch schwer. Eure Schuhe sollten dieselbe Größe haben wie eure Füße. So sollte Geld auch weder fehlen noch im Überfluss vorhanden sein. Erinnert euch an das, was ich euch wiederholt sage und wovor ich euch warne. Geld kommt und geht, aber Moral kommt und wächst (im Engl. Wortspiel: „comes and goes" – "comes and grows"; Anm. d. Ü.).

Moralisches Verhalten liegt vor, wenn Energie und andere Ressourcen richtig eingesetzt werden. Ihr solltet Energie, in welcher Form auch immer, niemals verschwenden. Ihr solltet Wasser nicht verschwenden. Ihr solltet Nahrung nicht verschwenden. Nahrung ist Gott (annam brahma). Ihr könnt essen, bis ihr euren Hunger gestillt habt. Das ist in Ordnung. Es gibt viele, die hungern. Es gibt viele, die nicht genügend Nahrung zur Verfügung haben. Wie heißt das Gebet, das ihr vor dem Essen sprecht?

Brahmarpanam brahma havir
Brahmagnau brahmana hutam
Brahmaiva tena gantavyam
Brahma karma samadhina

Aham vaisvanaro bhutva
Praninam deham ashritah
Pranāpana samayuktah
Pacamy annam chatur vidham

„O Gott, der du in der Form von *Vaishvānara* erscheinst! Du verdaust und assimilierst in der Tat die Nahrung, die ich esse. Ich biete dir die Nahrung an, die ich zu mir nehme. Ich biete die Nahrung dir an. Du allein versorgst alle Teile meines Körpers mit ihrer Essenz."

Ich möchte, dass ihr eure Wünsche einschränkt. Das ist nur möglich, wenn ihr euch entscheidet und gelobt, weder Zeit, Geld, Nahrung noch Energie zu verschwenden. Alle fünf Elemente der Natur – Erde, Wasser, Luft, Feuer und Raum – sind göttlich. Ihr solltet euch diesen fünf Elementen gegenüber sehr ehrerbietig und dankbar erweisen. Seht sie immer als göttlich an.

Frage 44: Swami! Wenn wir mit der Art der Bildung und dem Geld, das wir erhalten, nicht glücklich sind, ist es dann korrekt, sie für nutzlos zu halten? Sollten wir dann beides aufgeben? Was ist der Ausweg?

Bhagavān: Es ist nicht richtig. In dieser Welt ist nichts nutzlos. Alles hängt von eurem Denken *(mind)* ab. Eure Gedanken und Gegen-Gedanken sind für alles, was ihr fühlt, sagt und tut, verantwortlich. Gott erschuf diese Welt zum Wohle und zur Verbesserung der Menschheit. Gebrauch, unrechter Gebrauch und Missbrauch hängen von eurem Denken ab. Daher macht ihr gewisse Erfahrungen und habt entsprechende Ergebnisse. Tatsächlich gibt es nichts in der Erziehung, was falsch sein könnte, denn Wissen ist Gott. Also kann Ausbildung nichts Negatives haben. Wenn euer Denken rein ist, vermittelt euch eure Erziehung Weisheit und spirituelles Erwachen. Aber ein verunreinigter Geist verfolgt durch die Erziehung nur selbstsüchtige Zwecke. Also hängt der Nutzen der Erziehung von der Natur eures Verstandes ab. Dies trifft für das Geld ebenso zu.

Ein geheiligter Geist regt euch zu Opfertaten an. Aber ein verunreinigter Geist führt dazu, dass ihr euch irgendwelchen Lastern hingebt und dadurch Geld verschwendet. Er macht euch zum Sklaven von allerlei schlechten Gewohnheiten. Schließlich verliert ihr euren guten Namen. Auch hier, wenn wir Geld als Konstante nehmen, hängt sein Nutzen von eurem Denken ab. Daher ist es notwendig, den Geist rein, heilig, auf Gott ausgerichtet und voll von selbstloser göttlicher Liebe zu halten. Dieser Vorgang schließt spirituelles Bemühen ein. Körper-Bewusstsein, Zweifel, Eifersucht, Hass, Ego und Selbstsucht verunreinigen den Geist und führen zum völligen Ruin des Lebens. Daher sollten diese bösen Neigungen sofort beseitigt werden, und euer Geist sollte stattdessen mit Liebe erfüllt werden. So werden Erziehung und Geld gut genutzt. Sie werden euch zu sozialen Aktivitäten anregen und euch schließlich befähigen, den Gott in euch zu verwirklichen.

Frage 45: Swami! Unser Land Indien ist wegen seiner säkularen Verfassung berühmt. Aber die politischen Parteien interpretieren Säkularismus auf unterschiedliche Weise. Einige geben verzerrte Kommentare ab. Ich bitte dich um Erläuterung.

Bhagavān: „Säkularismus" bedeutet nicht Atheismus. Eine säkulare Nation ist nicht das Land von *Hiranyakashipu*, sondern ein Land, in dem jeder Bürger seinem *Dharma* folgt, ihn verbreitet und sich frei dazu bekennt und den Glauben und den *Dharma* anderer Menschen unter gar keinen Umständen kritisiert. Die ewige Ordnung *(sanātana dharma)* bezieht sich auf das Säkulare. *Shrī Krishna* sagt: „Es ist besser, bei der Erfüllung der eigenen Pflicht zu sterben, die Pflichten eines anderen bringen immer Wagnis und Furcht mit sich" *(Bhagavadgita 3/35).*

In anderen Worten, ihr solltet euch auf den eigenen *Dharma (svaharma)* konzentrieren und nicht auf den des anderen *(paradharma).* Aber an der Stelle muss auf ein subtiles Detail hingewiesen werden. „*Svadharma*" meint nicht das rechte Verhalten in Bezug auf die eigene Kaste, den Lebensabschnitt oder den Beruf, wie ihr denken könntet. „*Svadharma*" ist der *Dharma* des *Atman*, der *Dharma*, der auf dem Bewusstsein des *Atman* beruht, und *paradharma* basiert auf dem nicht atmischen Körperbewusstsein, das ohne Geist *(spirit)* ist.

Frage 46: Swami! Heutzutage bemühen sich verschiedene internationale Organisationen um Frieden. Es hat den Anschein, als hätten

die Leitprinzipien dieser Organisationen nicht den richtigen Fokus. Wie kann also Frieden erreicht werden?

Bhagavān: Ihre Herangehensweise ist falsch. Wo ist Frieden? Frieden ist in euch. Ihr seid die Verkörperung von Frieden. Frieden kann nicht draußen in der Welt gefunden werden. Was draußen anzutreffen ist, ist nicht Frieden, sondern Stücke (im Engl. Wortspiel: „peace" – „pieces"; Anm. d. Ü.). Zuerst trachtet selber danach, Frieden zu erreichen, dann verbreitet diesen in eurer Familie. Allmählich werdet ihr Frieden in der Gemeinschaft und dann in der Nation finden. Viele Länder horten Atombomben und Massenvernichtungswaffen und hören nicht auf, Friedenshymnen zu singen. Ist das Frieden?

Frage 47: In diesem modernen Zeitalter sehen viele von uns unsere jahrhundertealten Opferrituale *(yajna, yāga)* als bedeutungslos, lächerlich und veraltet an. Warum ist das so?

Bhagavān: Unwissenheit ist die Hauptursache, äußerste Unwissenheit gedankenloser Äußerungen. Ein kleines Beispiel: Ein Bezirks-Steuerbeamter kam im Rahmen seiner offiziellen Tätigkeit in ein Dorf. Da sah er auf dem Feld einen Bauern Reiskörner auf sein Land werfen. Der Beamte glaubte, dies sei der Grund, warum Indien so arm sei. „Was für ein Idiot ist dieser Bauer, er wirft Reiskörner weg, obwohl die Leute Hunger leiden", dachte er. Schließlich entschloss er sich, den Bauern zu fragen, warum er das tue. Der Bauer antwortete: „Mein Herr, ich verschwende diese Reiskörner nicht. Heute sieht es so aus, als würde ich einen Sack Körner in den Wind streuen, aber später werden aus einem Sack fünfzig Säcke." Da verstand der Steuereintreiber, dass er einen Fehler gemacht hatte.

Ebenso könnte man glauben, wenn man heilige Rituale beobachtet, dass Ghee und vielerlei andere Dinge verschwendet werden, wenn man sie dem Opferfeuer übergibt. Das ist nicht der Fall. Der Rauch, der aus diesem Feuer aufsteigt, wenn die Substanzen in das Feuer gegossen werden, und das gleichzeitige Singen vedischer Mantren, reinigen die verschmutzte Atmosphäre. Die ganze Atmosphäre wird gereinigt. Also ist es töricht, diese Rituale als überholt, lächerlich und bedeutungslos anzusehen. Sie sorgen für den nötigen Regen und gute Ernten. Tatsächlich stehen diese von den vedischen Texten vorgeschriebenen Rituale im Dienste der Menschheit, und sie verheißen Frieden und Glück.

Frage 48: Swami! Bitte nenne uns die Hauptprinzipien, die in den Bereichen Naturwissenschaft, Politik, Ethik, Religion und Spiritualität Fortschritte bewirken könnten.

Bhagavān: Wenn ihr euch an drei Hauptprinzipien haltet, ist euch ein umfassender Erfolg sicher. Ihr werdet zweifellos auf allen Tätigkeitsfeldern, seien es individuelle oder kollektive, Fortschritte machen.

Das erste Prinzip ist die Gottesliebe (daivaprīti). Das zweite ist Furcht vor der Sünde (pāpabhīti). Das dritte ist gesellschaftliche Moral (sanghanīti). Wenn ihr Gott nicht über alles liebt, könnt ihr keine Furcht vor der Sünde haben. Ist diese Furcht vor der Sünde vorhanden, etabliert sich automatisch Moral in der Gesellschaft. So sind diese drei Prinzipien voneinander abhängig und aufeinander bezogen.

Ich sage oft zu meinen Studenten: „Bevor ihr etwas tut, stellt euch einfach selber die Frage: Wird Swami diesem Tun seine Zustimmung geben? Wird dies Swami gefallen?“ Eure intensive Liebe zu Swami wird euch nicht erlauben, irgendetwas Falsches zu tun. Das ist der Beweis, dass Gottesliebe zu Furcht vor Sünde führt. Tosende und wütende Wellen schlagen gegen die Felsen im Meer, die fest und unverrückbar stehen. So sollte auch euer Glaube stetig, stark, unerschütterlich und standhaft sein, unabhängig von Verlusten, Misserfolgen, Niederlagen, Sorgen, Schwierigkeiten und Problemen. Wie solltet ihr darauf antworten, wenn z.B. jemand zu euch sagt, dass es keinen Gott gibt? Die Antwort sollte so lauten: „In Ordnung, du hast keinen Gott, aber welches Recht hast du, meinen Gott zu leugnen?“

Vergesst niemals Gott, denkt immer an das fünfsilbige Mantra: devudunnādu – 1. de, 2. vu, 3. du, 4. nnā, 5. du (ein Satz in Telugu mit 5 Silben und der Bedeutung: „Gott existiert“). Um zu verstärken, dass ihr das nicht bezweifelt, wiederholt das achtsilbige Mantra: „Wer innerlich zweifelt, kommt zu Schaden“ (samshayātmā vinashyate; 1. sam, 2. sha, 3. yā, 4. tnā, 5. vi, 6. na, 7. shya, 8. te). Zweifelt niemals an Gott. In dem Satz: „God is nowhere“ (Gott ist nirgends), drückt sich nur euer bedauernswerter Mangel aus, an seiner Gegenwart teilhaben zu können. Nehmt einmal das „w“ am Anfang des vierten Worts und setzt es an das Ende des dritten Worts und ihr erhaltet den Satz: „God is now here“ (Gott ist jetzt da).

Leider begeht der Mensch Sünden, ist aber nicht bereit, die Folgen auf sich zu nehmen. Er erwartet Lohn *(punya),* das Ergebnis der Handlungen. Er schreckt aber nicht vor Sünde *(pāpa)* zurück. Auch führt er keine verdienstvollen Handlungen durch, um gute Resultate zu erreichen. Welche Logik, welcher rationale Beweggrund verleitet ihn dazu, gute Resultate zu erwarten? Wie töricht sind solche Erwartungen! Wie kann man ein gutes Ergebnis erwarten, wenn doch eine völlig andere, entgegengesetzte Handlung vorausgeht? Denkt immer daran, dass alles, was getan wird, als Reaktion, Reflektion oder Echo zu euch zurückkommt. Ihr könnt dem nicht entkommen. Wenn ihr dies voll und ganz erkennt, werdet ihr keine Sünden begehen oder euch an bösen Taten beteiligen. Also solltet ihr „Gott lieben" und „die Sünde fürchten". Wenn das beachtet wird, wird die „gesellschaftliche Moral" gefestigt.

Frage 49: Swami! Viele reden von Kultur. Welchen Wert hat Kultur?

Bhagavān: Kultur ist sehr wichtig, weil euer Leben und dessen Werte davon abhängen. Kultur ist ein Lebensstil. Die Kultur ermöglicht es euch, Gott in eurem Leben zu erfahren. Die Kultur hilft dabei, die Einheit in der Vielfalt zu erkennen. Ohne Kultur wird der Mensch zum Dämon. Er erniedrigt sich selber und führt schließlich selbst seinen Untergang herbei.

Ihr wisst, dass Meerwasser salzig ist. Das menschliche Leben ist wie ein weites Meer. Gottes Gnade ist wie Sonnenlicht, das auf das Meer fällt. Wegen der Sonnenhitze verdampft das Meerwasser. Dies ist der Dampf der Glückseligkeit, der sich als Wolken am Himmel manifestiert, um als Regen auf die Erde zu fallen. Es ist der Regen der Liebe. Das Meerwasser ist salzig, aber das Regenwasser ist süß. Was ist der Grund? Worin besteht der Unterschied? Das Meerwasser wird durch die Sonne verfeinert. So muss auch unser Leben kultiviert und verfeinert werden. Der Wert des Lebens erhöht sich dann. Ein Stück Eisen, das weniger als eine Rupie wert ist, kann zu einer schönen teuren Uhr gemacht werden, nachdem es bearbeitet und veredelt worden ist. Dieser Vorgang hat es bewirkt. Solange ein Stein Stein bleibt, erregt er nicht viel Aufsehen. Aber gerät er in die Hände eines Bildhauers, der mit Meißel und Hammer daran geht, eine schöne Skulptur von *Krishna* daraus zu machen, bringt man ihm Achtung und Verehrung entgegen. Was ist der Grund? Es ist eine Sache der Kultur. Ein Stein, den alle einmal unter den Füßen hatten, hat nun als Götterbild seinen Platz auf einem Altar in einem Tempel und wird täglich angebetet. Das ist der Wert, den Kultur hervorbringt.

Ohne Kultur entwickelt man eine törichte Lebensphilosophie und entdeckt Vielfalt in der Einheit. Nehmt zum Beispiel eine Nadel. Sie macht aus einem Stück Stoff ein Kleidungsstück. Die Nadel steht für Kultur. Aber eine Schere schneidet das Tuch in Stücke. Dies ist der Fall, wenn keine Kultur vorhanden ist.

Frage 50: Swami! Sind die Menschen in dieser modernen Welt Gott näher gekommen?

Bhagavān: Die moderne Welt ist ganz und gar oberflächlich und künstlich. Äußerliche Verhaltensweisen dominieren: Man sagt, „hallo, hallo" und „danke" für jede Kleinigkeit. Das ist alles mechanische, routinierte Höflichkeit, diese Worte bedeuten gar nichts. Überall herrscht krasser Egoismus.

Die moderne Wissenschaft hat es dem Menschen ermöglicht, auf dem Mond zu landen. Aber der Mensch hat vergessen, das Haus seines Nachbarn zu betreten. Ja, er kann den Mond *(candra)* erreichen, aber er kann *Rāmacandra* in seinem Herzen nicht sehen. Der moderne Mensch kann wie ein Fisch im Wasser schwimmen und wie ein Vogel fliegen, aber mit seinen zwei Beinen einen Kilometer zu laufen, ist schon zu viel für ihn. Mit seinem physischen Auge, das nicht einmal fünf Zentimeter groß ist, kann er eine Galaxie sehen, die mehrere tausend Kilometer von ihm entfernt ist, aber er kann sich nicht selber sehen. Das Auge und das Ohr sind so nahe beieinander, aber sie können sich nicht sehen! Nicht wahr? Gott ruht auf dem Milchozean (kshīrasāgara), der sich in eurem Herzen befindet, aber heutzutage ist das Herz ein Giftozean (kshārasāgara) geworden. Wie soll derjenige seine Göttlichkeit verwirklichen?

Frankreich hat den großen Krieg verloren, obwohl es ein sehr reiches Land war. Warum? Wegen der Sorglosigkeit seiner Jugend und den Lastern des Alltags. Dieser Trend breitet sich heute unter den Menschen aus. Der Mensch lebt und arbeitet um sinnlicher Vergnügungen willen, aber er sollte sein Leben auf Ideale ausrichten. Nur Menschen mit hohen Idealen können einander spirituell näher kommen.

Frage 51: Swami! Wie können wir im Leben vorankommen?

Bhagavān: Ihr müsst euch dafür einsetzen. Es mag schwierig sein, aber es ist erstrebenswert, dies zu erreichen. In der Tat sollte jedermann sich darum bemühen. Deshalb heißt es auch: „Setzt euch hohe Ziele. Ein niedriges Ziel ist ein Verbrechen." Man muss in die richtige Richtung reisen, um das Ziel zu erreichen. Als Mensch geboren zu werden, heißt, diesen Zweck zu verfolgen. Der Mensch muss erkennen, dass er im Wesentlichen göttlich ist. Man muss diese Göttlichkeit verwirklichen. Aber das ist nicht so leicht und so einfach, wie es den Anschein hat. Schließlich ist auch ein Fall leicht und schnell.

Hier ist ein Beispiel: Wenn man mit dem Bus nach Kodaikanal hinauffährt, macht der Bus laute Geräusche. Auch Lastwagen haben große Mühe, diese Hügel hinaufzufahren und Kodaikanal zu erreichen, und sie machen auch viel Lärm dabei. Aber derselbe Bus oder Lastwagen findet es leicht, bergab zu fahren. So ist es auch im menschlichen Leben! Ihr müsst kämpfen und hart arbeiten, um im Leben aufzusteigen. Aber vom Gipfel herabzufallen und sich zu ruinieren, ist einfach und leicht und geht schnell.

Ein weiteres Beispiel: Wenn ihr einen Pfeil abschießt, fliegt er weiter, je mehr ihr ihn zum Bogen zurückzieht. Ebenso wird euer Erfolg größer sein, wenn ihr mehr arbeitet. Eine Rakete bewegt sich bei der Zündung kurz zurück und fliegt dann in den Raum, wobei sie einen Feuerschweif hinter sich lässt. So entscheidet auch der Leistungseinsatz über das Maß des Erfolgs.

Frage 52: Swami! Sag uns bitte, wie sich Größe im Leben erreichen lässt.

Bhagavān: Lasst niemals diesen Gedanken in euch aufkommen. Ihr macht einen Fehler, wenn ihr denkt, dass ihr etwas Besonderes und Einzigartiges erreicht habt, wenn ihr Größe erreicht habt. Nein, keinesfalls. Im Leben „groß zu werden", sollte nicht euer Ziel sein. Es gibt in der Gesellschaft mehrere große Menschen. Ich glaube nicht, dass das wichtig oder bedeutungsvoll ist. Güte ist Größe überlegen. Statt danach zu streben, groß zu werden, versucht, gut zu sein. Es ist viel wichtiger, ein guter Mensch zu sein als ein großer.

Was unterscheidet diese beiden? Ein großer Mensch hält Gott für einen Menschen, während ein guter Mensch Gott im Menschen sieht. *Rāvana,* so wie er im *Ramayana* dargestellt wird, war zweifellos ein großer Mensch. Er sah in *Rāma*, dem Herrn, nur einen Menschen. Aber *Rāma* war ein idealer guter Mensch. *Rāma* erkannte Gott in einem Vogel wie *Jatāyu*, in Eichhörnchen und selbst in Dämonen wie *Vibhīshana.* Frauen wie Sabarī, ungebildete Leute wie *Guha* und Heilige erscheinen

Rāma wie seine eigenen Spiegelbilder. *Rāma* war also gut. Deshalb solltet ihr versuchen, den Menschen als gut und nicht als groß zu erscheinen.

Frage 53: Swami! Was ist eine ideale Regierung?

Bhagavān: In einer idealen Regierung befolgt jeder gern die Regeln und Richtlinien des Staates. Jedermann erfüllt seine oder ihre Pflichten. „Gottes-Herrschaft" ist der weltlichen Herrschaft überlegen (im Engl. Wortspiel: „godment" – „government"; Anm. d. Ü.). Aber heute erleben wir, wie die Menschen um ihre Rechte kämpfen und ihre Pflichten vergessen.

Der Faulheit sollte man keinen Raum geben. Alle Angestellten sollten sehr gewissenhaft ihre Arbeit tun, damit ihre Gehälter, die sie monatlich bekommen, gerechtfertigt sind. Im anderen Falle betrügen oder verraten sie ihre Mitbürger oder die Regierung. Die Menschen sollten Integration, Koordination, Einheit und Brüderlichkeit pflegen.

Betrachtet einmal dieses Stück Tuch. Es ist sehr stark, weil die Fäden sehr eng miteinander verwoben sind. Aber wenn ihr die Fäden trennt, könnt ihr es mit dem Finger zerschneiden. Alle sollten erkennen, dass Einheit stark macht. Indien konnte seine Unabhängigkeit erreichen, aber keine Einheit. Ihr könnt herumspazieren und mit dem Spazierstock herumwedeln, solange ihr nicht die Nase eines anderen Fußgängers trefft und eure Freiheit nicht die Unabhängigkeit anderer beeinträchtigt.

Fundamentale Grundsätze, die auf alle anwendbar sind, müssen beachtet werden. Das Individuum ist weniger wichtig als die Gemeinschaft oder Gesellschaft. Es ist immer besser, dass ihr euch damit beschäftigt, jene Dinge zu erlernen, die die Gesellschaft benötigt. Eure Bildung sollte euch helfen, die Gemeinschaft zu verbessern.

Frage 54: Swami! Dieser Herr ist ein berühmter Journalist. Viele sind der Ansicht, dass seine Berichte in der Presse ausgezeichnet seien.

Bhagavān: Wirklich? Gut! Wer ist ein Journalist? Wer über verschiedene Themen in der Zeitung schreibt, ist ein Journalist. Was sind Nachrichten? Alle Informationen aus dem Norden, Osten, Westen und Süden bilden die Nachrichten. Es ist gut, die Nachrichten zu erfahren, die aus der Außenwelt auf uns zukommen. Welche schädlichen Nachrichten erreichen uns aber von innen? Erkennt das und korrigiert es.

Frage 55: Swami! Was ist jetzt für uns wesentlich?

Bhagavān: Wenn ihr Liebe besitzt, ist es genug. Alles andere wird euch dann geschenkt werden. Dienst am Nächsten, Opferbereitschaft, Bescheidenheit, Verehrung, Disziplin usw. sind in der Liebe enthalten. Nur Liebe fördert und unterstützt alle Tugenden. Wo Liebe vorhanden ist, gibt es weder Ego, Hass, Eifersucht noch andere animalische Eigenschaften.

Hier ist ein Beispiel von einer Frau in Paris. Sie lebte ein bescheidenes Leben, da sie nicht viel Vermögen besaß. Eines Tages sah sie ein paar hilflose Obdachlose in der Kälte zittern. Das bewegte sie sehr. So nahm sie Tag für Tag ein paar Decken und bot sie den Armen, Bedürftigen und Verlorenen an. Dies wurde schließlich in der Öffentlichkeit und auf Regierungsebene bekannt. Man beschloss, sie für ihr Tun auszuzeichnen. Einige junge Leute gingen zu ihr, um sie zu beglückwünschen. Sie sagte, sie sei nicht glücklich, weil sie nicht jedem helfen könne, wenn doch der barmherzige, allmächtige Gott jedem immer helfe. Sie fügte des weiteren hinzu, dass sie beschämt und frustriert sei, da sie nicht jedem Hilfe könne zukommen lassen.

Ich will euch noch eine andere Geschichte erzählen. In einer Armee gab es einmal einen Soldaten, der beide Beine in einer Schlacht verloren hatte und nun mithilfe von Krücken gehen musste. Da sein Militärdienst relativ kurz war, stand ihm eine ausreichende Ruhestandsversorgung nicht zu. Der Major seiner Einheit gab ihm etwas Geld und bat ihn, nach Hause zurückzukehren. Auf seinem Heimweg musste der Soldat in einem Dorf Halt machen und in einer Pilgerraststätte Zuflucht suchen, da es in Strömen goss. Er hatte auch kein Geld mehr. Zufälligerweise kam am nächsten Morgen ein Schulmädchen auf der Straße an dem Soldaten vorbei und stellte ein paar Fragen. Dass es ihm so schlecht ging, bewegte das Mädchen sehr. Von diesem Zeitpunkt an pflegte sie eine Stunde vor Schulbeginn aufzubrechen, unterwegs ein paar Früchte zu sammeln, sie zu verkaufen und von dem Geld ein paar Chapatis für den Soldaten zu kaufen.

Nach ein paar Wochen kam zufälligerweise der Major da vorbei und bemerkte den Soldaten. Der Major war überrascht, ihn zu sehen, denn selbst nach so langer Zeit hatte er sein Zuhause nicht erreicht, da ihm die finanziellen Mittel fehlten. Der Major fand heraus, wie der Soldat über die Runden gekommen war. In der Zwischenzeit erschien das Mädchen und brachte dem Soldaten Chapatis. Der Major folgte ihr nach Hause.

Als die Eltern ihn erblickten, glaubten sie, ihre Tochter hätte etwas Unrechtes getan und er sei nun gekommen, um Erkundigungen einzuholen. Als sie drauf und dran waren, sie zu bestrafen, schritt der Major ein und sagte zu den Eltern: „Ihr könnt euch glücklich schätzen! Wie viele von uns haben solche Kinder, die Großmut, Liebe, Hochherzigkeit gegenüber den Bedürftigen und Bereitschaft zum Dienen besitzen?" Er wollte den Eltern ein paar Goldmünzen geben, aber diese sagten zu ihm: „Sir! Wir wollen das alles nicht! Wir können mit unserem schwer verdienten Geld auskommen. Wer kann auf diese Goldmünzen zu Hause aufpassen? Bitte kümmern Sie sich nicht um uns, Sir!" So machte sich der Major zu seinem Geburtsort auf, wo er einen geeigneten Bräutigam für das Mädchen fand und sie beide vermählte. Dies ist der wahre Reichtum der Liebe. „Wenn man großzügig in der Liebe ist, ist man dem Leben nahe. Wenn man mit der Liebe knausert, ist man dem Tode nahe."

Jugend

Frage 56: Swami! Wir besuchen Colleges und Universitäten, um zu studieren und Kenntnisse zu erwerben. Danach ergreifen wir einen Beruf. Wir beziehen unsere Gehälter, aber leider sagt jeder, dem wir begegnen: „Mir fehlt der innere Frieden." Was ist der Grund dafür? Was sollte getan werden?

Bhagavān: Bildung allein wird euch keinen inneren Frieden schenken. Der Weise *Vyāsa* ordnete die Veden, schrieb das große Epos *Mahabharata*, die achtzehn *Puranas* und die *Brahmasūtras*. Doch sein Geist war ruhelos, ohne Frieden. Da riet der Weise *Nārada* dem leidenden *Vyāsa*, das *Bhāgavatam* zu schreiben, ein Werk, das von den Wundern des Herrn erzählt und das Leben einiger der hervorragendsten Verehrer des Herrn, die dessen Wunder verkündeten, beschreibt. Erst dann zogen Frieden und Glück in seine Seele ein. Weder eure Position, euer Status, eure Gelehrsamkeit, euer Einfluss, Reichtum noch euer Ruhm, nein, keine eurer Leistungen können euch jemals diesen Seelenfrieden schenken. Man kann ihn weder von irgendjemandem erhalten noch kann man ihn an einem bestimmten Ort finden. Keine äußeren Gegenstände, Artikel oder Güter können euch den inneren Frieden geben.

Die Hauptursache für den Verlust des inneren Friedens sind die vielen Wünsche. Deshalb sage ich euch oft: „Weniger Gepäck, mehr Bequemlichkeit machen das Reisen zum Vergnügen." Das ist das Motto der indischen Eisenbahn. Deshalb ist es außerordentlich wichtig, seine Wünsche zu begrenzen.

„Seid nicht traurig, dass ihr nicht zehn Millionen Rupien habt,
sondern seid glücklich, dass ihr genug Geld für Nahrung habt."
„Seid nicht unglücklich darüber, dass ihr kein Auto habt,
sondern seid glücklich, dass ihr Beine habt."
„Weint nicht, wenn euch ein Skorpion gebissen hat,
sondern seid glücklich, dass euch keine Riesenschlange gebissen hat."
„Seid nicht bekümmert, dass eine Schlange euch gebissen hat,
sondern seid Gott dankbar, dass ihr nicht daran gestorben seid."

Wenn jemand zufrieden ist, sind Frieden und Glück da. Wer ist der reichste Mensch? Der Zufriedene ist es. Wer ist der ärmste Mensch? Wer viele Wünsche hat, ist der ärmste. Viele kommen zu mir und sagen: „Ich möchte Frieden." Ich antworte stets, dass die Antwort in der Bitte selber liegt. Wenn ihr sagt: „Ich möchte Frieden", gibt es zwei Komponenten: „ich" und „möchte". Ich ist das Ego *(mamakāra)* oder die Bindung, und „möchte" ist Verlangen *(kāma)*. Wenn ihr diese zwei, ich – Ego und möchte – Verlangen, aufgebt, ist der Frieden schon da.

Frage 57: Swami! Viele von uns sind hilflos, wenn sie mit jungen Leuten zu tun haben. Diese sagen oft: „Mischt euch nicht in unsere Freiheit ein. Wir sind unabhängig und tun, was wir wollen." Wir finden es schwierig, sie von dem zu überzeugen, was wir für richtig halten, und ihnen den rechten Weg zu zeigen. Was sollten wir unter den gegebenen Umständen tun?

Bhagavān: Aus eurer Feststellung geht klar hervor, dass die moderne Jugend nicht weiß, was Freiheit ist. Sie gebraucht Ausdrücke wie Freiheit *(svecchā)* und Unabhängigkeit *(svatantra)* unterschiedslos, ohne ihre exakte Bedeutung zu kennen.

Was ist Freiheit? Was ist Unabhängigkeit? Wenn Freiheit bedeutet, dass wir uns so verhalten, wie wir es wollen, ohne alle Regeln, wie unterscheiden wir uns dann von Vögeln und Tieren, die das doch auch tun? Sie bewegen sich frei ohne alle Beschränkung. Sie bringen auch Dutzende von Nachkommen hervor. Falls die jungen Leute das unter Freiheit verstehen und diese Art von Freiheit wünschen, sollten sie einmal darüber nachdenken, dass Insekten, Vögel und Tiere, ohne Universitäten zu besuchen und akademische Grade zu erwerben, imstande sind, Nahrung und Obdach zu finden und frei zu leben, wie die Natur es ihnen bestimmt hat. Auf welche Weise nützt euch denn die Freiheit? Was ist eure Besonderheit? Welchem Zweck dient eure Ausbildung? Tiere verhalten sich besser als ihr, da sie gute Gründe dafür haben. Ihr habt sie nicht.

Was ist *svecchā* (Freiheit)? Wenn man das Sanskritwort „*svecchā*" genau analysiert, so erkennt man, dass „*svecchā*" aus „sva" und „icchā" zusammengesetzt ist. „Sva" bedeutet „selbst", d.h. Seele, *Atman*, „icchā" bedeutet „Wille". Also bedeutet *Atman* (sva) plus Wille (icchā) = die Willenskraft des *Atman*. Das bezieht sich also auf unseren *Atman*. Ist es diese Freiheit, die unsere jungen Leute heute wollen? Leider kennen sie noch nicht einmal die Bedeutung des Wortes, das sie gebrauchen.

Dann sagt der moderne Mensch: „Ich bin unabhängig genug, alles zu tun, was ich will. Steht mir das nicht zu?" Auch hier kennen diese jungen Leute nicht die Bedeutung von Unabhängigkeit. Versteht man darunter tollkühnes, sorgloses und unverantwortliches Verhalten? Nein. Wenn ihr glaubt, dass es ein Zeichen von Unabhängigkeit ist, wenn ihr überall herumlungert, euch herumtreibt und nach Lust und Laune esst und trinkt, fällt es euch dann nicht auf, dass Katzen und Ratten sich auf eben dieselbe Weise vergnügen? Heißt Unabhängigkeit Essen und Trinken? Ihr vergeudet sowieso euer ganzes Leben mit Essen und Trinken. Das Leben ist auf ein Niveau herabgesunken, wo es nur noch um Be- und Entladen geht.

Also was ist dann *svatantra*, Unabhängigkeit? Ihr müsst in diesem Zusammenhang eine wichtige Sache bedenken. Es ist wahr, ihr seid unabhängig. Aber dem sind Grenzen gesetzt. Eure Unabhängigkeit sollte der der anderen nicht im Wege stehen. Also reicht eure Unabhängigkeit bis zu dem Punkt, wo ihr die Unabhängigkeit anderer verletzen könntet. Ein kleines Beispiel: An einem schönen Morgen machte sich ein Herr zu seinem Spaziergang auf, wobei er seinen Spazierstock frei bewegte. Nach einer Weile rief ihm ein Passant zu, er solle seinen Stock nicht so herumschwingen. Daraufhin sagte der Mann: „Wieso denn nicht? Ich bin unabhängig und kann meinen Stock so bewegen, wie ich es will." Aber der andere sagte: „Mein Herr, Ihre Unabhängigkeit endet dort, wo meine Nase beginnt, denn wenn Sie den Stock so schwingen, fürchte ich, dass er meine Nase trifft." Hier liegt die Begrenzung eurer Unabhängigkeit.

Man hört auch viele Leute sagen: „Wir feiern den Tag der Unabhängigkeit *(svārājya).*" Stimmt das? Nein. Hier bedeutet „sva" „selbst". Habt ihr Selbstbeherrschung entwickelt? Beherrscht ihr eure Sinne? Gewöhnlich heißt „*svatantra*", Unabhängigkeit von fremder Herrschaft zu erreichen. Ihr zerreißt die Ketten der Knechtschaft unter dem Joch der Herrscher und erklärt eure Unabhängigkeit. Das ist politische Unabhängigkeit. Das genügt nicht.

In spiritueller Hinsicht solltet ihr auch eure Unabhängigkeit erreichen, indem ihr eure Sinne beherrscht, eure Schwächen besiegt und eure schlechten Neigungen in Zaum haltet. Dies bedeutet Unabhängigkeit im Königreich des *Atman.* Ihr werdet nur dann wahrhaftig unabhängig, wenn ihr Verlangen, Lust, Gier, Ärger, Hass, Habgier und Rachegefühle besiegt habt. Ihr müsst die Bedeutung von *svatantra* in diesem Sinne verstehen.

Frage 58: Swami! Wie sieht ein ideales Klassenzimmer aus?

Bhagavān: Ihr solltet eurer altehrwürdigen traditionellen Kultur folgen. Ein Student, der bescheiden und gehorsam ist, wird sich gründliches Wissen aneignen können. Die Schüler sollten ihr aufrichtiges Interesse am Studiengegenstand zeigen und auch Fragen stellen. Wann immer Zweifel aufkommen, sollten sie ihre Lehrer um Klärung bitten. Deshalb sollte ein Schüler auch immer niedriger sitzen als ein Lehrer, der auf einem erhöhten Podest auf einem Stuhl sitzen sollte. Wasser fließt immer hinunter, das trifft auch für Wissen zu. Feuer bewegt sich aufwärts. Ebenso bewegt sich das Feuer der Weisheit eines Studenten ebenfalls aufwärts.

Frage 59: Swami! Heutzutage findet man in allen Lebensbereichen Nachahmung. Insbesondere trifft das für junge Leute zu. Was ist Swamis Meinung dazu?

Bhagavān: Nachahmung ist Schwäche. Das ist eine Schwäche der modernen Jugend. Imitation ist menschlich, Kreativität ist göttlich. Imitation lässt einen oft auch vom natürlichen Verhalten abweichen.

Eine Krähe sah einmal einen Schwan und war von dessen anmutigem und würdevollem Gang sehr angetan. Die Krähe versuchte, das nachzuahmen. Sie fing an, eine Weile langsam zu gehen, dann fing sie an zu springen und versuchte schließlich zu fliegen. Das Ergebnis war also, dass sie ihre eigene Art der Fortbewegung verloren hatte. Es sah so ungeschickt und künstlich aus. Man muss also natürlich sein. Nachahmung ist nicht nur unnatürlich, sondern auch lächerlich.

Frage 60: Swami! Heute verschwenden viele Menschen, besonders junge Leute, ihre Zeit. Viele sind faul und vertrödeln ihre kostbare Zeit. Deshalb macht das Land trotz seiner reichen Ressourcen keine Fortschritte. Bitte erkläre uns, wie sich diese Krankheit heilen lässt.

Bhagavān: In diesem Land gibt es keinen Mangel. Wir haben genügend Ressourcen. Die Menschen sind auch reich an Talenten und Begabungen. Es gibt nichts in der Welt draußen, was es in Indien nicht gäbe, wie es in einem Sprichwort auf Kannada heißt.

Aus der Geschichte wisst ihr, dass dieses Land in der Vergangenheit oft das Ziel von Eroberungen und Angriffen durch Ausländer war, die durch die Reichtümer und Ressourcen hier angezogen waren. Aber heutzutage gibt es viele Faule, die ihre kostbare Zeit vergeuden. Obwohl sie hohe Gehälter bekommen, erbringen sie keine entsprechende Leistung. So wird das Land verraten und betrogen. Ihr solltet der Zeit folgen. Die Zeit wird nicht euch folgen. Gott ist die Zeit. Die Zeit ist Gott. Kālāya namah, kālātītāya namah, kāladarpadamanāya namah sind einige der Mantren, die Gott als Meister, Schöpfer und Beherrscher der Zeit beschreiben. Das *Nāmāvalī* betont diesen Aspekt Gottes. Wenn ihr also Zeit vergeudet, begeht ihr eine Sünde. Ihr solltet die Zeit heilig halten und sie entsprechend verbringen.

Ich sage oft zu meinen Schülern:

Seht nichts Böses, seht nur Gutes,
Sprecht nichts Böses, sprecht nur Gutes,
Hört nichts Böses, hört nur Gutes,
Tut nichts Böses, tut nur Gutes.

Daraus lässt sich schließen, dass es eine Zeitvergeudung ist, „böse Blicke auszusenden, böse Worte zu hören und zu sprechen, Böses zu denken und Böses zu tun".

Ihr solltet hart arbeiten. „Im Schweiße deines Angesichts sollst du dein Brot essen", steht in der Bibel. Aber heute ist das nicht der Fall; man möchte verdienen, ohne etwas dafür zu leisten. Wiederholt bei jeder Arbeit, die ihr tut, die Namen Gottes. Das ist der Pfad der Hingabe *(bhaktimārga).* Diese Art von Arbeit verwandelt sich von selber in eine göttliche Opfergabe. Das ist Weisheit, die aus praktischer Erfahrung gewonnen ist.

Träge Menschen, faule Leute können nichts im Leben erreichen. In der Tat, könntet ihr nicht den Magen füllen, wenn ihr mit beiden Händen arbeitet? Ihr wisst, wie ein Fotograf eine Kamera benutzt. Er stellt seine Linse ein, indem er die Entfernung abschätzt, und bittet euch, bevor er abdrückt, bereit zu sein, nicht wahr? Aber der Gott des Todes gibt euch keine Zeit, noch bittet er euch darum, bereit zu sein, wenn er auf den Auslöser der Kamera des Lebens drückt. Er nimmt euch euer Leben ganz plötzlich, unbemerkt. Also solltet ihr immer bereit sein, dem Tod zu begegnen. Deshalb ist es notwendig, seine Zeit optimal und ehrfürchtig zu gebrauchen. Beobachtet die Schöpfung Gottes: die Sonne, den Mond, die Sterne und die Planeten. Alle bewegen sich auf ihrer Bahn, so dass euer Leben aus Tag und Nacht besteht und die Zeit festgelegt wird. Bäume und Flüsse folgen der Zeit und sind für die Menschheit Vorbilder. Deshalb sagt man, die Natur sei der beste Lehrer.

Swami hat keinen Urlaub. Ihr habt wenigstens einen freien Tag in der Woche, den Sonntag. Ich bekomme täglich Tausende von Briefen.

Ich lese sie alle. Ich komme aller Arbeit nach. Ich gehe täglich viele Meilen, wenn ich mich unter euch bewege. Ich überwache, berate, führe und leite alle Angelegenheiten persönlich, die sich auf die Universität, das Super Speciality-Hospital und das Wasserprojekt beziehen, neben Tausenden von Sai-Zentren, die über die ganze Welt verteilt sind. Ich gestatte mir keine Ruhepause, ich mache weder Pausen noch Ferien. Euer Glück ist mein Glück. Gott inkarniert sich, um euch die ideale Lebensweise zu zeigen. Vergeudet deshalb keine Zeit. Indem ihr gute Taten *(karman)* vollbringt, haltet ihr die Rechtschaffenheit *(dharma)* aufrecht und geht in Gott *(brahman)* auf, und so findet ihr Erlösung.

Frage 61: Swami! Überall wird über Intelligenz-Verluste (brain drain) geredet. Aus Statistiken geht klar hervor, dass die Zahl gebildeter Menschen, die ins Ausland abwandern, von Jahr zu Jahr steigt. Ist das gut?

Bhagavān: Das ist nicht gut. Es ist nicht in Ordnung, wenn die jungen Leute dieses Land verlassen und sich im Ausland niederlassen. Hier in Indien habt ihr, der Tradition entsprechend, fünf Mütter, die alle gleichermaßen Achtung verdienen. Diese fünf gehören zu den ehrwürdigsten und verdienstvollsten. Wer sind diese fünf Mütter? An allererster Stelle steht natürlich eure physische Mutter. Diese Mutter hat euch auf die Welt gebracht und sich ernsthaft bemüht, euch zu dienen, und hat alles für euer Wohlergehen und eure Erziehung geopfert. Also muss sie verehrt werden. Die zweite ist die Kuhmutter (gomātā). Die Kuh gibt euch Milch und hilft euch, euren Körper zu ernähren und zu stärken. Ihr müsst der Kuh dankbar sein. Die dritte ist die Mutter Erde (bhūmātā). Wir leben auf der Erde. Wir betreiben Landwirtschaft und bauen Getreide an. Alle Metallerze befinden sich im Inneren der Erde, und wir bauen sie ab und gebrauchen sie. Die vierte ist die Mutter der Schriften (vedamātā). Es sind die Veden, die euch Sinn und Ziel des Lebens lehren und euch auch den spirituellen Pfad zeigen. Wir sollten der Mutter der Veden dankbar sein, so wie wir es gegenüber unseren Müttern sein sollten.

Die fünfte Mutter ist euer Geburtsland (deshamātā, engl. motherland; Anm. d. Ü.). Das reiche Erbe eurer Kultur und Tradition ist ein Teil dieses Landes, in dem ihr geboren seid. Ihr müsst euer Land (desha) wie eure Mutter behandeln. Deshalb wird es auch Mutterland, deshamātā, genannt.

Ihr werdet eine Frau, der ihr begegnet, doch nicht nur aus dem Grund, weil sie schöner ist als eure Mutter, „Mutter" nennen. Diese Botschaft wird im *Ramayana* verkündet. Am Ende des Krieges sagte *Lakshmana* zu *Rāma*, nachdem *Rāvana* gestorben war: „O Bruder! Dieses *Lankā* ist ein blühendes und wunderschönes Land. Unsere Feinde sind alle überwältigt, und wir haben jedes Recht, dieses Land zu regieren. O Herr! Warum lässt du dich nicht zu seinem König ausrufen? *Bharata* hat schon vierzehn Jahre über *Ayodhyā* geherrscht. Wir können ihn ebenso gut bitten, seine Herrschaft dort fortzusetzen, und wir bleiben als Herrscher dieses Königreichs hier." Da antwortete *Rāma*: „*Lakshmana*! Dein Mutterland ist größer als der Himmel selbst. Deine Mutter mag hässlich sein und eine andere Frau, die du gesehen hast, ist vielleicht schön. Aber du redest diese schöne Frau nicht mit ‚Mutter' an."

Zu welchem Land ihr auch immer gehört, es ist euer „Mutterland". Jeder Mensch sollte ein Patriot sein und sein eigenes Land lieben. Ihr solltet eurem Lande dienen.

Frage 62: Swami! Wie beurteilst du den Verlust an Intelligenz (brain drain)? Viele hochqualifizierte Experten wie Ingenieure, Ärzte, Computer-Fachleute beabsichtigen, ins Ausland zu gehen und sich dort niederzulassen, weil es dort bessere Verdienstmöglichkeiten und Aufstiegschancen für sie gibt. In vielen Kreisen, sowohl in der Regierung als auch privat, ist das Anlass zu Besorgnis. Was hältst Du davon?

Bhagavān: Es ist sehr bedauernswert, dass dieser Trend zunimmt. Dies ist zu keinem Zeitpunkt an keinem Ort der Welt gut. Ihr seid in dieser Gesellschaft geboren. Also wachst ihr hier heran, werdet ausgebildet, verdient Geld und macht euch einen Namen in der Gesellschaft. Diese Gesellschaft sorgte für eure Kleidung, Nahrung und Wohnung. Habt ihr euren Aufstieg ohne die Gesellschaft, in der ihr lebt, geschafft? Konntet ihr ohne ihre Unterstützung Karriere machen? Solltet ihr nicht für alles, was ihr erhalten habt, eure Dankbarkeit ausdrücken?

Der Mensch sollte niemals ein undankbares Geschöpf sein. Am besten zeigt man seine Dankbarkeit, indem man dient. Ihr wisst, dass unsere Leute sich im Ausland stärker einsetzen und intensiver arbeiten. Während sie hier sind, zeigen sie nicht denselben Enthusiasmus und denselben Eifer bei der Arbeit. Hier sind sie nicht so aufrichtig und fleißig wie in fremden Ländern. Tatsächlich bekommen sie hier, wenn sie ihr Bestes geben, dasselbe Gehalt wie im Ausland, eine Tatsache, vor der sie die Augen verschließen. Bis zu einem gewissen Grade sind auch die Eltern für diesen Verlust an Intelligenz verantwortlich. Sie versäumen es, den Kindern die Werte von Arbeit, Patriotismus, Opferbereitschaft, Liebe und Dankbarkeit tief in die Seele zu senken.

Also ist es grundsätzlich eure Pflicht, der Gesellschaft zu dienen, in der ihr geboren und aufgewachsen seid. Ihr seht viele Ausländer hierher kommen. Sie lernen eine ganze Menge von eurem heiligen Geburtsland, während unsere Leute vergessen, was sie wissen. Einige unserer Leute achten unsere Traditionen weniger als die Dorfbewohner oder Menschen anderer Länder. Wofür also ist unsere Erziehung gut? Dient sie dem Verfall menschlicher Werte? *Rāma* stellte fest: „Die Mutter und das Land der Mutter sind größer als der Himmel."

Frage 63: Swami! Die moderne Jugend ist nicht bereit, die älteren Leute zu achten. Man spricht von Generationskonflikten. Gib uns einen Rat dazu.

Bhagavān: Dies ist unsinnig. Was sollen die Unterschiede zwischen den Generationen sein? Die Sonne geht nur im Osten auf und niemals im Westen. Die Naturgesetze ändern sich nicht. Füllt ihr nicht täglich denselben Magen? Wascht ihr nicht täglich dasselbe Gesicht? Tragt ihr nicht dieselbe Kleidung? So müssen alle wichtigen Dinge immer wieder getan werden. Aus Gründen des Generationsunterschieds solltet ihr nicht Dinge vernachlässigen, die wiederholt werden sollten.

Ihr solltet die Ratschläge älterer Menschen nicht übergehen und sie als senile, alte Vogelscheuchen ansehen. Nein. Es sind Personen mit reicher Lebenserfahrung. Sie wünschen euch alles Gute. Ihr müsst ihnen zuhören, gehorchen und ihren Anweisungen Folge leisten. Die moderne Generation ist nicht bereit, den Älteren zuzuhören. Es ist ein Zeichen von Torheit und äußerster Ignoranz, das, was ältere Leute sagen, einfach abzutun. Stolz und Egoismus drücken sich in einem solchen Verhalten aus. Am Ende werdet ihr euch selber schaden, wenn ihr nicht den wertvollen Ratschlägen älterer Leute folgt.

Frage 64: Swami! Auf der einen Seite stehen unsere Eltern, die uns in die Welt ziehen, und auf der anderen Seite hatten wir das Privileg, göttliche Lehren von Dir zu erhalten. Wir würden gern wissen, was uns beherrschen und beeinflussen wird.

Bhagavān: Wenn eure Eltern Gott ablehnen, solltet ihr Gott wählen und bestimmt nicht eure Eltern. Ihr müsst ihnen die Sache genau erklären und sie schließlich vom Wert und von der Bedeutung des spirituellen Wegs überzeugen. Unter den *Bālvikās*-Kindern gibt es viele, die eine Änderung bei ihren Eltern bewirkt haben. Es gibt außerdem viele, die durch die Kinder beeinflusst und verändert worden sind, die die Srī Sathya Sai Primary School (Grundschule) und die Srī Sathya Sai Higher Secondary School (höhere Schule) besuchen, und durch die Studenten der Srī Sathya Sai Institute of Higher Learning (Universität). Zuerst sollten sich die Familien dieser Kinder verändern und dann die Gesellschaft.

In der Tat stammt ihr nicht von euren Eltern ab, sondern ihr seid durch sie auf die Welt gekommen. In Wirklichkeit stammt ihr von Gott ab. Wenn ihr davon überzeugt seid, werden eure Worte und Handlungen göttlich sein. Nehmt ein kleines Beispiel: Ihr füllt einen Behälter mit süßem Milchpudding. Wenn der Behälter Löcher hat, werdet ihr doch erwarten, dass der süße Pudding aus diesen Löchern herauskommt, nicht wahr? Ebenso werden eure Worte, Gedanken und Handlungen göttlich sein, wenn ihr euch eurer göttlichen Abstammung bewusst seid.

Frage 65: Swami! Wir machen in den Wissenschaften und der Technologie Fortschritte. Gleichzeitig ist unsere moderne Jugend nicht in der Lage, sich den Problemen des Lebens mutig zu stellen. Das kleinste Problem genügt, und sie verlieren den Mut. Sie haben keine Geduld, um Leiden ertragen zu können, und sie greifen sehr schnell zu Alkohol und Drogen. Welche Botschaft hast Du, Swami, für unsere Jugend?

Bhagavān: Heutzutage gehen viele junge Männer und Frauen auf Colleges und Universitäten, um zu studieren. In jedem Wissenschaftszweig gibt es viele Spezialisierungen. Dies ist im Großen und Ganzen gut. Aber bedauernswert ist, dass viele angeborene, menschliche Eigenschaften schnell verkümmern und einfach verschwinden.

Man lernt nicht, um den Lebensunterhalt zu verdienen, sondern man lernt für das Leben.

Man lernt nicht, um Informationen weiterzugeben, sondern um sich selber zu ändern.

Man lernt, um die menschliche Persönlichkeit zum Haus Gottes zu erheben.

Man lernt nicht, um Nahrung zu erwerben, sondern um Werte zu erlangen.

Man lernt nicht, um ein Gehalt zu bekommen, sondern man lernt für das Leben.

Was ist der Nutzen einer hohen Bildung, wenn man keine Werte besitzt? Gibt es ohne Wertvorstellungen Fortschritt? Werden Naturwissenschaft und Technologie euch helfen, wenn ihr keine Werte habt? Aus diesem Grund, dem Mangel an Werten, verfällt die moderne Jugend dem Alkohol und den Drogen.

Die Jugendlichen sind nicht mutig, sondern ängstlich. Sie sollten Herrscher sein, stattdessen sind sie Sklaven. Sie sollten wissen, dass das Leben eine Herausforderung ist, der sie sich stellen sollten. Sie sollten eher allen Problemen und Schwierigkeiten im Leben die Stirn bieten und sie bewältigen, statt vor ihnen davonzulaufen und frustriert zu sein. Da das Leben eine Herausforderung ist, sollte man sich ihr stellen. Das Leben ist ein einziger Konkurrenzkampf auf allen Gebieten: der Wissenschaft, der Technologie, der Medizin, der Ethik, der Politik und der Spiritualität. Sie sollten sich mit den richtigen Waffen versehen und stets bereit sein, den Herausforderungen des Lebens zu begegnen.

Eine ganz ähnliche Situation finden wir im *Mahabharata*-Krieg. *Arjuna* wollte sich vom Schlachtfeld entfernen, total entmutigt wie ein richtiger Feigling. In diesem Augenblick flößte *Krishna* ihm den nötigen Mut und die moralische Überzeugung ein, indem er ihm die *Bhagavadgita*, den Gesang des Erhabenen, vortrug. Dies hatte eine ebensolche Wirkung wie Kalzium- und Glukosespritzen und stärkte *Arjunas* Körper und Seele.

Das Leben ist ein Sportplatz, das Leben ist ein Spiel, spielt es. Ihr müsst es im Geist des Sportes spielen und Sieg oder Niederlage, Gewinn oder Verlust mit Gleichmut hinnehmen. In dieser Welt mag nicht jeder alles haben, aber es gibt niemanden ohne Liebe. Das Leben ist also Liebe, teilt sie. Gott ist Liebe, Liebe ist Gott; lebt daher in Liebe. Euer Herz ist voller Liebe, aber mit wie vielen teilt ihr diese kostbare Gabe? Fragt euch dies selber. Liebe bringt Liebe hervor. Heutzutage passiert das nicht. Das ist die Hauptursache für Konflikte, Missverständnisse und Meinungsverschiedenheiten. Tut eure Pflichten und setzt euer ganzes Können dafür ein. Seid nicht faul und baut Luftschlösser. Ihr solltet so arbeiten, dass eure Träume wahr werden. „Das Leben ist ein Traum, realisiert ihn!“ Heutzutage sind eure Planungen so weit von der Realität entfernt, dass sie komisch wirken. Ist das Leben? Gewiss nicht.

Tut eure Pflicht und betet aufrichtig zu Gott. Dann wird eure Arbeit zu Verehrung werden. Euer Handeln *(karman)* wird zu spiritueller Vereinigung *(yoga)*. Dann werden Pflicht und Arbeit eine spirituelle Disziplin auf dem Pfad des *Karmayoga* werden. Träumt nicht nur, vergeudet keine Zeit mit leeren Phantasien. Erkennt, dass das Leben Pflicht beinhaltet.

Frage 66: Swami! Du scheinst sehr ungehalten und ärgerlich zu sein, wenn irgendetwas schief läuft hinsichtlich Disziplin, Bildungsstandards und Persönlichkeitsentwicklung im Allgemeinen. Swami! Du ziehst Studenten streng zur Rechenschaft, wenn Du feststellst, wie wenig sie sich Deinen Erwartungen entsprechend entwickeln, und Du tadelst sie sogar in der Öffentlichkeit. Dies als Zeuge zu erleben, jagt jedem einen Schrecken ein. Furcht überfällt mich, wenn ich mir vorstelle, Dich in dieser Stimmung zu erleben. Wie können wir uns mit einer solchen Situation aussöhnen und uns positiv darauf einstellen?

Bhagavān: Zuerst solltet ihr wissen, dass Swami absolut selbstlos ist. Ihr solltet ebenfalls ganz klar erkennen, dass Swami sich niemals über jemanden ärgert. Gott ist Liebe, Liebe ist Gott. Ich gebe nur vor, ärgerlich und unglücklich zu sein, weil ich eure Fehler berichtigen möchte. Selbst dieser vermeintliche Ärger geht so schnell vorüber wie ein Hagelschauer. Ihr könnt niemanden einen Guru nennen, wenn er alles, was ihr tut und sagt, akzeptiert und verstärkt. Er ist ein Guru im wahren Sinne des Wortes, wenn er euch korrigiert und als der, der euch alles Gute wünscht, die richtige Richtung zeigt.

Stellt euch vor, dies sei eine Werkstatt. Alle beschädigten und verbeulten Fahrzeuge werden hierher zur Reparatur gebracht. Ich muss, wenn ich der Mechaniker bin, Bolzen, Schraubenmuttern, Schrauben usw. anziehen. Ebenso muss ich eure Fehler korrigieren, euch von euren Schwächen befreien, dafür sorgen, dass die Schwächen und Unzulänglichkeiten verschwinden und euch schließlich zu idealen Bürgern dieses Landes machen. Euer Fehler muss sofort berichtigt werden, im Augenblick da ihr ihn macht. Ich muss bei der Korrektur eurer Fehler streng sein. Man biegt Eisen, wenn es heiß ist, nicht wahr? Aber wenn es nicht heiß ist, wird kein Mensch, möge er noch so starke Muskeln haben, es biegen können. Also solltet ihr unmittelbar, wenn ihr einen Fehler begeht, berichtigt und ermahnt werden. Wenn in der Öffentlichkeit auf eure Fehler hingewiesen wird, werden sie nicht wiederholt.

Hier ist ein kleines Beispiel: Stellt euch vor, ihr säubert gerade mit einem Besen euren Raum. Dabei seid ihr ganz leger gekleidet. Ihr habt ein Stück Tuch um die Taille geschlungen, das bis zu den Füßen herabreicht. Plötzlich kommt euer Freund zu Besuch. Was werdet ihr tun? Ihr werdet den Besen wegstellen, euch umziehen und in angemessener Kleidung vor eurem Freund erscheinen. Warum macht ihr das? Schließlich macht ihr euren Raum sauber. Daran ist doch nichts auszusetzen! Ihr wollt einfach nicht in so legerer Kleidung gesehen werden. Ihr wollt adrett angezogen sein, wenn ihr ihn seht. Ihr bringt ihm Sympathie entgegen, nicht wahr? Wenn ich also eure Fehler in der Öffentlichkeit aufzeige, werdet ihr sie sofort korrigieren können, und ihr werdet es sorgfältig vermeiden, sie in Zukunft zu wiederholen, nicht wahr?

Mir entgeht nichts, wenn ihr euch schlecht benehmt. Ich gewinne nichts, wenn ihr euch gut benehmt. Ich erwarte nichts von euch. Ich möchte, dass ihr gute Menschen werdet und für eure Eltern, eure Institution und euer Land einen guten Namen erwerbt. Dies tut ihr nicht für mich, sondern es ist zu eurem Besten.

Frage 67: Swami! Wenn man heute Studenten trifft und sie fragt, was sie tun, sagen sie, dass sie sich mit Computerwissenschaften beschäftigen oder einen Master in Technologie erwerben wollen. Wir würden gern wissen, Swami, was Du von dieser Vorliebe für Computerwissenschaften hältst.

Bhagavān: Etwas ungemein Wichtiges solltet ihr wissen, nämlich, dass alle moderne Bildung in euch ist. Ihr seid der „Computer“. Ihr seid der „Generator“. „Elektrizität“ ist in euch. „Hitze“ ist in euch. Ihr seid der „Magnet“. Alles in eurer Umgebung ist nichts als Widerspiegelung, Reaktion und Echo eures Inneren.

Ihr behauptet, ein Computer sei eine großartige Sache. Wenn ihr vor einem Computer steht und ihn fragt, wer eure Frau ist, bekommt ihr da eine Antwort? Nein. Warum? Der Computer muss erst mit Informationen gefüttert werden, die man dann zurückbekommt, wenn man sie wünscht, nicht wahr? Er zeigt nur, was ihm eingegeben worden ist. Nichts Neues! Es war schließlich ein Mensch, der den Computer erdachte. Also ist der Mensch natürlich größer als der Computer. Euer Gehirn ist ein Computer, in dem all eure Erinnerungen und Erfahrungen aufgezeichnet sind. Wenn euch ein Moskito während des Gesprächs mit mir sticht, werdet ihr ihn erwischen und hinauswerfen. Wie das geschieht? Nun, da findet Kommunikation statt. Übrigens wird der Fuß automatisch am Dorn, den das Auge gesehen hat, vorbeilaufen, aber nicht hineintreten. Warum? Wegen des Magnetismus in euch.

Wenn ich euch frage, was ihr macht, sagen einige vielleicht: „M. Tech“. Was meint ihr mit „M. Tech“? Die Antwort könnte lauten: „Wir wollen einen Master (akademischer Grad; Anm. d. Ü.) in den technischen Wissenschaften erwerben.“ Also wer ist ein „Meister“? Und was ist „Technologie“? Ein Mensch, der seine Sinne beherrscht, ist ein „Meister“, sonst niemand. Ihr seid nur „Herren“ (engl. „misters“), Herr Rao, Herr Kumar und so weiter und nicht „Meister“. Ihr solltet euer Wissen für den Fortschritt der Gesellschaft einsetzen, sonst wird es zu einer Allergie (im Engl. Wortspiel „techn–ology/allergy”; Anm. d. Ü.). Ihr solltet euer Wissen in die Gesellschaft einbringen. „Wissen einsammeln“ ist „Technologie“ (im Engl. Wortspiel „take knowledge“ – „technology“; Anm. d. Ü.). Sonst wird es zu „Tricknologie“ („tricknology“) und kann niemals „Technologie“ sein.

Frage 68: Swami! Was sind die Qualitäten eines Führers?

Bhagavān: Es gibt insbesondere zwei Eigenschaften, die jeder Führer besitzen muss. Da diese fehlen, haben wir heutzutage keine guten und idealen Führer. Schließlich kommt es überall zu Störungen, Aufruhr und Spannungen.

Diese zwei Eigenschaften sind „individueller Charakter“ und „nationaler Charakter“. In der Vergangenheit hatte dieses Land Führer, die diese zwei Eigenschaften besaßen, Führer wie Tilak, Netaji und Patel und so weiter. Man kann nicht einfach irgendjemanden einen Führer nennen, wenn er nicht einen „individuellen Charakter“ besitzt. Ein Führer sollte führen, aber nicht von hinten schieben. Ein aufrichtiger Nachfolger wird später einmal ein guter Führer. Ohne ein Diener zu sein, kann man nicht ein idealer Meister sein. Jeder Führer muss sich dies immer vergegenwärtigen: „Zuerst sei“, „dann tue“, und „dann verkünde“. Zuerst solltet ihr „sein“, was ihr „verkündet“ und „tun“ was ihr „verkündet“. Dann habt ihr das Recht, darüber zu reden. Ein idealer Führer sagt anderen durch seine eigenen guten Taten, dass sie Gutes tun sollten. Deshalb sage ich oft zu meinen Studenten: „Seid gut, tut Gutes und seht Gutes.“

Frage 69: Swami! Wir staunen oft über die Art und Weise, wie Du Deine Studenten lehrst und berätst. Wir glauben nicht, dass wir als Eltern das je so tun können wie Du. Dein Wohlwollen und deine Großzügigkeit bieten unseren Kindern die Chance einer kostenlosen Ausbildung. Du lehrst sie auch, wie sie sich als verantwortliche Bürger in der Gesellschaft verhalten sollten. Deine Liebe übertrifft die Liebe von tausend Müttern. Deine Liebe ist ein Meer von unergründlicher Tiefe. Einige der Betriebswirtschafts-Studenten Deiner Universität sind hier. Hast Du eine Botschaft für sie?

Bhagavān: Man lernt nicht für den Lebensunterhalt, sondern für das Leben. Dies muss man zuerst wissen. Es kommt nicht auf den Job oder das Gehalt an. Ihr müsst eure Bildung in den Dienst der Gesellschaft stellen und eine Verbesserung der Situation anstreben. Bildung bedeutet nicht, dass ihr damit eure Selbstsucht befriedigt und euren eigenen Interessen dient. Es ist merkwürdig, dass Studenten heutzutage Studienkurse belegen und dabei auf das Gehalt schielen, das sie wahrscheinlich nach Beendigung ihres Studiums erhalten, statt ihren Neigungen zu folgen. Die Eltern denken ganz ähnlich. Das ist nicht in Ordnung. Es ist dringend notwendig, der Gesellschaft, in der man geboren und erzogen wurde und wo man sich neben seinem Gehalt auch einen guten Namen verdienen kann, seine Dankbarkeit zu erweisen. Ihr müsst eure Eltern achten, ihnen dienen und ihnen Freude bereiten. Ihr solltet sie jeden Tag sehr glücklich machen. Ihr sagt, Swamis Liebe entspreche der Liebe von tausend Müttern. Ihr kennt nicht einmal die Liebe eurer eigenen Mutter. Wie könnt ihr dann die Liebe von tausend Müttern kennen und richtig einschätzen!

Die Betriebswirtschafts-Studenten werden, nachdem sie ihren Grad erworben haben, als Manager eingestellt werden. Das ist sehr gut, zweifellos. Aber ihr solltet auch über gewisse Dinge Bescheid wissen, die man nicht in Büchern findet. Ihr habt euer Gehirn mit Bücherwissen vollgestopft. Aber ihr müsst es in die Praxis umsetzen. Ihr solltet auch wissen, dass ihr das Gelesene nicht immer in der Praxis anwenden könnt. Ihr müsst euer Wissen an die tatsächlichen Gegebenheiten anpassen und für die Probleme, die sich euch stellen, Lösungen erarbeiten.

Als Manager könnt ihr nicht einfach im Anzug unter dem Ventilator im Sessel sitzen und euren Lunch und andere Erfrischungen zu euch nehmen. Ihr müsst euch selber fragen, ob eure Arbeit euer Gehalt rechtfertigt. Ansonsten müsst ihr euch für einen Schwindler oder Betrüger der Firma halten. Ihr müsst ehrliche Arbeit leisten. Ihr solltet eure Arbeit und die Firmen nicht dauernd wechseln. Niemand wird euch Vertrauen entgegenbringen, weil man in der neuen Firma den Verdacht haben wird, ihr könntet wieder abspringen, sobald jemand euch ein wenig mehr Geld bietet. Ihr könnt in eurer Firma Karriere machen, wenn ihr euer Geschick, Talent und harte Arbeit einsetzt.

Die Betriebswirtschafts-Studenten sollten sich detaillierte Kenntnisse über Rohmaterialien, Energieversorgung, Buchhaltung, Finanzen, Marketing, Werbung und auch Maschinen aneignen. Sie sollten sich auch mit den Gewerkschaften und deren Aktivitäten auseinandersetzen und den Verpflichtungen, die ihre Firma gegenüber der Regierung hat. Auf gar keinen Fall sollte euer Verhalten auf Kosten der Qualität gehen, weil damit der gute Name in der Öffentlichkeit verloren geht. Am Anfang mögen auch Gewinne auf sich warten lassen und gering ausfallen, aber das sollte euch nicht irritieren. Eines Tages wird es sich stabilisieren. Ihr solltet jeden Arbeiter beobachten, wie er mit einer Maschine umgeht. Ihr solltet sicherstellen, dass jeder Arbeiter alle Arten von Aufträgen, die ihm im Laufe der Zeit erteilt werden, so ausführen kann, dass die Führung des Betriebs nicht von einer Person oder wenigen Personen abhängig ist.

Als Inhaber des Betriebswirtschaftsdiploms und in der Position eines Firmenmanagers werdet ihr der Aufsicht des leitenden Direktors oder dem Aufsichtsrat unterstehen. Zu Zeiten werdet ihr sie vielleicht konsultieren müssen, bevor ihr gewisse wichtige Entscheidungen trefft. Ihr müsst sehr bescheiden und höflich in ihrer Gegenwart auftreten. Selbst wenn ihr hinsichtlich einer Angelegenheit anderer Meinung seid, solltet ihr ihnen nicht widersprechen oder ihre Meinung ganz und gar verwerfen. Ihr solltet ihnen ad hoc nicht öffentlich entgegentreten. Versucht, ein anderes Treffen zu vereinbaren. Findet heraus, welche Stimmung vorherrscht, und wenn Ruhe und Gelassenheit vorhanden sind, trefft ihr euch, erörtert das Für und Wider des Problems und versucht, ihnen eure Perspektive einsichtig zu machen. Dann wird genügend Spielraum vorhanden sein, sich auf eure Argumente einzulassen.

Heutzutage solltet ihr euch auch mit einem weiteren Studienfeld befassen, der Sanierung eines Betriebs. Wenn eine Fabrik oder eine Firma Konkurs anmeldet, solltet ihr die Ursachen dafür herausfinden. Ihr solltet jeden Faktor sehr genau studieren und angemessene Lösungen für das Problem herausfinden und die richtigen Schritte einleiten, um die Firma wieder zu eröffnen und den Betrieb anschließend mit Gewinn weiterzuführen. Während eures Studiums müsst ihr auch ein Referat über ländliche Entwicklung halten. Ihr müsst den Hintergrund, die Ressourcen und Bedürfnisse des Dorfes kennen, seine Atmosphäre und seine sozioökonomischen Bedingungen, lange bevor ihr in einem bestimmten Dorf eure Arbeit beginnt. Drei oder vier von euch können sich zusammen tun und ein eigenes Unternehmen gründen. Ihr müsst die grundlegenden menschlichen Werte bedingungs- und kompromisslos anwenden. Nur aus diesem Grunde werdet ihr geschätzt. Behaltet immer die Bedürfnisse eures Landes im Auge, die einzuführenden Systeme, die einzurichtenden Verfahren, die nationalen Ressourcen und die nationale Entwicklung.

Frage 70: Swami! Wir vernehmen Deine spirituelle Deutung weltlicher Studien und kommen aus dem Staunen nicht heraus. Unser Swami, der den Wert mehrerer Disziplinen öffentlich herausstellt, ist der Weltlehrer. Wir wissen, dass Swami eine Botschaft an die Betriebswirtschafts-Studenten gerichtet hat. Wenn Du es für richtig hältst, dann teile uns die wesentlichen Punkte mit.

Bhagavān: Unser Institut bietet Studiengänge in Betriebswirtschaft und Finanzwirtschaft an. Aber zunächst ist zu klären, was „Geschäft" heißt? Was bedeutet „Markt"? Wer ist ein „Manager"? Die Studenten lernen das in der Klasse und aus ihren Büchern. Doch Geschäfte und Marketing werden auf dem ganzen Globus abgewickelt. Wo auch immer Geben und Nehmen stattfindet, bezeichnet man das als Markt. Dieser Austausch, dieses Geben und Nehmen ist Geschäft. Das Wort bezeichnet nicht nur ein Einkaufszentrum.

Auf dem Markt, den wir Welt nennen, ist der Verstand der Manager. Dieser Verstand muss seine Sache gut machen; dann ist das Herz ein Führer. Zwischen einem Ereignis und einem anderen gibt es die Zeit; zwischen einem Objekt und einem anderen gibt es den Raum. Was zwischen diesen beiden abläuft, ist Handlung.

Wenden wir uns jetzt der Liebe eines Lehrers (guru) zu. Lehrer wie Sokrates, Plato und Aristoteles sind auf der ganzen Welt berühmt. Unter diesen ist euch Sokrates gut bekannt. Die Richter verurteilten Sokrates zum Tode, weil sie der Meinung waren, Sokrates' „böser" Einfluss verderbe die jungen Leute, so dass sie sich nicht, wie es sich gehörte, zum

Militärdienst meldeten. Aber Sokrates, der seine Schüler liebte, wollte von einem solchen Tod nichts wissen. Er verpflichtete sie zu striktem Gehorsam und bat sie, ihm Gift zu besorgen. Er saß in ihrer Mitte und bat sie, das Gefäß mit dem Gift zu berühren. Er dachte, es sei besser, inmitten seiner Schüler zu sterben als durch die Hand törichter Richter. So groß war seine Liebe zu ihnen. Die Schüler, die das erkannten, wurden später berühmt.

Erinnert euch an den Gründer der Firma Bata, ein Mensch mit größter Liebe zu Gott. Er stellte bequeme Schuhe her mit einem Fußbett aus Pferde- und Eselshaar. Er verdiente seinen Lebensunterhalt damit und diente gleichzeitig den Menschen. Seine Hingabe und Dienstbereitschaft brachten ihm Ehre und Ruhm ein. Deshalb sind Liebe, Hingabe und Dienstbereitschaft wesentliche Eigenschaften eines Managers.

Alexander der Große stand kurz vor seiner Eroberung Indiens; er suchte seinen Lehrer auf und bat um dessen Segen. Da sagte der Lehrer zu ihm: „Mein Sohn! Ich habe erfahren, dass es in Indien kostbare Dinge gibt. Bringe sie mir, deinem Lehrer, als Opfergabe. Erstens gibt es in Indien Asketen, die sich durch völlige Hingabe und absolute Nicht-Anhaftung auszeichnen. Bring einen solchen Asketen mit. Zweitens ist das Land durch die Füße großer spiritueller Gottsucher geheiligt; hochrangige Äbte und Bettelmönche, Weise und Inkarnationen Gottes sind dort herumgewandert. Dieser Staub ist sehr heilig. Bringe mir etwas davon. Drittens heißt es, der Fluss Ganges wasche alle Sünden ab. Mein Sohn! Fülle etwas Gangeswasser in ein Gefäß und bringe es mir. Viertens: Da ist der Reichtum der Bhagavadgita, die die rechte Lebensart und das Ziel des Lebens beschreibt. Bring mir ein Exemplar mit!“

Ihr, die ihr im Lande *Bhārat* geboren seid, müsst den Geist des Opfermuts entwickeln. Unsere hohen Ideale und Werte helfen den Studenten, Ruhm und Ehre zu erlangen. Wahrheit und Rechtschaffenheit sind im Leben sehr wichtig. Sie sind so kostbar wie der Atem. Seid euch dessen bewusst, dass das Leben ohne sie unfruchtbar ist. Diese Eigenschaften sind für einen Manager unerlässlich.

Frage 71: Swami! Wir verstehen nicht, was Weisheit eigentlich ist. Ist das Wissen, das wir in unseren Bildungseinrichtungen erwerben, nicht mit Weisheit gleichzusetzen? Wenn dies nicht der Fall ist, sage uns, wie wir Weisheit auf einfache Weise erlangen können.

Bhagavān: Aus Erfahrung gewonnenes Wissen ist Weisheit *(jnāna),* nicht Bücherwissen. Wenn man die Gegenwart Gottes immer, überall, im Inneren und Äußeren spürt, so ist das wahre Weisheit *(jnāna).*

Teil II

Der Gottsucher (sādhaka)

Die äußere Tür

Frage 72: Swami! Sollten wir hinsichtlich unserer Ernährungsgewohnheiten eine Disziplin oder Regelung einhalten? Ist das für unseren spirituellen Weg notwendig? Sai *Devotees* auf der ganzen Welt sind wegen Deiner Lehren Vegetarier. Das ist erstaunlich. Es gibt heutzutage niemanden, der uns etwas über unsere Ernährung zu sagen imstande ist. Bitte gib uns einen Rat.

Bhagavān:

Wie die Nahrung, so der Verstand.
Wie der Verstand, so die Gedanken.
Wie der Gedanke, so die Tat.
Wie die Tat, so das Ergebnis.

Daher ist das Ergebnis von der Nahrung abhängig, die ihr zu euch nehmt. Missversteht mich nicht: Strenge Disziplin ist hinsichtlich eurer Ernährungsgewohnheiten erforderlich. Nahrung, Kopf, Gott – diese Folge muss beachtet werden. Wie eure Nahrung beschaffen ist, so ist euer Denken, wie es um euer Denken bestellt ist, so ist die Manifestation Gottes in euch.

Ihr solltet nicht zu viel essen. Ihr esst, um zu leben und lebt niemals, um zu essen. Zu viel zu essen, ist eine tamasische Eigenschaft. Wenn ihr einmal am Tag esst, seid ihr ein Yogi, wenn ihr zweimal am Tag esst, seid ihr krank (rogi). Wenn ihr reine und ausgewogene Nahrung zu euch nehmt, entwickelt ihr ein frommes Gemüt. Wenn ihr scharf gewürzte Nahrung zu euch nehmt, werdet ihr ein leidenschaftliches, unruhiges Temperament haben, und wenn ihr Fleisch und Alkohol usw. zu euch nehmt, werdet ihr einen bösen, trägen, passiven Verstand haben. Es ist also die Nahrung, die euren Verstand prägt, und davon hängen eure Handlungen mit den entsprechenden Folgen ab.

Ihr solltet auch auf die Sauberkeit der Kochgefäße achten und auf die der Küchengeräte, auf die Reinheit der Nahrungsmittel, auf Sauberkeit beim Zubereiten des Essens und die Reinheit der Gedanken des Kochs. Ihr solltet nicht alles essen, was euch irgendwo angeboten wird.

Vor ein paar Jahren wurde ein *Sannyāsin* zum Essen in die Wohnung eines Geschäftsmannes eingeladen. In der Nacht konnte dieser *Sannyāsin*, ein Asket und spiritueller Sucher, nicht schlafen. Irgendwann schlief er dann doch ein und hatte einen Traum, in dem er ein sechzehnjähriges Mädchen Tränen vergießen sah. Da suchte der *Sannyāsin* seinen Guru auf und erzählte ihm von diesem Traum. Der Guru meditierte eine Weile darüber und erläuterte ihm dann den Grund für diesen Traum. Der Tag, an dem der Geschäftsmann ihn zum Abendessen eingeladen hatte, war zufällig der elfte Tag nach dem Tod seiner sechzehnjährigen Frau, und er führte die traditionellen Todesriten durch. Da der *Sannyāsin* das Essen, das für diese Feierlichkeiten gekocht worden war, zu sich nahm, erschien das verstorbene Mädchen in seinem Traum mit Tränen in den Augen. Der Vater des jungen Mädchens war sehr arm und konnte kaum seine Familie ernähren. So verheiratete er sie gegen ihren Willen mit diesem älteren Geschäftsmann. Tief enttäuscht beging sie Selbstmord, indem sie in einen Brunnen sprang. Der Geschäftsmann musste die üblichen Sterberiten vollziehen, und während er das am elften Tag tat, bat er den *Sannyāsin* zum Essen. Dies ist die Geschichte hinter dem Traum des *Sannyāsin*. Ihr solltet also nicht ohne weiteres Nahrung zu euch nehmen, die euch angeboten wird.

Etwas ganz Ähnliches erlebte einmal ein Schüler von Swami Nityananda. Eines Tages verließ er den Ashram und aß außerhalb. Auf seinem Heimweg stahl er einen silbernen Becher aus einem Haus und brachte ihn in den Ashram. Aber bald darauf war er wegen dieser dummen Geschichte sehr traurig, da er durch den Diebstahl des Bechers zu einem Verbrecher geworden war. Er weinte und bereute es. Am nächsten Morgen ging er zu seinem Guru und erzählte ihm die ganze Sache. Nityananda konnte den Grund herausfinden, weil er über große spirituelle Fähigkeiten verfügte. Er sagte zu seinem Schüler: „Das Essen, das du außerhalb des Ashrams zu dir genommen hast, wurde von einem Koch zubereitet, der einmal ein Dieb gewesen ist, und das hat sich in der Folge auf dich ausgewirkt.“ Wer das Essen zubereitet, muss also reine Gedanken haben.

Außerdem sollte euer Körper nach dem Essen so leicht wie vor dem Essen sein. Am besten ist es, den Magen halb leer zu lassen. Die andere

Hälfte sollte mit Wasser und anderen Nahrungsmitteln gefüllt werden. Knollen sind nicht gut für den Körper. Milch solltet ihr nicht unverdünnt zu euch nehmen. Ihr solltet sie mit etwas Wasser verdünnen und sie dann trinken. Ihr solltet eine Pause von mindestens vier Stunden zwischen zwei Mahlzeiten einlegen. Ihr solltet Nahrungsmittel zu euch nehmen, die dem Körper genügend Kalorien zur Verfügung stellen. Auf fette und gebratene Currygerichte solltet ihr möglichst verzichten. Macht einen kurzen Mittagsschlaf und einen langen Spaziergang nach dem Abendessen. Ihr solltet hart arbeiten und gut essen.

Frage 73: Swami! In Deiner Organisation und Deinen Institutionen tragen Arbeiter, Studenten, Lehrer, Devotees und Ärzte immer weiße Kleidung. Warum? Was ist der Grund dafür?

Bhagavān: Weiße Kleidung symbolisiert Reinheit und Sauberkeit. Ein reines weißes Tuch kann mit einem sauberen Spiegel verglichen werden. Wenn sich Staub auf dem Spiegel ansammelt, werdet ihr euer Spiegelbild nicht klar erkennen können. Ebenso ist der Intellekt *(buddhi)* wie ein sauberes weißes Tuch. Nur dann werdet ihr eure eigenen Schwächen herausfinden und eure Unterscheidungskraft anwenden, um sie auszumerzen. Heute ist dies nicht der Fall. Die Menschen sehen deutlich die Fehler der anderen, erkennen aber ihre eigenen nicht. Wenn ihr vor einem Spiegel steht, seht ihr euer Spiegelbild. Aber wenn ihr den Spiegel dem anderen zukehrt, findet ihr natürlich sein Spiegelbild darin, nicht wahr? So wendet ihr auch den Spiegel eures Intellekts anderen zu und das führt dazu, dass ihr deren Fehler seht.

Selbst der kleinste Fleck ist auf einem weißen Kleidungsstück deutlich zu erkennen. Wenn ihr bunte Kleidung tragt, könnt ihr Flecken, Unreinheiten und unsaubere Stellen nicht sehen. Das ist falsch. Ihr solltet niemals den Schmutz eures Charakters verbergen oder zudecken. Ihr solltet ihn sofort abwaschen. Ihr solltet das Gute mit anderen teilen. Weder Gutes noch Böses sollte in euch sein. Das Böse solltet ihr abwerfen und das Gute mit anderen teilen. Aber einige von euch behalten das Gute für sich und verteilen das Böse an andere. Es ist ein Fehler, sich so zu verhalten.

Shiva zeigt euch den besten Weg und ist der Welt ein Vorbild. Er sammelte und behielt Gift in seinem Hals zurück. Deshalb nennt man ihn den Gott mit dem blauen Hals (nīlakantha). Aber das kühle und sanfte Mondlicht des Mondes auf seinem Kopf wird an andere verteilt.

Nur weil er diese Annehmlichkeit mit anderen teilen wollte, behielt er den Mond auf seinem Kopf.

Frage 74: Swami! Heute sind Sai *Devotees* über die ganze Welt verstreut. Man findet unter ihnen Regierungsoberhäupter und gewöhnliche Bürger. Die Gesellschaft bringt ihnen als Deinen *Devotees* besondere Achtung und Anerkennung entgegen. Wie sollen wir das verstehen?

Bhagavān: Das liegt in der Natur der Sache. Das ist die Wirkung der Gemeinschaft, in der ihr euch befindet. Selbst der Faden, der die Blumen in einer Girlande miteinander verbindet, erhält dadurch einen Wert. Die Ratte wird als Reittier *Ganeshas* verehrt. Der Stier wird als *Shivas* Reittier geachtet. Ebenso werden alle Reittiere unserer Gottheiten verehrt.

Einmal schickte *Vishnu Shiva* eine Botschaft durch *Garuda,* den Adler. Da *Garuda* mit der Botschaft sehr schnell flog und in der Nähe von *Shiva* landen wollte, erhob sich dort wegen des heftigen Windes ein Sandsturm. Die Schlangen, die den Hals *Shivas* schmückten sahen das und zischten und wollten *Garuda* beißen. Da sagte *Garuda* zu den Schlangen: „Ihr seid in der Gegenwart *Shivas*, deshalb habt ihr keine Angst, mich so anzuzischen. Entfernt euch vom Herrn, und ihr werdet sehen, was euch passiert! Ich kann euch in kürzester Zeit erledigen.“ Ebenso ergeht es euch. Solange ihr in meiner Gegenwart seid, werdet ihr respektiert und geachtet. Wenn ihr euch von mir entfernt, werdet ihr verleumdet und gedemütigt.

Ihr solltet nicht hinter all den albernen weltlichen Dingen herlaufen wie die gewöhnlichen Fliegen, deren Landeplatz überall ist. Wie Honigbienen solltet ihr nur Honig aus den Blumen holen. Nehmt euch ein Beispiel am Fahrer der Präsidentenlimousine. Er darf sich niemals wie ein gewöhnlicher Taxifahrer verhalten. So sollten auch die, die das Lob Gottes singen, nicht hinter anderen Leuten herlaufen und sie um banale Dinge bitten.

Frage 75: Swami! Wir besuchen als religiöse Menschen Tempel. Wir begeben uns ab und zu auf eine Pilgerschaft. Wir führen außerdem Rituale durch und bringen Opfer dar. Aber in unserem Lebensmuster lässt sich keine Veränderung erkennen. Was ist der Grund dafür, Swami?

Bhagavān: Verehrung, Bußübungen, Meditation, Bhajans usw. sind heilige Aktivitäten, die eurem Leben Sinn und Zweck verleihen. Aber ihr könnt sie nicht als „spirituell“ bezeichnen. Das alles sind gute Taten und helfen euch, eure Zeit auf heilige Weise zu verbringen. Was auch immer ihr mit dem Geist (Ego, Ich-Bewusstsein) tut, kann nicht spirituell sein. Der wahre spirituelle Pfad ist die Erforschung des Selbst *(ātmavicāra).*

Der Sucher sollte wissen, dass er nicht der Körper, der Geist *(manas)* oder der Intellekt *(buddhi)* ist und dass sein wahres Selbst *(ātman)* jenseits von Zeit und Raum ist. Das Selbst hat weder Name noch Form, durch die es sich in dieser vergänglichen Welt identifizieren ließe. Der *Atman* ist ewig, rein und nichtdualistisch. Wahre Spiritualität ist das Bewusstsein des *Atman.* Das ist *Brahman,* das Göttliche, das gemäß den heiligen Schriften alles durchdringt (eko vasī sarvabhūtāntarātman). Nur diese wahre Spiritualität kann euch die Erfahrung des göttlichen Bewusstseins vermitteln. Aber ihr findet unter dem Namen Spiritualität viele Formen religiöser Praxis. Das heilige Speiseopfer, das Gott dargebracht wird, wird tatsächlich von den *Devotees* gegessen. Sie zeigen es nur einem Bild oder einer Statue Gottes und dann essen sie selber alles auf. Wenn Gott wirklich einmal etwas von dem nehmen würde, was ihm angeboten wird, würde ihm sicherlich nichts mehr angeboten werden.

Erinnert euch immer daran, dass das Opfer *(tyāga)* die höchste und beste Form spiritueller Übungen ist. Ihr müsst eure Zeit, euer Geld, eure Mittel und eure Energie opfern. Ihr solltet zumindest Gott ein Blatt der Basilikumpflanze *(tulasī)* opfern. Wenn ihr Opfer darbringt, erreicht ihr Unsterblichkeit. Opfern ist Yoga, spirituelle Praxis.

Liebe drückt sich in der Form der Opferbereitschaft aus. Liebe, die nichts opfert, ist bedeutungslos und vollkommen selbstsüchtig. Ihr müsst das Körperbewusstsein oder die Bindung an den Körper aufgeben. Ihr müsst eure bösen Gedanken und Gefühle aufgeben. Opfer ist eure wahre Natur. Opferbereitschaft ist eine göttliche Eigenschaft, die der Mensch erhalten hat. Tatsächlich vollbringt ihr keine große und Aufsehen erregende Tat durch ein Opfer. Ihr tut es doch für euer eigenes Selbst.

Ein Yogi sah einmal eine Kuh im Fluss um ihr Leben kämpfen. Er sprang hinein und rettete sie. Jemand fragte ihn daraufhin: „Warum hast du die Kuh gerettet?“ Der Yogi antwortete: „Ich rettete die Kuh um meines eigenen Glücks willen. Ich konnte die Kuh nicht kämpfen und leiden sehen." Viele mögen vorbeigegangen sein und die Kuh in ihrer misslichen Lage gesehen haben. Aber niemand unternahm etwas, um sie zu retten. Es ist also eine Chance für den Menschen, ein Opfer zu bringen.

Es gibt noch eine kleine Geschichte. Ein Haushälter wollte eines Tages als Teil eines Rituals einen Brahmanen speisen. Es gelang ihm, einen armen alten Brahmanen zu finden, der bereit war, bei ihm zu essen. Der Brahmane kam und ging rasch daran, das Essen zu sich zu nehmen, das aufgetragen wurde. Der Haushälter fragte sich: „Was für ein Brahmane ist das denn? Er hat nicht einmal ein Bad genommen und eine Zeremonie vor dem Essen verrichtet. Es ist gar nicht verdienstvoll, einen solchen Mann zum Essen einzuladen." Er ärgerte sich so sehr über den alten Brahmanen, dass er ihm Stockschläge verabreichte, ihn am Hals packte und hinausschob. In dieser Nacht hatte der Haushälter einen Traum, in dem ihm Gott erschien und ihn fragte: „Warum hast du den alten Brahmanen zum Essen eingeladen und ihn dann geschlagen? Warum hast du ihn am Hals gepackt und aus dem Haus geworfen? Schließlich hast du ihn nicht einmal einen Tag verköstigt, während ich das 80 Jahre lang getan habe! Wie schändlich!"

Entsagung *(tyāga)* hat nichts mit Einschränkung und Bedingungen zu tun. Eine Mutter ist bereit, ihr Leben für ihr Kind zu geben. Warum? Liebe lässt sie dieses Opfer bringen. Bäume bringen Früchte hervor, damit ihr sie essen könnt. Kein Baum nimmt seine eigenen Früchte zu sich. Flüsse fließen und opfern ihr Wasser, um euren Durst zu stillen. Die Kuh gibt Milch und opfert sie für euch alle, damit ihr sie trinken und euren Körper ernähren könnt. Auch euer Körper ist für ein solches Opfer vorgesehen.

Gottesdienst, Bhajans und solche äußeren Aktivitäten sind weniger wert als *Seva* und Opfer. Hände, die dienen, sind heiliger als Lippen, die beten. Liebe zu Gott ist Verehrung, die als Opfer ausgedrückt werden muss. Liebe ist Opferbereitschaft. Opfer ist der Weg der Liebe zu Gott *(premayoga)*. Opfer ist Yoga. Wenn ihr an diesem Glauben, dieser Verehrung festhaltet, wird eure Beständigkeit stärker und tiefere Wurzeln bekommen. Vom Pfad der Selbsterkenntnis geht weiter zur Gotteserfahrung. Man sagt, die praktische Weisheit, die man durch seine Opferbereitschaft erworben hat, ist der einzige Weg zur Befreiung *(kaivalya)*. Dieser Vorgang übersteigt den Geist *(mind)* und die körperliche Tätigkeit. Nur dann werdet ihr die erwarteten Ergebnisse und Glückseligkeit erreichen.

Frage 76: Swami! Warum unterscheiden wir uns? Warum verhalten wir uns unterschiedlich? Was ist die Ursache für diese Unterschiede? Wie können wir eine ideale und gute Lebensweise entwickeln?

Bhagavān: Da ihr die menschliche Natur nicht studiert und ganz verstanden habt, habt ihr diese Zweifel. Der Mensch ist eine Verbindung von drei Haupteigenschaften: dämonisch, animalisch und menschlich. Es ist die menschliche Eigenschaft, die euch hilft, eure Göttlichkeit zu verwirklichen.

Nehmt z.B. eine Orange. Da gibt es eine äußere bittere Schale, harte Kerne und weiches saftiges Fruchtfleisch. So hat auch ein Mensch dämonische Eigenschaften, die sich mit der bitteren Schale der Orange vergleichen lassen, ein animalisches Temperament wie die harten Kerne und schließlich menschliche Werte wie das weiche saftige Fruchtfleisch. Nehmt zum Beispiel eine reife Tamarindenfrucht. Ihre äußere Schale ist die animalische Natur, ihre harten Kerne symbolisieren die dämonische Natur, während ihr weiches Fruchtfleisch das menschliche Verhalten darstellt. Wenn das Fruchtfleisch sich mit den Kernen verbindet, d.h. wenn die menschliche Natur sich mit dämonischem Verhalten verbindet, drückt sie sich wie ein Dämon aus. Wenn das weiche Fruchtfleisch sich mit der äußeren Schale verbindet, d.h. wenn die menschliche Natur sich mit animalischem Verhalten verbindet, erscheint sie wie ein Tier.

So hängt alles mehr oder weniger von der Verbindung ab, sei sie nun dämonisch oder animalisch. Dies ist die Hauptursache für all die Unterschiede. Aber wenn ihr menschliche Werte lebt, könnt ihr ein ideales Leben führen und Göttlichkeit erfahren. Darin liegen Süße und Zweck des Lebens.

Frage 77: Swami! Ist es nötig für uns, strenge Askese und Disziplin nur innerhalb eines Ashrams zu beachten oder auch außerhalb in der Gesellschaft ?

Bhagavān: Ich schlage vor, ihr solltet ein diszipliniertes und einfaches Leben führen, wo auch immer ihr euch aufhaltet. Ihr könnt überall hingehen, aber wo auch immer ihr seid, sollten Disziplin *(niyama),* Vertrauen *(shraddhā)* und spirituelle Übungen *(sādhana)* euch begleiten. Dies ist die spirituelle Lebensweise.

Von zwei Kranken kann der eine ambulant und der andere stationär behandelt werden, abhängig von der jeweiligen Krankheit. Aber beide sollten doch ihre Medizin nehmen, wenn sie gesund werden wollen, nicht wahr? So könnt ihr auch innerhalb oder außerhalb eines Ashrams leben. Aber ihr solltet auf jeden Fall ein diszipliniertes, einfaches und spirituelles Leben führen. Da ihr als Individuen im Zyklus von Geburt und Tod *(bhāvaroga)* gefangen seid, sind spirituelle Übungen Medizin für euch.

Frage 78: Swami! Einige Menschen stellen ohne Grund eine Herausforderung für uns dar. Fromme und edle Menschen fühlen sich in solchen Situationen gestört und beunruhigt. Was sollten wir mit jenen tun, die uns unnötig herausfordern?

Bhagavān: Nur egoistische, eifersüchtige Menschen mit einem starken Körperbewusstsein fordern auf diese Weise heraus. Aspiranten und Gottsucher sollten sich durch diese Herausforderungen nicht beirren lassen. Ihr solltet nicht auf ihre Worte reagieren und euch durch sie nicht verletzt fühlen. Eine Kuh, die auf einer Wiese grast, mag eine andere Kuh angreifen. Ein Schwein, das sich von Kot ernährt, kann ein anderes Schwein angreifen. Sollte der Mensch, der Nahrung zu sich nimmt, ein Schwein herausfordern? Ihr könnt zu einem Menschen sprechen, der euch ebenbürtig ist, aber nicht zu jedermann. Gebt nicht jedem eine Antwort und verliert dabei euren Seelenfrieden. Tatsächlich solltet ihr einer Herausforderung – wenn es unbedingt nötig ist – mit folgenden Fragen begegnen: „Helft ihr allen, wie ich es tue? Tut ihr etwas für karitative Angelegenheiten, wie ich es getan habe? Seid ihr so großzügig wie ich? Wie viele Menschen sind durch euch auf den rechten Weg gekommen?“ Wenn Menschen miteinander konkurrieren, dann sollte es vernünftige Grunde dafür geben. Ihr solltet nicht wegen trivialer, geringer, unbedeutender Dinge miteinander konkurrieren.

Frage 79: Swami! Weltliche Probleme und Pflichten ziehen unsere Aufmerksamkeit auf sich. Wir verlieren uns in egozentrischen Aktivitäten. Dennoch beten wir zu Gott. In einem gewissen Sinne ist aber unser Geist voller weltlicher Überlegungen. Was ist zu tun?

Bhagavān: Das *Mahabharata* erläutert diesen Aspekt sehr deutlich. Die rechtschaffenen *Pāndavas*, die fünf Brüder, die ihre Zeit im Exil verbrachten, verloren niemals ihr Vertrauen und ihren Glauben. Alles im Leben hängt davon ab, welche Prioritäten man setzt. Bei ihnen stand Gott an erster Stelle, dann kamen die anderen, und sie selber standen an letzter Stelle. Daher hatten sie Erfolg, und sie leben bis zum heutigen

Tag in unserer Erinnerung fort. Im Gegensatz dazu hatten die *Kauravas*, ihre Vettern, andere Prioritäten. Am wichtigsten waren ihnen ihre Annehmlichkeiten und egoistischen Interessen, dann kamen andere an die Reihe und an letzter Stelle stand Gott. Was ereignete sich? Sie verloren die Schlacht und ihren guten Ruf. Da Gott auf ihrer Prioritätenliste an letzter Stelle stand, verloren sie die Schlacht. Wenn Gott auf eurer Seite ist, braucht ihr euch keine Sorgen zu machen. Ihr werdet in allen Bereichen Erfolg haben. Schließlich gibt es nichts in dieser Welt, was von Dauer ist. Alles sind vorüberziehende Wolken. Nicht einmal eine bleibt. Vergesst nicht, dass alles, was in eurem Leben geschieht, zu eurem Besten geschieht.

Ein Mensch geht auf zwei Beinen. Er geht aufrecht im Gegensatz zu den vierbeinigen Tieren. Nach der Heirat verliert der Mensch etwas von seiner Freiheit, weil seine Verantwortung wächst, und er wird „vierbeinig" und seine Gangart verlangsamt sich. Wenn er ein Kind bekommt, hat er „sechs Beine" wie ein Skorpion, und wenn er noch ein Kind bekommt, wird er ein Achtfüßler wie eine Küchenschabe, und seine Bewegung verlangsamt sich weiter. All diese Bindungen habt ihr selber eingefädelt. Keiner machte das für euch.

Vergesst trotz all eures Reichtums und Ansehens nicht, dass euer wahres Glück in der Gegenwart und Nähe zu Gott liegt. Ihr könnt einen Fisch in einem goldenen, mit Edelsteinen besetzten Gefäß aufbewahren; er wird sich darin niemals wohl fühlen. Er schwimmt nur frei im Wasser. Glückseligkeit liegt in eurem wahren Selbst. Alles andere, wie wertvoll es auch sein mag, führt nur zu Unglück.

Ein einfaches Beispiel für euch: Hier ist ein Glas mit Wasser, auf dessen Boden Zucker ist. Wenn ihr das Wasser oben kostet, ist es geschmacklos, und ebenso trifft das auf das Wasser in der Mitte des Glases zu. Aber holt einen Löffel und rührt das Wasser unten im Glas gut um. Wenn ihr es jetzt kostet, schmeckt es überall, oben und in der Mitte, süß. Vergleichen wir das mit eurem Leben: „Das Glas" ist euer „Körper", „das Wasser" ist euer „Leben", „der Löffel" ist euer „Intellekt" und „Zucker" ist „die Göttlichkeit". Wenn ihr den Intellekt richtig gebraucht, werdet ihr die Süße der Göttlichkeit überall erfahren.

Was ihr braucht, sind Frieden und Glück. Ihr solltet Gott um diese zwei wesentlichen Dinge bitten. Ihr verehrt ihn und dient ihm. Ihr strebt danach, glücklich und in Frieden zu sein, zweifellos. Aber in euren Gebeten zu Gott geht es um weltlichen Besitz. Also gibt es eine Unstimmigkeit zwischen euren Bestrebungen und euren Gebeten. Das ist eure Schwäche.

Frage 80: Swami! Dein Ruhm hat heutzutage sehr viele Menschen aus allen Teilen der Welt hierher zu Deinen Füßen gebracht. Menschen, deren Namen wir niemals vorher gehört haben, kommen aus vielen Ländern zu Dir. Menschen aus fast allen Sprachgruppen der Welt sind hier. Vertreter aus allen Lebensbereichen sind hier. Es ist bedenklich, dass unsere Hingabe, obwohl wir hier bei Dir leben, kleiner ist als die Deiner ausländischen *Devotees*. Wir sehen, dass sie Deine Lehren mit größerer Aufrichtigkeit praktizieren als wir. Was ist der Grund dafür?

Bhagavān: Die Erfahrung der *Devotees* hängt von ihrer Aufrichtigkeit, Beständigkeit, Hingabe und ihrem Vertrauen ab. Nähe ist tatsächlich verantwortlich dafür, dass der wahre Wert von Göttlichkeit nicht erkannt wird. Findet ihr nicht einen Schatten unter der Lampe? So verhält es sich auch hier. Während das Licht des *Avatars* sich überall verbreitet, findet sich unter dem Licht Schatten. Ihr wisst auch, dass Honigbienen weit her kommen, um den Honig aus der Lotosblüte zu saugen, während Frösche, Schlangen und Fische ganz in der Nähe der Lotosblüte den Geschmack von Honig nicht kennen. Das Gleiche geschieht, wenn Gott in menschlicher Form inkarniert. Menschen in seiner unmittelbaren Umgebung werden seinen göttlichen Glanz nicht erkennen.

Wenn jemand die Mango erwähnt, läuft euch das Wasser im Munde zusammen. Aber wenn ihr zum Markt geht und die Früchte dort seht, nehmt ihr eine Frucht, haltet sie an die Nase und riecht daran. Warum? Ihr möchtet wissen, ob die Frucht reif ist oder nicht. Die bloße Erwähnung genügte und schon lief euch das Wasser im Munde zusammen. Aber wenn ihr die Früchte vor euch seht, fangt ihr an zu zweifeln, nicht wahr? Warum sollen wir aber einen Vergleich so weit her holen? Nun, ihr sprecht begeistert vor allen, dass Baba in euren Träumen erschienen ist und dass ihr seine Gegenwart in eurem Heim erfahren habt. Aber wenn ihr in der unmittelbaren Nähe von Baba seid, lässt euch das kalt. Ihr, die ihr mir so nahe seid, wisst nichts von den großartigen und überwältigenden Erfahrungen der *Devotees* auf der ganzen Welt und ihrer Größe. Ein Frosch im Brunnen kann die Umgebung nicht kennen, nicht wahr?

Nicht die Länge der Zeit oder die Anzahl der Jahre, die ihr bei Swami verbringt, ist bedeutungsvoll. Busfahrer kommen täglich hierher und fahren täglich von hier weg. Welche Erfahrung machen sie? Man kann eine Eisenkugel eine beliebig lange Zeit in einem Wassertank haben. Was geschieht? Es findet überhaupt keine Veränderung statt! So wie Dunkelheit durch einen Lichtstrahl vertrieben wird, so wird die Dunkelheit des Unwissens durch das Licht der Wahrheit vertrieben.

Wenn ihr volles Vertrauen zu Swami habt und ihn von Herzen liebt, werdet ihr seinen Lehren folgen. Ihr könnt im Leben sehr vieler Menschen überall eine spektakuläre Transformation erkennen. Was ist der Grund dafür? Der Grund liegt in ihrem unerschütterlichen Glauben an die Lehren von Swami. Ich verschicke an niemanden Einladungen, damit er hierher kommt. Ich heiße niemanden willkommen und verabschiede mich auch von keinem. Aber täglich kommen Menschen in großer Zahl hierher. Warum? Es ist die Liebe Gottes, die die Menschen nach *Prashānti Nilayam* zieht.

Es ist nur Gott, den ihr achtet, liebt und verehrt. Ihr respektiert euren Chef, Beamte, ältere Leute usw. Ihr liebt eure Eltern, die Familie und Freunde. Dennoch verehrt ihr weder eure Beamten noch die Familienmitglieder. Nicht wahr? Aber ihr achtet, liebt und verehrt Gott allein.

Frage 81: Swami! Devotees kommen aus weit entfernten Ländern z.B. von den Philippinen, aus Argentinien, Guatemala, Russland und vielen anderen Ländern der ganzen Welt. Erwähne ein Land und man wird dessen Vertreter hier in *Prashānti Nilayam* finden. Sie verlassen den Ort schweren Herzens. Wie sollten sie damit umgehen und was genau sollten sie unter diesen Umständen tun?

Bhagavān: Ihr solltet das Allwissen Gottes erkennen. Gott ist immer bei euch, um euch, unter euch, über euch und in euch. In der Tat seid ihr Gott. *Devotees* kommen zu Swami, um ihre Batterien wieder aufzuladen. Denkt immer daran: Es ist nicht wichtig, dass jemand Swami „nahe“ ist, er muss ihm „lieb“ sein (im Engl. Wortspiel: „near“ – „dear“; Anm. d. Ü.). Die Flamme lodert hell, wenn eine leichte Brise geht. Zwei Holzstücke sollten nahe zusammen liegen. Das ist „Nähe“. Wenn ihr sie anzündet, solltet ihr ihnen auch ein wenig Luft zufächeln, so dass die Flamme aufsteigen kann. Dieses Zufächeln ist „Liebe“. Bloße Nähe ist nicht genug.

In einem See wächst eine Lotosblüte. Viele Fische und Frösche sind auch in dem See, die den Wert der Blume nicht kennen. Aber Bienen kommen aus großer Entfernung und saugen den Nektar aus der Blüte. Die Bienen repräsentieren Liebe, während Frösche und Fische Nähe ausdrücken.

Ihr kennt doch auch den Leuchtturm, der Licht in alle Richtungen aussendet, um die Fahrt des Schiffes zu erleichtern. Aber unter dem Leuchtturm ist es dunkel wegen des Schattens. So ist das Aussenden des Lichtes Liebe, während der Schatten unten Nähe symbolisiert. So sollten es *Devotees*, die von hier weggehen, verstehen. Sie sollten versuchen, Swami lieb und nicht nur nahe zu sein.

Frage 82: Swami! Wir erleben häufig, dass sich einige von uns eine Zeitlang gut verhalten, voller Hingabe, Disziplin und Pflichtbewusstsein sind, besonders wenn wir uns in Deiner Nähe aufhalten. Warum verändern wir uns dann, wenn wir woanders sind? Was passiert mit all dem, was wir hier gelernt haben? Warum verlieren wir erhabene Eigenschaften wie Aufrichtigkeit, Hingabe, Beständigkeit, wenn wir weit weg sind von dir? Bitte verzeih uns diese Schwächen und lass uns die Gründe für unser Versagen wissen.

Bhagavān: Diese Behauptung stimmt nicht. Aufrichtigkeit, Hingabe, Disziplin, Beständigkeit und all die erhabenen Eigenschaften, von denen ihr sagt, ihr hättet sie besessen, sind nicht echt und natürlich. Sie sind künstlich. Sie sind wie Plastikblumen, die nicht duften und keine Bienen anlocken können. Das ist alles nur eine Show oder ein Trick. Gott wird sich durch diese künstlichen, flüchtigen und äußeren Merkmale niemals täuschen lassen. Gott sieht in euer Herz und euer Inneres.

Ihr sagt, die Umstände verändern euch. Wenn ihr wirklich erhabene Eigenschaften besitzen würdet, würdet ihr euch nicht durch den Wechsel der Lebensumstände ändern. Keine Veränderung in der Umgebung wird euch jemals berühren. In der Tat, der Fehler liegt nur bei euch. Was euch fehlt, sind unerschütterliches Vertrauen und Überzeugung. Tatsächlich liegt der Same in der Erde, bereit, zu gegebener Zeit zu keimen. Die Umgebung hat weder Hände noch Füße noch Leben, um sich wie ihr bewegen zu können.

Ihr seid jetzt in Kodaikanal. Eure Kleidung, Jacken und Schals, Teppiche, Decken und all das andere wollene Zeug, hält euch an diesem kalten Ort warm. Wessen Schuld ist es, wenn ihr keine warmen Sachen dabei habt? Wen würdet ihr dann tadeln? Ebenso wisst ihr, welche Herausforderung und Prüfung das Leben in der Welt heutzutage darstellt. Es ist eure eigene Verantwortung, den Teppich der Pflicht, die Decke der Hingabe mitzunehmen und die Jacke der Disziplin zu tragen, wann immer ihr den strengen kalten Winden der Pflichtverletzung, des Ungehorsams gegenüber Gottes Geboten und der Launen des Egos und Unglaubens ausgesetzt seid. Da ihr diese warme wollene Kleidung tragt, wird euch das kalte Klima nichts anhaben können. Ihr müsst euch schützen, die Umgebung zu tadeln, ist nutzlos Wenn gute Gedanken und gutes Verhalten Teil eures Wesens sind, wird euch eure Umgebung nicht beeinflussen können.

Frage 83: Swami! Deine Gnade und Barmherzigkeit haben uns hierher gebracht. Du sagst, dass Du drei Viertel Deiner Zeit mit Deinen Studenten verbringst. Was möchtest Du, dass wir tun?

Bhagavān: Es gibt nichts, was ihr für mich tun könnt. Ich brauche nichts von euch. Ich gebe nur und nehme nie etwas. Ich nehme von niemandem etwas an. Ich strecke nie meine Hand vor irgendjemandem aus, um etwas anzunehmen. Bis jetzt habe ich nie irgendjemanden um irgendetwas gebeten. In der Tat geschehen alle Dinge gemäß Swamis Willen. Aber ich bitte euch nur um eines, das ist alles. Was ist es? Es ist eure Liebe. Eure Eltern sind manchmal nicht in eurer Nähe. Aber ich bin immer bei euch, in euch, unter euch, über euch und um euch herum. Ich bin in der Tat identisch mit euch. Denkt immer daran, das genügt. Folgt Swami, und ihr werdet wie kostbare Juwelen in Zukunft glänzen. Ihr werdet hoch geachtet sein und einen guten Ruf in der Gesellschaft haben. Was ihr hier im Studentenheim, am College und vor allem durch die Liebe Swamis gelernt habt, sollte niemals vergessen werden. Bemüht euch, einen guten Namen zu bekommen. Folgt Swamis Lehren.

Einmal stellte König *Janaka* eine Frage in der Öffentlichkeit: „Gibt es jemanden, der mir das Wissen von der höchsten Wirklichkeit (brahmajnāna) in der Zeit, da ich meinen Fuß auf den Steigbügel setze und mich auf den Rücken meines Pferdes schwinge, lehren kann?" Sein Lehrer, *Yajnavalkya*, sagte: „O König! Ich werde es dich lehren. Folge mir." König *Janaka* erhob sich also vom Thron und folgte ihm. Nachdem sie eine gewisse Strecke zurückgelegt hatten, bat *Yajnavalkya* den König, stehen zu bleiben und sich mitten auf der königlichen Straße niederzusetzen. *Janaka* gehorchte und setzte sich.

Alle waren überrascht, als sie den König auf dem Boden sitzen sahen. Vergeblich bat man ihn, zum Palast zurückzugehen, aber er reagierte auf keinen seiner Bürger. Der Oberbefehlshaber und die Minister hörten davon, eilten zu dem König und baten ihn, er möge sie wissen lassen, was geschehen sei. *Janaka* schwieg. Die Königin verließ den Königspalast, setzte sich ihm gegenüber, weinte und bat ihn, ihr zu sagen, was geschehen sei. Der König sprach nicht mit ihr. Bald erfuhren alle, dass der Weise *Yajnavalkya* für den gegenwärtigen misslichen Zustand des Königs verantwortlich war. Sie machten sich auf die Suche nach ihm und fanden ihn auch schließlich. Sie fragten ihn, was er dem König angetan habe, so dass er mitten auf der Straße auf dem Boden sitze. *Yajnavalkya* erwiderte, dass er dem König nichts getan habe und ihn auch niemals gebeten habe zu schweigen.

So ging *Yajnavalkya*, gefolgt von allen, zum König und fragte ihn, warum er schweige und nicht auf die Fragen seiner Besucher antworte. *Janaka* sagte: „Swami! Du hast mich aufgefordert, dir zu folgen. Du hießest mich, mich auf den Boden der Straße zu setzen. Ich gehorchte dir. Aber du batest mich niemals, jemandem zu antworten oder mit ihm zu sprechen. Ich brauchte deine Erlaubnis, wenn ich etwas anderes hätte tun wollen, als du mir angegeben hattest. In dem Augenblick, als du wolltest, dass ich dir folge, gehörte ich mir nicht mehr. Ich musste auf deine Unterweisung warten, nicht wahr, Meister?“ Dieser strenge Gehorsam seinem Guru gegenüber machte *Janaka* zu einem Heiligen unter den Königen *(rājarshi)*. Was von euch allen erwartet wird, ist, dass ihr die Lehren Swamis befolgt.

Die *Pāndavas* wurden als die edelsten der Könige angesehen, weil sie *Krishna* bedingungslos folgten. Ihr folgt Swamis Geboten. Das genügt. Da *Ānjaneya* dem Befehl seines Königs *Sugrīva* folgte, konnte er sich *Rāma* nähern, und er konnte die ihm auferlegten Pflichten erfolgreich erfüllen. Deshalb lebt er als großer *Devotee* von *Rāma* in der Erinnerung weiter.

Es gibt nichts, was ihr nicht erreichen könnt, wenn ihr Swamis Lehren folgt. Es war einmal ein gläubiger Moslem namens Mansur. Er pflegte ständig das Wort „analhak“ zu wiederholen, welches „Ich bin Gott“ bedeutet. Als der dortige König dies hörte, wurde er sehr zornig und verbot ihm die Wiederholung dieses Wortes. Aber trotzdem hörte Mansur nicht auf, „analhak“ zu sagen. Daraufhin wurde der König so wütend, dass er Mansurs Hände und Füße abhacken ließ. Doch Mansur wiederholte „analhak“ weiter. Das Blut, das aus den Wunden austrat, begann, „analhak“ zu sagen. Schließlich ließ der König Mansur lebendigen Leibes verbrennen. Da erhob sich die Asche des verbrannten Körpers und flüsterte „analhak“. Dies ist ein beredtes Beispiel für den bedingungslosen und unerschütterlichen Glauben eines Gottsuchers. Er mag in den Tod gehen, aber unter keinen Umständen würde er den Glauben an Gott verlieren.

Frage 84: Swami! Wie können wir Selbstvertrauen entwickeln?

Bhagavān: Wenn ihr mithilfe der Unterscheidungskraft alle Zweifel und Verwirrung beseitigt, könnt ihr Selbstvertrauen entwickeln. Heutzutage gebraucht niemand dieses Unterscheidungsvermögen, ein Geschenk Gottes. Ihr besitzt den Intellekt *(buddhi),* der zu unterscheiden vermag. Da ihr nicht unterscheidet, seid ihr voller Verwirrung und Zweifel. Deshalb kann die moderne Jugend nichts Bedeutendes leisten. Für alles, was der Mensch unternimmt, ist Vertrauen absolut notwendig.

Frage 85: Swami! Ich interessiere mich für Philosophie. Rätst Du mir, Philosophie zu studieren?

Bhagavān: Viele lesen Bücher über Philosophie. Welchen Nutzen hat dies? Wenn sie sich mit Philosophie beschäftigen, entstehen ihnen Verluste (im Engl. Wortspiel: „philos...” – „full loss“; Anm. d. Ü.). Es sollte gerade andersherum sein. Die Philosophie sollte einen Verlust in unserem Leben aufheben (im Engl. Wortspiel: „philos...“ – „fill loss“; Anm. d. Ü.). Nur dann lohnt sich das Studium. Lest das Buch eures Herzens. Es genügt nicht, nur Mantren zu wiederholen. Niemals werdet ihr dadurch erfahren, wie sie wirken. Ihr müsst wissen, was ihr wiederholt. In anderen Worten, ihr braucht praktisches Wissen.

Nehmt zum Beispiel die *Bhagavadgita.* Im ersten Vers „Dharmakshetre Kurukshetre“ möchte der König von *Sanjaya* wissen, was auf dem Schlachtfeld passierte. Ist das nicht komisch und unsinnig? Was kann man denn anderes auf einem Schlachtfeld erwarten als Kampf und Tod? Erwartete König *Dhritarāshtra* ein Abendessen oder ein Fußballspiel auf dem Schlachtfeld? Warum also richtete er überhaupt eine solche Frage an *Sanjaya*? Nun, es ist nicht so einfach, wie es sich anhört. *Dhritarāshtra* wollte von *Sanjaya* wissen, ob es bei seinen Söhnen, den *Kauravas*, in der letzten Minute vor Kriegsausbruch einen Gesinnungswechsel gegeben hätte, der vielleicht zu einem Kompromiss zwischen ihnen und den

Pāndavas hätte führen können. Es genügt also nicht, nur zu lesen. Man muss die tiefe Bedeutung und die subtilen Anspielungen im Text erfassen, wenn man ihn richtig verstehen will. Wahre Philosophie ist die, die einen Mangel beheben will (im Engl. „fill-loss"; Anm. d. Ü.).

Frage 86: Swami! Wie sollen wir glauben, dass all dies täglich in Kodaikanal geschieht? Können wir unser Glück richtig einschätzen, dass wir die goldene Gelegenheit haben, zu Deinen Lotosfüßen zu sitzen und fünfmal täglich Deine Unterweisung zu hören? Wie können wir uns dieses Privilegs würdig erweisen?

Bhagavān: Da ihr es zu Recht verdient, bekommt ihr diese Gelegenheit. Aber ihr solltet einen wichtigen Punkt nicht übersehen. Die *Bhagavadgita* sagt: „Die angesammelten Verdienste erschöpfen sich im Laufe der Zeit." Ihr werdet selbst aus den höchsten Himmeln zur Erde zurückkehren müssen.

Ein Beispiel: Ihr wisst, dass einige eurer Abgeordneten als Gesetzgeber und einige als Mitglieder des Parlaments gewählt werden. Wie lange dauert ihre Amtszeit? Nur fünf Jahre, nicht wahr? Nach fünf Jahren müssen sie in ihren Wahlkreis zurückkehren. Aber wenn sie als Gesetzgeber, Parlamentarier und Volksvertreter häufig ihren Wahlkreis aufsuchen, ihre Wähler treffen und denen, die für sie stimmten, ihre Dienste anbieten, können sie wieder für die nächste Wahl kandidieren und je nachdem für eine weitere Wahlperiode zur Versammlung oder zum Parlament zurückkehren. So könnt ihr auch, während ihr euch über diese goldene Gelegenheit freut, an ihrer Verlängerung arbeiten, indem ihr gute Handlungen vollbringt, gute Gedanken aussendet und euch in gute Gesellschaft begebt.

Frage 87: Swami! Einerseits begegnen wir allerhöchster Spiritualität, während wir andererseits auch Freunde und Verwandte haben, die unsere Aufmerksamkeit auf weltliche Dinge lenken. Zweifellos liegt es an uns, dass wir ihre Worte beachten. Doch stehen wir diesem Konflikt gegenüber. Was sollte getan werden?

Bhagavān: Heutzutage gibt es für niemanden wahre Freunde. Wer sind die Freunde der modernen Welt und welcher Art sind sie? Schließlich dauert eure Freundschaft zwei oder drei Jahre, bis ihr eure Studien hier beendet habt und das Studentenheim verlasst. Später trennt ihr euch voneinander und geht eigene Wege. Solange ihr Geld in der Tasche habt und euer Vater eine gute Stellung hat, würde jeder zu euch kommen und „hallo“ sagen, aber wenn eure Tasche leer ist und euer Vater in den Ruhestand tritt, bleibt niemand übrig, der auch nur „Aufwiedersehen“ sagen würde. Könnt ihr dann noch jemanden euren Freund nennen?

Freundschaft heißt im Sanskrit „maitrī“ und wird als „my-three“ (dt. meine drei; Anm. d. Ü.) ausgesprochen. Die Drei repräsentiert die Harmonie in Gedanken, Worten und Taten. Gibt es Freunde mit einer solchen Reinheit des Herzens? Nirgends! Wer ist euer treuer Freund dann? Gott ist euer wahrer Freund. Gott ist der einzige Freund für euch, da er immer bei und in euch ist. Haltet niemanden sonst für einen eurer Freunde. Außerdem solltet ihr sehr sorgfältig die Leute aussuchen, mit denen ihr Umgang habt. Es heißt: „Sage mir, mit wem du gehst, und ich sage dir, wer du bist.“ Also können nicht Hinz und Kunz eure Freunde sein. *Karna*, ein mächtiger Krieger und vortrefflicher Bogenschütze, kam in Verruf, weil er sich in schlechter Gesellschaft befand, und deshalb wird er als einer „der vier Bösen“, *Duryodhana, Duhshāsana, Shakuni und Karna*, geschmäht.

Des weiteren – wer sind eure Verwandten? Wie wart ihr mit ihnen vor eurer Geburt verwandt? Alle kommen im Laufe der Zeit und gehen wieder wie vorbeiziehende Wolken. Stimmt das etwa nicht? Die Verwandten kommen bis zum Haupteingang, wenn man stirbt, und die Familienmitglieder folgen der Leiche höchstens bis zum Krematorium. Niemand folgt der verschiedenen Seele. Nur Gott ist bei euch während des Lebens und sogar nach eurem Tod. Also ist Gott euer wahrer Freund und einziger Verwandter. Diese weltlichen Leute sollte man nicht als Freunde und Verwandte ansehen.

Auch ist euer Leben kurz. Aber Gott ist Bewusstsein und Existenz. Er ist vor, während und nach eurem Leben da. Er ist die ewige Wahrheit. Also folgt ihm, greift nach ihm mit eurer Rechten, da es das Rechte ist, und greift nach der Welt mit der Linken, da ihr sie irgendwann hinter euch lassen müsst (im Engl. Wortspiel „left“ = Adjektiv/„left“ = Verb). Es ist daher richtig, immer an Gott zu denken.

Frage 88: Swami! Es ist sehr bedauerlich, dass sich in unserer Lebensweise kaum eine nennenswerte Änderung feststellen lässt, obwohl wir jahrelang immer wieder hier gewesen sind und Deinen göttlichen Worten gelauscht haben. Wir wissen nicht, warum das so ist. Bitte gib uns einen Hinweis.

Bhagavān: Mangel an Übung ist der einzige Grund. Kann die Dunkelheit, wenn die Elektrizität ausfällt, vertrieben werden, indem ihr „Lampe“ sagt, ohne sie anzuzünden? Der Hunger eines Hungrigen kann niemals gestillt werden, wenn er sich nur die Speisekarte mit den dort angegebenen köstlichen Speisen ansieht. Er muss etwas zu sich nehmen, um seinen Hunger zu stillen, nicht wahr? Kann ein Kranker von seiner Krankheit geheilt werden, wenn er nur den Namen und die Zusammensetzung der Medizin hört, ohne sie einzunehmen? Kann das Leiden eines Armen erleichtert werden, wenn er sich Wissen in Wirtschaft und Buchhaltung aneignet? Könnt ihr Befreiung *(mukti)* erlangen, indem ihr Bücher lest, ohne die darin aufgeführten Anweisungen zu praktizieren? Statt etwas zu sagen, ohne es zu tun, ist es besser, etwas zu tun, ohne etwas zu sagen. Immer wieder sage ich euch, dass ihr so lange wenig erreichen werdet, bis ihr praktiziert, was ich euch sage, selbst wenn ihr jahrelang den Reden zugehört habt.

Hier ein kleines Beispiel: Angenommen ihr habt eine Streichholzschachtel mit Streichhölzern und wollt eine Lampe anzünden. Ihr müsst dann die Schachtel öffnen, ein Streichholz herausholen und es durch Reiben an der Außenseite der Schachtel entzünden. Falls ihr das nicht schafft, selbst wenn ihr es immer wieder versucht habt, fragt euch, woran das wohl liegen könnte. Schließlich kommt ihr darauf, dass die Schachtel nass ist. Also könnt ihr das Streichholz nicht entzünden. Was muss dann getan werden? Ihr müsst die Schachtel eine Weile in der Sonne trocknen.

Ebenso seid ihr im Wasser weltlicher Wünsche und Bindungen ertrunken. Deshalb könnt ihr die Lampe der Weisheit nicht anzünden. Trocknet euren Geist *(mind)* mit all seinen unzähligen Wünschen und Gedanken an weltlichen Komfort im Sonnenlicht des Verzichts. Erst dann könnt ihr die Lampe der Weisheit anzünden. Ihr könnt hier zahllosen Reden über einen langen Zeitraum zuhören, aber ihr werdet die erwarteten Ergebnisse nicht erzielen, wenn es euch nicht gelingt, die Essenz einer einzigen Rede in euren Alltag aufzunehmen.

Frage 89: Swami! Weil unsere Gedanken abschweifen, fühlen wir uns bedrückt und unruhig und bei unseren Unternehmungen erfolglos. Zeige uns bitte einen Weg aus diesem Dilemma.

Bhagavān: Für all diese Aufregungen, Störungen, Enttäuschungen, Depressionen und Fehlschläge ist eure Denkweise verantwortlich. Sie führt in die Irre. Was auch immer im Leben geschehen mag, ihr solltet denken: „Das ist gut für mich.“ Ihr solltet wissen, dass alle Geschehnisse letztendlich zu eurem Besten dienen. Dies nennt man positives Denken. Heute seid ihr voller negativer Gedanken. Wie könnt ihr da erwarten, Gott zu erkennen und zu erfahren?

Euer Körper, Gemüt, Intellekt und die Sinne sind völlig negativ, aber euer Geist (spirit), Gewissen oder *Atman* ist positiv. Gott ist euer Gewissen. Wisst ihr, warum ihr Gott nicht erkennen und erfahren könnt? Das hängt ganz von diesen negativen Gedanken und Einstellungen ab. Also sind positives Denken und Handeln für den spirituellen Fortschritt ganz wesentlich. Nur dann werdet ihr friedvoll, glückselig und erfolgreich sein.

Nehmt euch als Beispiel: Es liegt tatsächlich an eurem positiven Denken, dass ihr euer Studium planen und euch entsprechend vorbereiten könnt und auch ein gutes Prüfungsergebnis und später eine berufliche Stellung anstrebt. Negatives Denken ist, wenn ihr ein Studium wählt, das euch ein hohes Gehalt einbringen könnte, einen Auslandsaufenthalt, mehr Geld und eine Braut, die eine Riesenmitgift in die Ehe bringt.

Wenn die Eltern euch eine gute Ausbildung geben, so ist das eine positive Einstellung, aber es ist negativ, wenn sie damit den Gedanken an ein großes Geschäft verbinden. Die Behandlung und Heilung eines Patienten ist ein positiver Akt eines Arztes, aber wenn sich damit finanzielle Interessen verbinden, ist es negativ. Wir sollten heutzutage unser Herz ausschließlich mit positiven Gedanken füllen, mit göttlichen Gefühlen, göttlichen Empfindungen und guten Gedanken. Nur dann werdet ihr Gott erkennen, der Sein-Bewusstsein-Glückseligkeit *(sat-cit-ānanda)* ist, das Absolute Positive. Deshalb ist es erforderlich, dass ihr in allem, was euch begegnet, etwas Gutes seht. Das ist positives Denken. Mag kommen, was will, Probleme, Schwierigkeiten, Aufregungen, Niederlagen, Verluste, Tadel, was auch immer! Später werdet ihr erkennen, dass alles zu eurem eigenen Besten geschah.

Hier ist eine kleine Geschichte: Es war einmal ein König, der eines Tages auf die Idee kam, ein Zuckerrohr allein in kleine Stücke zu schneiden und es dann Stück für Stück aufzuessen. Während er dies tat, hatte er das Pech, sich in den Finger zu schneiden. Der Minister, der sich in seiner Nähe befand, bemerkte dies und sagte: „O König! Du hast dir in den Finger geschnitten. Das ist gut für dich.“ Als der König diese

Bemerkung hörte, wurde er fuchsteufelswild und dachte: „Was! Wie kann die Verletzung meines Fingers gut sein? Was würde der Minister sagen, wenn ich meinen Kopf verlöre?“ Also ließ der König den Minister in seiner Wut ins Gefängnis werfen. Daraufhin sagte der Minister: „O König! Es ist mein Glück, dass ich nun im Gefängnis bin.“

Nach einer Weile ging der König allein auf die Jagd in den nahen Wald. Er kam vom Wege ab und wurde von einigen Eingeborenen in dieser Gegend bemerkt. Sie waren in der Tat auf der Suche nach einem Menschen, der eine geeignete Opfergabe für ihre Gottheit sein könnte, die sie durch ihr Ritual gnädig stimmen wollten. Sie nahmen den König gefangen und führten ihn ihrem Hauptpriester vor. Nachdem dieser den König genau untersucht hatte, sagte er: „Wir können diesen König nicht töten und ihn unserer Gottheit zum Opfer bringen, da einer seiner Finger fehlt. Ein behinderter oder verkrüppelter Körper ist als Opfergabe ungeeignet.“ Mit diesen Worten wurde der König wieder auf freien Fuß gesetzt.

Unterwegs erkannte der König, wie wahr die Worte des Ministers gewesen waren, als dieser nach der Verletzung des Fingers gesagt hatte, es sei gut für ihn. Er ließ den Minister kommen und sagte: „O Minister! Wie wahr hast du gesprochen! Nur weil ich meinen Finger verloren hatte, haben mich die Eingeborenen freigelassen, ohne mir etwas anzutun. Jetzt habe ich nur noch eine Frage. Du sagtest, es sei gut für dich, in den Kerker zu kommen. Hat sich das auch als gut für dich erwiesen?“ Da antwortete der Minister: „Sicher! Wäre ich nicht im Gefängnis gesessen, wäre ich mit dir gegangen. Die Eingeborenen hätten mich nach deiner Freilassung gefangen genommen, getötet und an deiner Stelle ihrer Gottheit zum Opfer gebracht. So ist also diese Strafe mein großes Glück gewesen.“ Dies ist positives Denken und Verhalten. Dann werden Glück und Erfolg nicht ausbleiben.

In einem Telugu-Gedicht heißt es:

„Ein Verwandter, der euch in Zeiten der Not nicht zu Hilfe kommt,
ein Gott, der euch nicht auf eure Gebete hin seine Gnade schenkt,
ein Pferd, das auf dem Schlachtfeld nicht laufen will,
sie alle müssen sofort aufgegeben werden.
O Weiser! Ist das etwa nicht die Wahrheit?“

Dieses Gedicht, das solltet ihr zunächst wissen, ist an einen weisen Menschen (sumati) gerichtet. Es stimmt, dass ihr euch von einem Verwandten trennen müsst, der euch in der Stunde der Not nicht zu Hilfe eilt, dass ihr ein Pferd aufgeben müsst, das auf dem Schlachtfeld scheut, und dass ihr einen Gott vergessen müsst, der euch nicht euren Gebeten entsprechend belohnt. An dieser Stelle solltet ihr aber etwas Wichtiges nicht außer acht lassen. Warum denkt ihr nicht so? Bevor ihr euren Verwandten tadelt, dass er euch nicht in größter Not hilft, überlegt einmal, ob ihr ihm vielleicht auch nicht geholfen habt, als er euch brauchte. Ein Pferd, das auf dem Feld nicht galoppiert, muss aufgegeben werden, aber warum stellt ihr nicht eure Reitkünste in Frage? Gott, der nicht auf eure Gebete reagiert, ist kein Gott. Aber verdient ihr denn, was ihr von ihm erbittet? Dieses Gedicht ist für die weise Person bestimmt, die positiv denkt, bevor sie jemanden tadelt. So sollten eure Gedanken angelegt sein.

Frage 90: Swami! Jetzt verstehen wir, dass wir auch ein solch tiefes Vertrauen zu Gott haben sollten. Natürlich wird unsere Erfahrung der Tiefe unseres Vertrauens entsprechen. Swami! Entspricht Gottes Antwort auch der Tiefe unseres Glaubens?

Bhagavān: Ganz sicher! Wenn ihr euch bemüht, erwerbt ihr Gottes Gnade. Überdies könnt ihr aufgrund eurer Bemühungen ein Weiser werden.

Ein Dorfjunge begegnete zufällig einem Gelehrten, der ihm sagte, Gott könne durch bestimmte Atemübungen *(prānāyāma)* und Meditation *(dhyāna)* erfahren werden. Als der Junge das hörte, fing er an, aufrichtig zu praktizieren. Gott, dem diese Hingabe und Aufrichtigkeit gefielen, erschien vor dem Jungen und segnete ihn. Der Junge erzählte dem Gelehrten, dass er Gott gesehen habe, nachdem er seine Anweisungen bezüglich Atemübungen und Meditation befolgt habe. Der Gelehrte konnte das nicht glauben. Er sagte: „Erzähl mir keinen Unsinn! Wie kommt es, dass du Gott sehen konntest und ich nicht, obwohl ich diese Übungen schon seit Jahren praktiziere. Erzähle nicht solche Lügen!“

Der Junge kehrte zu seinem Meditationsplatz zurück und sah Gott dort. Er sagte zu ihm: „O Gott! Der Gelehrte nennt mich einen Lügner! Wie kann ich ihn dazu bringen, dass er das, was ich erfahren habe, akzeptiert? Swami! Bitte bleibe hier, und ich bringe ihn hierher und lasse ihn dich sehen und die Wahrheit selber erleben. Aber lieber Gott! Ich habe Angst davor, dass du dich von hier entfernst, und das könnte mich in eine schwierige Situation gegenüber jenem Gelehrten bringen, der meine Worte bezweifelt. Lass mich dich daher mit diesem Seil an diesem Pfosten festbinden.“ Das tat er, lief zum Gelehrten und bat ihn, selber Gott zu sehen. Obwohl der Gelehrte hinging, konnte er Gott, der an dem Pfosten festgebunden war, nicht sehen, aber der Kuhhirte konnte ihn sehen und mit ihm reden. Schließlich weinte der Junge und bat Gott, auch dem Gelehrten zu erscheinen. Gott gewährte ihm dies. Das ist wahre Hingabe. Gott ließ es sogar zu, an einen Pfosten gebunden zu werden. Ihr müsst auch noch etwas anderes erkennen. Das Vertrauen, das der Kuhhirte in die Worte des Gelehrten setzte, war der Grund für diese Erfahrung.

Wenn ihr euer Leben im Gebet verbringt, wird es voller Frieden und Segen sein. Wenn ihr z.B. die sieben Hügel hinaufklettert und den Schrein von *Venkateshvara* erreicht, werdet ihr sehr müde sein. Wenn ihr andererseits in einer Gruppe nach *Tirupati* geht und unterwegs zu Ehren Gottes singt, wird es euch gar nicht anstrengen.

Frage 91: Swami! In diesem *Kali*-Zeitalter lassen Hingabe, Vertrauen und Beständigkeit nach. Darüber hinas machen sich manche Leute über *Devotees* lustig und führen ein Leben, das religiöse Normen missachtet. Das ist eine sehr bedauernswerte Situation. Was empfiehlst Du uns?

Bhagavān: Zuerst ändert euch selbst. Berichtigt eure Schwächen und Fehler. Wenn ihr keine reinen Idealisten seid, habt ihr kein Recht, irgendjemanden zu tadeln und auf die Fehler anderer hinzuweisen. Achtet also darauf, dass euer Glaube stark, tief und unerschütterlich ist.

In Andhradesha lebten drei Könige, die Herrscher in ihrem eigenen Tätigkeitsbereich waren: Der König der Dichtkunst, Goparaju, der König der Hingabe, Tyāgarāja und der König erhabener lyrischer Musik, Potarāja. Potarāja weigerte sich, seine Version des großen Werks *Bhāgavatam* dem König zu widmen, der ihm unermesslichen Reichtum als Zeichen der Anerkennung seiner Arbeit versprochen hatte. Aber Potarāja oder Potana widmete sein Werk nur *Rāmacandra*. Goparaja oder Ramadasu, auch Gopanna genannt, verbrauchte alles Geld, das er in der Staatskasse hatte, für die Renovierung des *Rāma*-Tempels, wofür er streng bestraft wurde. *Tyāgarāja* hielt die Nähe zu Gott für kostbarer als Geld. Diese drei Könige wichen von ihrem selbstgewählten Pfad nicht ab, weil sie von der Überlegenheit Gottes überzeugt waren. Sie arbeiteten und litten, um sich selber und ihr Gewissen zufrieden zu stellen. Sie kümmerten sich nicht um die Ansichten und Meinungen anderer. Sie gaben keiner Versuchung nach.

Hunde bellen vielleicht, wenn sie einen Elefanten vorbeigehen sehen, aber der Elefant verliert nichts dadurch. Ihr kennt die Weite des

Meeres. Habt ihr nicht die Aussage der *Puranas* vernommen, dass Nektar (amrita) und Gift (hālāhala) vom selben Meer hervorgebracht werden? Nektar macht euch glücklich, während Gift gefährlich ist, nicht wahr? Ebenso lässt sich die Gesellschaft mit einem weiten Meer vergleichen, wo es Menschen, gut wie Nektar und schlecht wie Gift, gibt. Böse Menschen verspotten die guten. Das heißt nicht, dass ihr eure Großherzigkeit und Güte aufgeben solltet.

Ein Kranich verspottet vielleicht einen Schwan. Der Gesang des Kuckucks klingt in den Ohren einer Krähe grässlich. Eine Nachtigall isst die zarten Blätter eines Mangobaums, während eine Krähe die bitteren Blätter eines Neembaums isst. Ebenso suchen einige Leute in der Gesellschaft flüchtige und sinnliche Freuden, während andere sich ehrlich bemühen, Gottes Gnade zu erlangen und sich an göttlicher Seligkeit zu erfreuen. Ein Esel, der ein Bündel Sandelholz auf dem Rücken trägt, kennt den Duft des Sandelholzes nicht. Ein Büffel kennt den Geschmack von geschältem Reis nicht. Ebenso wird Göttlichkeit nicht von allen geschätzt.

Wenn du Gott leugnest, verleugnest du dich. Du unterscheidest dich nicht von Gott. Du bist Gott. Dein Lob oder Tadel berührt Gott nicht. Das Gute oder Böse deines Handelns kommt als Reaktion zu dir zurück. Die Axt fällt den Sandelholzbaum, der der Axt kein Leid zugefügt hat. Wegen dieser bösen Tat verliert die Axt ihre Schärfe, so dass sie in der Glut des Feuers gehämmert wird. Der Sandelholzbaum setzt die Axt keiner Bestrafung aus. Es ist die Aktion der Axt, die eine Reaktion hervorruft.

Hier ist ein weiteres Beispiel, das in diesen Zusammenhang passt. Wenn Gold im Feuer geschmiedet wird, leuchtet es hell. Aber der Goldschmied bekommt die Reaktion zu spüren und leidet darunter, dass Asche während des Schmiedevorgangs in seine Augen gerät und seine eigene Kleidung wegen des Rauchs schmutzig wird. Hier ist es nicht das Gold, das, im Feuer geschmiedet, den Goldschmied bestraft. Sein eigenes Handeln fällt auf ihn zurück. Ebenso macht es Gott nicht das Geringste aus, wenn ihr ihn tadelt oder leugnet. Aber euer Handeln kommt als Reaktion zu euch zurück. Ihr bestraft euch selber.

Stellt euch vor, ihr bewerft die Sonne mit Staub. Was geschieht dann? Er fällt nur in eure Augen. Wenn ihr einen elektrischen Ventilator anmacht, werdet ihr dankbar den kühlen Luftzug spüren. Wenn ihr ihn nicht anstellt, wird er nichts verlieren. Ihm entsteht kein Verlust. Wenn ihr eine Glühbirne anmacht, bekommt ihr Licht. Aber wenn ihr das nicht tut, entsteht der Glühbirne kein Verlust. Deshalb hängt Gutes wie Böses einzig und allein von euch ab. So wie ihr jeden materiellen Gegenstand in dieser Welt mit Geld kaufen könnt, könnt ihr mit dem Geld von Gottes Namen glücklich sein. Unter einer Straßenlaterne könnt ihr alles um euch herum einschließlich der Glühbirne sehen. Ebenso macht Gott euch glücklich und alle um euch herum dazu. Also verstärkt euren Glauben an Gott. Erfahrt göttliche Glückseligkeit. Das solltet ihr tun.

Früchte können sich nicht selber schützen. Es ist der Baum, der die Früchte, die er trägt, schützt. Der Baum wird von seinen Wurzeln geschützt und genährt. Wenn ihr den Wurzeln Wasser und Dünger gebt, schützen sie den Baum, der seinerseits die Früchte schützt, nicht wahr? Gott ist die Wurzel dieser Welt. Wenn ihr euch Gott hingebt, wird er sich um alles andere kümmern.

Menschen, deren Gedanken auf weltliche Dinge gerichtet sind, haben keine Freude an göttlichen Gefühlen. Ein Händler auf dem Fischmarkt kann sich keinen Juwelier vorstellen. Ein Meer hat kostbare Edelsteine in seiner Tiefe, aber das Meerwasser ist voller Salz. Nicht wahr? So gibt es auch Menschen verschiedenen Temperaments in dieser Welt. Gott ist nie gegen irgendjemanden. Niemand ist ihm nahe oder fern. Alle bedeuten ihm das Gleiche. Ihr könnt eine Jasminblüte entweder in der rechten oder in der linken Hand halten. Aber ihr Duft ist in jeder Hand gleich wundervoll. Gott ist der eine, der in allem ist.

Frage 92: Swami! Obwohl wir schon lange den Wunsch haben, uns Gott hinzugeben, wächst unsere Hingabe nicht so stark, wie wir es wünschten. Was sind die wesentlichen Voraussetzungen dafür, dass unsere Hingabe so an Größe und Intensität zunimmt, wie man das von einem wahren Devotee erwartet?

Bhagavān: Auf die Zeit kommt es hier nicht an. Eine Eisenkugel wird sich in einem Teich nie verändern, wie lange sie auch immer darin sein mag. Sie wird so bleiben, wie sie ist, unverändert. Ihr solltet wissen, dass eine Transformation erforderlich ist. Das Ziel, das ihr euch setzt, ist von entscheidender Bedeutung.

Ihr wisst, eine Lampe besteht aus einem Behälter, einem Docht und Öl. Wenn der Docht im Wasser lag, könnt ihr niemals eine Lampe anzünden, gleichgültig wie viele Zündhölzer ihr gebraucht. Unmöglich! Was ihr tun solltet, ist, den Docht aus dem Wasser zu nehmen und ihn eine Weile im Sonnenlicht zu trocknen. Dann werdet ihr den Docht leicht anzünden können. Wenn ihr den Docht in der Sonne trocknet, so entspricht das der Askese. Wenn ihr ihn mit einem Streichholz anzündet, so ist das spirituelles Bemühen *(sādhana),* und das Licht, das so entsteht, ist Hingabe oder intensive Gottesliebe. Die Lampe ist der menschliche Körper. Derselbe Vorgang kann auf die angewendet werden, die Gott nicht verehren, wie ihr gesagt habt. Je mehr sie im weltlichen Leben ertrinken und untergehen, desto weiter sind sie von Gott, der Quelle allen Lichts, entfernt; sie können niemals die Lampe ihres Lebens anzünden. Trocknet es im Sonnenschein der Nicht-Anhaftung, damit euch das Licht der Hingabe zuteil wird. Einige sind trotz ihres langen Aufenthalts und ihres Kontaktes nicht so hingebungsvoll, wie sie es sein sollten, aus dem einfachen Grunde, weil es ihnen an dieser Nicht-Anhaftung an weltliche Dinge fehlt. Somit ist tiefe Hingabe nicht von jedermann zu erlangen.

Frage 93: Swami! Bitte zeige uns einen spirituellen Pfad, dem wir unter den gegenwärtigen Umständen folgen können. Die Situation um uns herum scheint uns zu entmutigen. Zeige uns bitte die Richtung an.

Bhagavān: Es heißt, der Mensch sei unter allen Lebewesen das kostbarste. Deshalb ist es unbedingt erforderlich, dass ihr euer Leben in Kenntnis seines vollen Wertes lebt. Ein Beispiel: Ihr bereitet in der Küche Linsen zum Mittagessen zu. Falls versehentlich zu viel Salz zugefügt wird, verliert das Linsengericht seinen Geschmack. Es wird für den Verzehr ungeeignet. Also wird die Nahrung, die in etwa drei Stunden verdaut wird, weggeworfen, wenn sie nicht schmackhaft ist. Wie lässt sich das auf ein langes Leben übertragen? Sollte es nicht schmackhaft sein?

Stellt euch vor, ihr wartet an der Bushaltestelle auf den Bus, um damit zur Arbeit zu fahren, und der Bus hat Verspätung. Ihr werdet ungeduldig. Stellt euch vor, welche Gefühle wegen dieser Verzögerung in euch aufsteigen. „Was! Busfahrer fühlen sich in diesem Land für nichts verantwortlich. Auch Schaffner erfüllen ihre Pflichten nicht ordentlich. Das Verkehrsministerium arbeitet nicht effizient; das Verhalten der Regierung scheint zu nachsichtig zu sein.“ Ein Bus ist leblos; er ist ein Verkehrsmittel. Der Mensch ist andererseits die Verkörperung von Bewusstsein. Er ist aktiv und intelligent. Wenn solch ein Mensch seinen Wert vergisst und ein unziemliches Leben führt, sollte ihn die Gesellschaft dann nicht tadeln?

Der Mensch ist zu 85% göttlich, ein Tier dagegen nur zu 15%. Nur ein Mensch hat die Chance, seine Göttlichkeit zu verwirklichen. So wie ein Stein als Folge der unsichtbaren Gravitationskraft zu Boden fällt, sollten die unsichtbaren Werte und Tugenden den Menschen leiten. Ohne feste Entschlossenheit geht das allerdings nicht.

Noch ein Beispiel: Hier ist eine Maschine. Wenn sie nicht gebraucht wird, fängt sie an zu rosten. Glaubt ihr nicht, dass das auch mit dem menschlichen Körper passiert, wenn er nicht richtig gebraucht wird? Die Maschine rostet wegen des Staubs, nicht wahr? Deshalb verliert sie ihre Fähigkeit und rostet. Dann bringt ihr sie in die Werkstatt und gebt ihr eine Ruhepause. Dort wird sie repariert, geprüft und für den weiteren Einsatz wiederhergestellt, nicht wahr? Also was solltet ihr tun? Passt auf, dass der Staub böser Gedanken nicht in euch eindringt. Ihr fragt warum? Euer Glaube wird sonst erschüttert und instabil. Bringt euren Geist *(mind)* in die Werkstatt der Hingabe zu Gott, damit er sich ausruht. Dann erreicht ihr euer Optimum.

Ihr solltet also immer die menschlichen Werte bewahren und erhalten. In der Tat schließt ein starkes Ego spirituelle Praxis aus. Da alle Methoden, die ihr angewandt habt, von eurem Geist, Ego oder Ich-Bewusstsein getragen waren, konntet ihr bis jetzt keine spirituellen Fortschritte machen.

Einige beginnen mit spirituellen Übungen und identifizieren sich mit ihrem Körper. Dies wird euch niemals zum wahren spirituellen Ziel bringen. *Rāvana, Kamsa, Bhasmāsura* und andere gehören in diese Kategorie. Einige erwarten Fortschritt, indem sie ihren Glauben oder ihre Religion wechseln. Nicht die Religion muss geändert werden, sondern der Geist. Ihr seid die Verkörperung der Liebe. Seid nicht nur Liebhaber und verengt so eure Auffassung von Liebe. Dieselbe Göttlichkeit in allen Lebewesen zu erkennen und zu erfahren, das ist wahre Liebe.

Eines Tages entschloss sich *Krishna*, seine Kühe zum Weiden in einen nahe gelegenen Wald zu führen. Er bat *Yashodā* um Erlaubnis. Da sagte sie: „Mein lieber Sohn! Der ganze Weg zum Wald ist von Felsen, Dornbüschen und Steinen gesäumt. Geh lieber morgen. Ich werde dir Schuhwerk dafür bereitlegen." Lächelnd erwiderte *Krishna*: „Mutter! Brauche ich Schuhe? Warum und wofür? Kühe tragen auch keine Schuhe. Warum dann Schuhe für mich allein?" *Yashodā* sagte: „Schau, das sind Tiere. Wir sind Menschen. Wir brauchen Sandalen." *Krishna* antwortete sehr treffend: „Mutter! Du meinst, Kühe seien nur gewöhnliche einfache Tiere.

Haben wir so viel Dankbarkeit wie sie? Sie fressen Gras und geben Milch. Hören sie eine Stimme, hören sie auf mit dem Fressen und laufen zu mir. Kälber hören sogar auf, Milch zu trinken und kommen zu mir. Ihre Haut wird nach ihrem Tod zu Leder verarbeitet, aus dem Schuhe hergestellt werden." Kühe sind Symbole für Opfer und Barmherzigkeit. Solche edlen Eigenschaften sind für spirituelle Sucher unerlässlich.

In der Landwirtschaft wird der Boden gut gepflügt, bewässert und gedüngt, Unkraut wird entfernt und Samen gesät. Das menschliche Herz ist ein Feld. Dieses muss umgepflügt und mit Liebe bewässert werden. Ihr müsst den Pflug der Selbsterforschung nehmen, um den Acker des menschlichen Herzens umzupflügen. Ihr müsst den Zaun der Disziplin hochziehen. Schlechte Eigenschaften sind die Unkräuter, die ganz entfernt werden müssen. Dann könnt ihr das Getreide der Glückseligkeit anbauen. Es ist genug, eine kleine Fläche fruchtbaren Boden zu haben. Warum sollte man viele Morgen unfruchtbaren Boden haben?

Ein kleines Beispiel: Hier ist eine Orange. Sie hat eine grüne bittere Schale. Das ist Ego oder Anmaßung. Im Inneren findet ihr harte Kerne. Das sind die bösen Gedanken und schlechten Taten. Dann findet ihr das faserhaltige, weiche Fruchtfleisch. Das ist Anhaftung. Um an den süßen Saft zu kommen, müsst ihr die äußere bittere Schale und die harten Kerne entfernen und das weiche, faserhaltige Fruchtfleisch auspressen. Der süße Saft ist die Liebe, die ihr braucht. Das ist die Essenz.

Ihr braucht sowohl die positiven als auch die negativen Drähte, damit der elektrische Strom fließt. Das Negative mag sehr mächtig sein. Es ist jedoch machtlos, wenn es sich nicht mit dem Positiven verbindet. Der Ventilator und die Glühbirne mögen exzellent sein und eine hohe Wattstärke haben. Aber ohne Energie sind sie nutzlos. Dieser Strom ist positiv. Göttlichkeit ist positiv. Die Birne und der Ventilator sind negativ. Alles was sich auf Name und Form bezieht, ist negativ. Eure Reise auf dem spirituellen Pfad wird nur dann erfolgreich sein, wenn Liebe vorhanden ist. Ihr müsst euch zuerst selber verwandeln. Diese Transformation findet heutzutage nicht statt.

Ihr könnt aus einem Felsblock eine Statue hauen. Wenn ihr die Spreu entfernt, erhaltet ihr das Korn. Aus dem Gemüse, das ihr vom Markt heimbringt, könnt ihr köstliche Gerichte zubereiten. Schwierigkeiten, Leid, Tadel, Verlust usw. werden euch helfen, euren Charakter zu kultivieren, zu verbessern, euren Glauben zu stärken und euch zu spirituellen Höhen zu erheben.

Ihr müsst euch allen Problemen des Lebens stellen, sie lösen und eure spirituelle Praxis fortführen. Folgt eurer eigenen Erfahrung und entwickelt dadurch Vertrauen *(vishvāsa)*. Könnt ihr für einen anderen atmen? Ihr seht mit den eigenen Augen, nicht wahr? Die Augen des anderen mögen strahlend und schön sein, aber ihr könnt durch seine Augen nicht sehen. Könnt ihr die Augen schließen und durch die Augen eines anderen sehen? Ihr müsst auf den eigenen Beinen stehen und nicht auf denen anderer.

Frage 94: Swami! Zu Zeiten scheint es so, dass andere uns beeinflussen und zu einer völligen Änderung unseres Lebensstils veranlassen, so dass wir uns die Frage stellen: „Warum sollten wir nicht wie die anderen sein? Wozu sollten wir diesen besonderen Lebensstil wählen?" Ich fürchte, wir könnten uns ändern. Was ist jetzt zu tun?

Bhagavān: Das ist nicht in Ordnung und kann auch nicht gerechtfertigt werden. In der Tat ist es eure angeborene Schwäche, die die Änderung herbeiführt. Wenn euer Vertrauen groß ist und ihr euch eures Wertes zutiefst bewusst seid, kann niemand euch irgendetwas anhaben. Ihr werdet euch zu keiner Zeit ändern. Aber euer Vertrauen ist nicht groß, und die Werte, über die ihr sprecht, sind nur oberflächlich.

Zu keinem Zeitpunkt und unter gar keinen Umständen solltet ihr eure moralische und spirituelle Lebensweise ändern. Wenn jemand zu euch kommt und behauptet: „Es gibt keinen Gott", solltet ihr darauf antworten: „Ihr könnt euren Gott leugnen, aber welches Recht habt ihr, meinen Gott zu leugnen? Wie könnt ihr mein Vertrauen und meine Hingabe negieren?" Ihr solltet niemals eure Überzeugungen ändern.

Ein Junge sah, wie ein Skorpion in einen Wassertank fiel und sich anstrengte, wieder herauszukommen. Er machte sich daran, ihn herauszuholen. Der Skorpion stach ihn. Sofort ließ er ihn wieder in den Tank fallen. Als er sah, wie er um sein Leben kämpfte, holte er ihn heraus, um ihn zu retten. Aber wieder stach dieser ihn. Der Vorgang wiederholte sich immer wieder. Ein älterer Mann, der diesen Vorgang beobachtete, fragte ihn: „O Junge, warum willst du den Skorpion retten, wenn er dich doch sticht?" Er antwortete: „Der Skorpion lehrt mich etwas ganz Wichtiges. Seine Natur ist es zu stechen. Er bleibt seiner Natur treu. Warum sollte ich dann mein Wesen aufgeben, das darin besteht, einem anderen zu helfen, der ums Überleben kämpft?" Also solltet ihr euer Wesen nicht ändern.

Maitreyī, die darunter litt, dass die *Pāndavas* auf ihrer Wanderung durch den Wald Kamyavana Unannehmlichkeiten ausgesetzt waren, kam auf folgende Gedanken: „Es stimmt, dass edle Menschen leiden! Was lehrt uns ein Papagei im Käfig! Eine Krähe fliegt frei herum, aber das heißt nicht, dass wir bereit sind, eher das Leben einer Krähe zu führen als das eines Papageis im Käfig. Wird ein Papagei je eine Krähe werden?" Ebenso sollten wir unseren Weg nicht ändern.

In der Armee gibt es Tausende von Soldaten. Aber der Oberbefehlshaber ist der Einzige, der befiehlt. Führerpersönlichkeiten sind nur wenige, während die meisten folgen. Es sind die wenigen, die die vielen ausbilden. Das ist möglich, wenn ihr euren Weg nicht verlasst.

Frage 95: Swami! Du vertraust uns vollkommen. Aber unser Vertrauen zu Dir schwankt. Es ist nicht dauerhaft, beständig und tief. Was ist der Grund?

Bhagavān: Gott ist in jedem, er bewegt sich unter uns und verwendet verschiedene Namen und Formen. Der Körper ist der Tempel. Das individuelle Selbst *(jīva)* ist niemand anders als Gott *(deva),* der altehrwürdige und ewige *(sanātana).* Nur ein Gott hat sich in den vielen manifestiert. Ich bin in euch allen gegenwärtig. Da ich diese Wahrheit kenne, habe ich Vertrauen zu euch. Aber ihr glaubt von mir getrennt zu sein und deshalb ist euer Vertrauen nicht stark, tief und unerschütterlich. In der Tat kann ich euch alle durch mich transformieren. Aber ich tue es nicht, ich möchte, dass ihr euch selber ändert.

Frage 96: Swami! Wir sind unzufrieden und unglücklich, wenn unsere Wünsche nicht erfüllt werden. Warum sollte dies *Devotees* geschehen?

Bhagavān: Zuerst stellt euch einmal die Frage, ob ihr euch „*Devotees*" nennen dürft, wenn euer Glücksgefühl und eure Zufriedenheit von euren flüchtigen Wünschen abhängt. Fragt euch ernsthaft, ob ihr die Gebote Gottes befolgt habt, ob ihr ihn mit eurem Vertrauen und eurer Hingabe glücklich gemacht habt. Wenn Swami mit euch zufrieden ist, wird es die ganze Welt auch sein. Wenn ihr Swamis Missfallen durch euer Verhalten erregt, werdet ihr auch allen anderen missfallen. Handelt gemäß Swamis Lehren. Dann wird alles zu euren Gunsten ausgehen und euch Frieden und Freude schenken.

Konzepte

Frage 97: Swami! Wir hören oft das Wort „sriti“. Hat dieses Wort irgendeine Bedeutung für den Durchschnittsmenschen? Oder wendet es sich nur an die Gelehrten? Richtet es sich auch an uns gewöhnliche Menschen?

Bhagavān: „Sriti“ ist göttlich. „Mati“, der Geist ist menschlich, auf die Welt ausgerichtet, und bestimmt euren Fortschritt. „Sriti“ leitet *„buddhi“*, den Intellekt, und stattet ihn mit der notwendigen Unterscheidungskraft aus. „Mati“ funktioniert auf der Ebene des einzelnen Individuums. Im Menschen operieren drei Prinzipien *(nīti):* das menschliche Prinzip (mānavanīti), das politische Prinzip (rājanīti) und das göttliche Prinzip (daivanīti). Stand und Vermögen des Menschen hängen von dem jeweils angewandten Prinzip ab. Zum Beispiel lehrte *Bhīshmacarya Dharmaja* die Prinzipien der Königsherrschaft (rājanīti). Bei einer anderen Gelegenheit brachte er *Dharmaja* die berühmten tausend Namen *Vishnus* bei, indem er das göttliche Prinzip anwandte. Aber als er als Oberbefehlshaber auf der Seite der *Kauravas* den Krieg anführte, vergaß er den göttlichen Pfad (sriti) und büßte seine grundlegende Unterscheidungskraft ein. Er folgte seinem Verstand, der zu ihm als Individuum gehört. Deswegen musste er so viele Tage auf dem Pfeilbett liegen.

Beachtet im Gegensatz dazu die Rolle des jungen *Abhimanyu.* Im *Mahabharata*-Krieg hatte *Drona* für die Schlacht dieses Tages die Anordnung der Lotosblütenblätter *(padmavyūha)* als militärisches Manöver geplant. Die feindlichen Kräfte drängten *Abhimanyu*, die Herausforderung anzunehmen. Als die Mutter des heldenhaften *Abhimanyu* bemerkte, dass er sich für den Kampf rüstete, sagte sie: „Mein Sohn! Dein Vater ist jetzt nicht zu Hause. Dein Onkel *Krishna* ebenfalls nicht. Du weißt, dass deine Frau schwanger ist. Unter diesen Umständen willst du in den Krieg ziehen? Bitte tue es nicht!“ *Abhimanyus* Antwort zeigt, wie sehr er sich dem politischen Prinzip unterwirft: „Wie kommt es, Mutter, dass du mir Worte der Feigheit einflüsterst? Entspricht es dem politischen Prinzip, nein zu sagen, wenn der Feind dich zum Kampf herausfordert? Stimmt es mit dem *Dharma* eines Kriegers überein? Welche Beleidigung wäre es für meinen Vater *Arjuna*, den größten aller Helden! Würde er nicht vor Scham den Kopf hängen lassen? O Mutter!

Segne mich, damit ich siegreich zurückkehre und die Feinde in die Flucht schlage wie der brünstige junge Löwe, der auf den Elefanten sprang!" Dies ist in der Tat das politische Prinzip. So entsteht aus dem menschlichen Verstand des Individuums das menschliche Prinzip, wie „sriti" als göttliches Prinzip den Intellekt so stimuliert, dass er die Fähigkeit zu unterscheiden erwirbt. *Abhimanyu* starb als Held, seinem Verhalten entsprechend. Ebenso begegnet im Leben das Gute nur dem Guten. Das Böse trifft nur das Böse. Dieses Gesetz versagt niemals.

Frage 98: Swami! Wir hören von den fünf Hüllen *(pancakoshāh)*, den fünf Lebenshauchen *(pancaprānāh)* und den fünf Organen *(pancendriyāh)*. Hüllen sie den *Atman* ein? Sind sie Hindernisse für die atmische Glückseligkeit? Was genau ist ihre Stellung und Rolle in unserem Körper?

Bhagavān: Die ganze Welt ist aus fünf Elementen gemacht: Erde, Feuer, Wasser, Luft und Raum sind die fünf Elemente. Der Mensch ist das Produkt dieser fünf Elemente. Anhaftung *(rāga)*, Hass *(dvesha)* und Angst (bhaya) haben ihren Ursprung im Raum *(ākāsha)*. Der Vorgang des Atmens, Bewegungen wie Gehen oder andere Körperbewegungen werden durch den Wind *(vāyu)* hervorgerufen. Hunger, Durst, Schlaf sind die Folgen des Feuers *(agni)*. Schleim, Blut, Galle, Urin usw. entstehen aus Wasser. Haut, Muskeln, Knochen, Nägel, Haare, Nerven bestehen aus Erde *(prithivī)*. So sind alle fünf Elemente gleichermaßen in jedem Menschen vorhanden. Deshalb lassen sich keine Unterschiede zwischen den Menschen finden. Keiner kann höher eingestuft werden als ein anderer.

Der menschliche Körper besteht aus fünf Hüllen. Die erste ist die Nahrungshülle *(annamayakosha)*, die zweite ist die Hülle der Lebenskraft *(prānamayakosha)* und die dritte ist die Verstandeshülle *(manomayakosha)*. Die vierte ist die Hülle der Erkenntnis *(vijnānamayakosha)* und die letzte ist die Hülle der Glückseligkeit *(ānandamayakosha)*. Eine Hülle umschließt die andere. Ihr kennt Reiskörner. Sie sind von Hülsen umgeben. Ein Reiskorn ist also von der Hülse eingehüllt. Für den Tamarindenkern ist das Fruchtfleisch die Hülle. Ein Embryo lebt in der Hülle des Mutterschoßes. Die Nahrungshülle umschließt die Hülle der Lebenskraft. Diese wiederum schließt die Verstandeshülle ein. Diese verdeckt die Hülle der Erkenntnis, die wiederum die Hülle der Glückseligkeit einschließt.

Die Nahrungshülle ist aus der Nahrung entstanden. Der Körper ist *annamayakosha.* Die Art eures Verhaltens ergibt sich aus der Nahrung, die ihr zu euch nehmt. Die Lebenshülle setzt sich aus den fünf Handlungsorganen *(karmendriya)* und fünf Lebenshauchen (prāna, apāna, vyāna, udāna, samāna) zusammen.

Dann kommt die Verstandeshülle, die aus den fünf Wahrnehmungsorganen und dem Verstand voller Gedanken und Zweifeln *(samkalpa – vikalpa)* besteht. Die vierte Hülle ist die Hülle der Erkenntnis, die Hülle von Klang, Form, Berührung, Geschmack, Geruch, die den Intellekt *(buddhi)* bilden.

Die innerste Hülle ist die Hülle der Glückseligkeit. Um diesen Zustand der Glückseligkeit erfahren zu können, müsst ihr alles, was ihr theoretisch wisst, praktizieren und tun, was ihr tun solltet. Ebenso solltet ihr das Prinzip der Gelassenheit *(samatva)* und Einheit *(ekatva)* verstehen und eure Göttlichkeit *(daivata)* verwirklichen. Dies führt euch zu einem Zustand, in dem ihr frei von feindseligen Gefühlen seid.

Jeder hat das gleiche Recht, das Selbst zu erkennen und zu erfahren. Um ein solches Bewusstsein zu erlangen, ist die Erforschung der Natur des Selbst unbedingt notwendig. Dennoch ist auch ein intensives und tiefes Verlangen, den *Atman* zu erkennen und zu erfahren, wesentlich. So wie ein Same in einer Frucht, ein Kupferdraht in einem Kabel, Butter in Milch, Zucker im Zuckerrohr und Öl im Sesamsamen und Feuer im Holz, ist der *Atman* in den fünf Hüllen, den fünf Organen und den fünf Lebenshauchen eingeschlossen.

Frage 99: Swami! Uns begegnen Wörter wie *„manas“* (Geist), *„buddhi“* (Intellekt), *„citta“* (Bewusstsein) und *„ahamkāra“* (Ich-Bewusstsein). Wie sollen wir sie verstehen und aufeinander beziehen? Wie unterscheiden sie sich voneinander? Wir haben das große Glück, dass Swami höchst komplexe Zusammenhänge einfach zu erklären versteht.

Bhagavān: Ich möchte das durch ein Beispiel veranschaulichen. Nehmen wir einen Brahmanen. Wenn er Feierlichkeiten wie z. B. eine Hochzeit leitet, nennt ihr ihn Priester; wenn er aus dem Pancānga-Kalender in eurem Heim die Mondphase, den Tag der Woche, die Konstellation herausliest, nennt ihr ihn den Pancānga-Brahmanen; wenn er Essen in eurem Heim zubereitet, nennt ihr ihn den Brahmanen-Koch.

Ein weiteres Beispiel: Wenn eure Frau euch anredet, so sagt sie: „O bitte, mein Herr (Telugu: „êmandī")", weil es nicht als angemessen gilt, den Ehemann mit seinem Namen anzureden. Euer Kind nennt euch „Vater", und euer Schüler nennt euch „Herr". Aber ihr seid schließlich nur ein Individuum, nicht wahr? Ein und dieselbe Fähigkeit hat verschiedene Bezeichnungen. So spricht man von *„manas"*, wenn man denkt, *„citta"*, wenn man sich in einem Zustand der Ruhe befindet, in dem weder Pläne gemacht noch Entscheidungen gefällt werden; man nennt es *„buddhi"*, wenn man seine Unterscheidungskraft einsetzt, und *„ahamkāra"*, wenn man sich als „Ich" vorstellt oder sich darauf bezieht. All dies ist eins, wird aber entsprechend seiner Funktion unterschiedlich bezeichnet.

Was beherrscht werden muss, ist der Verstand. Wenn ihr diese Kontrolle habt, erlangt ihr Gottes Gnade. Wenn ihr etwas einmal als böse anseht, gestattet ihm nicht, in euren Geist einzutreten. Das Verhalten von Bäumen und Tieren wird von der Natur reguliert. Nur der Mensch missachtet die Gebote Gottes und ist dem Laster verfallen. Es gibt nur eine Lösung.

Ein weiteres Beispiel: Bindet die wunscherfüllende Kuh *(kāmadhenu)* eures Körpers mit dem Seil der Liebe an den Pfosten, den man Name nennt, indem ihr den Namen des Herrn singt. Das genügt. Ihr erlangt Gedankenkontrolle. Dann wird dem Bewusstsein, das frei von dem Durcheinander von Gedanken ist, die Form Gottes eingeprägt. Der Intellekt setzt das Unterscheidungsvermögen ein; das „Ich", das egoistisch gewesen ist, erkennt seine wahre Natur als *Atman* und erkennt das innerste Selbst in allen Dingen. Das ist Spiritualität.

Frage 100: Swami! Du betonst die Bedeutung der Reinigung des Bewusstseins *(cittashuddhi)*, aber wie lässt sich das erreichen?

Bhagavān: Ihr macht hier einen Fehler. Das Bewusstsein oder das Herz *(citta)* ist immer rein. Wo ist die Notwendigkeit einer Reinigung *(shuddhi)?* Ihr beschmutzt es nur.

Nehmt zum Beispiel dieses Taschentuch. Seine Farbe ist weiß. Es wird schmutzig, wenn ich es benutze. Ich gebe es zum Waschen und bekomme es zurück. Wenn ich es zurückbekomme, ist es so weiß und strahlend wie vorher. Es war vor dem Waschen weiß und ist es nach dem Waschen, aber dazwischen war es schmutzig, weil es benutzt wurde. Der Wäscher malte es nicht weiß an. Er entfernte nur den Schmutz.

Ebenso ist euer Geist so rein wie ein Taschentuch, wenn er nicht durch eure Wünsche und Gedanken verunreinigt ist. Wenn ihr einmal die Unreinheiten entfernt habt, wird euer Geist rein sein. Also bedeutet Reinigung des Bewusstseins Beherrschung eurer Wünsche.

Frage 101: Swami! Jetzt ist es klar, dass unsere schlechten Gedanken und Taten die Reinheit unseres Bewusstseins verhindern. Wir haben gewisse Schwächen, Fehler, schlechte Eigenschaften und Gedanken. Wie Du ausgeführt hast, werden wir keine Reinheit des Bewusstseins erlangen, wenn wir uns nicht davon befreien. Der Geist wird sehr oft verunreinigt. Wie soll man schlechte Eigenschaften kontrollieren?

Bhagavān: Alles hängt von eurer Entschlossenheit ab und ob ihr die Schwere und den Ernst des Problems versteht. Ehrliches und aufrichtiges Bemühen ist von eurer Seite erforderlich.

Ein kleines Beispiel: Ihr bewegt euch frei in diesem Raum, ohne zu zögern oder euch zu fürchten. In einer Ecke liegt ein Seil. Aber wenn ihr erfahrt, dass es sich dabei nicht um ein Seil handelt, wie ihr es vermutetet, sondern dass es eine Schlange ist, würdet ihr euch dann weiterhin so frei im Raum bewegen?

Ihr wisst, dass in der Nähe einer giftigen Schlange Gefahr lauert. Ihr wisst, dass ihr sterben werdet, wenn diese Schlange euch beißt, und daher haltet ihr euch von diesem Ort fern. Ebenso werdet ihr mit Sicherheit euer schlechtes Verhalten und Tun ablegen, wenn ihr euch des Schadens oder des Leids bewusst seid, das dadurch auf euch zukommt.

Ihr haltet das Seil in den Händen, bis ihr erkennt, dass es kein Seil, sondern eine Schlange ist. Ihr lasst es sofort fallen, weil ihr vor dem Tod Angst habt. Solange ihr meint, dass diese schlechten Gedanken und bösen Taten euch glücklich machen, haltet ihr an ihnen fest. Aber wenn ihr erkennt, dass sie gefährlich sind, werdet ihr euch nicht danach sehnen. Deshalb müsst ihr zu allererst eure schlechten Eigenschaften identifizieren und sie dann allmählich, eine nach der anderen, ablegen, bis ihr vollkommen seid.

Es ist auch seltsam, wenn man feststellen muss, dass einige Sucher sich für eine festgesetzte Zeit einer rigorosen Disziplin unterziehen, während der sie ein vollkommenes Leben führen, das frei von schlechten Eigenschaften ist. Aber nach dieser sich selbst auferlegten Askese nehmen sie ihre vorherigen schlechten Gewohnheiten wieder verstärkt auf. Das ist ein großer Fehler. Was euch nur kurze Zeit bei der Stange hält, ist künstlich. Die Aufgabe schlechter Gewohnheiten ist hier nicht erfolgt, weil deren böse Wirkungen nicht erkannt worden sind.

Hier ist ein Beispiel: Ihr seht den Ventilator an der Decke in Bewegung. Wenn ihr ihn ausmacht, hört er nicht sofort auf zu rotieren. Das geht langsam vor sich. Die drei Flügel kommen langsam zum Stehen. Der Ventilator kommt nicht sofort zum Stillstand.

Deshalb solltet ihr eure schlechten Gewohnheiten langsam aufgeben, nachdem ihr deren mögliche leidvolle und böse Wirkungen erkannt habt.

Frage 102: Swami! Manche sagen, Atemkontrolle sei auf dem spirituellen Pfad wichtig. Würdest Du uns bitte darüber etwas sagen?

Bhagavān: Atemregulierung, *prānāyāma,* muss unter der sorgfältigen, präzisen und perfekten Anleitung eines Lehrers geschehen. Es ist gefährlich, wenn es schlampig und unregelmäßig durchgeführt wird.

Hauptsächlich werden drei Stufen bei den Atemübungen unterschieden. Die erste Stufe ist das Einatmen (pūraka). Die zweite ist das Anhalten des Atems zwischen Einatmung und Ausatmung (khumbaka). Die dritte Stufe ist das Ausatmen (recaka). Hierbei kommt es darauf an, dass die Zeit für alle drei Stufen gleich sein muss. Das heißt, das Einatmen muss so lange dauern wie das Anhalten der Luft vor dem Ausatmen und das Ausatmen ebenso lang wie das Anhalten des Atems.

Im menschlichen Körper gibt es entlang der Wirbelsäule sechs Energiezentren. Das unterste wird „Mūlādhāra-Chakra" genannt, es ist ein wichtiges, ursprüngliches Zentrum am unteren Ende der Wirbelsäule. Beim *Prānāyāma* steigt die Energie während der zweiten Stufe, des Anhaltens des Atems, aufwärts über die Chakren hinweg, da der Mangel an Atemluft sie unruhig macht. Ganz oben im Kopfbereich befindet sich das Scheitelzentrum (sahasrāra). Dort gibt es ein göttliches Licht, das von Blütenblättern umgeben ist. Das Scheitelchakra sieht wie ein tausendblättriger Lotos aus. Die Blätter berühren das zentrale Licht, wenn man dämonische Eigenschaften besitzt. Wenn man göttliche Eigenschaften besitzt, beginnt das Licht, die Blütenblätter zu berühren. So beeinflusst die aufsteigende Kundalini den menschlichen Körper während dieser spirituellen Praxis. Ein Lebewesen, das viele Atemzüge pro Tag macht, hat ein kurzes Leben. Ein Hund tut das. Deshalb ist seine Lebensspanne kurz. Schlangen und Mungos machen nur einige Atemzüge täglich. Sie leben lange. Das Atmen hat einen Einfluss auf die Länge des Lebens.

Frage 103: Swami! Man sagt, dass wir gewisse Charakterzüge *(vāsanā)* aus dem vergangenen Leben mitgebracht haben. Stimmt das und wie geschieht das?

Bhagavān: Sicher ist das so! So wie in Bankauszügen der Betrag von der letzten Seite auf die nächste übertragen wird, werden die Merkmale des vorangegangenen Lebens in die Gegenwart übertragen.

Wenn ihr ein Räucherstäbchen oder Kampfer anzündet, breitet sich der Duft doch im ganzen Raum aus, nicht wahr? Breitet sich der Duft einer Blume, die ihr in der Hand habt, nicht auch aus? So breiten sich auch schlechte oder üble Gerüche aus. Desgleichen werden Charakterzüge aus vergangenen Leben in die folgenden Leben übernommen.

Frage 104: Bhagavān! Wie kommt es, dass wir Charakterzüge des letzten Lebens besitzen? Wir werden geboren, wir wachsen heran und sterben. Der Körper wird zwangsläufig schwächer, zerbrechlicher, stirbt und zerfällt. Wie also werden unsere Eigenschaften in das nächste Leben hinübergebracht?

Bhagavān: Es besteht kein Zweifel, dass die Charakterzüge des vergangenen Lebens in das nächste Leben mitgenommen werden. Ihr könnt sie *vāsanās* oder *samskāras* oder Eigenschaften des vergangenen Lebens nennen. Menschen mit guten Eigenschaften werden ihre Zeit vorbildlich verbringen, indem sie sich in guter Gesellschaft aufhalten, Gottes Lob singen, Gutes denken, gute Taten vollbringen und an guten Gesprächen teilnehmen. Andererseits gibt es Menschen mit schlechten Neigungen, die ihr Leben unheilig verbringen, indem sie schlechte Dinge tun, Böses denken und Lügen verbreiten. Es stimmt, dass der Körper schwächer und zerbrechlicher wird, stirbt und zerfällt. Aber die *samskāras* sterben nicht. Sie folgen euch in das nächste Leben.

Ich möchte euch das auf einfache Weise veranschaulichen: Stellt euch vor, dass ihr die Hand verletzt habt. Ihr lasst sie behandeln, und der verletzte Teil erhält für eine gewisse Zeit einen Verband. Nach einer Weile ist die Hand vollkommen geheilt. Aber da, wo die Hand verletzt wurde, bleibt eine Narbe oder ein Mal zurück, bis in die Gegenwart. Desgleichen mag der Körper sterben. Aber die Charaktermerkmale bleiben als Zeichen im nächsten Leben erhalten.

Frage 105: Swami! Es heißt, dass drei Eigenschaften *(guna), rajas, tamas* und *sattva* den Menschen binden. Ist Reinheit *(sattva)* auch

eine Eigenschaft, die den Menschen bindet? Ist das auch eine Anhaftung?

Bhagavān: Diese drei Eigenschaften allein binden den Menschen. Euer Leben wird durch sie beeinflusst. Alle eure Handlungen und Ausdrucksformen werden durch sie beherrscht. Sie steuern euer Benehmen und Verhalten. Auch tugendhafte Eigenschaften binden euch.

Beispielsweise hat man euch mit einer Eisenkette gefesselt. Ist das nicht eine Fessel? Ihr seid vielleicht mit einer Silberkette gefesselt. Das ist auch eine Fessel. Es kann aber auch eine goldene Kette sein, die euch festbindet. Ist das keine Fessel? Schließlich unterscheiden sich die drei Ketten nur durch die Zusammensetzung des Metalls. Schließlich sind sie alle Ketten und nichts weiter, obwohl ihr Wert sich unterscheiden mag. So binden oder begrenzen euch die Eigenschaften.

In diesem Beispiel wird die Eisenkette mit Trägheit oder Faulheit *(tamas)* verglichen. Die Silberkette ist wie die aktive, energische, leidenschaftliche Eigenschaft *(rajas)*, und die Goldkette gleicht der tugendhaften Natur, rein, beständig, gut *(sattva)*. Aber Göttlichkeit ist jenseits dieser drei Eigenschaften. Sie ist in der Tat eigenschaftslos.

Frage 106: Swami! Wir haben viele Eigenschaften, tamasische, rajasische und sattvische. Verändern sie sich irgendwann? Wie können wir unseren Charakter vervollkommnen? Manchmal mögen diese Eigenschaften schuld daran sein, dass wir Konflikte mit unseren Kollegen im Büro haben. Was lässt sich unter diesen Umständen tun? Bitte erkläre uns, wie wir dieses Problem, dem wir täglich begegnen, lösen können.

Bhagavān: Die ganze Welt dreht sich um diese drei Eigenschaften *tamas, rajas* und *sattva.* Jedes Individuum besitzt diese Eigenschaften, die wie die drei Flügel eines Ventilators arbeiten. Aber bei einem Menschen bestimmt die Eigenschaft, die die zwei anderen dominiert, sein Wesen, seine ganze Persönlichkeit, ja sogar sein Schicksal als Ganzes.

Derjenige, dessen sattvische Eigenschaften seine rajasischen und tamasischen beherrschen, ist ein religiöser Mensch. Derjenige, dessen rajasische Eigenschaften seine sattvischen und tamasischen beherrschen, ist ein emotionaler, leidenschaftlicher, dynamischer Mensch. Wer von seiner tamasischen Natur beherrscht wird, ist ein träger, inaktiver und passiver Mensch. So hat jeder diese drei Eigenschaften.

Seht ihr zum Beispiel nicht in einem Augapfel die drei Farben, weiß, rot und schwarz? Sie symbolisieren diese drei Merkmale *(triguna)*. Beobachtet einen Sonnenaufgang. Ihr werdet drei Farben bemerken, rot, weiß und schwarz, die die drei Eigenschaften anzeigen. Ihr solltet jedoch einen wichtigen Punkt nicht außer Acht lassen. Diese Eigenschaften haben keine unabhängige Existenz. Die Gottheit überträgt ihnen eine Funktion. Aber die Eigenschaften sind nicht in der Göttlichkeit zu finden, da Gott jenseits aller Eigenschaften *(gunātīta)* ist.

Eigenschaften lassen sich verändern. Zum Beispiel kann man tamasische Eigenschaften durch Handeln überwinden. Handeln macht tamasische Eigenschaften zu rajasischen. Die rajasische Natur ist dualistisch. Sie kann zu Erfolg oder Versagen führen, Gewinn oder Verlust, Lob oder Tadel. Der Mensch muss handeln. In der Tat gibt es niemanden, der das nicht tut. Selbst wenn man schlafend im Bett liegt, schlägt das Herz, das Blut zirkuliert und das Nerven- und Lungensystem sind aktiv, nicht wahr? Ist das etwa keine Aktivität?

Indem man selbstlos handelt und alle Früchte seines Tuns Gott übergibt, indem man Gott in jedem dient und die innewohnende Göttlichkeit erkennt, kann man Weisheit erlangen, die auf existentieller Erfahrung beruht. Auf dieser Stufe wird ein rajasischer Mensch ein sattvischer Mensch. Daher ist Handeln wichtig, die menschliche Gesellschaft ist an menschliches Tun gebunden. Euer Leben selber wurde euch gegeben, damit ihr handelt. So sind Geburt und Handlung miteinander verbunden. In der Tat sollte man voller Achtung an seine Arbeit herangehen. Ich grüße die Handlung, die mir gegeben oder zugeteilt wird (tasmai namahkarmaves). So kann eine tamasische Natur durch einen Willensimpuls in eine rajasische umgewandelt werden, die wiederum durch Hingabe *(bhakti)* und Weisheit *(jnāna)* zu einer sattvischen werden kann. Dies ist spirituelle Praxis.

Durch Erforschung der Natur des Selbst *(ātmavicāra)* könnt ihr eure Natur verbessern und ändern. Wenn niedrige oder animalische Eigenschaften wie Wankelmütigkeit, Schlafsucht, Gefräßigkeit auftauchen, wiederholt sofort mindestens zehnmal den Satz: „Ich bin ein Mensch, kein Tier." Dann werdet ihr darüber hinwegkommen. Erfüllt treu eure Pflichten. Seid nicht anmaßend. Gebt nicht an und verzichtet auf Tricks. Seid euch immer der Tatsache bewusst, dass Gott alles, was ihr tut, bemerkt, obwohl dies andere vielleicht nicht tun. Erfüllt eure Pflicht mit Liebe.

„Pflicht mit Liebe ist wünschenswert.
Pflicht ohne Liebe ist bedauernswert.
Liebe ohne Pflicht ist göttlich.“

Wenn ihr eure ganze Arbeit und deren Früchte Gott darbringt, wird aus eurer Arbeit Verehrung.

Es mag sein, dass ihr mit euren Kollegen im Büro nicht einer Meinung seid. Euer Temperament mag mit ihrem unvereinbar sein, was manchmal zu Streitigkeiten und Konflikten führen und euch demzufolge den inneren Frieden rauben kann. Haltet euch deshalb vor zu engen Beziehungen mit zu vielen Leuten zurück. Sagt „hallo, hallo“ und „wie geht's“ zu allen, die ihr trefft, und wenn ihr geht „auf Wiedersehen“. Das genügt.

Heute gibt es kaum echten sozialen Dienst. Wenn man jemandem dient, so tut man das langsam oder man stellt es zur Schau (im Engl. Wortspiel: „social service, slow service und show service”; Anm. d. Ü.). Ihr solltet das Gefühl haben, dass ihr das, was ihr tut, nicht für den anderen, sondern zu eurer eigenen Zufriedenheit und eurem eigenen Glück tut. Was auch immer ihr tut, tut es eurem Gewissen zuliebe. Ihr solltet nichts tun, um von anderen Lob oder Anerkennung zu bekommen. Euer Gewissen ist Gott. Ihr solltet wissen, dass der Charakter am wichtigsten ist, und da solltet ihr zu keinen Kompromissen bereit sein. Die beste Voraussetzung für Erfolg im Leben ist Zusammenarbeit. Aber heutzutage gibt es nur Operation, keine Kooperation.

Wenn ihr euch in gute Gesellschaft begebt, den Lehren großer Meister und Seher lauscht und euch insbesondere Gottes Gnade zuteil wird, könnt ihr eure Lebenseinstellung und Mentalität ändern. Buddhas Lehre verwandelte den grausamen Angulimala, und *Nāradas* Anweisungen waren der Grund, dass Ratnakara später zum Weisen *Vālmīki* wurde. *Vishvāmitra*, der ein Seher aus königlichem Geschlecht war, wurde Brahmane, ein Weiser, der durch die Lehre *Vasishthas* stets in das absolute Göttliche eingetaucht war. *Vishvāmitra* wurde so der Freund (mitra) des Universums (vishva).

Einmal ließ *Arjuna* Bogen und Pfeile auf dem Schlachtfeld fallen. Er wurde schwach *(tamasika)* und verweigerte seine Teilnahme am Krieg, obwohl er doch auf dem Schlachtfeld stand. Er vergaß alle Gelübde, die er abgelegt hatte und die Grausamkeiten, die die *Kauravas* begangen hatten. Zu diesem Zeitpunkt weckte *Krishna* in *Arjuna* neuen Mut *(rajas),* so dass er mit neuem Eifer in den Krieg von *Kurukshetra* ziehen konnte.

König *Janaka*, der durch die Unterweisung des Weisen *Yajnavalkya* selber ein Weiser wurde, erreichte durch Verzicht und Askese die Vollkommenheit und war wegen seiner spirituellen Weisheit berühmt.

So kann durch intensive spirituelle Praxis *tamas* in *rajas* verwandelt werden und *rajas* wiederum in *sattva*. Auf diese Weise gewinnt ein Aspirant die Gnade Gottes und wird schließlich ein Sucher von Befreiung *(nirvāna)*.

Frage 107: Swami! Wir hören oft von den vier Zielen des Lebens *(purushārtha)*. Wie können wir sie erreichen?

Bhagavān: Ich erzähle meinen Studenten ziemlich oft von den vier „F" („Follow the master. Face the devil. Fight to the end. Finish the game"; Sai Baba nutzt die Alliteration als Gedächtnishilfe; Anm. d. Ü.).Das erste „F" steht für: „Folge dem Meister" („Follow the master"). Die Rechtschaffenheit *(dharma)* ist euer Meister, folgt ihr jederzeit. Alle eure Handlungen müssen in Übereinstimmung mit den idealen Normen des Lebens sein. Wenn ihr euch daran haltet, wird euch genau diese Rechtschaffenheit schützen (dharmo rakshati rākshitāram). Als Mensch sollte man dem *Dharma* eines menschlichen Wesens folgen und niemals dem eines Dämons.

Das zweite „F" steht für: „Stell dich dem Teufel" („Face the devil"). Was bedeutet Teufel hier? Während Rechtschaffenheit der Meister ist, ist Reichtum oder Geld *(artha)* der Teufel. Die meisten Menschen kämpfen verbissen um Geld. Sie bedienen sich allerlei Taktiken und tun unredliche, ungerechtfertigte und falsche Dinge nur um des Geldes willen. Ihr glaubt, dass die Welt vom Geld abhängig ist (dhanamūlam idam jagat). Nein, die Grundlage der Welt ist Rechtschaffenheit (dharmamūlam idam jagat). Man sollte auf redliche, nicht auf betrügerische Weise sein Geld verdienen

Das dritte „F" steht für: „Kämpfe bis zum Ende" („Fight to the end"). Wer ist der Feind, den ihr bis zum Ende bekämpfen solltet? Es ist Begierde *(kāma)*. Ihr solltet weiterkämpfen, bis auch der letzte Wunsch verschwindet.

Einmal ging der Weise Dakshināmūrti zufällig am Meeresstrand spazieren. Er bemerkte, wie die Wellen sich auftürmten und einen kleinen Grashalm an den Strand schoben. Es berührte ihn unangenehm. Schließlich handelte es sich um einen winzigen Grashalm, und die mächtige See sandte ihre hohen Wellen, um ihn auf den Strand zu werfen. „Wie anmaßend ist das Meer, wenn es nicht einmal einen Grashalm toleriert!“, dachte der Weise bei sich. Da erschien der Meeresgott Samudra mit gefalteten Händen vor dem Weisen und sagte sehr demütig: „O großer Weiser! Ich bin nicht schuld daran. Tadle mich nicht und nenne mich nicht anmaßend. Ich bin nicht anmaßend. Ich kann mir nicht den geringsten Makel leisten. Ich will keine Verunreinigung, nicht einmal einen Grashalm. Aus diesem Grunde schoben meine Wellen ihn einfach an den Strand, nicht aus Hass oder bösem Willen.“ Das ist die Bedeutung der Aufforderung: „Kämpfe bis zum Ende“.

Das vierte „F“ steht für: „Beende das Spiel“ („Finish the game“). Was ist das Spiel? Es ist das Spiel des Lebens. Wann hört das Spiel des Lebens auf? Es ist mit dem Erreichen der Befreiung *(moksha)* beendet. Also ist Befreiung das letzte der vier Ziele des Lebens.

Hier solltet ihr einen wichtigen Punkt nicht außer acht lassen. Die Entsprechung der vier Ziele ist: *Dharma* = „Folge dem Meister“, A*rtha* = „Stell dich dem Teufel“, *Kāma* = „Kämpfe bis zum Ende“ und *Moksha* = „Beende das Spiel“. Das erste Ziel ist *Dharma* und das vierte *Moksha,* während das zweite A*rtha* und das dritte K*āma* dazwischen liegen. Das bedeutet, dass Reichtum *(artha)* auf rechtschaffene Weise *(dharma)* erworben werden sollte. Dann sollten eure Wünsche *(kāma)* nur auf das Erreichen der Befreiung *(moksha)* gerichtet sein. So stehen die vier „F“ für diese Lebensziele *(purushārtha).* Aber jetzt möchte ich euch auf ein weiteres Ziel hinweisen, das fünfte, das das höchste überhaupt ist: Das ist Liebe.

Liebe ist Gott,
Gott ist Liebe, daher
Lebt in Liebe.
Es gibt nichts, was nicht mit Liebe erreicht werden könnte.

Frage 108: Swami! Was sollten wir haben, um Deine Gunst *(prāpti)* zu erlangen?

Bhagavān: Euer Interesse ist am wichtigsten. Damit könnt ihr alles im Leben erreichen. Wenn ihr einer besonderen Sache oder einem Gegenstand oder einer Person vertraut, so heißt das, dass ihr Interesse an dieser Sache oder dem Gegenstand oder der Person habt. Da ihr überaus großes Interesse an Swami habt, lauft ihr schnell und nehmt die vordersten Reihen zu meinen Füßen ein, nicht wahr? Morgens wartet ihr schweigend und aufmerksam auf Swami, und selbst das geringste Geräusch wie das Zuschlagen der Tür von Swamis Auto lässt euch vermuten und erwarten, dass Swami kommt. Wer sich zu diesem Zeitpunkt einfindet, von dem wird Auskunft über Swamis Ankunft erwartet. Was ist der Grund dafür? Dies liegt einzig und allein an eurem Interesse an Swami. Wenn ihr kein Interesse am ihm habt, bemerkt ihr seine Gegenwart gar nicht, selbst wenn er vor euch steht.

Frage 109: Swami! Was ist Illusion, *Maya*? Bitte erkläre es uns.

Bhagavān: Es gibt keine Illusion. Was existiert, ist nur *Brahman,* die kosmische Seele. Die sogenannte Illusion ist nur eure Imagination. Es gibt nur *Brahman*. Nichts weiter! Die Anhaftung an den Körper ist Illusion oder Täuschung (bhrama).

Ein kleines Beispiel: Hier steht ein riesiger Baum, unter dem ihr seinen Schatten seht, nicht wahr? Die Zweige und die Blätter sind die Ursache des Schattens. Da das Sonnenlicht auf den Baum fällt, seht ihr den Schatten unter dem Baum. Hier ist etwas Wichtiges zu beachten. Es gibt keinen Schatten oberhalb des Baums oder in seiner Krone. Das heißt, im Sonnenlicht gibt es keinen Schatten. Warum ist das so? Die Zweige und die Blätter des Baums sind für den Schatten unten verantwortlich. Das Sonnenlicht ist B*rahman*, der Baum ist das Leben, und die Zweige und Blätter sind Anhaftungen und Wünsche. Es gibt keinen Schatten, wenn es keine Blätter und Zweige gibt. Also gibt es keine Illusion, keine *Maya* an sich. Es ist die Täuschung durch eure Imagination.

Frage 110: Swami! Wie können wir die Illusion überwinden?

Bhagavān: Maya existiert nicht. Es ist eure eigene Schöpfung. Wie könnt ihr denn etwas überwinden wollen, was gar nicht existiert?

Wenn ihr nachts einen Strick seht und ihn versehentlich für eine Schlange haltet, bekommt ihr furchtbare Angst. Später ergibt eine Untersuchung der Situation, dass es sich nur um einen Strick handelt und nicht um eine Schlange. Zwei Dinge sind hier festzuhalten: Ihr seid erleichtert, obwohl weder die Schlange verschwindet, noch der Strick erscheint. Die ganze Zeit über ist nur ein Strick da gewesen. Ihr seid diejenigen, die sich geirrt haben, weil ihr den Strick für eine Schlange gehalten habt. Ebenso ist die Wirklichkeit *Brahman* oder *Atman,* und der Rest ist Illusion oder Imagination.

Frage 111: Swami! Man hört und erfährt oft, dass niemand *Maya*, der Illusion, entkommt. Jeder fällt dem Einfluss von *Maya* zum Opfer. Der Mensch neigt zur Täuschung. Lass uns wissen, Swami, wieso ein Mensch, der erfahren hat, was *Maya* ist, und der sich davon befreit hat, wieder in die Falle tappt.

Bhagavān: Stellt euch folgende Situation vor: Was passiert mit dem Licht, wenn es dunkel ist? Wohin geht es? Und umgekehrt, wohin geht die Dunkelheit, die bis zum Erscheinen des Lichts herrschte? Das Fehlen von Licht ist Dunkelheit. Die Dunkelheit fließt oder läuft nicht weg. Man bemerkt sie nicht, wenn Licht da ist. Wird das Licht ausgeschaltet, wird es so dunkel wie vorher sein. Hier bedeutet Licht Weisheit, Dunkelheit ist Unwissen oder *Maya* oder Illusion. Um Dunkelheit zu vertreiben, muss man nur eine Kerze anzünden.

Ihr fragt, wie die Dunkelheit der Unwissenheit wieder zurückkommen kann, nachdem sie doch einmal durch das Licht der Weisheit vertrieben worden war. Ein einfaches Beispiel: Viele benutzen den Bus, wenn sie eine Reise machen. Während der schnellen Fahrt auf den holprigen Straßen steigt der Staub hinter dem Bus auf, solange er in Bewegung ist. Aber in dem Augenblick, da der Bus anhält, sammelt sich der ganze Staub im Inneren. Alles fliegt ins Innere des Busses. Ebenso lässt sich das menschliche Leben mit einem Bus vergleichen. Solange man sich spirituellen Übungen hingibt, bleibt der Staub der Illusion hinter einem. Aber wenn der Bus des Lebens anhält und die spirituelle Praxis aussetzt, kommt der Staub der Täuschung ins Leben. Spirituelle Übungen machen euch also gegen Täuschung immun. Wenn ihr damit aufhört, werdet ihr wieder *Maya* zum Opfer fallen. Deshalb könnt ihr euch nicht darauf verlassen, dass ihr euch während eures Lebens von *Maya* befreit habt. Es ist eure beständige spirituelle Praxis, die euch hilft.

Frage 112: Swami! Wenn wir uns der Illusion hingeben, handeln wir nicht im Sinne des *Atman*, es ist eine ganz und gar weltliche Einstellung. Die Identifizierung meiner Person mit dem, was ich nicht bin, ist Illusion. In der Tat, das „Ich", von dem wir oft sprechen, ist in Wirklichkeit nichts anderes als *Atman*. Nichts sonst. Wie kann man diese Wahrheit herausfinden, erkennen und erfahren? Sage uns bitte etwas darüber, Swami!

Bhagavān: Tatsächlich ist das „Ich" nur *Atman* oder *Brahman*. Ein aufrichtiger Versuch, diese Wahrheit zu erkennen, wird „Untersuchung" genannt. Die Untersuchung des Selbst ist auf dem spirituellen Pfad ein wesentliches Unterfangen. Rituale *(pūjā),* die Wiederholung der Namen Gottes *(nāmasmarana),* Meditation *(dhyāna),* spirituelle Übungen *(tapas),* Opferrituale und dgl. sind nicht wirklich spirituell. Sie sind nützlich, um das Herz zu reinigen. Wahre Spiritualität ist tatsächlich die Untersuchung des Selbst. Ich meine nicht, dass ihr alle Rituale und heiligen Handlungen aufgeben solltet. Aber die Untersuchung des Selbst ist meiner Ansicht nach am wichtigsten. Da ihr niemanden habt, der über eine entsprechende Erfahrung in diesem Wissensbereich verfügt und sie an euch weitergeben könnte, findet ihr es mühsam und schwierig, den rechten Weg einzuschlagen.

Wenn diese Frage: „Wer bist du?" einer Gruppe von Leuten gestellt wird, bekommt man verschiedene Antworten. Einer antwortet: „Ich bin Inder." Das stimmt nicht, denn er könnte nach Amerika auswandern und Amerikaner werden. Wenn man nach Russland geht, wird man Russe und so weiter. Indien ist euer Geburtsland. Aber ihr seid nicht das Land. Also ist die Antwort: „Ich bin Inder", falsch. Auf dieselbe Frage würde ein anderer vielleicht antworten: „Ich bin Ingenieur." Das ist nicht richtig, weil das nur den Beruf angibt. Man ist nicht der Beruf. Einige antworten anders, sie sagen: „Ich bin Soundso ... Ich bin Ram, ich bin Syam." Das ist ein Name, der euch von euren Eltern gegeben worden ist. Ihr seid weder mit diesem Namen geboren worden, noch seid ihr mit einem Namensschild auf der Stirn auf die Welt gekommen. Man ist nicht der Name, da man ihn jederzeit seinem Geschmack entsprechend ändern kann.

Man könnte vielleicht lieber auf die Frage: „Wer bist du?", antworten: „Ich bin ein junger Mann" oder „Ich bin ein älterer Mensch" oder „Ich bin ein Junge" und so weiter. Das ist auch falsch. Warum? Kindheit, Jugend und Alter sind verschiedene Lebensphasen, die man durchschreitet. Aber man bleibt während der ganzen Zeit ein und dieselbe Person. Erst war man ein Junge, dann ein Mann, später ein Vater und schließlich ein Großvater. Aber man war die ganze Zeit dieselbe Person. Wie kann man sich dann mit seinem Alter identifizieren, wenn sich das ständig verändert? Ein anderer mag vielleicht sagen: „Ich bin ein großer Mensch" oder „Ich sehe gut aus" oder „Ich bin schlank". Dies sind wiederum Antworten, die sich auf die Art des Körpers beziehen. Das ist nicht richtig, man ist nicht der Körper, der nur ein Instrument ist, weil der Körper im Tiefschlaf passiv und statisch ist und man sich seiner Existenz nicht bewusst ist. Man ist auch nicht der Geist *(mind).*

Wenn man sich mit dem Verstand identifiziert, lebt man ein Leben voller Egoismus und Stolz. Selbst der Verstand existiert nicht im Tiefschlaf. Man ist auch nicht der Intellekt. Man mag intelligent sein, aber man ist nicht der Intellekt. Der Intellekt ist ein Geschenk Gottes, damit man unterscheiden, beurteilen, entscheiden und dadurch besonnen handeln kann. Aber wenn er selbstsüchtig wird, nennt man das „individuelle Unterscheidung". Was aber erwartet wird, ist „fundamentale Unterscheidung", die universal und für jeden hilfreich ist. Ihr werdet auch wissen, dass der Intellekt *(buddhi)* im Tiefschlaf nicht existiert. Also seid ihr definitiv nicht der Intellekt, der wie der Körper und der Verstand nur ein Instrument ist.

Was ist also die richtige Antwort auf die Frage: „Wer bist du?" Die Antwort lautet: „Ich bin der *Atman.*" Dieser *Atman* ist der ewige Zeuge und der, der alles erfährt. Er existiert während aller drei Bewusstseinszustände, dem Wachzustand *(jāgrat),* dem Traumzustand *(svapna)* und dem Tiefschlaf *(sushupti).* Welchen Namen ihr auch habt, aus welchem Land ihr auch stammt, welcher Alters- oder Berufsgruppe ihr auch angehört, in Wirklichkeit seid ihr nur der „ewige *Atman*". Dies ist die richtige Antwort, die ihr auf dem Pfad der Untersuchung des Selbst erhaltet. Dies ist wahre Spiritualität.

Frage 113: Swami! Was ist *Vedanta*?

Bhagavān: Der Veda ist Dualismus. Der *Vedanta* ist Non-Dualismus. Es gibt nichts jenseits des *Vedanta.* Wenn Milch sauer wird, wird sie zu Quark. Man erhält Butter, wenn man Quark weiter bearbeitet. Wenn man Butter erhitzt, erhält man Ghee. Ghee ist das letzte Stadium von Milch. Selbst wenn man es weiter erhitzt, bleibt es dasselbe. So wird also Milch nach dem Durchlaufen vieler Änderungen zu Ghee. Milch repräsentiert Dualismus und Ghee steht für Non-Dualismus.

Frage 114: Swami! Bist Du der Meinung, dass die drei Schulen der Vedanta-Philosophie – der Dualismus (dvaita), der qualifizierte Non-Dualismus (vishishtādvaita) und der Non-Dualismus (advaita) – einander widersprechen? Vertritt die eine Schule genau das Gegenteil von dem, was die andere sagt?

Bhagavān: So wird es üblicherweise verstanden und praktiziert. Aber tatsächlich stimmt das nicht. In Wirklichkeit gehören diese drei zusammen. Es lässt sich sagen, dass das eine die Fortsetzung des anderen ist. Ihr werdet feststellen, dass das eine zum anderen führt.

Nehmen wir einmal das Zuckerrohr als Beispiel. Das Zuckerrohr enthält Saft. Es gibt das Mark und den Saft. Dies ist der Zustand des Dualismus. Man kann auch den Saft aus dem Mark gewinnen, das man vom Zuckerrohr herausgelöst hat. Der Saft, obwohl er sehr wichtig ist und die eigentliche Essenz des Zuckerrohrs darstellt, kann nicht lange aufbewahrt werden, ohne dass er verdirbt. Dieser Prozess der Saftgewinnung durch Trennung des Marks vom Zuckerrohr lässt sich als qualifizierter Non-Dualismus verstehen. Dieser Saft wird gereinigt, raffiniert und zu Zucker gemacht, und Zucker ist ewig haltbar. Das ist das Stadium des Non-Dualismus. Man kann den Zucker auf vielerlei Weise verwenden.

Frage 115: Swami! Man kann der Wirkung des Schicksals nicht entkommen. Die Dinge sind vorherbestimmt und dementsprechend ereignen sie sich in unserem Leben. Da dies unvermeidlich ist, leiden wir und sehen uns Schwierigkeiten gegenüber. Würdest Du uns bitte eine Lösung aufzeigen?

Bhagavān: Alles im Leben ist nichts anderes als eine Widerspiegelung eurer eigenen Gedanken und Handlungen aus einem oder einigen früheren Leben. Ihr wiegt euch in dem Glauben, dass niemand euch zuschaut. Aber Gott in eurem Inneren kennt sehr genau alle eure Gedanken, Gefühle und Taten. Gott ist überall. Ihr könnt nichts vor ihm verbergen. Irgendwann müsst ihr die Folgen eurer Handlungen auf euch nehmen. Das ist die höchste Wahrheit.

Ihr denkt, jemand anders sei für eure Probleme verantwortlich, und ihr tadelt ihn dafür. Das ist ein großer Fehler. Eure Handlungen sind der Auslöser für gute oder schlechte Erfahrungen in diesem Leben. Gott ist ein ewiger Zeuge aller menschlichen Aktivitäten. Er erschuf diese Welt und schenkte sie dem Menschen, damit er seine Freude daran habe, aber unter der Bedingung, dass er die Konsequenzen seines Tuns tragen müsse. Gott ist wie ein Briefträger. Die Inhalte der Briefe, die er den Leuten übergibt, interessieren ihn nicht. Es handelt sich lediglich um eine Beziehung, die zwischen euch und dem Briefeschreiber besteht. Gott ist an der Sache überhaupt nicht interessiert. Nun, wenn ihr eine Vermählungsanzeige erhaltet, schickt ihr ja nicht dem Briefträger Grüße, nicht wahr? Wenn ihr von jemandem einen Drohbrief erhaltet, ist es auch nicht der Briefträger, den ihr angreift. Der Briefträger ist nur ein Instrument im Rahmen der Postzustellung. Aber Gebete helfen euch, Spannungen und Probleme mutig anzugehen. Intensives Gebet, tiefe Hingabe, starker Glaube, aufrichtige Reue, beständige Sehnsucht und höchste Liebe zu Gott können die Abfolge der Ereignisse im Leben ändern. Sie können sogar Gott veranlassen, seinen eigenen Willen umzukehren. Nehmen wir zum Beispiel das Leben von *Mārkandeya*. Das Schicksal gewährte ihm nur 16 Lebensjahre. Aber seine Verehrung von *Shiva* war so intensiv, dass dieser ihn unsterblich machte. Gott musste seinen eigenen Plan überdenken und revidieren als Antwort auf die Gebete *Mārkandeyas*.

Ein weiteres Beispiel: Da ist ein Gefangener, der entsprechend den Gesetzen des Strafgesetzbuchs bestraft worden ist. Während seines Gefängnisaufenthalts gibt es einen gewissen Spielraum, die Zeit seiner Gefangenschaft zu reduzieren, wenn Charakter und Verhalten des Gefangenen in Ordnung sind und er alle Regeln, Bestimmungen und die von den Gefängnisautoritäten auferlegten disziplinarischen Anordnungen einhält. Ein weiterer Punkt ist noch zu beachten. Nehmen wir an, ein Verbrecher hat in allen Instanzen seinen Prozess verloren, angefangen beim Landgericht bis hin zum Höchsten Gerichtshof, und wenn die Todesstrafe oder lebenslängliche Inhaftierung drohen und nicht mehr abzuwenden sind, kann der Präsident von Indien ihn immer noch begnadigen und ihm die Strafe erlassen. So ist es auch bei euch: Obwohl ihr gezwungen seid zu leiden und den Problemen, Folgen eures früheren Verhaltens, nicht ausweichen könnt, wird Gott als Antwort auf eure ehrlichen Gebete und eure Reue den Lauf eures Lebens ändern und euch das Leiden ersparen. Gott schenkt euch besondere Gnade, wenn ihr ihn mit eurer totalen Hingabe erfreut.

Frage 116: Swami! Die *Bhagavadgita* lehrt, dass wir sowohl die guten als auch die schlechten Früchte unserer Handlungen aufgeben sollen. Da wir nur selten Gutes tun, ist nur sehr wenig oder gar nichts da, was wir Dir als Früchte unserer guten Handlungen geben könnten. Wir fürchten, es ist nicht in Ordnung, Dir Böses oder Schlechtes darzubringen. Was ist zu tun?

Bhagavān: Ihr müsst sowohl Gutes als auch Böses Gott überlassen. Bindet euch nicht an die Ergebnisse eurer Handlungen, seien sie gut oder schlecht. Gott ist jenseits dieser zwei Gegensätze, da er nicht-dual ist. Wenn Wasser, ob rein oder unrein, mit dem Wasser des Ganges vermischt wird, wird die Heiligkeit des Gangeswassers nicht angetastet. Die Heiligkeit nimmt niemals ab. Ganz ähnlich verhält es sich mit dem Feuer: Was auch immer hineingelegt wird, wird verbrannt. Das Feuer wird von dem, was hineingelegt wird, weder beeinflusst noch beschmutzt. Folglich werdet ihr nur Nutzen daraus ziehen, wenn ihr sowohl Gutes als auch Böses Gott anvertraut.

Ein kleines Beispiel: Nehmen wir an, ihr habt einen 500-Rupien-Schein in der Tasche, und müsst aus geschäftlichen Gründen weggehen. Ihr werdet sehr sorgfältig aufpassen, dass ihr ihn nicht verliert. Wenn ihr ein Cafe aufsucht, um eine Tasse Kaffee zu trinken, werdet ihr die Hand auf die Tasche legen, damit euch niemand bestiehlt. Sogar im Theater werdet ihr aufpassen. Wenn ihr andererseits das Geld auf die Bank bringt, wird es eurem Konto gutgeschrieben und sicher sein. Dann braucht ihr euch deswegen keine Sorgen mehr zu machen. Wenn ihr also alles Gute, was ihr getan habt, Gott überlasst, ohne den Früchten irgendeinen Wert beizumessen, fühlt ihr euch leicht und bescheiden. Hier akzeptiert ihr keinen Zins. Ihr dankt Gott. Ihr seid voller aufrichtiger Dankbarkeit gegenüber Gott. Aber wenn ihr euch als die Person seht, die das Gute getan hat, und auf die Früchte eures Tuns spekuliert, werdet ihr egoistisch und stolz werden. Also solltet ihr die Früchte eurer guten Taten Gott überlassen.

Wie soll man aber nun Gott das Böse oder Schlechte überlassen? Vielleicht habt ihr das Gefühl, das sei nicht in Ordnung. Doch ihr werdet feststellen, dass es euch letztlich hilft. Ein kleines Beispiel dazu: Stellt euch vor, ihr hättet einen zerknitterten, schmutzigen und halb zerrissenen 500-Rupien-Schein bei euch. Ihr werft ihn nicht weg, da er ein wertvoller Geldschein ist. Aber ihr konntet ihn nicht gebrauchen. Niemand will diesen Schein annehmen. Ihr könnt dafür nichts kaufen. Also könnt ihr ihn weder wegwerfen noch nutzen. Aber wenn ihr diesen Geldschein zur Bank bringt, wird er angenommen, und ihr erhaltet einen nagelneuen Schein dafür. Auf etwas müsst ihr dabei achten: Die Zahl auf dem Geldschein sollte sehr deutlich zu erkennen sein, damit er akzeptiert und gegen einen guten eingetauscht wird. Ganz genauso könnt ihr den Geldschein eurer Handlungen und die Früchte eures bösen Tuns Gott hingeben. Er wird die „Zahl“ eurer „Hingabe“ auf dem Schein sehen und ihn gegen einen guten eintauschen oder euch verwandeln. Gott ist die Bank. Nur Gott kann eure schlechten Neigungen und Handlungen annehmen, sie in gute verwandeln und sie an euch zurückgeben. So muss Gutes und Böses letztlich zu eurem höchsten Nutzen Gott übergeben werden.

Frage 117: Swami! Alle dualen Erfahrungen sind auf unseren Geist zurückzuführen. Swami sagt: „Der Geist ist ein verrückter Affe." Vergnügen und Schmerz werden durch den Geist hervorgerufen. Wie können wir den Geist zerstören, annullieren?

Bhagavān: Es ist nicht der Geist, der euch leiden lässt; es hängt ausschließlich von der Art und Weise ab, wie ihr ihn benutzt. Er nimmt die Form dessen an, womit er sich beschäftigt. Er kennt keinen Tod. So heißt es, der Geist sei die Welt. Daher ist die Auflösung des Geistes nicht richtig. Ihr solltet eher die Verschmelzung des Geistes mit dem Göttlichen wünschen.

So wie der Fluss in den mächtigen Ozean mündet, so sollte der Geist im Selbst aufgehen. Wenn der Geist sich Gott hingibt, wird er *Rāmas* Diener. Aber der Geist, der voller Wünsche ist, ist deren Sklave.

Der Geist sollte den Verlockungen von Kraft, Reichtum und Freundschaft (in Telugu: balimi, kalimi, celimi) widerstehen. Er sollte mit göttlichen Gedanken erfüllt werden, damit er mit Gott eins werden kann.

Frage 118: Swami! Gibt es Menschen, die die Vereinigung mit Gott erreicht haben? Man sagt, die absolute Identifizierung mit Gott sei die höchste Stufe der Spiritualität.

Bhagavān: Ja. Es gibt viele, die den Zustand der völligen Vereinigung mit Gott erfahren haben. In der Tat, ein *Devotee* sollte danach streben. Es gab einen recht intelligenten Ausländer, dessen Name Hen war. Sein Guru war der berühmte Naturwissenschaftler Darwin. Er fing an, seinen Guru zu sehen, indem er ständig über ihn meditierte. Darwin richtete seine Aufmerksamkeit auf einen Stern und nahm gewisse Schwingungen wahr. Sein Schüler erreichte diesen Zustand auch.

Ihr habt sicher auch von *Shrī Rāmakrishna Paramahamsa* gehört. Eine Zeitlang, während er *Shrī Rāma* verehrte, hielt er sich für *Hanumān*. Es wird berichtet, dass er während dieser Zeit einen kurzen Schwanz bekam.

Ihr findet ein weiteres Beispiel in dem großen Epos *Ramayana. Bharata* wollte, dass *Rāma* nach *Ayodhyā* zurückkehre und die Königsherrschaft antrete. Er bat ihn wiederholt darum. Aber *Rāma* weigerte sich zurückzukehren, da er sich entschlossen und geschworen hatte, den Befehl seines Vaters zu befolgen und *Dharma* im Ganzen zu achten. *Bharata* verließ den Ort, nachdem *Rāma* versprochen hatte, dass er unmittelbar nach seinem Exil zurückkehren werde. Die Zeit war fast vorüber und *Bharata* erwartete *Rāmas* Rückkehr zur festgesetzten Stunde. Da ein Zeichen von *Rāmas* Ankunft ausblieb und er diese Qual nicht aushielt, schichtete er einen Scheiterhaufen auf und war bereit, ihn zu besteigen und sich selbst zu töten. In der Zwischenzeit hatte *Rāma Hanumān* mit einer Botschaft für *Bharata* vorausgeschickt, um diese Situation abzuwenden und ihn über seine Ankunft – wie versprochen – zu informieren. *Hanumān* eilte sofort nach Nandigrāma, wo sich *Bharata* aufhielt. Als *Hanumān* den Ort erreichte, sah er, was sich dort abspielte. *Bharata* ging um den Scheiterhaufen herum, auf den er steigen wollte, um sich selbst zu verbrennen. *Hanumān* dachte: „Wie kommt es, dass *Rāma* hier ist? Warum geht er um den Scheiterhaufen herum?" Offenbar sah *Bharata* genau so aus wie *Rāma*, was auf seine ständige Meditation über ihn zurückzuführen war. Das verwirrte sogar *Hanumān*. So heißt es in den Veden: „Wer *Brahman* erkennt, wird selbst zu *Brahman*" (brahmavid brahmaiva bhavati).

Am Ende des *Ramayana* wird berichtet, dass *Rāma* nach dem Tod *Rāvanas* mit seinen Gefährten *Sītā* und *Lakshmana* als Wagenlenker in einem Streitwagen nach *Ayodhyā* zurückkehrte. Als der Wagen sich den Vororten *Ayodhyās* näherte, wollten die Einwohner *Rāma, Sītā* und *Lakshmana* mit Girlanden empfangen. Da entstand unter dem Volk auch Verwirrung, da *Bharata*, der die Zügel des Wagens hielt, genau so aussah wie *Rāma*. Als die Leute *Bharata* bekränzen wollten, da sie ihn für *Rāma* hielten, musste dieser mit gefalteten Händen leise und sanft auf *Rāma* hinweisen, damit dieser die Girlanden empfing. Dies ist wiederum ein Beispiel für die vollkommene Vereinigung mit Gott.

Hier ist noch ein Beispiel: Ihr habt sicherlich von Swami Samartha Ramadas gehört, dem Lehrer von Kaiser Shivaji. Wie *Bharata* erinnerte auch Swami Samartha Ramadas eine gewisse Zeitlang, was seine Erscheinung anging, aber auch die Art und Weise, wie er mit Pfeil und Bogen auf der Schulter umherging, an *Rāma*. Die Leute, die ihn beobachteten, waren erstaunt, und einer von ihnen fragte ihn: „Swami! Wenn du wirklich *Rāma* bist, kannst du den Vogel schießen, der dort drüben auf einem Zweig in der Krone des weit entfernten Baums sitzt?" Ramadas tötete den Vogel mit einem Pfeil. Er fiel auf den Boden herab.

Da sagte jemand: „Swami! Du hast den Vogel ohne jeden Grund getötet. Er hat dir nichts zuleide getan. *Rāma*, der wegen seines Mitgefühls bekannt ist, tötet niemanden ohne einen triftigen Grund. Kannst du ihn wieder lebendig machen?“ Daraufhin hob der Swami den Vogel mit beiden Händen auf. Er betete um sein Leben – und siehe da, die Flügel begannen zu flattern. Der Vogel bewegte sich ein wenig und flog schließlich davon. Alle, die sich versammelt hatten priesen im Chor den Swami: „Jai! Samartha Ramadas Ki Jai!” Dies ist ein Beispiel für totale Identifizierung mit Gott.

Frage 119 Swami! Du sprichst von Wissen aus eigener Erfahrung *(anubhāvajnāna)*. Wir glauben, vieles zu wissen. Ist dies nicht Weisheit?

Bhagavān: Keinesfalls! Es ist traurig, dass ihr euren Mangel an Wissen nicht erkennt. Ihr wisst sehr wenig, und was ihr wisst, ist bestenfalls nebensächlich. Aber ihr meint alles zu wissen. Was ihr studiert, ist unerheblich, und es ist ein großer Fehler zu denken, ihr wüsstet alles. Es ist auch töricht. Es gibt eine Menge Wissenswertes. Was ihr wisst, ist nur ein Fragment, nicht das Ganze.

Seht einmal her! Was ist das? Dies ist, wie ihr seht, ein Taschentuch. (Swami hielt das Taschentuch so, dass man nur einen kleinen Zipfel davon außerhalb seiner Faust sehen konnte.) Also was ist das nun? Das ist nur ein Stück Tuch. Es ist nicht das ganze Taschentuch. (Dann breitete Swami das Taschentuch aus und hielt es in den Händen.) Was ist das? Ihr werdet sagen: „Das ist ein Taschentuch.“ Wenn ihr nur einen Zipfel davon seht, könnt ihr es nicht als Taschentuch bezeichnen. Wenn ihr euch also ein wenig Wissen aneignet, könnt ihr kaum behaupten, die ganze Fülle des Wissens zu besitzen. Diesen Fehler machen viele Gebildete in dieser modernen Zeit. Sie wissen wenig und behaupten, sie wüssten alles. Vollständiges Wissen ist Bewusstheit und nicht fragmentarisches Wissen. Das solltet ihr beachten. Strebt immer nach dem Ganzen. Seid bewusst!

Frage 120: Swami! Wann erlangt ein *Devotee* vollständige Erfahrung?

Bhagavān: Hingabe *(bhakti)* findet ihre Erfüllung in der Befreiung *(mukti)*. Bis dahin kann man nicht sagen, ein *Devotee* habe vollständige Erfahrung erlangt. Vollständige Erfahrung ist ein Zustand nicht-dualer Glückseligkeit. Höchste Glückseligkeit *(brahmānanda)* und ewige

Glückseligkeit *(nityānanda)*. Ein kleines Beispiel: Ein Fluss fließt unaufhörlich. Es mag viele Hindernisse unterwegs geben. Doch der Fluss umfließt sie alle, indem er die Richtungen wechselt. Er überwindet die Hindernisse und fließt weiter. Wie lange und wie weit? Bis er das Meer erreicht und sich damit vereinigt. Das Meer erlaubt diese Vereinigung nicht so leicht. Es vertreibt den Fluss oder schiebt ihn hinaus. Dennoch gibt der Fluss seinen Versuch nicht auf. Schließlich mündet der Fluss bei Flut in das Meer. Wenn diese Vereinigung der beiden stattfindet, findet der Fluss Ruhe und Frieden.

Ganz ähnlich gestaltet sich die Beziehung zwischen einem Gottsucher und Gott. Der Fluss der Hingabe, der zur Vereinigung mit Gott führt, geschieht durch spirituelle Übungen. Der Fluss, der im Meer mündet, ist mit der Vereinigung der Individualseele mit der Universalseele *(brahman)* zu vergleichen, was als Zustand vollkommener Einheit oder Vereinigung mit dem Göttlichen (jīva-brahmaikyatā) bekannt ist.

Frage 121: Swami! Was ist Weisheit?

Bhagavān: Weisheit ist nicht Buchwissen. Weisheit ist nicht Gelehrsamkeit. Weisheit ist nicht Predigt. Weisheit ist kein akademischer Magister- oder Doktortitel. Weisheit ist praktische Erfahrung. Weisheit kann nicht in den Kopf gestopft werden. Weisheit befähigt euch, eure eigenen Fehler, Schwächen und Defekte zu erkennen und zu korrigieren, und führt euch dazu, die in der Vergangenheit begangenen Fehler nicht zu wiederholen.

Frage 122: Swami! Wo findet man im großen menschlichen Körper die Quelle des Lebens?

Bhagavān: Ihr glaubt, sie sei im Herzen. Nein. Wisst ihr nicht, dass die Chirurgen heutzutage auch Herztransplantationen vornehmen? Selbst während der Operation stirbt der Mensch nicht. Wo ist dann das Lebensprinzip, das euch am Leben erhält? In der Wirbelsäule, zwischen dem 9. und 12. Wirbel, findet man das Lebensprinzip, den Hauptschalter sozusagen. Im Mantrapushpam wird das so beschrieben: „Vidyullekheva bhāsvarā." – Ein Blitz oder elektrischer Strom dient als Lebenszentrum.

Frage 123: Swami! Was sind die Hauptprinzipien des Lebens?

Bhagavān: Ein neugeborenes Baby weint, aber ein Erwachsener sollte die Welt lächelnd verlassen. Wisst ihr, warum das Baby weint? Es weint wegen des Unglücks, das es erwartet, ein langes, aufregendes und problematisches Leben. *Ādishankara* hat das so ausgedrückt: „Wieder Geburt, wieder Tod, wieder im Schoß der Mutter liegen" (punarapi jananam punarapi maranam, punarapi jananī jathare shayanam).

Alle Menschen werden immer wieder geboren, ein Leben schließt sich an das andere an. Deshalb weint das Baby. Aber bei seiner Geburt lächeln seine Eltern, Verwandten und Angehörigen und verteilen Süßigkeiten, nicht wahr? Das Leben beginnt mit einer Frage: „Wer bin ich (ko 'ham)?" Aber es sollte eine Antwort darauf gefunden werden, bevor es endet, und sie sollte lauten: „Ich bin Er, ich bin Gott (so 'ham)." Wir bekommen die Antwort, wenn wir spirituelle Übungen durchführen. Es ist sinnlos, das Frageformular immer wieder durchzugehen, ohne die Antwort zu finden.

Wir können das Leben in drei Phasen einteilen – Morgen, Mittag und Nacht. Der Morgen ist die Kindheit, wenn das Baby auf allen Vieren auf dem Boden herumkrabbelt. Der Mittag ist die Phase der Jugend, die auf zwei Beinen läuft. Die Nacht ist die Phase eines alten Mannes, der dreibeinig durchs Leben geht, mit einem Stock als Hilfe für seine zwei schwachen Beine.

Enthaltsamkeit *(brahmacarya)* ist das Fundament, auf dem ein dreistöckiges Gebäude errichtet wird, mit dem ersten Stock – dem Hausvater –, dem zweiten Stock – dem Eremiten –, und dem obersten Stock – dem Asketen. Enthaltsamkeit ist also das Fundament für das Haus. Wenn ein Mensch fünfzig Jahre alt wird, sollte er seine fünf Handlungsorgane *(karmendriya)* vollständig beherrschen. Wenn er sechzig ist, sollte er seine sechs Schwächen besiegt haben: Begierde *(kāma)*, Zorn *(krodha)*, Gier *(lobha)*, Verblendung *(moha)*, Stolz *(mada)* und Eifersucht *(mātsarya)*.

Wenn er siebzig ist und seine Schwächen überwunden hat, wird er als einer der sieben Weisen (saptarishi) verehrt, als eine der sieben Musiknoten (saptasvara) und eins der sieben Meere (saptāh samudrāh). Wenn er achtzig ist und den acht Yogapfaden *(ashtāngayoga)* gefolgt ist, leuchtet er wie einer der acht Hüter der Himmelsrichtungen (ashtadikpālata). Wenn er neunzig Jahre alt ist, leuchtet das Leben wie neun kostbare Edelsteine (navaratna), nachdem er die neun Pfade der Hingabe gegangen ist. Wenn er hundert Jahre alt ist, hat er die fünf Organe der Wahrnehmung und die fünf Organe der Handlung unter Kontrolle und ist göttlich, da er seine Göttlichkeit in der Tiefe erfahren hat.

Ihr solltet euch auch einer anderen Sache bewusst sein. Was immer ihr auch tut, ihr tut es euch zuliebe und nicht anderen. Ihr zieht neue Kleider an. Für wen tragt ihr sie? Ihr tut es, um euch selber zufrieden zu stellen. Ihr baut ein neues Haus. Für wen? Für euch doch, nicht wahr? Ihr esst einen Apfel nicht dem Apfel zuliebe, sondern weil es euch gefällt.

Versteht, dass das Selbst Gott ist. Ihr müsst eure Rolle im Drama eures Lebens gut spielen. Swami ist der Regisseur, während ihr die Schauspieler seid. Seht darin eine Chance. Lebt euer Leben auf ideale Weise und erlangt einen guten Namen in der Gesellschaft. Gott sollte sagen, dass ihr gut seid. Das wird in der *Gita* gesagt: „Erfülle deinen Geist mit mir, sei mir hingegeben, entsage um meinetwillen, sei mein Verehrer (manmanā bhava madbhakto madyājī mām namaskuru)." Dann wird euch alles andere gegeben. Seid immer bescheiden und voller Achtung.

In Südindien wird das Essen auf Bananenblättern serviert. Wenn alle Speisen darauf angerichtet sind, bleibt das Blatt wegen des Gewichts liegen und wird nicht vom Wind weggeweht. Wenn es leer ist, wird es wegen seiner Leichtigkeit weggeblasen. In anderen Worten, leere Gefäße machen viel Lärm. Ein Baum, der mit Früchten beladen ist, beugt sich unter der Last der Früchte. So ist auch ein wahrer Gelehrter immer bescheiden und demütig. Wenn Wasser verdunstet, steigt es auf, während der Wasserdampf sich zu Wolken verdichtet und als Regen herunterfällt. Ein Mensch mit einem starken Ego schadet sich selber.

Es gibt vier Hauptprinzipien, die ihr kennen und im Leben befolgen solltet. Das erste Prinzip ist: Entfernt euch von schlechter Gesellschaft. Das zweite Prinzip ist: Haltet euch immer in guter Gesellschaft auf. Falls nötig, verliert oder bezahlt Geld, um nicht in schlechter Gesellschaft sein zu müssen. Niemals solltet ihr euch von guten, frommen und edlen Menschen trennen.

Das dritte Prinzip ist: Achtet immer darauf, was flüchtig oder vergänglich ist. In anderen Worten, unterscheidet zwischen dem Göttlichen und dem Vergänglichen. Ihr habt den Intellekt zum Unterscheiden und Beurteilen. Unterscheidet zwischen dem, was flüchtig, vergänglich und dualistisch ist, und dem, was ewig, unsterblich und nicht-dual ist.

Das vierte Prinzip ist: Tut Tag und Nacht lobenswerte Dinge. Ihr habt euren Körper, um anderen zu dienen.

Parallelen und Polaritäten

Frage 124: Swami! Gelehrte verwenden häufig die Begriffe *prakriti* und *purusha*. Bitte erkläre diese zwei Begriffe.

Bhagavān: *Prakriti* und *purusha* sind Materie und Energie. Man kann sie auch als das Positive und Negative verstehen. Selbst wenn eine Glühbirne vorhanden ist, gibt es kein Licht, wenn keine Energie zur Verfügung steht. Ebenso ist die Elektrizität nutzlos, wenn eine Glühbirne fehlt. Deshalb sind Energie und Glühbirne notwendig. So ist auch die ganze Schöpfung eine Verbindung von *prakriti* und *purusha*. Diese beiden sind voneinander abhängig und miteinander verknüpft.

Prakriti wird als weiblich angesehen. Gott ist als einziger männlich. In einem College für Frauen spielen alle Mädchen die unterschiedlichen Rollen in einem Theaterstück. So gibt es auch auf der Körperebene Unterschiede. Aber der Bewohner des Körpers, *Atman,* ist ein und derselbe. Der Körper ist ein Bündel aus Knochen. Er ist wie ein Wassertropfen, vergänglich. Er wird von vielen Krankheiten bedrängt. Auch ist er voll Urin, Blut, Muskeln, Knochen und Fäkalien. Er setzt nur schlechte Gerüche frei und nicht den Duft von Rosen oder Parfum. Der Körper ist Materie *(prakriti)* und periodischen Veränderungen unterworfen. Aber die ewige, unveränderliche, unsterbliche Wahrheit ist Gott *(purusha).* Nur der *purusha* hat einen Wert. *Prakriti* wird akzeptiert und geschätzt, solange der *purusha* anwesend ist.

Wenn Zucker mit Sahne und Weizen gemischt wird, entsteht eine Süßspeise, Ravva Laddu genannt. Zucker in Verbindung mit Linsen wird zu Laddu. Derselbe Zucker kann mit den verschiedenen Zutaten vermischt werden.

Genauso verhält sich Energie im Umgang mit Materie, indem sie verschiedene Formen und Namen annimmt. Aber *purusha* bleibt ein Zeuge, transzendental, jenseits von Raum und Zeit, nichtdualistisch, ewig, glückselig und eine Personifizierung von Weisheit. *Purusha* erschuf *prakriti,* das Universum. *Purusha* ist das Objekt, während *Prakriti* dessen Widerspiegelung ist. Deshalb werden diese Zwillingsbegriffe von Sanskritgelehrten benutzt, um *purusha* und *prakriti* zu definieren: *loka – lokeshvara, vishva – vishveshvara, sarva – sarveshvara, prapanca – parameshvara* (das Universum – der Herr des Universums). Stellen wir uns Behälter aus Gold, Silber, Kupfer und Ton vor, die mit Wasser gefüllt sind. Obwohl diese Behälter sich in Bezug auf das Metall und den Wert unterscheiden, ist die Reflektion der Sonne in all diesen Behältern ein und dieselbe. So ist die Sonne *purusha*, während die Behälter *prakriti* repräsentieren. Materie + Energie = Gott.

Frage 125: Swami! Einige Menschen verehren *Vishnu,* andere *Shiva*. Sie gehen sich aus dem Weg. Zwischen diesen beiden Gruppen, den *Vaishnavas* und den *Shaivas*, herrscht ständige Rivalität. Sage uns bitte, wie diese beiden Gruppen von Gottesverehrern Einigung finden können.

Bhagavān: Dies ist totales Unverständnis und Torheit. Die Schriften sagen: „*Brahman* ist eines ohne ein Zweites" (ekam evādvitīyam brahma). Sie sagen auch: „Wahre Weisheit ist nicht-dual" (advaitadarshana jnāna). Jeder Wahrheitssucher oder spirituelle Aspirant sollte die essentielle Einheit in der Vielheit erkennen. Man sollte Einheit in der Göttlichkeit erfahren. Die Verehrer *Vishnus* reden den Herrn der sieben Hügel von *Tirupati* als *Venkataramana* an, während die Verehrer *Shivas* ihn *Venkateshvara* nennen. Aber die beiden sind, wie ihr wisst, identisch.

Einmal lud ein König Gelehrte dieser beiden Gruppen zu einem Treffen ein, um zu überlegen, diskutieren und schließlich zu entscheiden, wer der Größere von beiden sei, *Vishnu* oder *Shiva.* Die zwei rivalisierenden Gruppen trugen ihre Standspunkte überzeugend vor. Deshalb beauftragte der König seinen obersten Minister mit der Aufgabe, die Ansichten der Gelehrten zu überprüfen und dann sein Urteil darüber abzugeben. Der Minister erhob sich und sagte: „O König! Ich glaube nicht, dass eine dieser zwei Gruppen jemals die Wirklichkeit erfahren hat. Diejenigen, die sich für die Überlegenheit *Vishnus* über *Shiva* ausgesprochen haben, wussten wenig von *Vishnu.* Wäre ihre Hingabe echt gewesen, hätten sie *Shiva* auch in *Vishnu* erkannt. Genauso würden diejenigen, die *Shiva* für größer gehalten haben, auch *Vishnu* in *Shiva* sehen."

Es gibt eine weitere Episode, die diese Tatsache illustriert. Eines Tages ging *Shrī Rāma* des Weges und sah einen Stein. *Hanumān* beobachtete das und wollte ihn aufheben und wegwerfen. Er setzte seine ganze Kraft ein, konnte ihn aber nicht hochheben. Dieser Stein war der *Shivalinga*, den *Rāma* in Rāmeshvara, einem Pilgerort in Tamil Nadu, errichtet hatte. *Rāma*, der zugleich *Vishnu* war, bewies, dass er und *Shiva* im

Wesentlichen ein und derselbe waren, indem er einen *Shivalinga* schuf. Nicht wahr? Denkt daran, dass alle Namen und Formen eins sind. Er ist der Einzige, der auf unsere Gebete antwortet.

Frage 126: Swami! Du erwähnst immer wieder das Wort „Liebe" in Deinen Reden. Warum? Haben wir nicht Liebe in uns? Wenn nicht, wie sollen wir sie entwickeln? Was ist der Unterschied zwischen Liebe und Täuschung?

Bhagavān: Ihr denkt, ihr hättet Liebe *(prema).* Das ist falsch. Es ist Selbstsucht *(abhimāna).* Zwischen den beiden gibt es erhebliche Unterschiede. Ihr habt die Liebe in verschiedene Richtungen fließen lassen, so dass sie in Anhaftung unterging. Ihr habt vergessen, was wahre Liebe ist.

Die Liebe, die ihr für eure Kinder empfindet, ist Zärtlichkeit *(vātsalya).* Die Liebe zu eurer Frau ist Bindung *(anurāga)*, und eure Liebe weltlichen Gegenständen gegenüber ist Besitzstreben *(mamakāra).* Eure Liebe gegenüber anderen euch ebenbürtigen Menschen ist Freundschaft *(maitrī).* So fließt die Liebe eben in viele verschiedene Richtungen. All das ist nicht Liebe im eigentlichen Sinne des Wortes. Das ist alles physisch, weltlich, veränderlich und vergänglich. Das macht euch Vergnügen, weltliches, sinnliches und materielles. Es ist nichts als Vergnügen.

Heute mag euch eine Sache glücklich machen, morgen ist das nicht mehr der Fall. Im Winter tragt ihr gern einen Wollmantel, aber im Sommer durchaus nicht. Zeit, Stellung, Ort und wechselnde Gemütsverfassung binden Glück an sich. Diese Art von Glück gewinnt man aus Anhaftung *(abhimāna). Dasharatha*, der König von *Ayodhyā* im *Ramayana*, starb wegen seiner Bindung an *Rāma*, da er die Trennung von ihm nicht ertragen konnte. Es ist wiederum die Bindung von *Kaikeyī*, die zu dem Versuch führte, *Bharata* zu krönen und *Rāma* ins Exil zu schicken.

Der Gegensatz zwischen *Rāma* und *Dasharatha* lässt sich leicht feststellen. Der Vater, *Dasharatha,* wurde von *Rāma* getrennt, weil er *Kaikeyī* gegenüber sein Versprechen einlösen musste. Aber sein Sohn *Rāma* überließ seine Gefährtin *Sītā* ihrem Schicksal in der Wildnis, als ein Wäscher sie verleumdete, da sie acht lange Monate auf *Lankā* im Gewahrsam von *Rāvana* verbracht hatte. Welch erstaunliche Nicht-Anhaftung! Auch an das Königtum war er nicht gebunden. Also gehorchte er einfach dem Befehl seines Vaters und ging in die Wildnis.

Im *Mahabharata* wird berichtet, wie der König *Dhritarāshtra* wegen seiner Bindung an seine Söhne deren Schandtaten gegenüber ihren Vettern, den *Pāndavas*, nicht tadelte, was schließlich zum Tode all seiner Nachkommen führte, nicht wahr?

Erinnert ihr euch nicht daran, dass *Yashodā* die Göttlichkeit *Krishnas* nicht ganz verstehen konnte, weil sie in ihm nur ihren Sohn und niemals Gott sah? Das lag nur an ihrer Bindung. Wäre Buddha an seine Frau Yasodhara und seinen Sohn Rahul gebunden gewesen, hätte er sie dann verlassen können? Nachdem *Krishna* den Ort Vrepalle, wo er seine Kindheit verbracht hatte, verlassen hatte, betrat er ihn nie wieder. Er war nicht an den Ort gebunden. Aber seine Verbindung zu den Hirtenmädchen bestand weiter, weil es sich um eine Liebesbeziehung handelte, die göttlich war. Die Liebe der *Pāndavas* verringerte sich nicht und schwand nicht, obwohl sie furchtbares Leid durchgemacht hatten.

Liebe verändert sich nicht. Liebe ist beständig und unerschütterlich. Liebe ist nicht-dual. Liebe wird durch Lob nicht übermütig, noch vergeht sie durch Tadel. Liebe ist selbstlos und bedingungslos. Liebe ist spirituell und im Wesentlichen göttlich. Es war die Liebe, die Jesus für die Menschheit empfand, die ihn am Kreuz für jene beten ließ, die ihn verfolgt hatten. Ist das nicht ein Höhepunkt der Liebe?

Bindung beschränkt sich auf Bekommen und Vergessen, während Liebe nur gibt und vergibt. Liebe ist Gott. Gott ist Liebe. Lebt in Liebe. Bindung ist Versklavung und führt ins Unglück. Bindung ist eng und höchst selbstsüchtig.

Ein Kind ist voller Liebe und Seligkeit. Wenn es heranwächst, beginnt es sein Spielzeug zu lieben, später liebt es zu spielen, und langsam beginnt es, seine Freunde zu lieben. Als junger Mensch liebt man einen Lebenspartner, dann seine Familie und allmählich entwickelt man Liebe zu Besitz, Position und Vermögen. So erlaubt man, dass Liebe in unterschiedliche Richtungen fließt, verunreinigt wird und schließlich zu einer Bindung verkümmert.

Eure Liebe zu Gott ist Hingabe und hilft euch, Tugenden wie Demut und Gehorsam zu entwickeln und euer Leben glückselig zu machen. Sie hilft euch, Befreiung *(mukti)* zu erreichen. Was heute benötigt wird, ist die Ausdehnung von Liebe.

Am Anfang liebt ihr eure Familie, weitet dann eure Liebe auf eure Verwandten aus, dann langsam auf die Gesellschaft und euer Land als Ganzes und schließlich auf das ganze Universum. Ihr könnt Gott nur durch Liebe erkennen und verwirklichen, da Gott die Verkörperung von Liebe ist. Ihr findet vielleicht Menschen, denen das eine oder andere fehlt. Aber ihr findet niemanden, der keine Liebe hat. Ihr müsst die Liebe kanalisieren. Liebe ist die natürliche Eigenschaft, die Gott den Menschen geschenkt hat.

Frage 127: Swami! Was ist die Bedeutung von „*Brahman*" und „*bhrama*"?

Bhagavān: Wenn man Einheit in der Vielfalt erkennt und erfährt, ist es Göttlichkeit, *Brahman.* Aber wird eines als viele angesehen, so ist das Täuschung, *bhrama.* Was durch Name und Form eingegrenzt ist, ist *bhrama. Brahman* transzendiert Zeit und Raum und ist ewig und rein. Ihr kennt viele Süßigkeiten wie z.B. Gulabjāmu, Laddu, Jilebi, Bāsundi usw. Diese Süßigkeiten haben ihre Namen und Formen. Das ist *bhrama.* Aber sie sind aus Zucker gemacht, der ein und derselbe ist. Das ist *Brahman.*

Noch ein Beispiel: Tuch besteht aus Fäden, die eng miteinander verwoben sind. Das ist *bhrama.* Obwohl die Fäden sich offensichtlich vom Tuch unterscheiden, sind sie schließlich doch aus derselben Baumwolle hergestellt. Diese Perspektive ist *Brahman.* Also ist *bhrama* Illusion, Multiplizität, Pluralität, Vielfalt und hat unterschiedliche Namen und Formen, während *Brahman* die Einheit des Göttlichen ist, das fundamentale ursprüngliche Prinzip.

Frage 128: Swami! Man sagt, Gott habe keine Form. Aber wir sehen *Devotees,* die Götterbilder in Tempeln anbeten. Das Konzept eines *Avatars,* einer Inkarnation Gottes, ist in unserem Land der „ewigen Ordnung" *(sanātana dharma)* von besonderer Bedeutung. Aber die Gottsucher auf anderen Pfaden behaupten, Gott habe keine Form. Wir bitten Dich, dies zu erklären.

Bhagavān: Wenn ihr einen Arzt aufsucht, werdet ihr an eure körperlichen Beschwerden denken. Wenn ihr einen Rechtsanwalt trefft, denkt ihr an Prozesse und Rechtsfälle, nicht wahr? Ebenso erinnert ihr euch an Gott, wenn ihr einen Tempelturm *(gopura)* seht. Liebe mag, das sage ich oft, keine Form haben, aber eine liebevolle Mutter hat sie. Wasser hat vielleicht keine Form, aber das Wasserglas hat eine. Luft hat vielleicht keine Form, aber der Ballon, in den sie gepumpt wird, hat eine. Auf dieselbe Weise hat das formlose Göttliche eine oder mehrere Formen. Das Formlose drückt sich durch eine Form aus.

Ein einfaches Beispiel: Denkt an die Leinwand in einem Filmtheater. Bilder werden auf die Leinwand projiziert. In jedem Bild ist ein Teil der Projektionsfläche. Ohne diese würde man keine Bilder sehen können. Die Bilder kommen und gehen. Nicht ein einziges bleibt. In spiritueller Terminologie könnte man diese Leinwand als *„sat“* und „asat“ bezeichnen oder „satasat“. *„Sat“* ist Sein, „asat“ ist Nichtsein. Ebenso existieren diese zwei *„sākāra“*, die Form und *„nirākāra“*, das Formlose, zusammen.

Frage 129: Swami! Man hört überall von Handys und Fernbedienungen. Alle Notwendigkeiten unserer Existenz in der Welt scheinen von elektronischen Geräten und Computern bestimmt zu sein. Sie ziehen die Aufmerksamkeit aller auf sich. Wie soll Spiritualität hier einen Platz finden? Ist überhaupt Zeit dafür da? Als ob das nicht ausreichen würde, hört man auch von Atomtests. Wie sollen wir diese verschiedenen Aspekte koordinieren und integrieren? Bitte gib uns einen Hinweis.

Bhagavān: Menschen sind wertvoller als aller Reichtum der Welt. Wird man als menschliches Wesen geboren, sollte man nach Befreiung *(moksha)* streben.

Naturwissenschaft und Technologie können euch viele Bequemlichkeiten und Annehmlichkeiten bieten. Frieden und Glückseligkeit können sie euch allerdings nicht schenken. Was ist Wissenschaft? Was ist Spiritualität? Was ist der Unterschied zwischen den beiden? Wissenschaft findet unterhalb der Sinne statt, Spiritualität erhebt sich darüber. Spiritualität spricht von „das“ (tat), und Wissenschaft spricht von „du“ (tvam), damit ihr die Bedeutung des Satzes „Du bist das“ (tat tvam asi) versteht. Dies ist Natur, Welt *(prakriti)*, das ist Gott *(purusha)*.

Spiritualität ist wie der Buchstabe „O“, der rund und vollständig ist, während Wissenschaft wie der Buchstabe „C“ ist, der unvollständig ist, innen einen Hohlraum hat, an einem Punkt beginnt und an einem anderen endet. Spiritualität beginnt da, wo Wissenschaft am Ende ist, und sie bringt euch von der Welt zu Gott. Spiritualität lässt euch in dieser Welt Göttliches erkennen und erfahren. Auf diese Weise lassen sich Wissenschaft und Spiritualität integrieren. Spiritualität ist das unsichtbare Prinzip hinter den sichtbaren elektronischen oder wissenschaftlichen Geräten und Apparaturen.

Frage 130: Swami! Stehen Naturwissenschaft und Spiritualität im Widerspruch zueinander? Wir sind sehr interessiert daran, Swamis Ansichten dazu zu hören.

Bhagavān: Die Wissenschaft operiert auf Ebenen unterhalb der sinnlichen Wahrnehmung, während Spiritualität sich über die Sinne erhebt. Die Wissenschaft spricht von „dies“ (tvam), der Welt, während die Spiritualität sich mit „das“ (tat) beschäftigt, mit dem Göttlichen. Die Wissenschaft bezieht sich auf das Naheliegende, während die Spiritualität sich mit jenseitigen Dingen beschäftigt. Wissenschaft setzt sich mit der Materie auseinander und Spiritualität mit der höchsten Wirklichkeit. Die Wissenschaft beschäftigt sich mit träger Materie und Spiritualität mit Bewusstsein. Spiritualität setzt sich das Erkennen des Trägers der Welt *(ādhāra)* zum Ziel, und die Wissenschaft experimentiert mit der Struktur *(ādheya)*.

Wissenschaft ist ein „Splitter der Liebe“, während Spiritualität der „Geist der Liebe“ ist (im Engl. Wortspiel: „split of love“ – „spirit of love“; Anm. d. Ü.). Die Naturwissenschaft befasst sich mit der äußeren Welt *(pravrittimārga)*, die Spiritualität mit der inneren *(nivrittimārga)*. Die Wissenschaft visualisiert das Sichtbare, während die Spiritualität in das Unsichtbare eintaucht. Ihr könnt Wissenschaftliches mit dem physischen Auge aufnehmen, aber um Spirituelles zu verstehen, benötigt ihr das Auge der Weisheit. Wissenschaft ist eine Ansammlung von Tatsachen, die ihr euch in den Kopf stopft, Spiritualität ist metaphysisch und berührt euer Herz. Wissenschaft ist unvollständig wie der Buchstabe „C“, der an einem Punkt beginnt und an einem anderen endet. Spiritualität ist voll und rund wie der Buchstabe „O“.

Die Wissenschaft produziert Geräte. Die Spiritualität lehrt euch deren Gebrauch. Zum Beispiel kann ein Messer, mit dem man Gemüse, Früchte usw. schneiden kann, auch eine Kehle durchschneiden. Wissenschaft zeigt das, was ihr seht, wie ein Foto oder ein Bild. Aber Spiritualität ist eine Röntgenaufnahme. Wissenschaft ist „negativ“, während Spiritualität „positiv“ ist. Schöpfung ist „negativ“, während der Schöpfer „positiv“ ist. Füllt euer Herz mit positiver Spiritualität, wie ihr den Tank mit Wasser füllt. Die Sinne sind die Wasserhähne, durch die das Wasser der Liebe läuft. Wissenschaft stellt Fakten auf, aber Spiritualität symbolisiert unveränderliche Wahrheit *(rita)*.

Frage 131: Swami! Wir erfahren Liebe in unserem weltlichen Leben. Wie unterscheidet sie sich von spiritueller Liebe?

Bhagavān: Ein „Liebessplitter" ist weltlich, aber der Geist der Liebe ist spirituell (im Engl. Wortspiel: „split of love" – „spirit of love"; Anm. d. Ü.). Liebe, die man mit seinen Verwandten teilt, ist ein „Liebessplitter". Das ist weltliche Liebe. Das ursprüngliche Prinzip, das das ganze Universum beherrscht, ist spirituelle Liebe. Das ist der Geist der Liebe. Spirituelle Liebe ist universal.

Frage 132: Swami! Heutzutage spricht jedermann von der Freiheit des Willens. Haben wir wirklich einen freien Willen?

Bhagavān: Der Mensch hat keinen freien Willen. Nur Gott hat einen freien Willen. Wie könnt ihr beanspruchen, einen freien Willen zu haben, wenn ihr doch Sklave eurer Sinne seid! Woher bekommt ihr euren freien Willen? Gott allein ist frei, und deshalb hat er allein einen freien Willen, und deshalb ist dieser freie Wille ein absolut göttliches Attribut. Wie ist das zu verstehen? Hier ist ein kleines Beispiel: Wenn jemand einen Schlaganfall hatte, kann er den gelähmten Teil seines Körpers nicht bewegen. Also! Soll er es doch im Namen des freien Willens versuchen! Da ist also kein freier Wille an sich, und es ist lächerlich, so zu denken. Dieser Anspruch ist sinnlos.

Swami! In der modernen Gesellschaft ist ein großer Teil des Wissens nur Halbwissen und Teilwissen. Wir haben von nichts eine klare Vorstellung. Wir möchten den Unterschied zwischen freiem Willen und göttlichem Willen wissen.

Bhagavān: Egobewusstsein und Unwissen lassen Zweifel dieser Art aufkommen. Weil ihr euch mit dem Körper identifiziert, seid ihr nicht imstande, Realität zu erkennen. In der Tat seid ihr Sklaven eurer Sinne. Ihr seid also nicht frei. Wie könnt ihr dann einen freien Willen haben? Gott ist der Herr aller Dinge. Er steht über allem. Er ist an nichts und niemanden gebunden oder dadurch eingeschränkt. Er ist absolut frei. Also ist es nur Gott, der einen freien oder göttlichen Willen hat.

Heutzutage denkt jeder, er habe einen freien Willen, der ihn befähige, alles zu tun, was er möchte, und alles im Namen des freien Willens zu entscheiden. Das kann heute dies und morgen etwas ganz anderes sein, aber göttlicher Wille ändert sich niemals. Während ihr euren freien Willen gebraucht, erlebt ihr vielleicht Erfolg oder Misserfolg, gewinnt oder verliert. Wenn ihr Erfolg habt, werdet ihr stolz und egoistisch. Wenn ihr Misserfolg habt, werdet ihr frustriert oder enttäuscht sein. Aber göttlicher Wille ist ein transzendentales Phänomen. Was ihr tun solltet, ist ganz einfach, euch dem göttlichen Willen unterzuordnen. Das heißt Bereitschaft oder Bereitwilligkeit, zufrieden alles zu akzeptieren, was immer in eurem Leben geschieht, Gutes oder Schlechtes, mit dem Gefühl, dass es allein zu eurem Besten dient. Ihr müsst es als Gottes Geschenk an euch annehmen. Das ist wahre Weisheit *(jnāna)* und Hingabe *(bhakti)*. Tatsächlich wisst ihr nicht, was gut für euch ist. Gott kennt das Wann, das Warum, das Was und das Wie aller Dinge, aller Menschen. Alles geschieht gemäß göttlichem Willen. Wenn ihr das wisst und aufrichtig daran glaubt, werdet ihr nie mehr begeistert, egoistisch, stolz, frustriert, deprimiert und enttäuscht sein, wenn ihr euch einmal wirklich dem Willen Gottes hingegeben habt.

Der göttliche Wille ist in der Verkleidung des Gewissens anwesend und erinnert euch an eure Verantwortung. Es ist die innere Stimme. Aber ihr vernachlässigt sie und beachtet ihre Bitte und Botschaft nicht, und deshalb leidet ihr. Wenn ihr den Geist nach innen richtet, euren Intellekt auf das fundamentale Prinzip einstellt und eure Sinne einer strengen Kontrolle unterwerft, könnt ihr klar eure innere Stimme, die Stimme Gottes, hören. Göttlicher Wille ist der Gesamtplan Gottes.

Frage 133: Swami! Erkläre uns bitte den Unterschied zwischen Verehrung und Hingabe.

Bhagavān: Verehrung ist dual. Da ist jemand, der Gott verehrt. Daher ist Verehrung der Weg des Dualismus. Der Begriff „*Devotee*“ macht keinen Sinn, wenn es keinen Gott gibt. Also ist Gott auch mit einem *Devotee* verbunden. Verehrung verbindet sie. Aber Hingabe ist nicht-dual. Auf dem Weg des Nicht-Dualismus findet man die Hingabe. Wer sich Gott hingibt, hat keine eigene Existenz mehr. Man hat nichts Eigenes mehr.

Nehmt z.B. Wasser und Zucker. Diese zwei unterscheiden sich voneinander hinsichtlich ihrer Bezeichnung, ihrer Form und ihres Geschmacks. Dies ist das Prinzip des Dualismus, da Zucker und Wasser voneinander getrennt existieren. Nun wollen wir beide vermischen, und was ist dann das Ergebnis? Es ist weder Zucker noch Wasser. Es entsteht Sirup. Also wird sich der *Devotee*, der sich ganz Gott hingibt, nicht mehr als eigenständige Wesenheit getrennt von Gott ansehen. Das ist wahre Hingabe und der Geist des Non-Dualismus.

Frage 134: Swami! Wenn wir Glaube und Liebe betrachten, was geht dem anderen voraus? Stimmt es, dass wir nur dann lieben, wenn wir glauben, oder ist es genau umgekehrt? Erkläre es uns bitte.

Bhagavān: Wir sollten definitiv zuerst glauben, um lieben zu können. Zweifelt nicht daran. Bevor ihr nicht fest daran glaubt, dass Soundso euer Vater, Mutter, Sohn, Frau oder Ehemann ist, werdet ihr ihn nicht lieben können. Wenn ihr kein Vertrauen habt und euch eurer Lieben nicht sicher seid, wir könnt ihr sie dann lieben? Ist es möglich, den zu lieben, an dem ihr zweifelt? Also kommt der Glaube zuerst und dann die Liebe.

Frage 135: Swami! Viele Leute berichten uns, dass sie erst glauben können, nachdem sie eine Gotteserfahrung hatten, dass sie erst nach ihrer Erfahrung den Glauben entwickelt haben. Andere aber vermuten, dass nur ein starker Glaube zu dieser Erfahrung führt. Also was kommt zuerst? Bitte sage uns das, Swami.

Bhagavān: Der Glaube, der zuerst da ist, schenkt euch die Erfahrung. Ihr müsst unerschütterliches Vertrauen haben, um zu erfahren. Der Glaube ist das Fundament. Ihr solltet zum Beispiel ins Wasser springen, um zu schwimmen. Ihr könnt nicht sagen, dass ihr erst dann ins Wasser springen werdet, wenn ihr schwimmen könnt. Ihr könnt es nicht auf Asphalt- oder Zementstraßen lernen. Ihr könnt es nur im Wasser lernen. Hier wird also Wasser mit dem Glauben verglichen, und die Kunst zu schwimmen, ist die Erfahrung. Also geht der Glaube der Erfahrung voraus.

Frage 136: Swami! Ist es in Ordnung zu sagen: „Ich bin in Gott“? Oder sollte ich sagen, dass „Gott in mir“ ist? Welche der beiden Formulierungen ist angemessen?

Bhagavān: Unsere Schriften sagen: „Gott durchdringt alles.“ „All dies ist umhüllt von Gott“, so steht es in den heiligen Texten. Sie machen es sehr deutlich, dass der gesamt Kosmos in ihm ist.

Es ist richtig zu sagen, dass du in Gott bist. Es ist nicht richtig zu sagen, dass Gott in dir ist. Natürlich bist du in ihm, wenn das ganze Universum in ihm ist. Du fragst, wie das sein kann? Hier ist ein kleines Beispiel: Du hast eine Rosenblüte in der Hand. Das heißt, die Rose ist klein und du bist groß. Da Gott unendlich ist, ist die Welt in ihm. Aber wenn du die Reihenfolge umkehrst und sagst, Gott sei in dir, wirst du größer als Gott. Das ist eine unangemessene Einstellung. Du bist ein Funke des Göttlichen. Die Gita sagt: „Was in der Welt des Lebendigen zur individuellen Seele geworden ist, das fürwahr ist mein Anteil" (mamaivāmsho jīvaloke jīvabhūtah sanātana).

Frage 137: Swami! Wie ist es möglich, nicht an seine Familie gebunden zu sein und sich über die Gefühle von „mein" und „dein" zu erheben?

Bhagavān: Ein kleines Beispiel: Ein reicher Mann, der in einem großen Bungalow wohnt, hat einen Schäferhund. Dieser Hund ist stets wachsam und gestattet niemandem, das Haus zu betreten. Was muss man nun tun, um in das Haus zu gelangen? Man hat die Alternative, entweder den Hund zu zähmen, um hineinzukommen, oder den reichen Mann zu rufen, damit er einen begleitet. Andernfalls wird es der Hund nicht erlauben, dass man auch nur einen winzigen Schritt macht.

Genauso muss man, wenn man nun durch das Haupttor der Bindung gehen möchte, seinen Besitztrieb wie einen Hund zähmen. Das ist der Weg des Karma *(karmamārga)*. Andererseits kann man auch Gott um Hilfe bitten, um hineingehen zu können. Das ist der Weg der Hingabe *(bhaktimārga)*. Also sind selbstloses Handeln und Hingabe die Alternativen, um Nicht-Anhaftung zu erreichen und den Besitztrieb aufzugeben.

Frage 138: Swami! Wenn wir uns mit Philosophie beschäftigen, begegnen uns Begriffe, die uns ziemlich verwirren, z.B. „Gewissen" und „Bewusstsein". Sind das nicht Synonyme? Wenn nicht, worin unterscheiden sie sich? Wenn wir uns an Gelehrte wenden, wird die Verwirrung nur noch größer. Ich weiß in der Tat nicht, was diese zwei Begriffe „Gewissen" und „Bewusstsein" bedeuten.

Bhagavān: Diese zwei Begriffe unterscheiden sich. Es handelt sich definitiv nicht um Synonyme. Ihr solltet hier drei Begriffe unterscheiden: Unterbewusstes, Gewissen und Bewusstsein. Was unterhalb der Sinne agiert, ist das Unterbewusste. Aber das Gewissen operiert oberhalb der Sinne und Bewusstsein durchdringt alles.

Ein kleines Beispiel: Ihr seid überall von Luft umgeben. Ihr füllt einen Ballon mit Luft und er wird prall. Jetzt ist also Luft im Ballon und außerhalb davon. Wenn ihr mehr Luft hineinpumpt, platzt er, und die Folge ist, dass die Luft in seinem Inneren sich mit der Außenluft vermischt. Ihr könnt die Luft im Ballon mit dem „Unterbewussten“ gleichsetzen und die Außenluft mit „Bewusstsein“. Das Göttliche im Individuum ist das „Gewissen“, während das Göttliche in jedem, das alles durchdringend, kollektiv und universal ist, „Bewusstsein“ ist. Spiritualität bezieht sich auf viele subtile Dinge. Ihr müsst sie sehr sorgfältig studieren.

Frage 139: Swami! Fast alle von uns meinen, sie würden Bhagavān absolut vertrauen und ihn innig lieben. Aber wir stellen gleichzeitig fest, dass in unseren Worten und Taten viel Egoismus und Stolz zum Ausdruck kommen. Was ist da zu tun?

Bhagavān: Es ist für einen egoistischen Menschen unmöglich, Gott zu erkennen und zu erfahren. Das ist ganz sicher. So wie das Wasser immer nach unten fließt, so muss ein stolzer Mensch fallen. Ihr könnt vielleicht sagen, dass ihr Gott liebt. Aber Gott muss eure Liebe auch anerkennen. Nicht wahr? Erwartet ihr nicht eine Bestätigung, wenn ihr einen Einschreibebrief an euren Freund schreibt? Ebenso sollte Gott durch eure Hingabe an ihn berührt und bewegt sein, um eure Liebe zu erwidern. Das wird nicht passieren, solange noch Ego in euch ist. Eines Tages bemerkten *Krishna* und *Arjuna* einen Brahmanen, der ein Schwert in den Händen hielt und einen trockenen Grashalm aß. Es überraschte sie sehr, einen so seltsamen Brahmanen zu sehen. Langsam näherten sie sich ihm und fragten ihn freundlich, warum er als Brahmane ein Schwert bei sich habe. Der Brahmane sagte: „Ich suche vier Personen, die ich töten möchte.“ *Krishna* fragte: „Wer sind diese?“ Der Brahmane antwortete: „Der erste, den ich töten möchte, ist *Nārada*, der himmlische Sänger. Er singt ständig und überall, wo er sich aufhält, Loblieder auf *Nārāyana* und stiehlt so meinem Gott die Ruhe. Ich muss ihn also töten.

Die zweite Person, die ich töten werde, ist jener Junge *Prahlāda*. Sein Vater setzte ihn vielen Leiden aus. Mein Herr musste jedes Mal zu ihm eilen, um ihn zu retten. Als *Prahlāda* Gift gegeben wurde, musste mein Herr im Gift sein, um ihn zu retten. Als er vom Gipfel des Berges hinuntergeworfen wurde, musste mein Gott die Hände ausstrecken, um ihn zu retten. Als er ins Meer geworfen wurde, musste mein Herr ihn retten. Als er ins Feuer geworfen wurde, musste mein Herr auch im Feuer sein, um ihn zu retten. Er wurde von den Füßen eines Elefanten fast zertrampelt, und *Nārāyana* musste zu seinem Schutz da sein. Jedesmal, wenn er zu Gott betete, empfand dieser Mitgefühl für ihn und erhörte sein Gebet. *Prahlāda* brachte es irgendwie fertig, dass mein Gott ständig darauf wartete, ihn zu retten, so dass ihn zu keiner Zeit ein Unglück treffen könnte. Deshalb plane ich seinen Tod.

Die dritte Person auf meiner Liste ist *Draupadī*. Sie betete zu *Krishna,* der Zuflucht der Verlorenen, als sie öffentlich am Hofe *Duhshāsanas* entkleidet wurde. *Krishna,* mein Gott, musste ihr zu Hilfe eilen, um sie aus einer sehr demütigenden Situation zu retten, und er ließ alle seine Begleiter zurück, ohne irgendetwas zu sagen. Und schließlich möchte ich *Arjuna* töten. Er machte meinen Herrn zu seinem Wagenlenker während des *Kurukshetra*-Kriegs, was viel Mühe für ihn bedeutete."

Arjuna, der neben *Krishna* stand, hörte das ganze Gespräch. Er senkte sein Haupt, da er die Hingabe des Brahmanen zu Gott zutiefst wahrnahm, eine Art von Hingabe, die größer war als seine eigene.

Frage 140: Swami! Wie kann man einen Gedanken von Intuition unterscheiden?

Bhagavān: Ein Gedanke ist das Produkt des Verstands und deshalb ist er dualistisch, während Intuition das nicht ist. Ein Gedanke mag sich, wenn es euch passt, einstellen. Aber Intuition ist jenseits von Verstand und Intellekt; es ist ein direktes Erkennen der Wahrheit und steht daher für die eigene Überzeugung. Intuition ist also die höchste Unterscheidungskraft, die transzendental ist.

Ein Gedanke kann richtig oder falsch sein, aber die Stimme der Intuition ist nichts als die Wahrheit. Gedanken sind meist sinnlicher und weltlicher Natur. Aber Intuition ist die innere Stimme oder die Stimme des Gewissens, sie ist göttlich. Manchmal bringt einen die Intelligenz in eine Situation, in der man anfängt, sogar die eigene Frau zu verdächtigen. Manchmal verliert man sogar den Verstand. Aber das Gewissen oder die Intuition wecken die innere Bewusstheit.

Frage 141: Swami! Wir werden im Leben durch gesellschaftliche, ethische, wissenschaftliche, ökonomische und politische Faktoren beeinflusst. Ich möchte dir eine Frage stellen. Bitte verzeih, wenn ich es falsch sehe. Man spricht überall über Gleichheit und Gleichmut. Wie kann man sie erreichen? Einige Gruppen in der Gesellschaft behaupten, sie würden sich für diese Ideale einsetzen. Wie können wir sie verwirklichen?

Bhagavān: Nichts ist daran falsch, wenn man ein Wahrheitssucher ist, Du verstehst sicherlich, dass die zwei Begriffe, die du erwähntest,

Gleichheit (samānatva) und Gleichmut (samatva), keine Synonyme sind. Sie haben unterschiedliche Bedeutungen.

Gleichmut muss auf der individuellen Ebene erreicht werden, während sich Gleichheit auf die Gesellschaft bezieht. Es ist unmöglich, überall und zu jeder Zeit die innere Ruhe (samatva) zu erfahren und herzustellen. Euer Körper kommt dieser Vorstellung nicht nach ... er hat Höhe- und Tiefpunkte. Während Nase und Bauch sich nach außen wölben, beugt sich der Nacken nach unten. Kann man euch mit einem Pfeiler vergleichen? Nehmen wir die Erde. Ist sie eben? Nein. Es gibt Höhen und Tiefen mit Bergen, Tälern, Hügeln, Meeren usw., nicht wahr? Habt ihr alle die gleiche Größe, das gleiche Gewicht und die gleiche Hautfarbe? Sind eure Ideen gleich, eure Bestrebungen und euer Ehrgeiz? Nein. Wo ist dann Gleichheit?

Ein kleines Beispiel: Jemand hat sieben Morgen Land. Ein anderer hat fünf Morgen. Wenn man nun das Land in gleiche Hälften teilt, verliert der eine einen Morgen und ist natürlich betrübt, während der andere einen Morgen hinzubekommt und glücklich ist. Die Gefühle der beiden sind nicht die gleichen. Wo ist dann Gleichheit?

Hier ist eine kurze Geschichte, die das veranschaulichen will. Ein König verkleidete sich, wanderte durch sein Königreich und sah die Leiden und Schwierigkeiten vieler Bürger seines Volkes. Er beschloss, ihre Leiden zu lindern. Er ging in die Wildnis und betete zu Gott. Gott erschien in Person vor ihm und gewährte ihm eine Lebensspanne von hundert Jahren, um seinen Traum von der Gleichheit und vom Glück aller in seinem Königreich zu verwirklichen. Als die Königin das hörte, machte sie sich auch auf und betete zu Gott: „O Gott! Mögen die Menschen auch eine Lebenszeit von hundert Jahren von Dir gewährt bekommen! Was nützt es, wenn nur der König hundert Jahre lebt.“ Gott gewährte also jedem der Bürger auch eine Lebenszeit von hundert Jahren. Dann gab es ein paar Ältere, die Buße taten und Gott erfreuten, so dass er ihre Gebete erhörte und der Königin Rajyalakshmī hundert Jahre gewährte. Nach einiger Zeit kehrte der König in sein Reich zurück, und es gelang ihm nur mühsam, seinen Palast wieder zu finden, weil Gott alle gleich gemacht hatte und er daher überall Paläste sah.

Der König fragte die Königin: „Warum sind die Straßen schmutzig?“ Sie sagte: „Wir haben keine Straßenkehrer mehr, da alle gleich sind.“ Dann bat der König die Königin, Wasser für sein Bad bereit zu stellen.

Die Königin sagte: „O König! Wir haben keine Diener, da jetzt alle gleich sind.“ Der König erkannte seinen Fehler, da er sah, dass die ganze gesellschaftliche Ordnung empfindlich gestört war. Sofort betete er zu Gott und bat ihn um Wiederherstellung der alten Ordnung.

So funktioniert die sogenannte Gleichheit. Aber bei „Gleichmut“ verhält es sich ganz anders. Jeder muss ihn erreichen. Es ist jene Geistesverfassung, die durch Püffe und Stöße im Leben nicht getrübt wird, der Niederlagen und Misserfolge nichts ausmachen. Einen Geisteszustand, der in Zeiten von Glück und Unglück derselbe bleibt, bezeichnet man als Gleichmut. Man sollte weder durch Lob eitel noch durch Tadel deprimiert werden, sondern zu allen Zeiten die innere Ruhe bewahren. In spiritueller Hinsicht kann man sagen, dass derselbe Gott in jedem Einzelnen ist (eko vasī sarvabhūtāntarātman). Durst und Hunger empfinden alle gleichermaßen, Wünsche unterscheiden sich, Meinungen gehen auseinander. Wie ihr wisst, lässt sich über Geschmack nicht streiten. Gleichheit ist unmöglich, aber Gleichmut ist wünschenswert, und man muss sich darum bemühen.

Frage 142: Swami! Bitte entschuldige diese Frage. Man spricht von „Gott“ und „Halbgott“. Ist das das gleiche? Bitte erkläre uns das.

Bhagavān: Ich sage oft: „Ihr seid Gott.“ In alten Zeiten war unsere Bevölkerungszahl viel geringer, ungefähr 30 Millionen. Also sagte man, dass es 30 Millionen Halbgötter *(devatā)* gäbe. Ihr wisst, dass der menschliche Körper der Tempel Gottes ist. Aber das sollte von euch erfahren werden. Weltliches oder säkulares Wissen wird euch diese Erkenntnis nicht vermitteln. Im Reich des Geistes *(mind)* sucht ihr es vergeblich unter guten Erkenntnissen *(sujnāna)*. Aber es wird erfahren, wenn man das Selbst erkennt *(ātmajnāna)*. Wenn Gott Ministerpräsident ist, sind die Halbgötter Staatsminister, die den jeweiligen Ressorts wie Finanzen, Bildung, Innenpolitik usw. vorstehen.

In früherer Zeit betrachtete man die fünf Elemente als Halbgötter wie z.B. den Feuergott (agnideva), den Luftgott (vāyudeva), die Mutter Erde (bhūmātā), den Regengott (varunadeva), die Göttin des Reichtums (Lakshmī), die Göttin des Wissens (Sarasvatī), die Göttin der Energie (Durgā) usw. Wenn ihr einen Brief an den Ministerpräsidenten schreibt, wird er ihn erreichen; das tun auch eure Gebete zu Gott. Aber wenn ihr die Minister separat anschreibt, gehen natürlich die Schreiben an sie. Unsere Zeremonien und Rituale besänftigen die Halbgötter.

Während des gemeinschaftlichen Singens *(nāmasamkīrtana)* können alle singen und verschiedene Namen, Eigenschaften und Merkmale Gottes nennen. In der Meditation jedoch müsst ihr euch auf einen Namen und eine Form eurer Wahl konzentrieren.

Teil III

Spirituelle Praxis (sādhana)

Die innere Tür

Frage 143: Swami! Gute Gesellschaft ist für jedermann wichtig. Hat sie wirklich eine solch große Bedeutung, wie behauptet wird?

Bhagavān: Zweifellos ist gute Gesellschaft für jeden von euch sehr wichtig. Ihr solltet in der Tat gute Gesellschaft suchen. Schlechte Gesellschaft solltet ihr meiden. Die Gruppe, der ihr euch anschließt, bestimmt euer Leben. Deshalb heißt es: „Sage mir, mit wem du gehst, und ich sage dir, wer du bist." Staub wird durch Wind aufgewirbelt und sinkt im Wasser nach unten. Ein weiteres Beispiel: Werden zehn Tassen Milch mit einer Tasse Wasser vermischt, steigt der Wert des Wassers. Aber wenn zehn Tassen Wasser mit einer Tasse Milch vermischt werden, sinkt die Qualität der Milch. Das erklärt doch deutlich, was es ausmacht, in welcher Gesellschaft man sich befindet.

Im *Mahabharata* wird *Karna* erwähnt. Obwohl dieser sich im Bogenschießen, durch seine Intelligenz und körperliche Stärke hervortat, wurde er – wegen seiner schlechten Gesellschaft – als einer der vier Bösen bekannt. *Karna* verlor seinen guten Namen, weil er sich in schlechter Gesellschaft befand.

Frage 144: Swami! Welchen Rat kannst du Arbeitnehmern geben, die sich um ihr Auskommen mühen und Swami folgen möchten?

Bhagavān: Ich habe euch sehr häufig geraten, der Gesellschaft mit eurer Hände Arbeit zu dienen, doch mit dem Herzen in der Einsamkeit des Waldes zu weilen. Ihr arbeitet gut mit beiden Händen. Setzt euch aufrichtig für eure Sache ein und dient aus ganzem Herzen. Gleichzeitig verliert Gott, euer Ziel, nicht aus den Augen. Er sollte immer in eurem Herzen zu Hause sein.

Stellt euch eine Mutter vor. Sie hat sehr viel im Haushalt zu tun, aber ihr Kind vergisst sie niemals. Sie weiß, wann ihr Kind hungrig ist und gefüttert werden muss.

Bestimmt habt ihr das Tanzprogramm in unserem Auditorium gesehen. Die Tänzerin hat zwei oder drei Töpfe aufeinander gestapelt auf dem Kopf und bewegt Kopf und Glieder im Rhythmus der Trommel. Zur Überraschung der Zuschauer bleiben die Töpfe exakt an ihrem Platze auf dem Kopf. Wie ist das möglich? Die Antwort ist leicht. Während sie tanzt, konzentriert sie sich ständig auf die Töpfe auf ihrem Kopf, so dass sie nie die Balance verliert. Ebenso mögt ihr im Leben vielerlei Dinge tun. Doch solltet ihr Gott nie vergessen und euer einziges Ziel darin sehen, euch mit ihm zu vereinigen. Richtet den Blick immer auf ihn.

Frage 145: Swami! Auf einzigartige Weise erklärst Du uns sowohl die spirituellen als auch die materiellen Aspekte unseres Lebens. Du allein vermagst das auf dieser Welt zu tun. Es ist notwendig, dass wir Kontakt mit Menschen haben, der sogar manchmal sehr eng sein mag. Wir brauchen diese Interaktion in unserem täglichen Leben. Wie sollen wir miteinander reden, und worüber ist es gut zu reden? Erläutere uns das bitte, Swami.

Bhagavān: Ihr glaubt, weltliches und spirituelles Leben seien voneinander getrennt. Das ist nicht der Fall. Spiritualität ist Bewusstheit. Sie ist vollständiges Wissen und nicht bruchstückhafte Information. Ihr solltet immer sanft und liebenswürdig reden. Ihr könnt jedermann mit euren lieben Worten eine Freude machen. Wenn eine Krähe auf der Mauer sitzt und „krah, krah" macht, jagt ihr sie weg, aber wenn ihr einen Kuckuck rufen hört, ahmt ihr seinen süßen Ruf nach. Beides sind Vögel, aber wo ist der Unterschied? Es ist nur der Klang, nicht wahr? So macht auch bei euch der Ton die Musik. Die Krähe hat euch nicht im mindesten etwas zuleide getan noch hat der Kuckuck euch irgendwie geholfen. Es ist nur der Ton, der euch gefällt oder missfällt. Ihr solltet die Wahrheit sagen, und ihr solltet das auf liebenswürdige Weise tun. Ihr könnt nicht allen einen Gefallen tun, aber ihr könnt so reden, dass es allen gefällt, nicht wahr? Eure Worte sollten niemals jemanden verletzen oder ihm schaden.

Eines Tages ging ein Jäger im Walde auf Hirschjagd. Ein Weiser, der dort saß, sah den Hirsch vor dem Jäger davonlaufen. Der Jäger sah den

Weisen und fragte ihn, ob er einen Hirsch gesehen habe. Da antwortete der Weise: „Das Auge, das den Hirsch vorbeilaufen sah, kann nicht sprechen, und die Zunge, die spricht, kann nicht sehen. Was also könnte ich dir sagen?" So wurde nichts Falsches gesagt.

Ihr habt bestimmt von dem großen König *Harishcandra* gehört. Mit einer einzigen Lüge hätte er leicht das Königreich, das er verloren hatte, zurückgewinnen können. Weil er an der Wahrheit festhielt, kehrte sein Sohn ins Leben zurück, und seine Familie wurde wieder vereinigt. Keine einzige Lüge kam über seine Lippen. Wahrheit bedeutete ihm alles. Deshalb erinnert man sich bis auf den heutigen Tag an ihn, und das wird so bleiben, solange die Sonne, der Mond und die Galaxie bestehen. Er ist die Verkörperung der Wahrheit. Deshalb wird er *„Satya Harishcandra"* genannt.

Wenn man die Wahrheit spricht, ist die Sprache lebendig.
Eine Armee macht ein Fort lebendig.
Eine Unterschrift ist das Leben eines Schuldscheins.

Ihr solltet nicht zu viel oder übermäßig reden. Wenn das der Fall ist, wird man sagen, ihr seid ein „Schwätzer" oder habt eine „lose Zunge". Zu viel Reden führt dazu, dass ihr den Verstand verliert. Maßvolles Reden macht euch sehr glücklich, da ihr vermutlich weniger lügt, kritisiert, klatscht oder einfach daherredet.

Wer endlos redet, wird nicht geachtet. Man schadet dadurch auch dem Gedächtnis. Man verliert Energie. Wenn ihr ein Radio längere Zeit auf großer Lautstärke laufen lasst, ist der Verbrauch an Elektrizität sehr hoch, nicht wahr? So verbraucht ihr auch eure Energie durch endloses Reden.

Denkt daran, dass ihr nur in tiefer Stille die Stimme Gottes hört. Wenn euch jemand mit „hallo" begrüßt, grüßt ebenso zurück; wenn jemand „auf Wiedersehen" sagt, sagt auch „auf Wiedersehen". Das genügt. Man sollte nur reden, wenn es nötig ist und so lange es nötig ist.

Frage 146: Swami! Ist es nicht hilfreich, wenn ich jemandem seine Fehler aufzeige?

Bhagavān: Es ist ansteckend, wenn ihr an die Fehler anderer denkt. Wenn man einem schlechten Menschen begegnet und ihm Widerstand leisten will, muss man ihn an Bosheit übertreffen. Also ist es eine Sünde, auf die Fehler anderer Menschen hinzuweisen. Wenn ihr mit einem Finger auf die Schwächen anderer zeigt, zeigen drei Finger auf euch zurück. Ein Straßenköter – so sagt man doch – sucht immer nach Schuhen. Ein Schwein verbringt seine Zeit in der Gosse. Ihr würdet euch nicht von Schweinen unterscheiden, wenn ihr auf die Fehler anderer schaut. Selbst ein Affe ist besser als ein Mensch, der bei anderen Fehler sucht. Was tut ein Affe, wenn er eine Orange findet? Er entfernt die äußere Schale und isst dann die Frucht, nicht wahr? Dieses Trennen des Guten vom Bösen wird „vibhāgayoga " genannt. Ihr solltet das Böse, das Unerwünschte aufgeben.

Kyoto ist eine Stadt in Japan. Dort war eine Frau auf einer Straße unterwegs und hatte ein großes Bündel Kleider bei sich, die in ein sauberes weißes Tuch eingewickelt waren. Diese Kleider waren alle schmutzig. Jemand fragte sie: „Was ist mit den Kleidern?" Sie sagte: „Ich möchte nicht, dass ihr die schmutzigen Kleider seht. Ich möchte, dass ihr nur Schönes seht. Deshalb habe ich diese schmutzigen Kleider unter einem weißen Tuch versteckt." Wenn man bei anderen Schwächen aufdeckt, andere lächerlich macht, andere kritisiert, macht man unverzeihliche Fehler.

Frage 147: Swami! Jetzt wissen wir, dass wir hinsichtlich unseres Wissens irren. Du hast deutlich erklärt, was Bewusstheit ist, dass es vollständiges Wissen ist, nicht fragmentarisches. Wie können wir diese Bewusstheit entwickeln?

Bhagavān: Spiritualität ist eine unbedingte Voraussetzung, um Bewusstheit zu erlangen. Es gibt keinen anderen Weg dahin. Wenn ihr einen spirituellen Hintergrund habt, wird euch alles einleuchten. Ihr werdet dann vollkommen verstehen, was Bewusstheit ist. Wenn ihr euch andererseits nur Bücherwissen aneignet, oberflächliches Wissen, Allgemeinwissen, so ist das kein Wissen aus Erfahrung, das mit Bewusstheit gleichzusetzen ist. Das ist nur auf dem spirituellen Weg erreichbar.

Ein kleines Beispiel: Ihr legt einen Samen in die Erde. Er keimt und wird zu einer Pflanze. Aber erwartet ihr, dass der Same auch in einer Dose anfängt zu keimen? Das ist unmöglich. Ebenso wächst die Pflanze der Bewusstheit nur auf dem Acker der Spiritualität und nicht in einer Dose voller weltlicher Freuden. Die Bewusstheit, die so entwickelt wird, ist tatsächlich wahre Bewusstheit.

Frage 148: Swami! Jetzt ist es klar, dass diese Art von „Bewusstheit" in unseren Ausbildungsstätten nicht zu erreichen ist und dass sie so wichtig für uns ist. Du bist die Inkarnation Gottes in unserer

gegenwärtigen Welt. Warum machst Du uns nicht diese Bewusstheit zum Gnadengeschenk?

Bhagavān: Wenn Gott alles selber tut, was bleibt dann für euch zu tun übrig? Wie werdet ihr euren von Gott gegebenen Verstand und Intellekt nutzen? Erkennt ihr nicht, dass diese göttlichen Instrumente des Verstandes und Intellekts, mit denen ihr ausgestattet worden seid, eine nutzlose Verschwendung wären, wenn Gott alles für euch täte? Die Mutter kocht und trägt das Essen auf. Sie kann es nicht dem Kind zuliebe essen. Wenn das Kind verletzt wird, ist die Mutter traurig. Aber sie kann sich nicht selber statt des Kindes einen Verband anlegen!

Obwohl ihr vor einem Teller sitzt, der mit Kartoffeln, Curry und Chapati gefüllt ist, müsst ihr sie mit den Händen nehmen und essen. Wird euer Hunger gestillt, wenn ihr einfach nur die Worte „Kartoffel, Chapati" wiederholt? Hand und Mund müssen zusammenarbeiten, nicht wahr? Ebenso solltet ihr euren Geist und euren Intellekt nutzen.

Alles werdet ihr einmal wissen. Wenn ihr euch bemüht, werdet ihr Gottes Gnade erlangen. Wer sich bemüht, kann sogar ein Weiser (rishi) werden. Tut eure Pflicht und denkt gleichzeitig an den Herrn. *Krishna* sagte das Gleiche zu *Arjuna*: „*Arjuna*! Denke an mich und kämpfe!" *Hanumān* konnte die Meeresenge überqueren, indem er den Namen *Rāmas* wiederholte. Also tut eure Pflicht, und ihr könnt alles erreichen, was ihr wollt.

Swami! Spirituelle Aspiranten führen ein asketisches Leben, sie fasten *(upavāsa)*, wachen (jāgarana) und halten dies für spirituelle Übungen. Wir bitten Dich, uns die Wichtigkeit und innere Bedeutung zu erklären.

Bhagavān: Die Traditionen, Rituale und jahrhundertealten Übungen Indiens haben Sinn und Bedeutung. Aspiranten haben zweifellos Gotteserfahrungen. Aber heutzutage interessiert man sich für äußere und pompöse Rituale, ohne deren innere Bedeutung zu verstehen. Also wurden die Ziele und Absichten vergessen, die diesen Zeremonien ursprünglich zugrunde lagen. Fast alle Rituale sind in mechanischer, monotoner Routine erstarrt. Es gibt niemanden, der sie anschaulich erklären könnte. Die meisten Leute sind sich der subtilen Feinheiten nicht bewusst. Man findet also kaum jemanden, der asketische Praktiken und Rituale aufrichtig durchführte. Der Mensch braucht sich nicht zu verändern, wenn er nur seinen Geist *(mind)* ändert.

Stellen wir uns vor, ihr unternehmt eine weite Reise und habt kein Essen für unterwegs dabei. Bedeutet das, dass ihr fastet *(upavāsa)?* Hat das irgendeinen spirituellen Wert? Ein Patient nimmt kein normales Essen zu sich. Ist das Fasten? Was gewinnt ihr daraus? Gott in sich zu fühlen, das ist *upavāsa* und nicht, was das Wort tatsächlich ausdrückt: „upa“ = „nahe“, „vāsa“ = „Leben“. In anderen Worten, *upavāsa* heißt, Gott nahe zu sein. Das heißt, man sollte nach innen schauen, Gott fühlen und beständig an ihn denken. Das ist Fasten im wahrsten Sinne des Wortes. Heutzutage stellen wir fest, dass viele am Ekādashī-Tag fasten. Aber am nächsten Tag essen sie dann doppelt so viel. Die Anhänger von *Madhvācārya* beachten *Bīshma Ekādashī* als Fastentag. Sie schlucken nicht einmal den eigenen Speichel.

Im Staate Karnataka heißt es auf Kannada: „Bida bedi bittu keda bedi“. Das heißt, gebt nicht auf, sonst geht es mit euch bergab. Wenn ihr etwas aufgebt, kommt nicht wieder darauf zurück. Das ist eine schlechte Gewohnheit. Was geschieht stattdessen? Man bereitet das Mehl vor, mahlt es und macht daraus einen Teig, den man drei Tage liegen lässt. Daraus macht man wohlschmeckende Dosas, eine südindische Spezialität. So heißt es auf Kannada: „Indu adide ekādashī ondu tindu nalavattu dosa.“ Das heißt, im Namen des Ekādashī-Festes, eines Fastentags im Monat, bereitet man etwa vierzig Dosas vor. Ist das Fasten? Bestimmt nicht!

Warum solltet ihr wach bleiben (jāgarana)? Warum bemüht man sich, eine Nacht hindurch wach zu bleiben? Es bedeutet, dass ihr weltlichem Glück, sinnlichen Freuden und materiellem Komfort fernbleibt. All diese weltlichen Dinge sollten euch nicht ablenken, ihr solltet euch auf den inneren Kern, den *Atman*, konzentrieren. Ihr solltet im Hinblick auf die innere Gottheit wach bleiben, während ihr weltliche Reize ignoriert. Aber was wird im Namen von jāgarana gemacht? Man spielt die ganze Nacht hindurch Karten oder sieht sich drei Filme an, einen nach dem anderen, alles im Namen dieser spirituellen Praxis. Nachtwächter, Nachtschwestern, Bahnhofsvorsteher, die Schicht arbeiten, schlafen nachts nicht. Kommt das jāgarana gleich? Sicherlich nicht! Nur auf den Schlaf zu verzichten, ist ein äußeres Ritual. Man sollte die innere Wirklichkeit kennen, wenn man sich mit diesen Ritualen befasst. Da sie alle rein mechanisch durchgeführt werden, werden sie in den Augen anderer zur Zielscheibe des Spottes.

Frage 149: Swami! Einige empfehlen uns Gottesdienste und Andachten, andere schlagen Meditation *(dhyāna)* vor, einige meinen, wir sollten die heiligen Schriften lesen, und wieder andere versprechen uns gute Ergebnisse, wenn wir den Namen Gottes wiederholen *(japa)*. Ich bin verwirrt und weiß nicht, was ich tun und wem ich folgen soll. Bitte sage mir, welche spirituellen Übungen für mich der beste Weg sind.

Bhagavān: Du solltest dir irgendetwas aussuchen und es mit vollkommener Liebe *(prema),* Selbstlosigkeit *(nisvārtha),* Reinheit des Herzens *(cittashuddhi),* Zielgerichtetheit *(ekāgratā)* und vollkommener Hingabe *(sharanāgati)* tun, um Gott zu erkennen und zu erfahren. Du suchst dir selber den für dich geeigneten Weg aus. Alles, was dich anspricht und dir Frieden *(shānti)* und Glückseligkeit *(ānanda)* schenkt, kann getan werden. Aber mache niemals etwas nach. Orientiere dich niemals daran, was andere Leute sagen oder tun. Du folgst dem von dir gewählten Weg. Andernfalls verlierst du auch deinen eigenen Weg. Es ist menschlich, nachzuahmen. Aber schöpferisch zu sein, ist göttlich.

Ich möchte mit einem kleinen Beispiel verdeutlichen, wie man zum Verlierer wird, wenn man sich nach anderen richtet. Da war ein Obstmarkt, und es war gerade die Jahreszeit, wo es eine Menge Mangos gab. Ein Ladeninhaber stellte ein Schild auf, auf dem in Farbe die Worte standen: „Hier kann man gute Mangos kaufen." Er stellte es vor seinem Laden auf, um Käufer anzulocken. Da kam ein Fremder und sagte: „Guter Mann, was soll das? Dies ist ein Markt, wo man Früchte kaufen kann. Warum steht das Wort ‚hier' auf deinem Schild? Das sieht komisch aus und ist überflüssig. Ich rate dir, dieses ‚hier' zu entfernen." Da ließ der Ladenbesitzer den Maler kommen und bat ihn, das Wort „hier" zu löschen.

Auf dem Schild standen nun die Worte: „Gute Mango-Früchte zu verkaufen." Da kam ein anderer Mann in das Geschäft und sagte: „Hallo, Freund! Du siehst nicht gerade intelligent aus. Hast du denn gelesen, was auf deinem Schild steht? Dies ist die Mango-Zeit. Alle Geschäfte verkaufen nichts anderes als Mangos. Warum erwähnst du ausgerechnet ‚Mangos', als ob es sie nur hier gäbe? Du tätest gut daran, das Wort ‚Mango' vom Schild zu entfernen."

Der Ladeninhaber sorgte dafür, dass das Wort durch den Maler entfernt wurde. Jetzt standen also folgende Worte auf dem Brett: „Gute Früchte zu verkaufen." Da kam ein Kunde und sagte: „Was für ein Unsinn! Ist hier jemand, der ‚schlechte Früchte‘ verkauft? Das ist doch wirklich komisch, wenn du speziell ‚gute Früchte‘ erwähnst. Entferne diese zwei Worte vom Brett.“

Der Ladeninhaber ließ sich überzeugen, sie wurden entfernt, und nun standen nur noch die Worte „zu verkaufen“ auf dem Brett. Ein Freund des Ladeninhabers, der zufällig vorbeikam und auf das Brett schaute, war schockiert. Er sagte: „Was ist los? Hast du den Verstand verloren? Schau mal auf das Brett. Was soll das denn heißen, ‚zu verkaufen‘? Willst du das Brett verkaufen oder was?“ Der Besitzer ließ den Maler kommen und die letzten Worte entfernen. Jetzt stand nichts mehr auf dem Brett. Schließlich bekam er vom Maler eine Rechnung mit zwei Positionen: dem Malen der Worte und dem sukzessiven Entfernen der Worte. Was passierte also mit dem Ladenbesitzer, der auf jedermanns Worte gehört hatte? Er verlor sowohl das Brett als auch das Geld. Das wird auch euer Schicksal sein, wenn ihr das Tun anderer Menschen nachahmt.

Euer Guru empfiehlt euch speziell eine Methode. Niemals würde er wünschen, dass alle anderen diesem Muster folgten. Diese verschiedenen spirituellen Übungen werden vorgeschlagen, damit ihr auf der Grundlage eurer Fähigkeiten und Fertigkeiten, eures Verständnisses und eurer spirituellen Reife etwas daraus auswählt.

Ich gebe euch hier ein einfaches Beispiel aus dem Leben von *Shrī Rāmakrishna Paramahamsa.* Einmal überquerte ein Schüler namens Brahmananda den Fluss in einem Boot, um Besorgungen für die Bewohner des *Ashrams* zu machen. Er hörte, wie sich die anderen auf demselben Boot unterhielten. Einer sagte, dass *Rāmakrishna* viele junge Leute auf die schiefe Bahn bringe, da sie ihre Zeit verschwendeten und im Namen der Hingabe faul seien, und dass man überrascht sei, sie mit geschorenem Kopf in ockerfarbener Robe zu sehen. Brahmananda war sehr betrübt und vergoss sogar Tränen. Am Abend kehrte er in den Ashram zurück. *Rāmakrishna* fragte ihn, was er während der Überfahrt erlebt habe. Brahmananda erzählte die ganze Episode und war wegen der gegen *Rāmakrishna* und seine Schüler vorgebrachten Beschuldigungen sehr bedrückt. *Rāmakrishna* wurde zornig und rief: „Brahmananda! Wie konntest du all diese Beleidigungen anhören! Kannst du es so einfach hinnehmen, dass dein Guru dermaßen kritisiert wird? Wie reagierst du, wenn deine Eltern angegriffen werden? Wie konntest du dir das alles anhören?“

Am nächsten Tag war *Vivekananda* an der Reihe, auf den Markt zu gehen. Er bestieg also das Boot, um den Fluss zu überqueren. Wieder ließ sich der Bootsführer über das Verhalten *Rāmakrishnas* aus und tadelte ihn, weil er junge Leute zum Müßiggang anhalte. *Vivekananda* konnte seine Wut nicht beherrschen. Er stand sofort auf, packte den Bootsführer am Nacken und war drauf und dran, ihn in den Ganges zu stoßen. Anderen gelang es gerade noch, ihn zu besänftigen.

Am Abend fragte *Rāmakrishna* wie üblich im Laufe des Gesprächs mit seinen jungen Schülern *Vivekananda*, was auf dem Boot passiert sei. Er berichtete voller Stolz, wie er auf die Worte des Bootsführers reagiert hatte. Da sagte *Rāmakrishna:* „Du Narr! Schämst du dich nicht deines Benehmens? Konntest du deine Wut nicht beherrschen? Was nützt dir deine spirituelle Praxis? Sollte sich ein *Brahmacārin* so verhalten?"

Da fragte *Vivekananda*: „Swami! Was du sagst, befremdet mich ein wenig. Neulich hast du Brahmananda getadelt, weil er schwieg, als wir kritisiert wurden. Heute nun tadelst du mich, obwohl ich auf die Vorwürfe reagierte. Warum dieser Unterschied, Swami?"

Lächelnd erwiderte *Rāmakrishna*: „Ein Fahrrad hat zwei Reifen. Im Vorderrad ist zu viel Luft. Ein bisschen sollte man da herauslassen. Im Hinterrad ist zu wenig Luft. Da sollte etwas Luft hineingepumpt werden. Ebenso sollte Brahmanandas Temperament etwas mehr Feuer enthalten, während deines reduziert werden sollte." So ist also auf dem spirituellen Weg die individuelle Ebene wichtig. Ihr solltet keinen anderen nachahmen oder ihm gar blind folgen.

Frage 150: Bhagavān! In unseren Liedern sprechen wir Gott mit vielen Namen an. Wir haben mehr als hundert Namen in einem Werk *(ashtottara)* und tausend Namen in einem anderen *(sahasranāman)*. Welches ist der beste und genaueste unter diesen verschiedenen Namen Gottes?

Bhagavān: Alle Namen und Formen sind sein. Es gibt nichts im Universum, was nicht er wäre. Ihr solltet Gott als Bewohner eures Herzens *(hridayavāsin)* ansehen. Als *Draupadī* ihre Kleider ablegen und auf diese Weise gedemütigt werden sollte, betete sie zu *Krishna* um Hilfe und nannte ihn „Brindavānasamcāra" und „Mathurānātha ", was *Krishnas* Erscheinen zu ihrer Rettung etwas verzögerte. Um diesen Bezeichnungen zu entsprechen, musste *Krishna* nach *Brindāvana* und *Mathurā* gehen und dann zu dem offenen Hof eilen, um sie zu retten. Hätte sie sich an *Krishna* unter dem Namen *Hridayavāsin* gewandt, wäre er sofort vor ihr erschienen und hätte sie vor aller Schmach bewahrt.

Ihr singt in euren Bhajans „Brindavānasamcāra". Im Augenblick bin ich in Kodaikanal. Macht ihr da keinen Fehler? In euren Bhajans singt ihr von dem, der in *Prashānti Nilayam* (prashāntivāsa) ist und sich in *Puttaparthi* (partivihāra) aufhält. Stimmt das denn? Nein, ich bin in Kodaikanal, nicht in Parthi oder *Prashānti*. Aber wenn ihr den Bewohner eures Herzens anruft, werdet ihr sofort eine Antwort von mir erhalten, obwohl mein physischer Körper irgendwo anders sein mag.

Frage 151: Swami! Das *Gāyatrī*-Mantra wird seit vielen Zeitaltern in diesem heiligen Land gesungen. Aber man hört, dass sowohl Frauen als auch Nicht-Brahmanen das *Gāyatrī* nicht singen dürfen. Sollte man dieses *Mantra* zu bestimmten Zeiten singen oder wenn man es einrichten kann? Was ist die Wichtigkeit und Bedeutung des *Gāyatrī*-Mantras? Wir würden uns glücklich schätzen, etwas über diesen Gegenstand aus Deinem heiligen Munde zu hören.

Bhagavān: Alle müssen das *Gāyatrī* singen. Es transzendiert die Barrieren von Kaste, Gemeinschaft, Geschlecht, Nationalität, Zeit und Raum. Es ist das Mantra, dass alle immer wieder singen sollten. Im *Gāyatrī*-Mantra sind drei Dinge wesentlich. Zunächst solltet ihr wissen, dass „bhūr bhuva svah" im *Gāyatrī* keine getrennten Welten sind. Ihr glaubt, dass es sich um drei unterschiedliche Welten handelt. Das ist ein Fehler. Sie sind in eurem Inneren. „Gāyamulu" bedeutet „Sinne". Da es im *Gāyatrī* um die Kontrolle der Sinne geht, wird es so bezeichnet. Der Körper hat Wahrnehmungs- und Handlungsorgane. Dieser erste Aspekt des *Gāyatrī* wird Materialisierung, *Gāyatrī*, genannt.

Der Körper kann nur funktionieren, wenn Leben darin ist. Der Pulsschlag weist auf Leben hin. Also pulsiert das Lebensprinzip im Körper, was ihn in die Lage versetzt, Funktionen und Tätigkeiten zu übernehmen. Dieser zweite Aspekt des *Gāyatrī*, der Lebenskraft ist, wird Schwingung, *Sāvitrī,* genannt.

Der dritte Aspekt des *Gāyatrī* ist der Urklang *Om,* der vom Nabel aufwärts steigt. *Om* ist eine Verbindung von drei Lauten, A, U und M. A entsteht, wenn er vom Nabel aufwärts steigt. U kommt aus der Kehle. M wird von den Lippen geformt. „So 'ham" entsteht beim Atmen, obwohl wir uns dessen nicht bewusst sind. Das wird „Japa-Gāyatrī" genannt.

Wenn wir einatmen, entsteht der Laut „so", und beim Ausatmen der Laut „ham". Das So 'ham- Mantra wird täglich 21.600 Mal beim Atmen wiederholt. Im So 'ham-Mantra ist der zweite Laut in so das O, und der zweite Laut in 'ham ist M (Das A ist im Sanskrit Bestandteil des H; Anm. d. Ü.). Diese beiden Laute verbinden sich zum *Om*. So 'ham wird in allen drei Bewusstseinszuständen, im Wachen, Träumen und Tiefschlaf, ständig wiederholt. Das ganze Alphabet ist aus dieser Mutter der Buchstaben entstanden, dem Urlaut *Om*.

Um dies zu veranschaulichen, gebe ich euch ein kleines Beispiel. Im Englischen gibt es 26 Buchstaben von A bis Z. Alle gesprochenen und geschriebenen Wörter und Sätze verwenden nur diese Buchstaben, nicht wahr? Man weiß, dass das Harmonium Pfeifen hat. Wenn man den Blasebalg betätigt, kommt Luft in die Pfeifen und wenn man dann auf die Tasten drückt, an denen die Pfeifen befestigt sind, erklingen die Töne c d e f g a h c. Aus diesen sieben Tönen können verschiedene Melodien *(rāga)* gemacht werden, nicht wahr? Oder nehmen wir die Geige. Auf ihren Saiten lässt sich jede Musik spielen. So ist also auch das *Om* der ursprüngliche Klang, die Urschwingung, aus der sich alle anderen Töne entwickelten.

Wenn man beide Ohren fest verschließt, hört man diesen Urklang im Inneren. Nähert man sich einem elektrischen Pol und hält sein Ohr dicht daran, so hört man diesen Urklang. Dies ist der Klang (innen) in der Stille (außen). Dies ist der göttliche Klang, der in der Tiefe der Stille zu hören ist. Man kann die Schritte Gottes nur in der Stille hören. Dieser dritte Aspekt des *Gāyatrī*, der sich auf diesen Urklang bezieht, der der Hauptursprung der Sprache und der Fähigkeit des Sprechens ist, wird als Strahlung, *Sarasvatī,* bezeichnet.

So ist also das Mantra auf der Körperebene Materialisierung. Als Lebensprinzip ist es Schwingung *(Sāvitrī),* und als Hauptursprung des Klangs ist es schließlich Strahlung *(Sarasvatī).* Dies sind die drei Aspekte des *Gāyatrī*-Mantras. In anderen Worten lässt es sich so zusammenfassen: Die atmische Energie, göttliche Quelle, ist Strahlung *(Sarasvatī),* die in den Körper als Schwingung oder Lebensprinzip *(Sāvitrī)* eintritt, so dass dieser aus Materie geformte Körper Funktionen übernehmen kann, was Materialisation *(Gāyatrī)* genannt wird.

Frage 152: Swami! Wie sollen wir Dich anbeten? Wie sollen wir Dir dienen? Wir können das nicht entscheiden. Bitte zeige uns den Weg.

Bhagavān: Gott braucht euren Dienst nicht. Er braucht auch eure Verehrung nicht. Gott möchte nur eins von euch, eure Liebe. Diese Liebe ist auch nicht euer Besitz. Ihr habt sie nicht von den Vorfahren übernommen. Niemand hat euch diese Liebe geschenkt. Keine Firma kann sie zu eurem Nutzen herstellen. Man kann sie nicht von einem Guru erwerben. Ihr seid mit der Liebe geboren. Sie ist das Geschenk Gottes. Daher muss sie ihm gegeben werden. Sie gehört ihm, und deshalb solltet ihr sie ihm zurückgeben, indem ihr ihn unablässig liebt.

Nehmen wir ein kleines Beispiel: Zu großen Anlässen wie einer Hochzeit werden viele Leute eingeladen. Um in großem Maßstab Essen vorzubereiten, braucht man sehr großes Kochgeschirr. Man kann es für ein oder zwei Tage mieten und es nach Gebrauch zurückgeben. Aber es sollte sicher, sauber und in ausgezeichnetem Zustand zurückgegeben werden, nicht wahr? Ebenso ist das menschliche Herz ein Gefäß, das mit Liebe gefüllt von Gott geschenkt ist, und es sollte ihm in ordentlicher Verfassung zurückgegeben werden. Das ist wahre Hingabe.

Wie man Gott lieben sollte? Am besten liebt man Gott, wenn man alle liebt und allen dient. Wenn alles ihm gehört und er alles schenkt, was ihr benötigt, was könnte er da anderes wünschen als eure Liebe? Ein reines Herz ist der Tempel Gottes. Also wo ist er? Ich sage den Studenten immer, dass Gedanken, Worte und Taten in völligem Einklang sein sollten. Heutzutage gibt es auf allen Ebenen Selbstsucht. Was immer gesagt und getan wird, es ist von Egoismus durchdrungen. Aber wahre Hingabe besteht aus selbstlosem, mit Liebe ausgeführtem Dienst. Tut eure Pflicht aufrichtig. Wer dem Menschen dient, dient Gott. Ihr braucht Gott nicht mit Blumen zu verehren, die verwelken und verdorren. Pflückt die Blumen der Tugend, des Charakters und der Liebe im Garten eures Herzens und verehrt Gott mit solchen Blumen, die einen ganz besonderen Wert haben.

Frage 153: Swami! Lass uns bitte wissen, wie wir dauerhaftes Glück und die Aufhebung von Leid erlangen können.

Bhagavān: Diese zwei Bewusstseinsebenen sind nicht voneinander getrennt, wie ihr festgestellt habt. Wenn Leid entfernt wird, entsteht Glück. Das Fehlen von Glück ist die Ursache für Leid. Beide sind von einander abhängig. Wenn kein Licht da ist, gibt es Dunkelheit. Wo Licht ist, ist keine Dunkelheit. Das Fehlen des einen bedeutet das Vorhandensein des anderen. Wenn ihr also Methoden erforscht, wie sich

Leiden beseitigen lässt, wird sich Glück natürlich und automatisch einstellen.

Wenn ihr nach der Ursache des Leids sucht, werdet ihr erkennen, dass Unwissenheit die Ursache ist. Was ist für diese Unwissenheit verantwortlich? Es ist das Ego. Was ist Ego? Es ist Bindung. Was ist Bindung? Es ist Körperbewusstsein. So entsteht Leid durch die Bindung an den Körper. Aber man kann sowohl körperlich als auch spirituell glücklich sein, wenn man seine Sinne zu beherrschen versteht. Tatsächlich ist es unnatürlich, wenn der Mensch traurig ist. Daher muss nach Methoden gesucht werden, um Traurigkeit, einen unnatürlichen Zustand, zu vertreiben. Leid kann nur durch Gebete überwunden werden und indem man sich auf den spirituellen Pfad begibt. Wenn träge Pferde zu viel Futter bekommen, werden sie noch träger. Ganz ähnlich ist es, wenn man den Launen und Einfällen seiner Sinne folgt. Ihre Macht wird täglich größer, und schließlich verliert man seine Menschenwürde.

Der Mensch sieht sich drei Arten von Leid gegenüber: *ādhyātmika, ādhibhautika* und *adhidaivika*. Zunächst haben wir physische und geistige Leiden *(ādhyātmika)*. Körperliche Leiden führen zu geistigen Krankheiten. Die geistigen Störungen verstärken körperliche Leiden. Daher werden physische und geistige Leiden *ādhyātmika* genannt. Die zweite Art wird durch einen Schlangen- oder Skorpionbiss oder Verletzungen durch Tiere und andere Geschöpfe verursacht und wird *ādhibautika* genannt. Der dritte Typ ist *adhidaivika*, eine Folge von Stürmen, Überschwemmungen, Erdbeben, Feuersbrünsten und verschiedenen anderen Naturkatastrophen.

Zuallererst solltet ihr wissen, dass der Verstand die Ursache von Glück und Leid ist. Wenn euer Geist positiv eingestellt ist, ist es gleichgültig, ob ihr euch zu Hause oder in einem Wald aufhaltet. Ihr solltet euren Geist mit Liebe erfüllen. Wenn ihr ständig an Gott denkt und immer mehr Vertrauen zu ihm entwickelt und wenn ihr dem spirituellen Pfad folgt, werdet ihr zweifellos euer Leid besiegen. Natürlich ist die Beherrschung der Sinne unbedingt erforderlich.

Wenn ihr euer wahres Selbst versteht, werdet ihr Glückseligkeit erfahren. Glückseligkeit ist der Zustand jenseits der Ebene von Glück und Leid. Glückseligkeit ist nicht-dual. Dies kann man auch Bewusstsein *(prajnā)* nennen. Da Bewusstsein unendlich weit ist, setzen die heiligen Schriften *Brahman* mit Bewusstsein gleich (prajnānam brahma). *Prajnā* ist göttlich. Es ist gleichermaßen im Körper, Geist und Intellekt vorhanden. Bewusstsein ist auch als innere Stimme (antarvāni) bekannt. Indem ihr über die äußeren und inneren Sinne Kontrolle ausübt, könnt ihr die innere Stimme hören. Wenn ihr der inneren Stimme folgt und euer Handeln darauf ausrichtet, werdet ihr Glückseligkeit erlangen.

Die Geburt ist für alles Leid verantwortlich. Wer nicht geboren wird, erlebt weder Glück noch Leid. Die Geburt ist jedoch auf *Karma* zurückzuführen, die Folge früherer Handlungen. *Karma* entsteht aus Bindung *(rāga)* und Hass *(dvesha).* Man handelt nur, wenn man die Handlung mag oder sie einer anderen Tätigkeit vorzieht, sonst nicht, nicht wahr? So entstehen alle Handlungen aus diesen beiden Geisteshaltungen, Bindung und Hass. Sie wiederum entstehen aus Ego-Bewusstsein *(ahamkāra)* und Unwissenheit (ajnāna). Unwissenheit ist die Hauptursache für Leiden. Unwissen verschwindet, wenn das Ego aufgegeben wird. Das Ego lässt sich nur auflösen, wenn man sich über Bindung und Hass erhebt. Damit diese zwei verschwinden, sollte Handlungslosigkeit vorausgehen, weil diese Handlungen und ihre Folgen zu neuen Geburten führen.

Ādishankara stellt im Bhajagovindam fest: „ Man wird immer wieder geboren, liegt wieder und wieder nach dem Tode im Schoß der Mutter." Geburt und Tod sind für alles Leid verantwortlich. In der Tat sollte man im Leben dem spirituellen Pfad folgen, damit man nicht wiedergeboren wird. Statt Zucker zu essen, kann man selber Zucker werden! Das ist der Zucker der Glückseligkeit *(ānanda).* Das ist der Zucker der Befreiung. Das ist der Zucker der Vereinigung mit Gott (sayujya). Deshalb ist die Befreiung *(mukti)* die einzige Lösung für die Linderung des Leidens.

Das Glück, das sich einstellt, wenn man einem Menschen zuhört, den man mag, oder einen Gegenstand erwirbt, den man haben wollte, wird *priyam* genannt. Wenn man tatsächlich bekommt, was man wirklich will, stellt sich Freude, *moda*, ein. Die Erfahrung von Freude, nachdem man das Gewünschte erlangt hat, wird als höchste Freude, *pramoda*, bezeichnet. Wenn jemand über das, was euch gefällt, zu sprechen beginnt, werdet ihr glücklich *(priyam)* sein. Wenn ihr die, die euch nahe stehen, seht oder trefft, werdet ihr sehr glücklich *(moda)* sein. Wenn ihr das, was euch am liebsten ist, erhaltet und besitzt, kennt euer Glück keine Grenzen *(pramoda).*

Wenn ihr von der göttlichen Kraft großer Epen wie des *Ramayana* und des *Mahabharata* hört und von den Spielen *(līlā)* des inkarnierten Gottes und der Hingabe, die im *Bhāgavatam* und anderen Texten gefeiert wird, werdet ihr sehr glücklich sein. Wenn ihr das, was ihr aus diesen unsterblichen Werken gehört habt, in die Tat umsetzt, werdet ihr eine besondere Art von Freude erleben. Wenn ihr euch mit Gott identifiziert und euch mit ihm vereinigt, erlebt ihr die höchste Glückseligkeit.

Also muss man von Gott hören – *priyam* ist die erste Stufe –, dann alles Gehörte praktizieren – *moda* ist die zweite Stufe – und schließlich auf der dritten Stufe die Glückseligkeit *(pramoda)* erfahren. So lässt sich Glückseligkeit erlangen.

Frage 154: Swami! Worauf muss man verzichten? Was muss geopfert werden?

Bhagavān: Ihr braucht nicht auf die Welt zu verzichten. Viele machen hier einen Fehler. Ihr braucht die Welt nicht aufzugeben. Ihr müsst weltliche Gedanken und Gefühle aufgeben. Sicher habt ihr von Ramananda Tirtha gehört, einem Mönch. Er war verheiratet und hatte einen Sohn. Er gab seine Familie auf. Als ihn eines Tages seine Frau besuchte, weigerte er sich, sie zu sehen, und wandte den Kopf ab. Als die Frau das sah, sagte sie: „Swami! Da du das Gefühl hast, ich sei deine Frau, sahst du mich nicht an und wandtest das Gesicht ab. Ich habe dieses Gefühl nicht, nicht im Mindesten.“ Dann gab sie ihm die ockerfarbenen Gewänder. Ihr braucht also nicht auf die Welt zu verzichten. Ihr müsst euer Vermögen nicht opfern, aber ihr müsst gute Beziehungen zu Gott herstellen (im Engl. Wortspiel: „properties“ – „proper-ties“; Anm. d. Ü.).

Frage 155: Swami! Was ist wahres Glück? Wie können wir es erreichen?

Bhagavān: Ihr solltet zunächst wissen, was wahres Glück ist! Ich möchte, dass ihr glückselig seid, nicht nur glücklich. Glück, wie ihr es versteht, ist in Wirklichkeit kein Glück. In der Tat ist wahres Glück nur in der Vereinigung mit Gott zu finden. Das könnt ihr entwickeln, indem ihr Kontakt mit dem Göttlichen in euch aufnehmt. In anderen Worten, wenn ihr euch der Göttlichkeit in euch bewusst seid, werdet ihr auch in der Welt glücklich sein. Glück liegt darin, das zu mögen, was ihr tun solltet, und nicht das zu tun, was ihr gern tun wollt.

Frage 156: Swami! Man begegnet Menschen, die man Pechvögel nennen könnte, weil sie im Leben überhaupt kein Glück haben. Warum gibt es so etwas?

Bhagavān: Dafür gibt es nur eine Ursache, den Geist *(mind).* Wenn man den Geist auf Gott richtet, wird man glücklich sein. Wenn man ihn auf die Welt richtet, kann man nicht lange glücklich sein. Wenn der Ventilator euch zugewandt ist, spürt ihr eine kühle Brise. Dies ist nicht der Fall, wenn er in die entgegengesetzte Richtung gedreht wird. Also kommt ihr nur dann in den Genuss einer kühlen Brise, wenn ihr den Ventilator in die entsprechende Richtung dreht.

Frage 157: Swami! Du möchtest, dass wir in der Vielfalt nach Einheit suchen. Du erwartest, dass wir uns der Einheit in der Vielfalt bewusst sind. Wie ist das möglich?

Bhagavān: Sicher ist das möglich! Alles in dieser Welt hat fünf Aspekte. Drei davon sind unveränderlich, während die zwei anderen sich verändern. Die drei unveränderlichen sind: Sein (asti), Bewusstsein *(bhāti),* Glückseligkeit *(priya),* und sie sind ewig. Sie können auch als *sat, cit* und *ānanda* bezeichnet werden. Dann gibt es zwei Aspekte, die sich verändern: Das sind die Form *(rūpa)* und der Name *(nāman).* Name und Form hängen von den drei oben angeführten unveränderlichen und dauerhaften Aspekten ab, nämlich Sein *(sat),* Bewusstsein *(cit)* und Glückseligkeit *(ānanda).* Wenn ihr z.B. das Meer beobachtet, seht ihr Wellen und Schaum. Sie sind voneinander abhängig, das eine kann ohne das andere nicht existieren. Die Wellen entstehen aus dem Wasser. Wellen sind nicht unabhängig. Auf der Oberfläche der Wellen entdecken wir Schaum. Wo es keine Wellen gibt, kann sich auch kein Schaum auf der Oberfläche bilden. Scheinbar treten uns drei Formen unter drei verschiedenen Namen entgegen: Meer, Welle und Schaum. Aber wenn wir den Dingen auf den Grund gehen, haben wir drei unterschiedliche Bezeichnungen für dasselbe Wasser, nicht wahr?

Das Meer repräsentiert spirituelle Wahrheit (paramārthikasatya); die Wellen stehen für falsch verstandene Identität (pratibhāsikasatya), während der Schaum die weltliche oder physische Wahrheit (vyāvahārikasatya) ist.

Frage 158: Swami! Ist spirituelle Praxis ein Muss im täglichen Leben? Ist sie notwendig?

Bhagavān: Ja, es ist unbedingt erforderlich, dass ihr das täglich tut. Wascht und putzt ihr nicht eure Gefäße täglich, um sie sauber zu halten? Bis ihr Ausdauer entwickelt, unerschütterliches Vertrauen und völlige

Hingabe erreicht habt, ist es dringend erforderlich, täglich spirituelle Übungen durchzuführen.

Reisfelder werden doch täglich bewässert, nicht wahr? Sonst vertrocknen die Pflanzen und gehen ein. Aber hohe Bäume wie der Eukalyptusbaum, der Banyan, der Neembaum usw. müssen nicht täglich Wasser bekommen. Was ist der Grund dafür? Ganz einfach die Tatsache, dass ihre Wurzeln sehr tief hinunterreichen, bis zum Grundwasserspiegel, und von dort holen sie die Nahrung für den ganzen Baum. Es überrascht, dass zarte Pflänzchen täglich Wasser brauchen und riesige Bäume nicht. Die Wurzeln kleiner Pflanzen gehen nur ein paar Zentimeter in den Boden und können kein Wasser aus der Tiefe holen. Aber Bäume haben weit verzweigte und tief hinunterreichende Wurzeln, die Grundwasser heraufholen können. Ebenso lässt sich sagen, dass ihr täglich spirituelle Übungen durchführen solltet, solange die Wurzeln eures Vertrauens nicht tief genug in euer Herz reichen. Euer Vertrauen ist gegenwärtig wie die Wurzel eines Pflänzchens, das sich noch nicht tief genug in euer Herz gesenkt hat. Deshalb sind täglich spirituelle Übungen nötig.

Frage 159: Swami! Auf spirituelle Praxis wird viel Wert gelegt. Aber wir finden es ziemlich anstrengend, *Sādhana* zu praktizieren. Was ist die Lösung dafür?

Bhagavān: Um irgendetwas im Leben zu erreichen, muss man sich anstrengen und üben. Nur durch Übung lernt man gehen, sprechen, lesen, essen, schreiben; alles lernt man durch Übung. Wie lernt ein Kind laufen? Nur durch Üben. Sänger üben sehr viel. Autofahren setzt auch Übung voraus. Da ist das Steuerrad, die Bremsen, die Kupplung und so weiter. Aber Autofahren könnt ihr nur, wenn ihr es geübt habt. Deshalb also auch Übungen, *Sādhana,* im spirituellen Bereich.

Swami! Welche Rolle spielt ein Guru auf dem spirituellen Weg?

Bhagavān: Man sollte vollkommenes Vertrauen zu seinem Guru haben. Stellen wir uns vor, jemand möchte einen Ausflug in eine fremde Stadt machen. Er weiß nichts über diese Stadt, da er niemals dort gewesen ist. Er kann also die Hilfe eines Führers annehmen, der ihm die Stadt zeigt. Er stellt die Kompetenz des Führers nie in Frage, da er in der Stadt ein Fremder ist. Ebenso muss einem Guru, der viel Wissen und Erfahrung besitzt, bedingungslos gefolgt werden. Fragen, Zweifel oder Ungehorsam sind fehl am Platze.

Man findet an Straßenkreuzungen Wegweiser, die die Richtung zu verschiedenen Orten angeben. Das ist bekannt. Um den Ort seiner Wahl zu erreichen, muss man der angezeigten Richtung folgen. Man erwartet nicht, dass der Wegweiser einen zu dem Ort trägt oder befördert. Man muss den angezeigten Weg schon allein gehen. Ebenso zeigt ein Guru die Richtung des spirituellen Wegs an, lehrt die Techniken, die zu befolgen sind, und erklärt detailliert alles, was auf dem spirituellen Weg wichtig ist. Man muss es praktizieren und alles selbst erreichen. Keiner kann es stellvertretend für einen tun.

„Guru" besteht im Telugu aus zwei Silben – „Gu" und „ru". Das Wort hat zwei Bedeutungen. „Gu" bedeutet Dunkelheit (Unwissen), „ru" ist das Licht (Weisheit), das die Dunkelheit vertreibt. Es gibt noch eine zweite Bedeutung: „Gu" steht für „*gunātīta*", d.h jemand ohne Eigenschaften, und „ru" steht für „rūparahita", d.h. jemand ohne Form. Also ist der Guru ein Lehrer, der seinen Schülern Gott, der ohne Eigenschaften und ohne Form ist, nahe bringt. Ein wahrer Guru wünscht für seine Schüler das Beste. Er sagt ihnen, was gut für sie ist, nicht, was sie sich wünschen. Ein wahrer Schüler folgt seinem Meister bedingungslos.

Frage 160: Swami! Die Ergebnisse unseres spirituellen Bemühens stellen sich nur langsam ein. Wir erwarten schnelle Ergebnisse, aber sie bleiben aus. Was sagst Du dazu, Swami?

Bhagavān: Ihr versteht spirituelle Praxis nicht richtig. In dieser Welt fängt man in der Kindheit zu lernen an. Nach der Grundschule besucht man die höhere Schule, das College und dann die Universität. Nach fünfzehn Jahren intensiven Studiums und harter Arbeit bekommt man einen akademischen Grad. Ist das nicht ein großer Einsatz? Um Bildung und einen Abschluss zu erwerben und seinen Lebensunterhalt zu verdienen, bemüht man sich so sehr. Wie viel Zeit sollte man nun dafür einsetzen und wie viel Mühe ist es wert, Gottes Gnade, die ewige spirituelle Wahrheit, zu gewinnen? Jeder muss das selber herausfinden. Es ist ein großer Fehler, bei seinen spirituellen Bemühungen schnelle Resultate zu erwarten.

Frage 161: Swami! Bist Du mit unserer Meditation zufrieden?

Bhagavān: Nennt ihr das, was ihr täglich tut, Meditation? Nein, ihr macht es nicht richtig. Es mag alles Mögliche sein, aber sicher ist es nicht Meditation. Natürlich ist es in Ordnung, dass ihr euch zum Meditieren hinsetzt. Aber ihr denkt an den Markt und daran, was ihr zu Mittag essen werdet. Oder ihr denkt an den Wäscher, wann er euch die gebügelte Kleidung bringt. Ist das Meditation? Sicher nicht.

Ein kleines Beispiel: Ihr sitzt hier und wartet eifrig und sehnsüchtig auf die Ankunft Swamis. Jedes Geräusch, sei es von einer Tür oder einem Auto, verbindet ihr in Gedanken mit dem Erscheinen Swamis. Euer Geist ist ganz und gar auf Swami gerichtet, und ihr seht alles unter dem Aspekt der Ankunft Swamis, nicht wahr? Wenn ihr jedoch in Gedanken bei anderen Dingen seid und euch nicht konzentriert, werdet ihr Swami, selbst wenn er vor euch steht, nicht wahrnehmen.

Das Wichtigste beim Meditieren ist also, dass ihr euch hundertprozentig auf Gott konzentriert. Ihr solltet mit größter Aufmerksamkeit bei der Sache sein und keinerlei Ablenkung zulassen. Ich betone, dass bei der Meditation eine absolut ruhige, stabile Gemütsverfassung notwendig ist.

Frage 162: Swami! Wie viel sollten wir studieren und lernen, um uns auf den spirituellen Weg zu machen? Wie viele Details sollten wir aus den heiligen Texten kennen, um mit der spirituellen Praxis zu beginnen?

Bhagavān: Viele Einzelheiten oder Details sind nicht wichtig. Wir sehen, dass die meisten Menschen Bücher lesen. Sie hören jahrelang Vorträge. Aber wozu? Sie bleiben auf dem spirituellen Pfad da stehen, wo sie gewesen waren. Was ist der Grund dafür? Es ist der Mangel an praktischen Übungen, der sie aufgehalten und ihren Fortschritt verzögert hat. Tatsächlich braucht ihr nicht so viele Bücher zu lesen. Ihr braucht nicht viele Dinge zu lernen. Es genügt, wenn ihr eine Sache klar und gründlich verstanden habt. Warum sollte man vieles lernen und dann nicht einmal eine Sache praktizieren? Um Selbstmord zu begehen, genügt eine kleine Reißzwecke oder eine Nadel. Aber um andere zu töten, braucht man schon eine Pistole oder einen Revolver oder ein Messer. Wenn man andere etwas lehren will, muss man lernen und viele Dinge wissen, was eine intensive Lektüre voraussetzt. Aber um seine eigene Befreiung, Erlösung und Emanzipation herbeizuführen, genügt es, wenn man eine Sache hingebungsvoll tut. Also ist das praktische Üben im Leben wichtiger, als Dinge zu wissen oder zu lernen.

Frage 163: Swami! Wir können uns glücklich schätzen, Dir zugehört zu haben. Wir sind glückselig. Du allein vermagst Fragen wie diese zu beantworten, da Du unendliches Mitgefühl für uns hast. Niemand ist dazu in der Lage. Swami, verzeih mir diese Frage. Es ist uns jetzt sehr klar geworden, was die Erforschung unseres Selbst bedeutet. Aber warum bin ich nicht dazu in der Lage? Warum ist mein Denken unbeständig? Ist es die Natur des Geistes, schwankend zu sein? Ist es das natürliche Wesen des Geistes, unruhig und unbeständig zu bleiben, was mich daran hindert, mich auf die Selbsterforschung zu konzentrieren?

Bhagavān: Ihr beklagt euch, dass euer Geist unruhig ist und ihr euch nicht konzentrieren könnt. Das stimmt so nicht. Tatsächlich gibt es keinen Geist. Er ist nichts anderes als ein Bündel von Wünschen. Er ist ein Bündel von Gedanken. Er ist wie ein Stück Stoff aus eng miteinander verwobenen Fäden. Wenn man die Fäden voneinander trennt, existiert das Tuch nicht mehr. Wenn also die Wünsche verschwunden sind und die Gedanken zurückgezogen wurden, existiert der Geist nicht mehr. Das wird Rückzug des Geistes *(amanaska)* oder Verschmelzung mit dem Ursprung *(manolaya)* genannt.

Ihr sagt, euer Geist sei schwankend. Das ist auch nicht ganz wahr. Ihr seht hier einen Baum. Die Blätter bewegen sich. Warum? Es ist der Wind, der die Blätter in Bewegung setzt. Aber wenn es keinen Wind gibt, bewegen sie sich auch nicht. So ist also die Bewegung der Blätter vom Wind und nicht von der Qualität der Blätter abhängig. Die Blätter des Geistes am Baum des Lebens bewegen sich, wenn der Wind der Wünsche sie bewegt.

Außerdem sagt ihr, ihr könntet euch nicht konzentrieren. Das stimmt auch nicht. Wie könnt ihr ohne Konzentration Fahrrad oder Auto fahren? Ist das nicht gefährlich? Wird das nicht zu Unfällen führen? Wie könnt ihr euch konzentrieren, um Auto oder Fahrrad zu fahren? Wie könnt ihr euch konzentrieren, wenn ihr ein Buch, eine Abhandlung oder einen Entwurf lest? Wie könnt ihr all das, was in einem Buch erwähnt wird, ohne Konzentration erfassen? Übt ihr eure berufliche Tätigkeit ohne volle Aufmerksamkeit und Konzentration aus? Tut ihr das, während eure Gedanken umherschweifen oder wenn ihr geistesabwesend seid? Werdet ihr, wenn das der Fall ist, der Arbeit gerecht, die euch zugewiesen wurde? Man würde euch sofort des Dienstes entheben, wenn ihr ohne Konzentration dabei wärt. Konzentriert ihr euch denn nicht auf jede Tätigkeit im täglichen Leben? Ja, das macht ihr, zweifellos. Aber im Hinblick auf Gott wird es zu einem schwierigen Unterfangen. Ist das nicht furchtbar? Der Geist ist ruhig, und man kann sich leicht und natürlich konzentrieren. Wenn ihr euch in Bezug auf Gott nicht konzentrieren könnt, bedeutet das, dass ihr für ihn nicht so viel Liebe und Interesse aufzubringen vermögt wie für weltliche Angelegenheiten. Konzentration hängt also vom Grad des Interesses ab. Ihr könnt nicht den Geist dafür tadeln. Er ist wie ein Spiegel. Er reflektiert nur das, was vor ihm steht. Deshalb lege ich großen Wert auf gute und reine Gedanken. Wie der Gedanke, so der Geist. Einer, der Geist *(manas)* besitzt, ist ein menschliches Wesen (manīshin). Am wertvollsten ist in dieser Welt eurer Meinung nach ein Diamant. Aber das wertvollste ist eigentlich die Auflösung des Geistes (im Engl. Wortspiel: „diamond" – „die-mind"; Anm. d. Ü.).

Frage 164: Swami! Jetzt verstehen wir, die wir dank Deiner Gnade an Deinen göttlichen Reden teilhaben dürfen, wie wichtig Hingabe ist. Aber Vertrauen ist die Grundlage von Hingabe. Wie kann man Vertrauen entwickeln, Swami?

Bhagavān: Was für eine törichte Frage! Was meint ihr damit, wenn ihr fragt, wie sich Vertrauen entwickeln lässt? Kann man es entwickeln? Kann man es in einem Laden kaufen? Man verschenkt es nicht und bekommt es auch nicht. Vertrauen ist eure natürliche Eigenschaft. In Wahrheit ist Vertrauen *(vishvāsa)* euer Atem *(shvāsa)*. Wenn ihr kein Vertrauen habt, hört der Atem auf.

Stellt euch nur einen Moment lang vor, wie ihr mit eurer täglichen Arbeit mit und ohne Vertrauen fertig werdet. Ihr werdet bald bemerken, dass alle eure Handlungen, seien sie weltlich oder spirituell, auf Vertrauen beruhen. Ihr gebt eure Kleidung, teure Hemden und Safarianzüge, einem Wäscher und vertraut darauf, dass er sie euch nach dem Waschen und Bügeln wieder zurückbringt. Würdet ihr sie ihm geben, wenn ihr glauben würdet, dass er sich mit euren Sachen auf und davon macht? Wertvolles Gold wird einem Goldschmied gegeben, im Vertrauen darauf, dass er daraus Schmuck macht. Würdet ihr wertvolles Gold weggeben, wenn auch nur die Spur eines Zweifels in euch vorhanden wäre?

Ihr wollt euch bei einem Friseur das Haar schneiden lassen. Denkt ihr auch nur eine Sekunde daran, dass er euch das Messer in den Nacken stoßen würde, statt euch das Haar zu schneiden? Ihr senkt den Kopf und vertraut darauf, dass der Friseur das Haar schneidet. Ebenso legt sich ein Patient voller Vertrauen auf den Operationstisch und erlaubt dem Chirurgen, ihn zu operieren. Zweifelt ihr daran, dass euer Leben in seinen Händen sicher ist? Nein. Ob es sich nun um einen Wäscher, einen Goldschmied, einen Friseur oder einen Arzt handelt, ihr sucht sie voller Vertrauen auf. Vertrauen ist also ein natürliches Geschenk Gottes an die Menschheit. Kein Vertrauen zu haben, ist unnatürlich und künstlich. Aber das Schlimme daran ist, dass ihr zu allen Vertrauen habt außer zu Gott. Ist das nicht bedauerlich?

Hingabe und Vertrauen sind wie die zwei Augen eines Lebewesens oder die zwei Räder eines Fahrrads oder die zwei Flügel eines Vogels. Ohne Vertrauen, so sagt man, kommt noch nicht einmal eine Ameise ein paar Zentimeter voran. Ohne Vertrauen wird sich ein Vogel nicht hoch in die Lüfte erheben. Ein Vogel sitzt auf einem Zweig. Der Zweig mag herunterhängen oder hin und her schwingen, aber den Vogel kümmert es nicht. Warum? Weil der Vogel sich ganz und gar auf seine Flügel verlässt und nicht auf den Zweig. So hängt alles von eurem Vertrauen ab.

Woher wisst ihr, wer euer Vater ist? Eure Mutter besitzt die Autorität, ihn euch zu zeigen, und ihr habt volles Vertrauen zu ihr. Wenn das nicht der Fall ist, könnt ihr euren Vater nicht kennen lernen. Ihr wisst über die Daten und Tage Bescheid, weil ihr einen Kalender habt und euch danach richtet. Woher solltet ihr sonst wohl wissen, dass heute Montag, der 14. Mai, ist? Der Tag ist nicht vor euch erschienen mit einem Schild auf der Stirn, auf dem der Tag der Woche und das Datum stand. Ihr vertraut auf die Nachrichten, die ihr im Radio hört und in den verschiedenen Zeitungsberichten lest; so sehr, dass ihr glaubt, was ihr im Radio hört, im Fernsehen seht und in der Presse lest. Aber ihr glaubt den Aussagen und Lehren unserer Weisen und Heiligen aus alten Zeiten nicht, die als Personen in den Veden und anderen heiligen Schriften auftreten. Die Veden werden Schöpfungen Gottes genannt. Ihr vertraut ihnen nicht. Wie seltsam und unbefriedigend das ist! Denkt einmal darüber nach.

Frage 165: Swami! Warum sind einige Menschen keine Gottesverehrer? Hingabe hat offenbar keinen Platz in ihrem Leben. Würdest Du uns bitte den Grund dafür nennen?

Bhagavān: Das ist sehr einfach. Sinnliche Freuden reichen aus, um Menschen von Gott fern zu halten. Ihr Leben besteht darin, sich unvernünftige Sorgen wegen der Zukunft zu machen, maßlose Wünsche zu haben und Luftschlösser zu bauen. Der Ehrgeiz, unverdiente hochgesteckte Ziele zu erreichen, und zu viel Bindung an die Familie und die Welt sind Faktoren, die den Menschen von Gott fernhalten. Andere Gründe gibt es nicht dafür.

Ihr kennt die Wippe, mit der Kinder spielen. Wenn das eine Ende hoch geht, kommt das andere herunter und umgekehrt. Wenn die Betonung auf weltliche Dinge gelegt wird, wird eure Liebe zu Gott geringer sein, und andererseits, wenn eure Liebe zu Gott größer ist (das schwere Ende der Wippe), wird eure Bindung an die Welt geringer sein (das leichte Ende). Das hat viel mit Gleichgewicht zu tun, nicht wahr?

Ich möchte euch ein anderes Beispiel geben: Ein Magnet zieht Eisenspäne an. Aber manchmal ist das nicht der Fall. Warum? Wenn die Eisenspäne rostig und staubig sind, werden sie vom Magneten nicht angezogen. Ebenso fühlen sich Menschen, die wegen ihrer weltlichen Wünsche wie staubige und verrostete Eisenspäne sind, nicht zu Gott, dem „göttlichen Magneten", hingezogen. Ist es jetzt klar, warum einige keine Gottsucher sind?

Frage 166: Swami! Zeige uns bitte die Richtung an, in die unsere spirituellen Bemühungen gehen sollten. Wie sollten sie fortgesetzt werden? Lässt es sich mit dem Fließen eines Flusses vergleichen? Welche Einschränkungen sollten beachtet werden?

Bhagavān: Alles muss Grenzen haben, sonst sind Risiken und Gefahren zu erwarten. Ein Fluss, dessen natürlicher Lauf begradigt ist, dient der Bewässerung besser. Ebenso hat der Fluss des Lebens zwei Ufer, eins auf jeder Seite: „Zweifelt niemals" (samshayātmā vinashyate) und „Vertrauen führt zu Weisheit" (shraddhāvān labhate jnānam). Der Fluss eures Lebens sollte zwischen diesen zwei Ufern fließen. Euer Vertrauen sollte unerschütterlich sein. Es sollte niemals schwanken. Es sollte stark und tief sein. Weder Hindernisse noch Schwierigkeiten sollten euer Vertrauen unterminieren.

Ein Leben ohne Vertrauen ist wie ein Topf mit Löchern. Ihr wisst, dass man nur den Wurzeln einer Pflanze Wasser gibt. Doch das Wasser versorgt dann alle Teile der Pflanze. Man gibt nicht dem Stamm, den Zweigen und Blättern extra Wasser. Ebenso wird das Wasser des Vertrauens, wenn es die Wurzeln eures Lebens versorgt, sich um alles andere kümmern. Der Baum des Lebens kann sich selber erhalten, wenn das

Wasser des Vertrauens seine Wurzeln versorgt. Ist das nicht der Fall, verdorrt der Baum und geht ein. Er dient dann nur noch zum Anzünden eines Feuers. Wenn man einmal anfängt zu zweifeln, wird alles, was man tut, vergeblich sein, und nichts wird Früchte tragen. Weder die höchste Gelehrsamkeit noch spirituelle Praxis kann einem helfen, wenn man einmal anfängt zu zweifeln.

Ein kleines Beispiel: In einem Dorf lebte einmal ein *Pandit.* Täglich kam ein Milchmädchen vom Nachbardorf und brachte ihm Milch, indem sie mit einem Boot den Fluss überquerte. Dabei kam es immer wieder vor, dass sie sich verspätete. Eines Tages fragte er sie nach dem Grund dieser Verspätung. Sie antwortete: „Ich muss täglich mit dem Boot den Fluss überqueren, um dir Milch zu bringen. Ich muss allerdings warten, bis der Bootsführer die älteren Leute aus dem Dorf hinübergebracht hat. Dann erst komme ich an die Reihe. Ich habe keine andere Wahl. Deshalb komme ich so spät." Darauf sagte der *Pandit*: „Wieso musst du das Boot nehmen? Ich schlage vor, du trägst deine Milchkannen auf dem Kopf und gehst über den Fluss, indem du den Namen Gottes wiederholst. Der Fluss wird zurückweichen, und du wirst ihn überqueren können, ohne auf das Boot warten zu müssen."

Das Milchmädchen vertraute den Worten des *Pandits*, und am nächsten Tag konnte sie pünktlich kommen und ihm die Kanne voller Milch bringen. Auf seine Frage teilte sie ihm mit, dass das möglich sei, weil sie seinen Anweisungen gefolgt sei. Der *Pandit* war sehr erstaunt darüber und konnte ihren Worten nicht glauben. Deshalb beschloss er, der Sache selber auf den Grund zu gehen. Er sagte zu ihr: „Gut! Wenn du jetzt den Heimweg antrittst, werde ich dir folgen und sehen, wie du den Namen Gottes singend den Fluss überquerst und wie er vor dir zurückweicht." Beide kamen ans Ufer. Das Milchmädchen verhielt sich den Anweisungen des *Pandits* gemäß, d.h. sie wiederholte den Namen Gottes. Da wollte der *Pandit* es auch versuchen. Er ging nach vorn, hob seinen *Dhoti* bis zu den Knien an, damit seine Kleidung nicht nass würde. So ging er Schritt für Schritt in den Fluss, voller Zweifel, ob der Fluss ihn tragen würde. Seine Zweifel führten dazu, dass er ertrank. Vertrauen ließ das Mädchen über Wasser gehen, während der *Pandit* seinen eigenen Worten keinen Glauben schenken konnte. Deshalb ertrank er.

Das Ufer auf der anderen Seite des Lebensflusses ist Aufrichtigkeit und Ausdauer *(shraddhā),* was zu Weisheit *(jnāna)* führt. Nur dann besitzt ihr Aufrichtigkeit, wenn ihr die Arbeit, die ihr tut, liebt. Ihr solltet volles Vertrauen und Liebe besitzen, um aufrichtig zu werden.

Ein Student kann Prüfungen nicht bestehen, wenn er nicht darauf vertraut, dass er lesen kann, den Gegenstand liebt und sich voller Hingabe damit beschäftigt. Also sind Glaube *(vishvāsa),* Liebe *(prema)* und Vertrauen *(shraddhā)* die drei Stufen, die bei euren Bemühungen zum Erfolg führen. Ein Geschäftsmann oder ein Anwalt oder ein Arzt müssen aufrichtig sein und Vertrauen haben, um in ihrem Beruf erfolgreich zu sein.

Was Weisheit angeht, sollte man aufrichtig und beständig sein. Um welche Art von Weisheit geht es hier? Es ist kein Wissen, das sich auf den Körper, die Materie oder die Welt bezieht. Es ist das Wissen aus eigener Erfahrung *(anubhāvajnāna)*, das man sich aneignet, wenn man aufrichtig und beständig ist. Dies sind also die zwei Ufer auf jeder Seite des Lebensflusses: Freiheit von Zweifeln und Aufrichtigkeit oder Beständigkeit. Wer innerlich zweifelt, geht zugrunde (samshayātmā vinashyate), und wer unerschütterliches Vertrauen besitzt, gewinnt Weisheit (shraddhāvān labhate jnānam).

Frage 167: Swami! Warum und wie entwickeln wir schlechte Gefühle wie Eifersucht, Neid, Stolz, Egoismus, Anhaftung und so weiter. Wie können wir uns von diesen schlechten Gefühlen befreien?

Bhagavān: Die Hauptursache für all diese schlechten Gefühle ist eure Bindung an den Körper. Diese Gefühle entstehen in eurem Geist. Sie sind von eurem Verhalten und euren Beziehungen zu anderen abhängig.

Ein kleines Beispiel: Nehmen wir an, ihr habt einen sehr guten Freund, mit dem ihr immer einer Meinung seid. Wenn ihr ihm eine Rose zuwerft, wird er außerordentlich glücklich sein, weil er eure Liebe und Ehrerbietung spürt. Wenn ihr jedoch aufgrund von widrigen Umständen gestritten habt und ihr werft ihm dann eine Rose zu, wird er euch völlig missverstehen. Er wird annehmen, dass es eure Absicht ist, ihn zu verletzen, denn euer Freund ist Diabetiker, und wenn er zufällig durch den Dorn einer Rose verletzt wird, kann daraus eine Wunde entstehen, die nicht heilt und vielleicht sogar im schlimmsten Falle zur Amputation seiner Hand führt. Ihr könnt den Unterschied erkennen. Die zwei Individuen sind ein und dieselben. Auch die Rose ist die gleiche. Aber solange freundschaftliche Gefühle vorhanden sind, erscheint die Handlung als positiv, aber wenn eine feindselige Stimmung vorherrscht, erscheint dasselbe Verhalten als negativ. Ihr werdet jetzt verstehen, dass alles seine Ursache im Geist hat. Die Rose, die euren Freund glücklich macht, kann ihn in schlechten Zeiten misstrauisch machen.

Als nächstes möchte ich über eine andere eurer Schwächen reden, über den Ärger. Warum und zu welchem Zweck solltet ihr euch über irgendjemanden ärgern? Ärger raubt euch Energie, und dadurch fühlt ihr euch schwach. Die Energie, die ihr in ein paar Monaten aus der Nahrung gewonnen habt, wird durch einen einzigen Wutausbruch zunichte gemacht. Untersucht die Sache genau. Was genau macht euch ärgerlich? Wenn euch irgendjemand kritisiert, zurechtweist, anklagt oder tadelt, ärgert ihr euch natürlich über diese Person. Beruhigt euch einen Augenblick und überprüft alles sorgfältig. Warum solltet ihr euch über jemanden ärgern, der eure Schwächen und Fehler anprangert? Seid ihr unschuldig? Seid ihr ärgerlich, weil eure Schwächen zutage treten? Was ist der Grund? Also braucht ihr nicht ärgerlich zu sein, wenn auf eure Schwächen hingewiesen wird.

Nehmen wir an, ihr seid fehlerlos und unschuldig. Selbst dann besteht kein Grund, ärgerlich zu sein, weil es ja nur eine falsche Behauptung ist. Wenn jemand sagt, ich hätte eine Glatze, ärgere ich mich nicht darüber, da seine Feststellung nicht der Wahrheit entspricht und ich keine Glatze habe. Falls jemand meint, ich hätte buschiges Haar, bin ich auch nicht ärgerlich, weil er die Wahrheit sagt. So können sie also vom „glatzköpfigen Baba“ sprechen oder von „Babas buschigem Haar“ (Wortspiel im Telugu; Anm. d. Ü.), das macht mir nichts aus. Wenn ihr so denkt, wird euch keiner mehr ärgern können.

Die schlimmste Form von Krankheit, für die es keine Heilung gibt, ist Neid oder Eifersucht. Hass brachte mächtige Könige zu Fall wie z.B. *Hiranyāksha, Hiranyakashipu, Shishupāla, Dantravaktra*, die in unseren Epen wie dem Mahabhāgavatha und dem *Mahabharata* erwähnt werden. Neid zerstörte die ganze Familie der *Kauravas.* Neid, Stolz, Egoismus, Eifersucht und Wut sind dämonische Eigenschaften. Wenn jemand diese bösen Eigenschaften hat, denkt niemand gern an ihn. Seid ihr irgendwann einmal jemandem mit dem Namen *Duryodhana* begegnet? Er ist in unserem Epos *Mahabharata* die Personifizierung der Eifersucht. Seid ihr irgendjemandem begegnet, der *Shishupāla* heißt? Er ist in unseren Schriften die Verkörperung des Hasses. Nein? Habt ihr euch wohl gefragt warum? Es ist eine Schande, diesen Namen zu tragen. Dann gibt es auch noch eine weibliche Heldin im *Ramayana, Mandhara*, ein Symbol für Eifersucht.

Sie brachte sogar die Königin *Kaikeyī* in Verruf. Auf ihre Veranlassung wurde *Rāma* in die Verbannung geschickt, und *Bharata* wurde Thronfolger. Seid ihr Frauen mit den Namen *Mandhara* und *Kaikeyī* begegnet? Nein. Niemals. Was ist der Grund? Sie repräsentieren böse Charakterzüge, die jeden zu Fall bringen.

Seid niemals egoistisch. Egoismus ist ein weiterer Charakterzug, der euch verdirbt. Prüft euch selber, wann ihr selbstsüchtig seid. Warum das Ego ins Spiel bringen? Welche Voraussetzungen hättet ihr, um egoistisch sein zu können? In der ganzen Welt hat Indien die Größe einer Ameise. Wenn wir den Bundesstaat Andhra Pradesh in Indien nehmen, so ist er nicht größer als das Auge der Ameise. Der Distrikt Anantapur entspricht dann einem Fleck im Auge der Ameise. Was ist dann mit Puttaparthi, und was seid ihr und eure Stellung in der Familie? Praktisch nichts. Gebt Egoismus und Stolz keinen Raum in eurem Leben. Wenn ihr es dennoch tut, dann in Bezug auf euer Unwissen und eure Dummheit. Bindung und Interesse an der eigenen Person führen oft zu Egoismus, aber er steht auf tönernen Füßen.

Anhaftung und Gefühle von „ich und mein" sind auch in eurem eigenen Interesse nicht gut. Die Gefühle von mein und dein entstehen aus Überheblichkeit *(abhimāna)* und Egobewusstsein *(ahamkāra).* Ein Beispiel: Euer Nachbar hat eine Tochter, die ziemlich lange schwer krank war. Ihr Zustand hat euch nicht übermäßig beunruhigt. Ein Jahr nach ihrer Genesung habt ihr sie zufälligerweise geheiratet. Danach genügen ein bisschen Fieber oder eine Erkältung, dass ihr um Urlaub nachsucht, um nicht mehr zur Arbeit gehen zu müssen. Warum? Sie ist jetzt eure Frau und nicht mehr die Tochter des Nachbarn. Bindung macht den Unterschied aus.

Es ist Besitzdenken *(mamakāra),* das *Dhritarāshtra*, den alten König im *Mahabharata* veranlasste, all die Untaten seiner Söhne zu unterstützen, was zum völligen Niedergang des ganzen Clans führte. Obwohl er hundert Söhne hatte, war nicht einmal einer übrig geblieben, der die Sterberituale hätte durchführen können. So weit sinkt man herab, wenn man Gefühle wie „ich" und „mein" zulässt.

Wenn ihr diese Art von Denken in euch entdeckt, wiederholt zehnmal den Satz „Ich bin ein Mensch, kein Tier", „ich bin ein Mensch, kein Tier", so dass ihr euch von den animalischen Eigenschaften Egoismus, Neid, Missgunst, Hass, Bindung und Besitzstreben, den Gefühlen von „ich" und „mein" befreien könnt.

Frage 168: Swami! Wie wunderbar leicht und in einfachen Worten hast Du tiefgründige Dinge erklärt. Wie ist der Weg zur Unsterblichkeit, dem letzten Ziel des Lebens?

Bhagavān: Sehr einfach! Sehr leicht! Der einzige Weg zur Unsterblichkeit ist die Beseitigung der Unmoral.

Frage 169: Swami! Wie lange halten sinnliche Freuden an?

Bhagavān: Sinnliche Freuden sind vergänglich und flüchtig. Sie bringen euch in Schwierigkeiten und schwächen euch. Denkt gut darüber nach und versteht es ganz deutlich. Ihr glaubt, dass die Sinne euch Freude machen. Tatsächlich ist dies nicht der Fall. Die Sinne vergnügen sich auf eure Kosten. Ihr zahlt dafür, dass eure Sinne sich vergnügen. Wie geschieht das? Ihr werdet schwach. Ihr verliert eure Kraft. Ihr werdet alt. Wären eure Vorstellungen in Bezug auf die Sinne richtig, solltet ihr ganz aktiv und enthusiastisch sein. Aber in Wahrheit ist das nicht der Fall. Sinnliche Freuden sind eine negative Erfahrung für euch. Erkennt deshalb, dass die Sinne sich selbst eine Freude bereiten und euch krank, alt und schwach machen und dass ihr euch durch eure Sinne keine Freude bereitet.

Frage 170: Swami! Wie sollen wir ein bindungsfreies Leben führen? Wir fühlen uns verletzt, wenn uns Besitz, Positionen und Reichtum genommen werden. Bitte sage uns, wie wir gelassen bleiben können, wenn uns diese Dinge weggenommen werden.

Bhagavān: Ihr solltet euch immer Zweck und Ziel eures Lebens vor Augen halten. Ihr solltet niemals eure Pflichten und Verantwortlichkeiten aufgeben. Ihr macht die Erfahrung, dass die Zeitung von heute morgen im Papierkorb landet. Seid sicher, dass die Vergangenheit niemals mehr zurückkommt. Drei wichtige Dinge solltet ihr euch immer einprägen: Glaubt niemals, dass die Welt von Dauer und eure Beziehungen zu den Menschen in eurer Umgebung dauerhaft sind. Nein. Das zweite ist, dass ihr niemals und unter gar keinen Umständen Gott vergessen solltet. Das dritte ist, den Tod nicht zu fürchten.

Ein Landrat hat allen Komfort und alle Annehmlichkeiten wie z.B. einen großen Bungalow mit einem weiträumigen Garten, Möbel, Diener und so weiter. Er hat ein sehr großes Büro und Personal, das ihm zur Verfügung steht, aber wenn er in den Ruhestand tritt, muss er sie alle verlassen, obwohl er bis zu diesem Zeitpunkt mit ihnen als ihr

Eigentümer und einziger Besitzer zusammen lebte. Vergießt er an dem Tag Tränen, an dem er in den Ruhestand tritt? Hat er das Gefühl, dass er irgendetwas Persönliches verloren hat? Ebenso fühlen sich Kindermädchen in den Häusern reicher Unternehmer oder hoher Angestellter den Kindern ihrer Dienstherren sehr nahe und sagen oft „unser Junge", „unser Kind" und so weiter. Aber entspricht das den Tatsachen? Können sie sie zu irgendeinem Zeitpunkt für sich beanspruchen? Oder nehmt einen Kassierer in der Bank. Millionen von Rupien gehen durch seine Hände, die er an die Leute, die einen Scheck eingereicht haben, auszahlt. Ist er traurig, dass er sich von dem Geld trennen muss? Kein einziger Paisa gehört ihm. Das trifft ebenso auf die Beziehung zu der Welt zu, in der ihr lebt. Versteht den Sinn des Lebens, das ihr führt (im Telugu ein Wortspiel: „sāram" – „samsāram"; Anm. d. Ü.). Tatsächlich hat niemand irgendetwas mit einem anderen zu tun. Ihr seid zur Zeit der Geburt und des Todes allein. Der Rest dazwischen zieht wie Wolken vorüber.

„Würdet ihr euch auf einer Brücke niederlassen,
Die ihr überqueren müsst?
Würdet ihr ein Haus aus einem Boot machen,
Das von Ufer zu Ufer fährt?
Würdet ihr ein Haus
Mitten auf der Autobahn bauen?"

Also muss man sich schon selber Fragen stellen wie: „Wer bin ich?", „Woher komme ich?", „Wer ist Gott?", „Was ist der Sinn des Lebens?" Das menschliche Leben ist euch gegeben, um auf diese Fragen Antwort zu suchen.

Ein Dorfbewohner fährt in die nächst gelegene Stadt zur Arbeit. Da er mit seiner Arbeit nicht fertig wird, muss er sich um eine Unterkunft bemühen. Der Eigentümer des kleinen Hotels wird ihm natürlich ein paar Fragen stellen, bevor er ein Zimmer an ihn vermietet. Er wird ihn bitten, Namen und Adresse anzugeben. Er muss Fragen wie: „Wo kommen Sie her und wie lange wollen Sie bleiben?" beantworten. Wenn die Antworten lauten: „Ich weiß nicht, woher ich komme. Ich weiß nicht, wie lange ich hier bleiben werde. Ich weiß nicht, wann ich dieses Zimmer freimache" oder „Ich weiß nicht, wohin ich gehen werde!", wird der Eigentümer sagen: „Ich habe kein Zimmer für Sie. Dieses Haus steht nicht für Verrückte offen." Ebenso ist eure Situation und Stellung, wenn ihr nicht wisst, wo ihr herkommt, wie lange ihr hier bleiben werdet und wohin ihr geht. Tut eure Pflicht, indem ihr an Gott denkt. Das ist genug, dann werdet ihr nie leiden.

Frage 171: Swami! Wie können in der Gegenwart geleistete Dienste für die Zukunft von Nutzen sein?

Bhagavān: Ich will euch ein gut bekanntes Beispiel geben. Nach eurer Pensionierung bekommt ihr eine Pension. Was ist der Grund? Das ist der Lohn für euren Dienst in einem Beruf. So wird euch auch Gottes Gnade für euren Dienst in der Vergangenheit geschenkt.

Noch ein Beispiel: Wenn ihr während der Regenzeit den Tank mit Wasser füllt, werdet ihr im Sommer genug zur Verfügung haben, nicht wahr? Daher bringt euch der Dienst, den ihr heute leistet, ohne Zweifel zu einem späteren Zeitpunkt Gottes Gnade.

Frage 172: Swami! Gibt es den Tod? Gibt es Himmel und Hölle? Was ist das Leben?

Bhagavān: Es gibt keinen Tod. Es ist der Körper, der stirbt. Aber der *Atman*, der Bewohner des Körpers, ist unsterblich. Der *Atman* ist die ewige Wahrheit. Euer Glück ist tatsächlich der Himmel. Eure Not ist die Hölle. Beides findet ihr im Leben. Sie existieren nicht getrennt von euch.

Das ganze Universum ist ein Baum mit Zweigen, Blättern, Blüten und Früchten. Der Mensch erwartet Blüten und Früchte und gibt dem Baum Nahrung, indem er seinen Wurzeln Wasser gibt. Es genügt, den Wurzeln einer Pflanze Wasser zu geben, damit auch die verschiedenen Teile der Pflanze Wasser bekommen, nicht wahr? Gebt ihr dem Stamm, den Zweigen und Blättern getrennt Wasser? Tut ihr das wirklich? Nein, das macht ihr nicht. Für diesen Baum, der das Universum darstellt, sind die Zweige die verschiedenen Länder und Staaten, die Blätter sind die Wünsche, die Menschen sind die Blüten. Die Wurzel ist unten und die Frucht oben. Die Wurzel ist Selbstvertrauen, während die Frucht Selbstverwirklichung ist. Der Saft in der Frucht ist Göttlichkeit. Heute gibt es keine Göttlichkeit, sondern nur Öffentlichkeit.

Frage 173: Swami! Die größte Angst des Menschen ist die Angst vor dem Tode. Wie kann er sie überwinden?

Bhagavān: Der Mensch stirbt nicht an Krankheiten. Tatsächlich stirbt er aus Angst vor dem Tod. 98 Prozent aller Todesfälle gehen auf die Angst vor dem Tod zurück. Krankheiten sind zum größten Teil psychischen Ursprungs und haben auch eine solche Wirkung. Überprüft einmal euren Puls und Blutdruck, wenn ihr aufgeregt, beunruhigt oder ängstlich seid. Da steigen die Werte über das Normalmaß hinaus. So haben also Krankheiten größtenteils ihren Ursprung in eurer Geistesverfassung.

Einmal kam die Göttin der Cholera in ein Dorf. Als der Dorfälteste sie sah, sagte er: „Mutter! Ich bin entsetzt, wenn ich daran denke, welche Verwüstung sich bald in unseren Dörfern abspielen wird. Ich frage mich, wie viele unserer Leute hier sterben werden!“ Die Göttin antwortete: „Mein Sohn! Nicht alle werden von mir hingerafft werden. Nur fünf werden täglich sterben, das ist alles. Du brauchst nicht so sehr beunruhigt zu sein.“ Aber viele Menschen starben. Der Älteste dachte, die Göttin habe ihn belogen. Er wandte sich an sie und fragte: „Mutter, du bist eine Göttin. Wie kannst du uns so strafen, obwohl du mir etwas anderes gesagt hast?“ Die Göttin der Cholera antwortete: „Mein Sohn! Keine Lüge ging über meine Lippen. Ich habe täglich nur fünf zu mir geholt. Für die anderen Todesfälle bin ich nicht verantwortlich. Sie starben nicht an Cholera. Sie starben aus Angst, das ist alles.“

Ihr habt mich gefragt, wie die Angst vor dem Tod überwunden werden kann. Die Lösung ist einzig und allein Mut. Ihr solltet verstehen, dass der Tod irgendwann unvermeidlich ist. Erkennt, dass es keine Ausnahmen gibt. Wenn ihr mutig genug seid, dieser Wahrheit ins Gesicht zu sehen, schwindet die Angst vor dem Tode.

Frage 174: Swami! Wie können wir die Göttlichkeit in uns verwirklichen?

Bhagavān: Nun, im College habt ihr Wahlfächer wie z.B. M.P.C (Mathematik, Physik und Chemie), B.P.C (Biologie, Physik und Chemie) und so weiter, nicht wahr? Ebenso müsst ihr, wenn ihr Selbstverwirklichung sucht, eine Gruppe von drei Fächern wählen. Welches sind diese Fächer, um Gott zu verwirklichen? Es sind Hingabe *(bhakti),* Weisheit *(jnāna)* und Bindungslosigkeit *(vairāgya).*

Ohne Hingabe könnt ihr keine Weisheit erlangen. Hingabe führt zu Weisheit. Ohne Weisheit könnt ihr niemals Freiheit von Bindungen erreichen. Weisheit erweckt Gleichmut *(vairāgya)* in euch. Eine Blüte wird nach einer gewissen Zeit eine unreife, bittere Frucht, die schließlich zu einer süßen, reifen Frucht wird, nicht wahr? Zeit führt den

Wechsel herbei. Hingabe wandelt sich zu Weisheit, und diese bringt innere Freiheit mit sich. Diese Nicht-Anhaftung hilft euch, die Gottheit in euch zu visualisieren. Die Frucht fällt vom Baum des Lebens. Weisheit trägt zu vollkommener Unterwerfung *(sharanāgati)* bei.

Einen Punkt solltet ihr nicht vergessen: Weisheit, Meditation *(japa)* und Opfer *(yajna)* sind als solche nicht wichtig. Eure Liebe zu Gott ist viel wichtiger als irgendwelche Rituale, wenn ihr auf eurem spirituellen Pfad erfolgreich sein wollt. Es gibt zwei Arten von Wissen, zum einen materielles Wissen, das sich auf den Körper, die Materie und die Welt bezieht. Zum anderen gibt es spirituelles Wissen, das metaphysisch, transzendental und göttlich ist. Spirituelles Wissen ist nicht-dual und hilft dem Sucher, seine eigene Göttlichkeit zu verwirklichen und zu erfahren.

Frage 175: Swami! Wie können wir Glückseligkeit erlangen?

Bhagavān: Es ist schade, dass sogar im spirituellen Bereich so mancher verwirrte und verstörte Mensch zu finden ist Obwohl er sich in einem Ashram oder einem spirituellen Zentrum befindet, erfährt er Leid (shrama). Es ist eine Schande, wenn sich jemand „*Devotee*" nennt, ohne irgendein Detail der Lehre zu praktizieren, um seine Transformation zu bewirken. Das Leben eines *Devotees* sollte rein, ruhig, friedlich, bindungsfrei sein, und er sollte sich nach Wissen und der Selbstverwirklichung verzehren. Zahllose Wünsche, bedeutungslose Sorgen und Ängste, ob man all das bekommt, was man in Wirklichkeit gar nicht verdient, sind Hindernisse im spirituellen Leben. Viele haben an göttlicher Glückseligkeit nicht teil. Die Bindung an den Körper verschlechtert alles.

Vier Eigenschaften sind außerordentlich wichtig, um göttliche Glückseligkeit zu erlangen: Kontrolle der äußeren und inneren Sinnesorgane *(shama – dama),* Zufriedenheit *(tripti)*, Selbstprüfung (vicarana) und gute Gesellschaft (satsanga). Sie schenken dem Sucher göttliche Glückseligkeit. Ihr müsst wissen, wo diese höchst kostbare göttliche Glückseligkeit im menschlichen Körper zu finden ist, der selber vergänglich und weniger wertvoll ist als der Geist *(spirit).* Der Körper setzt sich aus zwei Eimern Wasser, einem Eimer Kalk, dem Eisen von 4 fünf cm langen Nägeln, dem Blei von sechs Bleistiften, dem Phosphor von 920 Streichhölzern und dem Fett von vier Lux-Seifen zusammen. Darin ist der göttliche Funke eingebettet. Göttliche Glückseligkeit kann durch die Erforschung, Verwirklichung und Erfahrung des innersten Kerns dieses Körpers, d.h. des *Atman*, erreicht werden.

Frage 176: Swami! Viele spirituelle Übungen werden uns vorgeschlagen wie z.B. Wiederholung des Namens Gottes *(nāmasmarana)*, Meditation *(dhyāna)*, Andachten *(pūjā)* und so weiter. Aber nichts davon kann uns völlig zufrieden stellen. Wir sind nicht imstande, eine einzige Disziplin zu praktizieren und ihr konsequent zu folgen. Die Unzufriedenheit darüber und die Enttäuschung, dass wir für das Wenige, was wir tun, keine Belohnung erhalten, überwältigen uns. Wieso machen wir diese Erfahrung? Bitte zeige uns den Weg.

Bhagavān: Ihr müsst den Acker umpflügen, das Unkraut beseitigen und ihn düngen und bewässern, nicht wahr? Ohne das Land zu bearbeiten, das Unkraut zu entfernen und es zu bewässern, nützt auch die beste Saat nichts. Wenn ihr nun die vier Ziele des Lebens *(purushārtha)* erreichen wollt, solltet ihr die neunfältige Hingabe (navavidhabhakti) praktizieren, dem achtgliedrigen Yogapfad *(ashtāngayoga)* folgen, und das ohne Schwächen und ohne Vorbehalte.

Ihr solltet vor allem vier Eigenschaften kultivieren, die für einen Gottsucher Voraussetzung sind. Die erste Eigenschaft ist Freundschaft *(maitrī)*, die zweite Mitgefühl *(karunā)*, die dritte Freude über den Fortschritt anderer *(mudita)* und die vierte Eigenschaft ist Nicht-Anhaftung *(upekshā)*. Diese vier sind für den spirituellen Fortschritt notwendig. Die erste ist *maitrī*. Wenn man mit Höhergestellten Freundschaft schließen will, kann es sein, dass diese Leute einen beherrschen wollen. Wenn man jenen ein Freund sein will, die einem untergeordnet sind, besteht die große Gefahr, dass man sie bevormundet. In beiden Fällen wird die Freundschaft nicht lange währen. Freundschaft sollte also unter Ebenbürtigen gepflegt werden.

Karunā ist die zweite Eigenschaft. Man kann nicht gegenüber allen Mitgefühl empfinden. Zeigt euer Mitgefühl gegenüber den Armen, Bedürftigen, Glücklosen, Behinderten und Kranken und auch gegenüber jenen, die weniger gebildet sind als ihr und euch in Bezug auf Rang, Position und Vermögen unterlegen sind. Wenn ihr dies tut, wird euer Mitgefühl am meisten geschätzt werden und es wird sich mehr und mehr vertiefen. *Mudita* ist die dritte Eigenschaft. Ihr solltet jene, denen es besser geht als euch, nicht beneiden. Ihr solltet denen, die mehr Glück im Leben haben als ihr, keine hässlichen Gefühle entgegenbringen. Ihr solltet euch andererseits über ihren Fortschritt und Erfolg sogar freuen. Das ist *mudita.* Die vierte Eigenschaft ist *upekshā.* Das Gegenteil von Nicht-Anhaftung ist Anhaftung (apekshā). Apekshā bedeutet Bindung, *upekshā* bedeutet Bindungslosigkeit.

Ihr solltet niemals bösen Menschen wohlgesonnen sein. Niemals solltet ihr die unterstützen, die Böses planen und dem Bösen verfallen sind. Ihr solltet niemals Freundschaft mit bösen Menschen oder Menschen mit schlechtem Verhalten schließen. Mit diesen vier Eigenschaften könnt ihr die Lebensziele erreichen. Also seid zu Gleichgesinnten freundlich, barmherzig gegenüber den Armen und Bedürftigen, freut euch über den Fortschritt anderer und haltet euch von bösen Menschen fern. Diese vier Qualitäten könnte man auch als die Ziele des Lebens *(purushārtha)* bezeichnen. Um sie zu entwickeln, ist Reinheit des Herzens notwendig. Die Erkenntnis, dass ein und derselbe Gott in allen Lebewesen und Geschöpfen gegenwärtig ist, kann zu Reinheit des Herzens führen. Ihr müsst eure animalischen und eure emotionalen Eigenschaften überwinden. Ihr müsst diese Stetigkeit und Reinheit von Geist und Herz erreichen.

Sonne und Mond werden sich nicht deutlich widerspiegeln können, wenn die Gefäße mit unterschiedlichem Wasser gefüllt sind. Ein Gefäß enthält vielleicht schmutziges Wasser, in dem sich Sonne und Mond nicht deutlich spiegeln können. So wirken sich tamasische Eigenschaften aus, sie schneiden einen von der Realität ab. In einem anderen Gefäß ist das Wasser vielleicht in Bewegung, es ist unruhig. Auch da wird das Sonnenlicht nicht deutlich reflektiert. Das ist die rajasische Eigenschaft. Aber wenn ein Gefäß mit reinem Wasser gefüllt ist, das sich im Ruhezustand befindet, wird das Objekt deutlich reflektiert. Das ist die Wirkung sattvischer Eigenschaften. Ebenso kann man, obwohl derselbe *Atman* in allen gegenwärtig ist, diesen nicht erkennen und erfahren, weil die Unterschiede hinsichtlich Körper, Geist und Intellekt vorhanden sind.

Dann stellt sich die Frage, wie man sattvische Eigenschaften und Reinheit des Herzens *(cittashuddhi)* erlangt, um atmisches Bewusstsein zu erkennen und zu erfahren. Wer seine eigenen Schwächen und die Verdienste anderer herausfindet, kann sein Herz ruhig und rein halten. Wenn man seine eigenen Fehler identifizieren und korrigieren kann, kommt es nicht darauf an, wo man sich befindet.

Nehmen wir ein einfaches Beispiel: Euer Zimmer ist vielleicht voller Moskitos. Aber wenn ihr ein Moskitonetz habt, wird euch deren Anwesenheit nicht belästigen, und ihr könnt gut schlafen. Wenn andererseits Moskitos innerhalb des Netzes sind, könnt ihr nicht schlafen. Wessen Fehler ist das? Also achtet darauf, dass ihr keine Schwächen habt. Denkt immer daran, dass spirituelle Übungen dazu dienen, Hingabe und Beständigkeit zu erreichen. Wenn ihr diese Übungen zu egoistischen Zwecken durchführt, wird euch dies nicht nützen, und ihr könnt niemals daraus Glückseligkeit, Frieden und Zufriedenheit gewinnen. In diesem Fall könnt ihr die Übungen nicht intensiv und hingebungsvoll durchführen.

Das *Ramayana* macht dies sehr deutlich. Nachdem *Bharata* aus dem Königreich seines Onkels Kekaya zurückgekommen war und vom Tod seines Vaters, des Königs *Dasharatha*, erfahren hatte, wandte er sich an seine Mutter *Kaikeyī* und fragte sie nach der Ursache seines Todes. *Kaikeyī* sagte: „Mein lieber Sohn, ich trage die Verantwortung für des Königs Tod. Um deinetwillen, um dich zum König von *Ayodhyā* zu machen, bat ich deinen Vater um die zwei Geschenke, die er mir vor langer Zeit versprochen hatte. Das erste Geschenk war, dich zum König zu krönen, und das zweite, *Rāma* in die Wildnis zu schicken. Dein Vater konnte die Trennung von *Rāma* nicht ertragen, und deshalb starb er."

Als *Bharata* dies hörte, wurde er sehr zornig. Er rief: „Du böses Weib! Verstehst du, was du tatest? Wie töricht du bist! Glaubst du, du kannst einen Baum fällen und die Zweige einpflanzen? Weißt du nicht, dass *Rāma* ein Baum ist?" *Kaikeyī* glaubte, es sei richtig, was sie getan habe, aber *Bharata* hielt ihr Verhalten für grausam. Was man gegenwärtig tut, ist genau das Gleiche. Man fällt den Baum der Göttlichkeit und pflanzt die Zweige der Natur *(prakriti).* Das ist nicht in Ordnung. Alle spirituelle Praxis ist nutzlos, wenn sie nicht von Hingabe und Beständigkeit getragen wird. Ohne die Grundeigenschaften Freundschaft, Mitgefühl, Mitfreude und Nicht-Anhaftung lässt sich nichts erreichen. Man kann keinen Frieden, Glückseligkeit und Selbstzufriedenheit erlangen. Daher sollte man sich für ein spirituelles Leben diese vier Eigenschaften aneignen.

Frage 177: Swami! Viele spirituelle Pfade werden von unterschiedlichen Traditionen und Religionen erwähnt. Wie weit können einen diese Pfade bringen, um Göttlichkeit zu erfahren? Bis zu welchem Grad müssen spirituelle Übungen ausgeführt werden? Aus der Beschreibung einiger dieser Übungen lässt sich ableiten, dass Erfolg während eines Lebens unmöglich ist. Andererseits sind wir auch

beunruhigt darüber, dass unsere spirituelle Praxis zu wünschen übrig lässt. Gibt es keinen Ausweg für uns? Bitte hilf uns, inneren Frieden zu finden.

Bhagavān: Wenn man eure Berichte über eure spirituelle Praxis *(sādhana)* hört, meint man, ihr wüsstet nicht, was das ist. Die Übungen, die ihr „spirituell" nennt, werden vom Geist gesteuert. Sie machen euch nur für eine gewisse Zeit glücklich und zufrieden. Andererseits kann man nicht sagen, sie seien völlig nutzlos. Spirituelle Übungen helfen euch, eure Zeit auf fromme Weise zu verbringen. Was also bedeutet *Sādhana?* „Sā" bedeutet *„sālokya",* d.h. sich im Himmel befinden und eine Vision Gottes haben; daher schenkt uns *Sādhana* den Schatz (dhana) der Gottesschau *(sālokya).* Jeder Akt des Geistes ist dualistisch, künstlich und flüchtig. Stellt euch vor, ihr macht eine Reise. Nehmen wir ebenfalls an, dass es einen Dieb in eurer Nähe gibt. Wie könnt ihr euch sicher fühlen? Die Person neben euch ist ein Dieb, nicht wahr? Ebenso kann euch alles, was ihr mit dem Geist unternehmt, niemals reines Glück, die Erfahrung von *Brahman*, schenken. Was ihr durch spirituelle Übungen erreicht, ist, dass der Schleier, der die Schau des Selbst behindert, entfernt wird. Wird dieser Schleier entfernt, werdet ihr euch des verborgenen wahren Gottes bewusst. Diese Erfahrung muss sich nicht von irgendwo einstellen, noch ist sie eine Erfahrung, die verloren gehen kann.

Die nächste Frage ist, wie lange die Übungen durchgeführt werden müssen. Nehmen wir als Beispiel eine Wunde. Wenn die Heilung einsetzt, erscheint Schorf, der die Wunde bedeckt, und dieser fällt von allein ab. Nehmen wir an, ihr reißt ihn gewaltsam ab. Die Wunde wird größer. Ebenso verhält es sich mit der Gotteserfahrung. Habt ihr sie einmal gehabt, stellt sich die Frage nach der Praxis nicht mehr.

Noch ein Beispiel: Wenn man das Essen kocht, passt man die Flamme dem Kochprozess an. Wenn man fragt, wie lange die Flamme brennen sollte, ist die Antwort, nur so lange, bis das Essen gekocht ist. Auch *Sādhana* ist nur so lange notwendig, bis man höchste Weisheit *(jnāna)* erworben hat.

Frage 178: Swami! Wenn wir aufgrund unserer praktischen Erfahrung, Unterscheidungskraft und Zielstrebigkeit Weisheit erlangt haben, wird dies andauern, oder besteht die Möglichkeit, sie wieder zu verlieren und zu unserer Unwissenheit zurückzukehren?

Bhagavān: Das ist unmöglich. In der Tat kann man die Weisheit nicht Weisheit nennen, wenn sie verloren gehen kann. Man kann auch keinen als Weisen bezeichnen, wenn er wieder unwissend wird.

Tatsächlich ist es so, dass Weisheit *(jnāna)* weder kommt noch geht. Ihr seid die Verkörperung göttlicher Weisheit (divyajnāna). Eure eigenen weltlichen Bindungen, Sinnesfreuden und die Identifikation mit dem Körper verschatten das Wissen von dieser Weisheit. Wenn ihr es einmal erfahren habt, werdet ihr niemals mehr diesen Zustand der Bewusstheit verlieren.

Ein einfaches Beispiel: Man lässt die Milch sauer werden und stampft sie, um daraus Butter zu machen. Die Butter, ein Produkt der Milch, wird sich niemals wieder mit der Milch vermischen, nicht wahr? Ebenso kann sich die Butter der Weisheit nicht mehr mit der Milch der Unwissenheit vermischen, wenn sie einmal erkannt ist. Ebenso wird ein Weiser (jnānin), obwohl er mitten unter Unwissenden lebt, niemals seine Weisheit verlieren. Unwissenheit wird sich niemals mehr einstellen. Wenn Weisheit einmal in euch aufleuchtet, wird sie euch nie mehr verlassen.

Frage 179: Swami! Ist Körperbewusstsein ein Hindernis für den spirituellen Fortschritt? Es scheint uns sowieso nicht zu verlassen. Bitte sage uns, wie wir damit umgehen sollen.

Bhagavān: Ich habe euch niemals gesagt, dass ihr euren Körper vernachlässigen sollt. Denkt immer daran, dass der Körper ein Instrument ist. Ein Tempel kann sehr schön, sauber und in höchstem Maße attraktiv sein. Ihr werdet jedoch nicht damit zufrieden sein, ihn nur von außen anzuschauen, sondern hineingehen und das Götterbild im Allerheiligsten anschauen. Es ist das Götterbild, das euch glücklich macht und in Ekstase versetzt, nicht wahr? Ebenso ist euer Körper ein wandelnder Tempel Gottes. Ihr solltet ihn niemals vernachlässigen. Eure Wünsche werden euren Körper nicht schmutzig machen. Das einzige Erfordernis ist, dass diese Wünsche gut und niemals schlecht sind.

Wir haben einerseits sechs Feinde *(arishadvarga)* wie Begierde, Ärger, Habgier, Bindung, Neid und Hass, die dem Menschen schaden. Aber ihr könnt sie in die richtige Richtung lenken. Nehmen wir einmal den Ärger *(krodha)*. Ärger tut euch zu keiner Zeit gut. Aber wenn ihr euch über euer schlechtes Verhalten, über böse Gedanken und schädliche Neigungen ärgert, kann das insgesamt zu einer Besserung führen. Also ärgert euch nicht über einen anderen, ärgert euch über euren eigenen Ärger. Dann wollen wir uns eure Wünsche *(kāma)* ansehen. Wenn eure Wünsche ins Unendliche gehen, werdet ihr ein unzufriedenes Leben führen. Wenn ihr auf der anderen Seite nach Gott verlangt, ihm zu dienen wünscht, wird genau dieses Verlangen erhaben.

Solange man also selbstsüchtig, egozentrisch, sinnlich und weltlich eingestellt ist, ist der Körper sicherlich ein Hindernis für den spirituellen Fortschritt. Aber wenn man darin ein Instrument sieht, mit dem man seine Göttlichkeit verwirklichen kann, ist er kein Hindernis. *Hiranyakashipu, Hiranyāksha, Rāvana, Kumbhakarna, Shishupāla, Jarāsandha, Dantavakra* und so weiter richteten sich selber durch ihre bösen Gedanken, schändlichen Taten und ihr grausames und verletzendes Wesen zugrunde. In der Tat ist der Körper das Geschenk Gottes, damit der Mensch seine innewohnende Göttlichkeit erkennt und erfährt.

Frage 180: Swami! Wie lassen sich Sinn und Ziel des Lebens leicht erfassen?

Bhagavān: Das ist sehr leicht. Ein kleines Beispiel: Ein Patient nimmt ein Medikament gegen ein Leiden ein und wird gesund. Warum? Er muss über einen gewissen Zeitraum regelmäßig Medikamente einnehmen, damit er nicht wieder krank wird und Medikamente braucht. Das heißt, er sollte nicht noch einmal krank werden.

Ebenso seid ihr in dieses Leben geboren, damit ihr nicht wiedergeboren werdet. In anderen Worten, ihr solltet nicht noch einmal in den Kreislauf der Geburten eintreten. Intensive spirituelle Übungen sollten während dieser Lebensspanne dafür eingesetzt werden. Dies ist der Zweck und das Ziel des Lebens.

Frage 181: Swami! Was heißt „Suche nach Wahrheit"? Wie sollen wir an diese großartige Aufgabe herangehen?

Bhagavān: Wer behauptet, er habe sich auf die Suche nach Wahrheit gemacht, ist ein Tor, der nur seine Unwissenheit zeigt. Wenn die Wahrheit *(satya)* überall ist, welchen Sinn hat es dann, sie zu suchen? Wahrheit ist Gott. Gott ist Wahrheit. Gott ist allwissend. So ist also die Wahrheit auch überall. Gott, die ewige Wahrheit, hat das ganze Universum geschaffen, das letztendlich in die Wahrheit eingehen wird. Es ist die ewige Wahrheit.

Mit den Augen seht ihr eure Kinder. Mit denselben Augen seht ihr auch eure Frau. Die Augen sind vielleicht dieselben, aber der Blickwinkel, die Sichtweise, wie ihr verschiedene Personen wie die Mutter, die Frau und die Kinder betrachtet, unterscheidet sich. Das Gefühl, das eure Betrachtung begleitet, ist der Geist der Wahrheitssuche. Das unterscheidet Gefühle von Blicken.

Die Suche nach Wahrheit sollte Fragen nach dem Was, Wann, Warum, Wen, Wo und Wie beantworten.

Frage 182: Swami! Heutzutage hat sogar religiöse Verehrung etwas mit Vorteilen und Geschäften zu tun, und man erwartet schnelle Resultate. Wird da nicht ein falscher Weg eingeschlagen? Lässt sich mit Schlauheit bei Gott viel erreichen?

Bhagavān: Selbstsucht ist heutzutage die Grundlage aller Taten und Worte. Wenn ihr euch ganz und gar dafür einsetzt, einen Job zu bekommen, so seid ihr eurem Arbeitgeber ergeben und nicht Gott. Wenn ihr euch ganz und gar auf eine Eheschließung vorbereitet, so seid ihr eurer Frau oder eurem Mann zugetan, aber nicht Gott

Wenn ihr aufmerksam seid, werdet ihr feststellen, dass es genug Geld auf der Welt gibt. Viele bekleiden eine gute Position. Es gibt viele einflussreiche und berühmte Leute. Solltet ihr Gott um Geld, Stellung, Popularität und Einfluss bitten, Dinge, von denen es schon genug auf der Welt gibt? Ihr solltet Gott um Dinge bitten, die hier nicht zur Verfügung stehen und nur in und bei ihm zu finden sind. Zwei Dinge findet man nur bei Gott und sonst nirgends. Welche sind das? Es sind Glückseligkeit und Frieden. Wahre Hingabe erkennt man daran, dass sie einen drängt, Gott um diese zwei göttlichen Gaben zu bitten.

Unglücklicherweise wenden heutzutage viele sogar Tricks, Winkelzüge und Berechnung im spirituellen Bereich an. Ach! Damit sind keine guten Ergebnisse zu erzielen. Solche Leute werden niemals Erfolg haben. Alles wird wie ein Bumerang zu ihnen zurückkommen. Gott und Geld passen nicht zusammen. Man kann Gott nicht kaufen oder verkaufen. Geschäfte oder Geschäftsprinzipien und Gott lassen sich nicht verbinden. Gott will weder euer Geld noch euren Reichtum. Er ist an eurem rechtschaffenen Leben interessiert.

Ach! Im Namen der Spiritualität täuschen unglücklicherweise viele einander, beteiligen sich an finanziellen Transaktionen, politisieren, manipulieren, setzen Betrug und List und Verschwörung ein, beteiligen sich an Klatsch und böser Verleumdung. Eure Kniffe und Tricks beeindrucken Gott nicht. Diese Taktiken werden euch einer Gotteserfahrung nicht näher bringen.

Hier ist eine kleine Geschichte: Ein sehr reicher Mann hatte einen Hund. Als ein Mann einmal auf der Straße spazieren ging, lief der Hund hinter ihm her und wollte ihn beißen. Da dieser Mann sich nicht anders zu helfen wusste, schlug er den Hund mit einem Stock. Der Hund starb. Dies erzürnte den reichen Mann so sehr, dass er den anderen vor Gericht brachte. Im Gerichtssaal fragte der Richter den Spaziergänger, warum er den Hund geschlagen und ihn dadurch getötet habe. Der Mann sagte: „Herr Richter! Er fiel über mich her und war drauf und dran, mich zu beißen. Ich hatte keine andere Wahl. Ich musste ihn also mit dem Stock schlagen, was unglücklicherweise den Tod des Hundes herbeiführte." Da fragte der Richter den reichen Mann, was er in dieser Angelegenheit vorzubringen hätte. Er sagte: „Herr Richter! Ich kann die Situation verstehen. Aber warum musste er den Hund auf den Kopf schlagen? Hätte er das nicht getan, wäre der Hund noch am Leben." Der Richter wandte sich wieder dem anderen zu und bat ihn um eine Erklärung. Dieser sagte: „Herr Richter! Er fletschte schon die Zähne und wollte mich beißen. Deshalb schlug ich ihn auf den Kopf. Hätte er versucht, mich mit dem Schwanz zu beißen, hätte ich sicherlich auf den Schwanz geschlagen." Hier werden also Tricks eingesetzt, um sich einer Situation zu entziehen. Auf dem spirituellen Pfad nützt das gar nichts.

Ein weiteres Beispiel: Ein Geschäftsmann musste beruflich eine Reise in eine nahe gelegene Stadt antreten. Er rief seinen Sohn herbei und sagte: „Mein lieber Sohn! Ich vertraue dir meine Arbeit an. Kümmere dich in meiner Abwesenheit darum. Pass gut auf. Du weißt, dass ich täglich Rituale durchführe. Ich wiederhole täglich die 108 kostbaren Namen Gottes. Ich bitte dich, dies in meiner Abwesenheit fortzuführen. Ich möchte nicht, dass das unterbrochen wird." Der Sohn antwortete: „Ok, Vater! Ich werde deine Anweisungen genau befolgen." Nach seiner Rückkehr fragte der Geschäftsmann seinen Sohn, ob er all die ihm übertragenen Aufgaben einschließlich der Rezitation der Namen Gottes durchgeführt habe. Der Sohn zeigte ihm als Beweis seiner Kooperation einen Bogen Papier. Darauf hatte er den heiligen Namen Gottes geschrieben und „dito" hinzugefügt, so dass er ihn nicht 108 Mal wiederholen musste. Ist dies eine echte Ashtottara-Zeremonie? Kann man bei einer solchen Vorgehensweise irgendwelche positiven Ergebnisse erwarten?

Einmal suchte ein Kaufmann einen Guru auf und bat ihn ehrerbietig um ein Mantra, um Befreiung *(moksha)* zu erreichen. Anschließend fragte ihn der Kaufmann: „Meister! Kann ich meinen Gehilfen bitten, dass er das Mantra tausendmal an meiner Stelle wiederholt?" Der Guru sagte: „Das ist nutzlos. Was soll diese Frage! Wie kannst du einen Nutzen für dich erwarten, wenn es dein Gehilfe für dich tut. Bittest du ihn denn, für dich zu essen, wenn du hungrig bist? Bittest du ihn, für dich zu trinken, wenn du durstig bist. Bittest du ihn, zum Arzt zu gehen und eine Arznei einzunehmen, wenn du krank bist? Was für einen Unsinn redest du da!" Dies scheint unter modernen Suchern und Aspiranten ein Trend zu sein, aber Hingabe *(bhakti)* ist das nicht.

Wenn man einen Pfad mit absoluter Nicht-Anhaftung *(virakti),* vollkommenem Einsatz *(shakti)* und vollkommener Liebe zu Gott *(anurakti)* geht, kann es als Hingabe bezeichnet werden. Tricks sind hier nicht am Platze.

Frage 183: Swami! Verzicht ist wirklich keine einfache Sache. Wir haben so viele Bindungen, und es ist nicht leicht, sie aufzugeben. Bitte zeige uns eine Alternative.

Bhagavān: Nein, nein. Das ist sehr leicht. Es ist falsch zu behaupten, dass Nicht-Anhaftung schwer sei. Tatsächlich ist es leichter und einfacher, keine Bindung zu haben, als gebunden zu sein. Seht einmal her! Ich halte dieses Taschentuch in meiner Hand. Ich halte es ganz fest. Dies über einen längeren Zeitraum zu tun, ist anstrengend. Andererseits ist es sehr leicht, es einfach fallen zu lassen. Nicht wahr? Jetzt wisst ihr also, wie schwer Bindung und wie leicht Loslassen ist.

Frage 184: Swami! Viele unterschiedliche Arten spiritueller Übungen werden für Gottsucher und Aspiranten vorgeschlagen und verordnet. Das ist sehr verwirrend, und die Situation der Gottsucher heutzutage ist, dass sie fast vergessen haben, was spirituelle Praxis bedeutet. Sehr häufig hören die, die einen Pfad eingeschlagen haben, auf oder unterbrechen ihn. Was ist der Grund dafür? Lass uns bitte wissen, was davon zu halten ist.

Bhagavān: Meiner Meinung nach ist Spiritualität sehr leicht und einfach. Vielleicht findet ihr es schwierig, die Blütenblätter einer Rose zu zerdrücken. Verglichen damit ist Spiritualität einfacher. Aber leider gibt es heute niemanden, der *Sādhana* kennt und lehrt.

Was ist *Sādhana*? Es ist ein Prozess, der das Nicht-Selbst (anātman) vom Selbst *(ātman)* entfernt. Dann wird sich die Erfahrung des Selbst *(ātmānubhāva)* einstellen. In anderen Worten, das Selbst, das Gewissen oder der *Atman*, ist die Wirklichkeit. Der Rest ist das Nicht-Selbst. Dies ist der Zweck spirituellen Strebens. Ihr wolltet auch wissen, warum ein einmal gewählter spiritueller Pfad unterbrochen wird. Das liegt nicht an der spirituellen Praxis. Der Fehler liegt bei euch. Es ist eure Schwäche. Wenn ihr z.B. in den Zug nach Bangalore einsteigt und unterwegs aussteigt, ohne das Ziel zu erreichen, müsst ihr euch fragen, an wem das liegt. Es liegt definitiv nicht am Zug, es ist euer Fehler.

Frage 185: Swami! Wir sind nicht imstande zu meditieren. Wir wissen nicht einmal, wie das geht. Was müssen wir tun?

Bhagavān: Wenn ihr die Methode nicht genau kennt und eure Konzentration zu wünschen übrig lässt, verschwendet keine Zeit. Tut lieber etwas Vernünftiges. Es ist lächerlich, sich zur Meditation hinzusetzen und an Sinnesobjekte und Sinnesfreuden zu denken. Es ist ganz einfach Zeitverschwendung. In der Tat, wenn es sich um echte Meditation handelt, sollte das Gefühl, dass man meditiert, völlig verschwinden. Die drei Dinge, der Meditierende, das Objekt der Meditation und der Meditationsvorgang selber sollten eins werden. Dies wird „dreigeteilte Manifestation" *(tripūti)* genannt. Eine wichtige Sache solltet ihr nicht vergessen: Ihr seid so weit von mir entfernt wie ich von euch. Ihr solltet immer die Nähe zu Gott erfahren und euch schließlich mit ihm identifizieren. Davon hängt der Erfolg eurer Meditation ab. Wenn ihr von Gottes Allgegenwart überzeugt seid, alle liebt und ihnen dient, Selbstsucht und Eigeninteresse aufgebt, dann werdet ihr den Nutzen wahrer Meditation erfahren und erkennen, dass eure Wirklichkeit das Selbst ist.

Ein Beispiel könnte euch den Vorgang der Meditation veranschaulichen. Hier sind zwei Becher; der eine ist mit Milch gefüllt, die in den anderen gegossen werden soll. Was tut ihr? Ihr haltet den mit Milch gefüllten Becher in einer Hand und den leeren in der anderen, und dann gießt ihr vorsichtig die Milch ein. Die zwei Becher sollten ruhig gehalten werden. Wenn der Becher mit Milch nicht ganz ruhig gehalten wird, wird die Milch verschüttet. Wenn der andere Becher nicht ruhig gehalten wird und zu wackeln anfängt, kann er keine Milch auffangen. In anderen Worten, beide Becher müssen ruhig gehalten werden. Der Becher mit Milch ist Gott, der mit eurer treuen Hingabe zufrieden sein sollte, während der andere Becher den Gottsucher repräsentiert, der unerschütterliches Vertrauen haben sollte.

Frage 186: Swami! Mein Geist ist unruhig. Wie soll ich dann am Bhajan-Singen teilnehmen? Welchen Sinn hat dieses Singen, wenn unsere Gedanken umherschweifen?

Bhagavān: Der Geist ist niemals ruhig. Das ist natürlich. Für den Körper ist es vielleicht leicht, ruhig zu sein. Er findet es schwierig, sich zu bewegen und zu laufen. Die Natur des Geistes ist das genaue Gegenteil. Der Geist findet es schwierig, ruhig zu sein, aber leicht, unstet und unruhig zu sein. Der Körper ist träge *(jada).* Aber der Geist ist Bewusstheit *(caitanya).* Man kann sich auf sein Bett legen, aber der Geist wandert herum. Hier muss etwas Wichtiges beachtet werden. Der Geist hat keine unabhängige Existenz. Er funktioniert nur durch den Körper. Der Geist, der an viele Orte wandert, wird weder von irgendjemandem empfangen noch reagiert jemand auf ihn. Niemand bietet ihm Gastfreundschaft an noch antwortet irgendjemand auf sein Verhalten. Er muss also irgendwann zum Körper zurückkommen. Deshalb hört niemals mit euren spirituellen Übungen auf, gleichgültig ob dies Singen oder Meditieren ist. Der Geist wird sich beruhigen und allmählich still werden. Blätter bewegen sich, wenn der Wind weht. Wenn er aufhört, werden die Blätter ruhig und bewegen sich nicht. Das ist ebenso beim Geist.

Frage 187: Swami! Es gibt Menschen, die sich in Bezug auf Spiritualität nicht sehr bemühen. Sie sind faul. Ist das so in Ordnung?

Bhagavān: Das hat mit Spiritualität überhaupt nichts zu tun. „Wer rastet, der rostet. Wer sein Selbst verwirklicht hat, darf ausruhen." (im Engl. Wortspiel: „rust" – „dust; „rest" – „best"; Anm. d. Ü.). Gott hat den Menschen mit Körper, Geist und Intellekt ausgestattet, damit er handeln kann. Es heißt: „Die menschliche Gesellschaft ist durch Handeln miteinander verbunden. Handeln macht euch glücklich oder unglücklich." (Telugu Gedicht). Handeln *(karman)* ist die Ursache der Geburt (janman). Man muss den Weg des Handelns wählen, um seine Schulden abzutragen, rechtschaffen zu leben und dann der Erfahrung Gottes teilhaftig zu werden.

Vielleicht sagt ihr, dass ihr gar nichts tut. Denkt daran, dass ihr keinen Augenblick ohne zu handeln leben könnt. Atmung, Blutkreislauf usw. sind Handlungen, ob ihr euch dessen bewusst seid oder nicht. Ihr nehmt Nahrung zu euch, während Gott es ist, der sie verdaut. Etwas ist wichtig: Der menschliche Einsatz und Gottes Gnade sind gleichermaßen wichtig. Das sind der negative und der positive Pol, zwischen denen der Strom fließt. Ein weiteres Beispiel ist die Streichholzschachtel. Um ein Streichholz zu entzünden, muss man es an den Seitenrändern der Schachtel reiben.

Ich möchte das durch ein weiteres Beispiel veranschaulichen. Stellen wir uns vor, dass der Wagen, in dem ihr unterwegs seid, umfällt. Ihr werdet langsam aufstehen und versuchen, ein Rad wieder in die richtige Position zu bringen. Gottes Gnade wird euer Bemühen unterstützen, indem er das andere Rad anhebt und der Wagen wieder in die normale Position kommt.

Frage 188: Swami! Manche behaupten, gute Taten seien genug; einige stellen fest, dass Rituale wesentlich seien, aber andere sind der Meinung, dass Erkenntnis des Selbst *(ātmavidya)* der einzige Weg zur Befreiung sei. Wie sollen wir diese drei koordinieren und integrieren? Widersprechen sie sich nicht? Warum werden gerade diese drei Wege beschrieben?

Bhagavān: Zuerst möchte ich euch klarmachen, dass sie sich nicht widersprechen. Gute Taten sind der Weg des Handelns *(karmamārga).* Die drei Tätigkeiten, die genannt worden sind, sind drei verschiedene Arten, mit der Eisenbahn zu reisen. Man kann erstens den direkten Zug wählen, der einen zum Ziel bringt. Das ist der Pfad der Erkenntnis *(jnānamārga).* Man kann aber auch einen Zug nehmen und unterwegs in einen anderen umsteigen, da es sich um keine Direktverbindung handelt. Dies ist der Weg des Handelns *(karmamārga).* Aber es gibt auch andere Züge, an die euer Wagen angehängt wird, so dass ihr nicht aussteigen und umsteigen müsst. Das ist der Pfad der Hingabe *(bhaktimārga).* So könnt ihr euch diese drei Wege vorstellen.

Noch ein Beispiel: Eine Mutter hat drei Söhne. Den jüngsten, ein Kind, füttert sie selbst. Aber der zweite Sohn ist ein großer Junge, der geradewegs in die Küche geht und sich sein Essen vom Koch servieren lässt. Der älteste Sohn ist ein Erwachsener, der sich sein Essen selber nehmen und essen kann. Ebenso verhält es sich hier. Das jüngste Kind steht für den Pfad des Handelns, der zweite Sohn repräsentiert den Pfad der Hingabe, während der älteste den Pfad der Weisheit repräsentiert.

Ein weiteres Beispiel: Ein König hatte drei Frauen. Er musste seinem Königreich länger als geplant fernbleiben. Also schickte er seinen drei Frauen eine Nachricht, in der er sie über die Verzögerung seiner Rückkehr informierte und sie bat, ihn wissen zu lassen, was er ihnen als Geschenk mitbringen sollte. Die erste Frau schrieb, sie wünsche nur seine sichere Rückkehr. Die zweite Frau, der es gesundheitlich schon eine Weile schlecht ging, bat um einige Arzneien, während die dritte, die Schmuck sehr liebte, um die neuesten Modelle bat. Nach seiner Rückkehr ging der König geradewegs zu seiner ersten Frau und blieb dort. Die anderen zwei Frauen kamen und baten ihn um seinen Besuch: „O König!", sagten sie, „deine Rückkehr verzögerte sich schon. Jetzt hast du bereits viel Zeit mit deiner ersten Frau verbracht. Was ist mit uns?" Der König antwortete: „Nun, diese bat um meine sichere Rückkehr. Also bin ich bei ihr. Aber ihr wolltet Arzneien und Juwelen, und euren Bitten entsprechend schickte ich euch das, was ihr gewünscht habt." Die erste Frau, die nur den König haben wollte und nichts sonst, steht für Entsagung *(vairāgya).* Die zweite Frau, die sich Medizin wünschte, repräsentiert materielles Wissen, währen die dritte, die Juwelen wollte, weltliche Hingabe um weltlicher Vorteile willen symbolisiert.

Daher werden verschiedene spirituelle Wege vorgeschlagen und angeordnet, indem man die Qualifikation, das Temperament, die Eignung, die Fähigkeit und die in früheren Leben erworbenen Eigenschaften der verschiedenen Menschen berücksichtigt.

Dasselbe erzähle ich meinen Studenten: Es gibt drei „W" (das bezieht sich auf drei englische Wörter, die mit „w" beginnen; Anm. d. Ü.). Das erste „W" bedeutet Arbeit (engl. work; *karmamārga),* das zweite bedeutet „Hingabe" (engl. worship; *bhaktimārga),* und das dritte bezieht sich auf „Weisheit" (engl. wisdom; *jnānamārga).* Diese drei sind im Namen SAI enthalten. „S" steht für „Dienst" (engl. service; *karmayoga*), „A" für „Anbetung" (engl. adoration; *bhaktiyoga)* und „I" für „Erleuchtung" (engl. illumination; *jnānayoga).*

Frage 189: Swami! Wir möchten wissen, wie eine wahre Erfahrung vermittelt werden kann.

Bhagavān: Da gibt es drei Stufen: erkennen *(jnātum),* sehen *(drashtum)* und einswerden *(praveshtum).*

Nehmen wir eine Mango als Beispiel. Ihr wisst, was das ist. Ihr geht auf den Markt, um sie zu sehen. Das genügt nicht. Ihr solltet sie kaufen und essen, um zu erfahren, wie sie schmeckt. Ihr könnt beschreiben, was ihr kennt und seht. Aber eure Erfahrung könnt ihr nicht vermitteln. Wenn ihr zum Beispiel knietief im Wasser steht, könnt ihr ungehindert sprechen. Wenn euch das Wasser bis zum Halse reicht, könnt ihr gerade noch sprechen. Wenn ihr ganz in das Wasser eintaucht, könnt ihr nicht sprechen, nicht wahr? Dies ist der Zustand vollkommener Erfahrung, der sich nicht beschreiben lässt.

Frage 190: Swami! Was ist die Ursache für Unruhe? Wie können wir uns davon befreien? Welche Änderungen sind nötig, damit wir frei von Unruhe werden?

Bhagavān: Wenn Wahrheit *(satya)* und Rechtschaffenheit *(dharma)* nicht vorhanden sind, entsteht Unruhe. Daher hat man heutzutage Frieden und Glückseligkeit verloren.

Der moderne Mensch hat weder Selbstvertrauen noch Vertrauen zu Gott. Er ist blind, da er die zwei Augen des Glaubens verloren hat. Das menschliche Leben ohne Glaube ist ein unfruchtbares Land. Nicht der Mensch sollte sich ändern, sondern der Geist *(mind)* muss sich ändern. Moral, rechtes Verhalten und ein guter Name sind wesentlich. Wo Wahrheit herrscht, ist Moral, Rechtschaffenheit ist rechtes Verhalten, während Entsagung *(tyāga)* dazu führt, dass man sich einen guten Namen erwirbt.

Wer Wünsche *(kāma)* hat, ist niemals glücklich.

Wer ärgerlich *(krodha)* ist, wird keine Freunde haben.

Ein habgieriger Mensch *(lobha)* kann keine Glückseligkeit *(ānanda)* erleben.

Deshalb sind Verlangen, Ärger und Habgier Feinde. Das Glück des Individuums *(vyakti)* hängt von der Gemeinschaft *(samashti)* ab. Der Einzelne hat eine Form. Die Gemeinschaft hat keine Form. Wenn man das Individuum achtet, heißt das, dass man die Gemeinschaft achtet. Die Gemeinschaft ist Teil der Schöpfung *(srishti).* Der Schöpfer ist Gott *(parameshthin).* So beginnt alles beim Individuum und endet bei Gott. In anderen Worten, Gott hat diese Welt geschaffen, in der die Gemeinschaft aus Einzelnen besteht. So sind sie miteinander verbunden und voneinander abhängig. Daher drückt sich im Einzelnen Wahrheit als Moral aus. Sein Verhalten sollte rechtschaffen sein, und sein guter Ruf ist darin begründet, dass er Gott verwirklicht.

Buddha spricht über gewisse Aspekte individueller spiritueller Übungen. Buddha sagte, rechtes Sehen (samyakdrishti) sei notwendig. Das

Sehen sollte rein und heilig sein. Dies führt zu rechtem Hören (samyakshravana). Wenn diese zwei großen Eigenschaften im Herzen verankert sind, führt das zu rechtem Empfinden (samyagbhāva). Dies wiederum veranlasst und fördert das rechte Handeln (samyakkriyā). Wenn also auf der Ebene des Individuums rechtes Sehen, Hören, Empfinden und Handeln vorhanden sind, wird die Gemeinschaft ideal sein. Es wird weder Unruhe noch Aufruhr geben.

Man muss seine Schwächen und Fehler korrigieren. Niemals sollte man irgendjemanden verleumden. Es gibt eine weitere Episode von Buddha. Buddha nahm in seiner Barmherzigkeit die Einladung einer Prostituierten an, bei ihr zu Hause zu essen. Während er auf dem Weg dahin war, kam der Dorfälteste, trug seine Bedenken gegen den Besuch in der Wohnung der Prostituierten vor und wies auf ihren schlechten Charakter hin. Buddha ergriff seine rechte Hand und sagte: „Nun, klatsche mal in die Hände, wenn es geht." Der Dorfälteste sagte: „Herr! Wie kann ich mit einer Hand klatschen, wenn du meine rechte Hand festhältst?"

Buddha lächelte und sagte: „Mit einer Hand kann man nicht klatschen. Man kann das nur mit beiden. So ist es auch mit dieser Frau. Du hast gesagt, sie habe einen lockeren Lebenswandel. Wer hat sie so weit gebracht? Ihr wart es doch alle." Da fielen der Dorfälteste und seine Freunde Buddha zu Füßen und wurden seine Anhänger. Auch die Frau änderte ihr Verhalten und folgte ihm nach.

Während dieser Zeit gab es noch einen bedeutsamen Vorfall. Eines Tages war Buddha müde und wollte eine Ruhepause einlegen. Also bat er einen seiner Schüler, abends vor der Menge über ein spirituelles Thema zu sprechen. Der Schüler erhob sich und lobte seinen Meister Buddha, indem er sagte: „Vor Buddha wurde nie ein Meister wie er geboren noch wird nach ihm einer wie er geboren werden." Alle klatschten. Als Buddha das hörte, kam er in ihre Mitte und fragte sanft: „Wie alt bist du? Woher willst du wissen, dass keiner wie dein Meister in der Vergangenheit geboren wurde und dass dies auch niemals in der Zukunft eintreten wird? Wie kannst du über die Zukunft sprechen? Viele erhabene Seelen lebten in der Vergangenheit und sind jetzt mitten unter uns und werden auch in der Zukunft geboren werden." So deutete er indirekt das Kommen der *Avatare*, göttlicher Inkarnationen, an.

Man muss in Verbindung mit Gott leben und ohne Bindung an die Welt, voller Hingabe sein und mit aller Kraft die Befreiung zu erreichen versuchen. Dies ist die einzige Lösung für Probleme wie Aufruhr, Unruhe und innere und äußere Konflikte.

Frage 191: Swami! Wir haben geglaubt, alles könne mithilfe von Selbstvertrauen erreicht werden. In Deinen Gesprächen heute hast Du Selbstschutz und Selbstbestrafung erwähnt. Bitte erläutere dies.

Bhagavān: Ziemlich oft führe ich gegenüber unseren Schülern diese Eigenschaften an: Selbstvertrauen, Selbstzufriedenheit, Selbstaufopferung und Selbstverwirklichung. Hierher gehören auch notwendigerweise Selbstschutz und Selbstbestrafung. Selbstschutz ist die Fähigkeit, alles mit Gelassenheit zu ertragen. Selbstbestrafung wiederum beinhaltet die Fähigkeit, aus eigenen Stücken seine Fehler zu untersuchen und sich dieser auf der Grundlage eines festen Entschlusses zu enthalten. Selbstbestrafung hält die Möglichkeit, weitere Fehler zu machen, in Schach, indem das Selbst Reue empfindet.

Frage 192: Swami! Im Unterricht haben wir von Selbstbewusstheit gehört. Wie kann unsere Neigung geändert werden? Bitte lehre uns die geeignete Technik.

Bhagavān: Ich fragte euch, was „Selbst-Bewusstheit" heißt. Jemand sagte: „Erkenntnis". Das ist nicht die korrekte Antwort. Dieses Wort kann auf zweifache Weise interpretiert werden. Im weltlichen Sinne bezieht es sich auf das Betrachten der eigenen Person, d. h. Selbstsucht. Das lässt sich durchaus als „Selbst-Bewusstheit" bezeichnen. Im spirituellen Sinne bedeutet es etwas ganz anderes. Im spirituellen Sinne ist einfach alles das Selbst. Der Schlüssel zu allen Handlungen und allen Erfahrungen liegt im Selbst. Körper, Geist und Intellekt sind nur Instrumente des Selbst. Ohne das Selbst sind sie nutzlos. Sie bedeuten dem Selbst so viel wie Kopf, Bein, Hand usw. für den Körper.

Dann habe ich euch nach der Bedeutung von „Tendenz" gefragt. Einige sagten, „Haltung", andere schlugen „Natur" vor. Das ist falsch. Es ist eine angeborene Orientierungsweise. Sie existiert im Menschen auf dreierlei Weise: animalisch, menschlich, göttlich. Die animalische Neigung zeigt sich als Reaktion auf Sinnesobjekte. Die zweite zeichnet sich durch Unterscheidungskraft aus, obwohl sie auch noch durch Wünsche gefärbt ist. Die dritte ist vollkommen frei von Wünschen, Bindung und „ich" und „mein". Es mag im Leben Bindung und eine Vorstellung von „ich" und „mein" geben, aber das Leben an sich hat nichts damit zu tun.

Ihr habt nach einer geeigneten Technik gefragt. Als ich nach der Bedeutung dieses Wortes gefragt habe, nannte einer es „Methode“, ein anderer „Vorgehensweise“. Das ist nicht richtig. Die Technik ist vidhāna. Was getan werden sollte, ist vidhi. Wie es getan werden soll, ist vidhanam. Was das Selbstbewusstsein angeht, so gibt es dafür nur eine Technik. Man muss sich der Tatsache bewusst werden, dass man das Selbst, der *Atman*, ist. Ich beziehe mich darauf, indem ich es „absolutes integriertes Bewusstsein“ nenne. Dieses Selbst ist wahrhaftig Gott. Ihr seid die Verkörperung Gottes. Hier solltet ihr auf drei Dinge achten:

a) Was ist das, was niemals verloren geht, wenn man es einmal besessen hat? Weisheit *(jnāna)*. In anderen Worten, wenn Weisheit auftritt, das heißt, wenn Bewusstsein aufleuchtet, geht es niemals wieder verloren.

b) Was ist das, was niemals erworben werden kann, wenn es einmal verloren gegangen ist? Unwissenheit (ajnāna). Ist die Unwissenheit verschwunden, kann man sie nicht zurückgewinnen.

c) Was ist das, was weder zu haben ist noch jemals verloren geht? Es ist das Selbst *(brahman, ātman)*. Das kann man „Selbstbewusstsein“ nennen.

Frage 193: Swami! Wie können wir die Existenz Gottes erfahren und durch welchen Hinweis können wir sie erkennen? Swami hat Gefallen daran, eine interessante Wendung dafür zu gebrauchen, „absolutes integriertes Bewusstsein“. Wie können wir dieses Bewusstsein erreichen?

Bhagavān: Die Vorstellung, dass alle Formen und Namen Gott gehören, ist in der Tat absolutes integriertes Bewusstsein. Die Erfahrung, dass die Welt von *Vishnu* erfüllt ist (sarvam vishnumayam), ist nichts als absolutes integriertes Bewusstsein. Gott kann in jeder Form, zu jeder Zeit und an jedem Ort erfahren werden.

Das Leben *Tulsīdās* veranschaulicht dies überaus gut. Er konnte Gott nicht erkennen, selbst als dieser sich ihm näherte und mit ihm sprach. Eines Tages saß *Tulsīdās* unter einem Baum und zerrieb ein Stück Sandelholz in einem Mörser, um Paste herzustellen. In diesem Augenblick kamen zwei Kuhhirten vorbei und fragten ihn: „Großvater! Kannst du uns etwas Sandelholzpaste geben?“ Da antwortete *Tulsīdās*: „Ihr Lieben, ich bereite diese Paste für Shrī Ramachandramurthi.“ Zwei Papageien, die auf einem Zweig des Baums saßen, beobachteten das und meinten: „Für wen bereitet er diese ganze Paste zu? Warum erkennt er das nicht?“

Tulsīdās hörte diese Worte. Er verstand die Sprache der Vögel. Am nächsten Tag tauchten die zwei Kuhhirten wieder auf, als er die Paste zubereitete. Dieses Mal nahmen sie ein wenig von der Paste in die Hand, ohne danach zu fragen, bestrichen sich damit die Stirn und gingen davon. *Tulsīdās*, der das bemerkte, war verblüfft. Auch dieses Mal hörte er die Vögel auf dem Zweig des Baums Bemerkungen machen: „Aha! Welch großes Wunder! Die, für die die Sandelholzpaste zubereitet wurde, sind selber gekommen und haben sie erhalten. Welch großes Glück!" Da er die Sprache der Vögel verstand, erkannte *Tulsīdās,* dass die Knaben, die sich mit der Paste geschmückt hatten, tatsächlich *Rāma* und *Lakshmana* gewesen waren. Aus Unwissenheit hatte er sie ihnen zuerst vorenthalten.

Vielleicht habt ihr auch von Vemana gehört. Er war ein Denker, der sich über Verehrung, die Steinen und Götterbildern entgegengebracht wurde, lustig machte. Er pflegte daran zu zweifeln, dass Gott, der die ganze Welt erfüllt, in Statuen aus Stein sein konnte. Gewöhnlich verspottete er die, die Götterbilder anbeteten. Eines Tages starb die Tochter seines älteren Bruders, die er sehr liebte. Krank vor Kummer starrte er auf das Bild des kleinen Mädchens, das an der Wand hing. Die Frau seines älteren Bruders beobachtete das. Eines Tages warf sie das Bild auf den Boden. Es zerbrach in Stücke. Das konnte Vemana nicht ertragen. Darauf sagte sie zu ihm: „Mein Sohn! Mein kleines Mädchen ist nicht mehr da, nicht wahr? Warum weinst du über ein zerbrochenes Bild?" Vemana antwortete: „Mutter! Obwohl sie hinüber gegangen ist, war ihr Bild doch da, nicht wahr? Es anzuschauen, war schon Trost für mich. Dagegen ist jetzt, da es in Stücke zerbrochen ist, mein Kummer noch größer." Da gab ihm seine Schwägerin einen ausgezeichneten Rat: „Mein Sohn! Es ist wahr, dass Gott überall gegenwärtig ist. Aber ebenso freuen sich seine Anhänger, ihn in einem Bild zu sehen und anzubeten. So wie du dich durch den Anblick des Bildes getröstet hast, obwohl die, die du liebtest, nicht mehr lebt, sieht der Anhänger Gott in einem Bild und betet ihn an." Sofort erfasste Vemana ihren Hinweis und verstand das Geheimnis der Anbetung von Götterbildern. Auf diese Weise ist die Erfahrung, den höchsten Herrn an allen Orten, zu allen Zeiten und in allen Geschöpfen zu visualisieren, wahrhaftig absolutes integriertes Bewusstsein. Dies kann auch als Existenz und Vorstellung von Göttlichkeit bezeichnet werden.

Menschliche Werte

Frage 194: Swami! Sehr oft beziehst Du Dich auf die menschlichen Werte. Diese Werte wieder einzusetzen, ist tatsächlich die Aufgabe, die dieser Avatar sich gestellt hat. Bitte zeige uns auf, wie wir ihre Bedeutung erkennen können.

Bhagavān: Ein Mensch, dem die menschlichen Werte fehlen, ist nur äußerlich ein menschliches Wesen, aber kein Mensch, was sein Handeln angeht. Die Überlegenheit und Würde des Menschen hängt von den menschlichen Werten ab. Die Geburt des Menschen hat einen Zweck: das Menschentum zu achten und zu Gott aufzusteigen. Wahrheit *(satya),* Rechtschaffenheit *(dharma),* Frieden *(shānti),* Liebe *(prema)* und Gewaltlosigkeit *(ahimsā)* können als die fünf Lebenshauche bezeichnet werden, die zusammen den Atem bilden. Ohne die Lebenshauche prāna, apāna, vyāna, udāna, samāna könnte der Mensch nicht existieren, nicht wahr? Aus Angst, dass Wahrheit ihn in Bedrängnis bringen könnte, hat sich der Mensch mehr und mehr davon entfernt. Er ist in einer so bedauernswerten Situation, dass er nicht weiß, was Rechtschaffenheit ist. Tatsächlich sollte der Mensch niemals diese Werte aufgeben, wie schwierig auch immer die Umstände sein mögen. Wenn man diese heiligen Werte aufgibt, kommt das einem Selbstmord gleich.

Wenn die Wahrheit aufgegeben wird, ist das mit dem Verlust eines Lebenshauchs gleichzusetzen. Der Spruch: „Sage die Wahrheit und folge der göttlichen Ordnung!" (satyam vada dharmam cara), ist in der Kultur Indiens am wichtigsten, und davon hängt aller spiritueller Fortschritt ab. Was ist die Hauptursache für das gegenwärtige Chaos? Es ist die totale Aufgabe von Wahrheit und Rechtschaffenheit. Das ist der Grund, warum Liebe schnell verschwindet. Wenn Wahrheit, Rechtschaffenheit, Frieden und Liebe fehlen, nimmt Gewalt (himsā) überhand. In der Familie, im Dorf, in der Stadt und dem einzelnen Staat, selbst in der Nation erleben wir Orgien der Gewalt. Furchtbare, grausame und abscheuliche Verbrechen werden begangen. Das Leben des Menschen ist leer geworden. Aber auch unter diesen Umständen können wir durch unseren Glauben an Gott menschliche Werte pflegen. Wie ein Elternteil, das über ein geistig behindertes Kind trauert, klagt Mutter Indien über das Fehlen menschlicher Werte in ihrer Bevölkerung. Moralische, religiöse und spirituelle Werte sind untergegangen. Achtet darauf, wie sehr sich König *Dushyanta*, der in der Stadt, wo es keine Werte mehr gab, seine Ausbildung erhielt, von seinem Sohn *Bharata* unterschied, der die menschlichen Werte während seiner Ausbildung in einem Ashram in sich aufnahm. Bildung, die nur dem Lebensunterhalt dient, verdient diese Bezeichnung nicht. Wahre Bildung erzieht die Schüler dazu, die höchsten Ziele des Lebens zu erkennen, und spornt sie an, menschliche Werte zu verwirklichen.

Frage 195: Swami! Warum brauchen wir menschliche Werte? Welche Rolle spielen sie in unserem Leben?

Bhagavān: In dieser Welt hat jedes Individuum und jedes Ding einen Wert. Alles hat seinen eigenen Wert. Es gibt nichts Wertloses auf der Welt. Unglücklicherweise hat in der gegenwärtigen Welt nur der Mensch seinen Wert verloren. Sein Leben vergeht, ohne dass es einen Wert hat. So ist der Mensch schlimmer als ein Tier geworden. Sogar der Körper eines Vogels oder eines kleinen Tiers wie eines Kaninchens hat, selbst nachdem es getötet worden ist, einen Wert. Sein Fleisch ist von Nutzen. Aber der Mensch, auch wenn er ein Kaiser wäre, hat bald nach seinem Tode keinen Wert mehr. Also ist es notwendig, Werte im Leben zu praktizieren. Man sollte sein Leben mit Werten füllen. Man sollte ein wertvolles Leben führen.

Frage 196: Swami! Wie können wir menschliche Wert erwerben?

Bhagavān: Es genügt nicht, wenn man wie ein Papagei die fünf menschlichen Werte Wahrheit, Rechtschaffenheit, Frieden, Liebe und Gewaltlosigkeit wiederholt. Es genügt nicht, darüber Vorträge zu halten. Es ist nutzlos, Bücher darüber zu lesen. Die Werte müssen praktiziert werden.

So wie Eis kalt und Feuer heiß ist, sollte auch ein menschliches Wesen ganz natürlich menschliche Werte besitzen. Wenn man diese Werte auf Vorträge beschränkt, verlieren sie ihren Wert. Eine Unze Praxis ist besser als eine Tonne von Vorschriften. Wenn man sich die Karte von Indien anschaut, entspricht das nicht einer Rundreise durch das Land, nicht wahr? So gewinnt man auch durch Lesen oder Reden über menschliche Werte gar nichts. Wenn man aufrichtig einen Wert in die Tat umsetzt, wird der Rest folgen. Ein Baum hat den *Dharma* eines Baums. Ein Tier hat einen tierischen *Dharma*. Sollte dann nicht der Mensch einem menschlichen *Dharma* folgen?

Die Eigenschaften, die von einem Menschen erwartet werden, werden „menschliche Werte“ genannt. Wenn man Liebe entwickelt, stellen sich meiner Meinung nach alle anderen von selbst ein. Liebe ist die Hauptqualität. Liebe ist Gott, Gott ist Liebe. Liebe ist Leben. Ihr besitzt zweifellos Liebe, aber sie ist eng. Sie beschränkt sich auf euch und eure Familie, auf „ich“ und „mein“, alles andere ist ausgeschlossen. Liebe ist nicht Verengung, wie ihr es jetzt erlebt. Sie ist Expansion, Ausdehnung. Liebe ist Selbstlosigkeit, das kleine Selbst ist Lieblosigkeit. Es gibt niemanden auf der Welt, der ohne Liebe wäre, ob Theist oder Atheist. Gottes Gnade könnt ihr nur durch Liebe gewinnen. Es ist das Band der Liebe, das zwischen euch und Gott existiert.

Warum hat sich *Rāma* so über das Eichhörnchen im *Ramayana* gefreut?

Welche Bildung hatte der Bootsführer *Guhā,* dass er *Rāma* so erfreute?

Welchen Stand und welche Reichtümer hatte Shabarī, um die Liebe *Rāmas* zu gewinnen?

Welche Fähigkeiten besaßen die Hirtenmädchen von *Brindāvana,* um eine so enge und tiefe Freundschaft zu *Krishna* aufbauen zu können?

In all diesen Beispielen war es nichts als reine Liebe, die sie in die Nähe Gottes brachte. Liebe übertrifft körperliche Stärke, Intelligenz, Reichtum und Autorität. Gott möchte in seinen Anhängern Liebe finden. Da wo Liebe ist, ist Wahrheit.

Wenn z.B. euer Sohn, nachdem er draußen gespielt hat, mit einem Freund nach Hause kommt und nach einem Laddu (eine indische Süßigkeit; Anm. d. Ü.) fragt, seid ihr vielleicht versucht zu sagen, dass es keine Süßigkeiten im Haus gibt. Aber wenn euer Sohn allein nach Hause kommt und um etwas Süßes bittet, werdet ihr sofort in die Küche laufen und ihm die ganze Dose voller Süßigkeiten holen, damit er essen kann, soviel er will. Seht ihr den Unterschied! Zunächst habt ihr nichts gehabt, und später habt ihr eine ganze Dose voller Süßigkeiten! Und was ist der Grund dafür? Die Liebe zu eurem Sohn veranlasste euch, die Wahrheit zu sagen.

Ein Wort, das voller Liebe ausgesprochen wird, ist Wahrheit. Alles, was ihr aus Liebe tut, ist Rechtschaffenheit. All die ungerechten und unrechten Dinge, die heute getan werden, sind auf den Mangel an Liebe zurückzuführen. Aber eine liebevolle Handlung muss rechtschaffen sein. Da wo Liebe ist, ist auch Frieden. Es heißt, das Gesicht spiegele den Geist *(mind)* wider. Wenn wir jemandes Gesicht betrachten, können wir erkennen, ob das ein friedlicher, ängstlicher oder ruheloser Mensch ist. Die Wahrheit wird gesprochen, rechtschaffene Handlungen werden ausgeführt, während Frieden erfahren wird. Frieden ist also die Erfahrung von Liebe. Tadel oder Kritik werden einem nichts ausmachen. Wenn Frieden von Liebe unterstützt wird, haben Negativität und Vorwürfe keine Wirkung. Dies wird der, dessen Herz voller Liebe ist, nach einer bestimmten Zeit verstehen, und man wird niemanden verletzen. Das ist Gewaltlosigkeit. Liebevolles Verständnis ist Gewaltlosigkeit.

Also gibt es nichts auf dieser Welt, was man nicht mit Liebe erreichen kann. Wenn man diese göttliche universale Liebe entwickelt, wird man die Verkörperung aller menschlichen Werte sein.

Frage 197: Swami! Jetzt verstehen wir, dass unsere Schulen, Colleges und Universitäten schuld an der Bildungsmisere sind. Bildung wird an diesen Institutionen sicher nicht so vermittelt, wie Du es lehrst. Wo liegen die Schwächen in unserem Erziehungssystem?

Bhagavān: Das Wissen, das ihr in diesen Bildungseinrichtungen erhaltet, wird nicht richtig kanalisiert und genutzt. Ihr müsst euer Wissen zu Fertigkeiten machen. Nur dann wird ein perfektes Gleichgewicht zwischen „Wissen" und „Fertigkeiten" in unserem Erziehungssystem vorhanden sein. Heute setzt ihr nicht euer Wissen in die Tat (engl. skill) um, sondern ihr „tötet" (engl. kill) es. Auf diese Weise geht das Gleichgewicht verloren. Dies ist die Hauptschwäche der modernen Erziehung.

Frage 198: Swami! Bis zu welchem Grad sind die Eltern für den Verfall der Werte bei den Kindern verantwortlich?

Bhagavān: Meiner Meinung nach sind die Eltern einzig und allein für die schlechte Erziehung ihrer Kinder verantwortlich. Viele Eltern benehmen sich wie *Dhritarāshtra*, der blinde König im *Mahabharata*. Niemals widersetzte er sich seinen Söhnen, den *Kauravas*, noch verhinderte er, dass sie allerlei Böses anzettelten. Was geschah mit dem König am Ende seines Lebens? Niemand war übrig geblieben, die Rituale und Sterbezeremonien durchzuführen, obwohl er hundert Söhne gehabt hatte. Er richtete sich selber zugrunde. Warum? Die Bindung an seine Söhne brachte ihn zu Fall. Die ganze Sippe kam wegen dieser Bindung in Verruf.

Es scheint, als ob moderne Eltern nicht wissen, wie sie ihre Kinder erziehen sollen. Wenn der Sohn vor dem Fernseher sitzt, bringt die Mutter das Essen aus der Küche und stellt es vor ihn hin. Mit dem Teller vor dem Fernseher verzichten die Eltern darauf, ihm gutes Benehmen und gute Tischsitten beizubringen. Wer gute Manieren hat, ist ein Mensch. Wer diszipliniert ist, ist ein Gottsucher. Die Übrigen sind nichts als Kinder.

Die Eltern denken ständig an eine Ausbildung, die beruflichen Aufstieg und gute Aussichten im Ausland verspricht. Sie wollen, dass ihre Kinder hohe Positionen einnehmen, Geld verdienen, ins Ausland gehen und reiche Frauen heiraten und so weiter.

Es gibt noch eine andere Gruppe von Eltern. Wenn ihre Kinder zum Tempel gehen wollen, hindern sie sie daran und sagen: „Geht ihr jetzt zum Tempel? Aber ihr seid doch noch viel zu klein dafür. Muss man denn in diesem Alter so religiös sein? Das hat Zeit, bis ihr 60 Jahre alt seid." Manchmal trifft man auch auf einen Vater, der seinen Sohn anhält, jedem Besucher zu sagen, dass er nicht zu Hause ist. Was wird der Sohn wohl von seinem Vater lernen!

In unserer modernen Zeit gibt es viele Kinder, die nicht das Glück haben, von einer liebevollen, zärtlichen und verständnisvollen Mutter erzogen zu werden. Mütter kommen ihren beruflichen Verpflichtungen nach und verbringen ihre Zeit in Frauenclubs, auf dem Marktplatz, beim Einkaufen, mit Freunden und so weiter und so fort. Die Folge ist, dass ein Kind nur weint, wenn das Kindermädchen stirbt und nicht, wenn seine Mutter stirbt. Warum? Die Kinder kennen nicht die Liebe einer Mutter, nur die des Kindermädchens. Das ist die beschämende Situation heute.

Wer machte Kaiser Shivaji so berühmt? Wer machte Gandhi zu einem *Mahatma*? Nur die Mutter. Es ist einzig und allein die Aufgabe der Eltern, ihre Kinder zu idealen Bürgern zu erziehen. Wenn ein Mädchen verzogen ist, muss die Mutter getadelt werden. Wenn ein Junge schlecht erzogen ist, ist der Vater dafür verantwortlich. Eltern sollten ihre Kinder so erziehen, dass sie die Anerkennung aller finden. Sie sollten in ihren Schulen, in der Gesellschaft und in ihrem Land einen guten Ruf haben.

Frage 199: Swami! Überall erleben wir Preistreiberei. Viele finden es schwierig, wegen der steigenden Preise mit dem Geld auszukommen. Wir würden gern Swamis Meinung zum Ansteigen der Preise wissen.

Bhagavān: Zunächst sollte man wissen, dass der Mensch wertvoller ist als aller Reichtum der Welt. Die Preise sind in die Höhe gegangen, als die menschlichen Werte abnahmen. An dem Tag, an dem die menschlichen Werte wieder steigen, werden die Preise für Waren sinken. In der Tat, Dinge wie Land, Juwelen, Geld, Häuser, Gebrauchsgegenstände und Luxusgüter haben nur wegen des Menschen einen Wert. Da der Mensch sie gebraucht, sind sie wertvoll, gebraucht er sie nicht, sind sie nutzlos.

Zum Beispiel gibt es in einem Waldgebiet viel Land zu kaufen. Es ist sehr billig, dort Land zu kaufen und zu besitzen. Man kann da leicht ein Stück Land erwerben, während in Städten wie Bombay und Delhi die Grundstückspreise so hoch sind, dass sie für den Durchschnittsbürger unerschwinglich sind. Um dort ein Stück Land zu bekommen, und sei es nur ein kleines Grundstück, sind Hunderttausende von Rupien erforderlich. Woran liegt das? Es liegt an der Bevölkerungsdichte in den Städten. Jeder Quadratzentimeter wird voll genutzt. Aber in einem Waldgebiet leben recht wenige Menschen, und deshalb sind die Grundstückspreise dort niedrig. Wer ist nun dafür verantwortlich zu machen? Es ist der Mensch selber. Würde man Gold und Silber für wertvolle Metalle halten, wenn niemand sie kaufen würde? Nein. Es ist der Mensch, der den Wert oder Unwert von Waren, Gegenständen und Grundbesitz festlegt. Seit der Mensch seinen eigenen Wert verloren hat, sind die Preise für verschiedene Waren in die Höhe gegangen. Um die Preise zu senken, sollte der Wert des Menschen steigen, indem er menschliche Werte praktiziert.

Frage 200: Swami! Du weißt alles. Es trifft durchaus zu, dass wir Eltern getadelt werden müssen. Du hast sehr genau gezeigt, wo unsere Fehler liegen. Doch heutzutage bringen Kinder ihren Eltern keinen Respekt entgegen. Sie schlagen Verbote in den Wind. Dankbarkeit ist ihnen fremd. Sag uns bitte, wie Kinder sich in der Gegenwart ihrer Eltern verhalten und wie diese sie behandeln sollten.

Bhagavān: Ihr kennt die vedischen Gebote: „Verehre deine Mutter wie Gott, verehre deinen Vater wie Gott“ (mātridevo bhava, pitridevo bhava). Man muss diese Gebote befolgen. Die Epen führen auch viele Beispiele an, die in diese Richtung gehen.

Die Kultur Indiens fordert, dass jeder die eigenen Eltern achtet, liebt, ihnen dient und ihnen sehr dankbar ist, weil Blut, Kopf, Geld und Gott einzig und allein Geschenke der Eltern sind. Wenn man seine Eltern vernachlässigt, wird man von seinen Kindern das Gleiche erfahren.

Wenn man nach dem Essen einer Frucht aufstößt, wird man den Geruch der Frucht wahrnehmen. Wenn man eine Gurke isst und aufstößt, so wird es nicht nach einer Mango riechen. Wenn man einen Mangosamen in die Erde legt, erwartet man doch auch nicht, dass ein Neembaum daraus wird. Wie der Same, so der Baum. Alles kommt als Reaktion, Reflektion und Echo zu einem zurück. Dies ist so sicher wie das Amen in der Kirche. Man kann den Folgen nie entkommen. Wenn eure Eltern euretwegen Tränen vergießen, werden eure Kinder euch auch in die gleiche Lage bringen.

Hier ist eine kleine Geschichte: Es war einmal ein Mann namens Gopichand, der zwei Söhne hatte. Eines Tages machte er mit seiner Frau eine Reise mit der Eisenbahn. Er schrieb einen Brief an seine Söhne und bat sie, ihn und seine Frau am Bahnhof abzuholen. Beide Söhne kamen also zum Bahnhof. Der Älteste begrüßte die Eltern ehrerbietig, erkundigte sich, wann sie aufgebrochen seien, wie die Reise gewesen sei und ob sie etwas wünschten. Der zweite Sohn andererseits begrüßte sie gar nicht. Seine Haltung dem Vater gegenüber war ziemlich arrogant. Nach einer Weile sagte Gopichand zu seiner Frau: „Hast du gesehen, wie unser älterer Sohn uns begrüßte und sich nach der Reise erkundigte und der jüngere nicht?" Seine Frau antwortete: „Nimm es dem zweiten nicht übel. Schließlich ist er noch jung. Er wird sich schon ändern, wenn er älter wird. Ärgere dich nicht darüber."

Jahre vergingen. Was passierte schließlich? Der ältere Sohn, der seine Eltern ehrerbietig gegrüßt hatte, wurde Richter und wurde von jedermann in der Gesellschaft voller Achtung gegrüßt. Der zweite Sohn wurde Gerichtsdiener am selben Gerichtshof und musste alle empfangen und respektvoll begrüßen. Das ist der Unterschied. Wer seine Eltern respektiert, wird von allen respektiert werden. Wer das nicht tut, wird von niemandem geachtet werden.

Dieselben Lehren werden in unseren Epen verkündet. Am Ende der Schlacht von *Kurukshetra* im *Mahabharata* starben alle *Kauravas,* und Königin *Gandhārī*, Gemahlin des blinden Königs *Dhritarāshtra,* fing an *Krishna* zu tadeln: Sie sagte: „O *Krishna*! Du hast für die *Pāndavas* Partei ergriffen. Bist du nun glücklich, nachdem alle meine Söhne im Kampf gefallen sind?" Da sagte *Krishna* zu ihr: „Sieh mal, *Gandhārī*! Hast du jemals deine Söhne mit deinen eigenen Augen gesehen? (*Gandhārī* verband sich die Augen, um ihrem Gatten, der blind geboren war, gleich zu sein.) Haben sie zu irgendeiner Zeit deine Ratschläge befolgt? Wie kannst du erwarten, dass Gott sie segnet, wenn ihre eigene Mutter niemals einen Blick auf sie geworfen hat? Wie kannst du erwarten, dass sie Gottes Liebe und Barmherzigkeit empfangen?“

Das Gleiche lehrt auch das *Ramayana*. *Kusha* und *Lava*, die Zwillingsbrüder, konnten mit aller Kraft und Stärke gegen *Shrī Rāmacandra* kämpfen. Warum und wieso? Der Grund ist, *Lava* und *Kusha* fühlten sich von ihrer Mutter *Sītā* gesegnet, und als Folge davon konnten sie ihrem Vater *Shrī Rāmacandra* heldenhaft die Stirn bieten. Eine solche Kraft liegt im Segen der Eltern.

Jeder Mensch muss seinen Eltern dienen. Ihr braucht ihren Segen zu allen Zeiten. Ihr wisst, was eure Eltern mögen, ihr wisst, wie ihr ihnen eine Freude machen könnt, und ihr wisst, dass ihr seit eurer Geburt bei ihnen gewesen seid. Wenn ihr ihnen keine Freude machen könnt, solltet ihr euch fragen, wie ihr erwarten könnt, Gott eine Freude zu machen, den ihr niemals gesehen habt, noch wisst, was er von euch erwartet und was ihr tun solltet. Eltern sind göttlich.

Ihr könnt von dem englischen Wort für Eltern sehr gut ableiten, dass ihr etwas zurückzahlen müsst (im Engl. Wortspiel „parent“ – „pay rent“; Anm. d. Ü.). Das heißt, ihr müsst euren Eltern für das Geschenk des Lebens (Körper-Haus) dankbar sein.

Frage 201: Swami! Wir wissen, dass wir von Kindheit an gute Eigenschaften entwickeln sollten. Aber wie können wir das jetzt tun?

Bhagavān: Zunächst solltet ihr klar die Notwendigkeit erkennen, euch gute Eigenschaften anzueignen und sie aufrichtig zu entwickeln. Ihr solltet auch wissen, zu welch charakterlicher Größe sie euch führen können. Dann solltet ihr eure Schwächen herausfinden. An dem Tag, an dem ihr eure schlechten Eigenschaften ablegt, könnt ihr euer Leben mit guten Eigenschaften füllen, so wie ihr einen Becher mit Milch füllen könnt, nachdem ihr das Wasser ausgegossen habt. Wenn andererseits noch Wasser im Becher ist, wird es nicht möglich sein, Milch hineinzugießen. Also denkt immer daran, das die Beseitigung von Unmoral Unsterblichkeit bedeutet (im Engl. Wortspiel: „immorality“ – „immortality“; Anm. d. Ü.). Fangt zunächst an, euch selber zu bessern.

Swami! Viele Leute betonen die Wichtigkeit des Charakters. Aber sie interpretieren Charakter auf verschiedene Weise. Also was genau ist Charakter? Erkläre es uns bitte.

Bhagavān: Charakter ist das Wichtigste im Leben. Ein Leben ohne Charakter ist wie ein Topf voller Löcher. Ein Topf, der Löcher hat, kann Wasser nicht halten. Ebenso kann das, was einen Menschen zum Menschen macht, in einer charakterlosen Person nicht vorhanden sein. Das wusste auch *Prahlāda*. Eines Tages sah er, wie eine schöne Frau seinen Palast verließ. Er fragte sie: „Wer bist du?" Sie antwortete: „Ich bin dein Königreich." Er schwieg. Nach einer Weile sah er wiederum eine sehr schöne Frau seinen Königspalast verlassen. Er fragte sie: „Wer bist du?" Sie antwortete: „Ich bin dein Reichtum." Es verging eine Weile, da sah er einen Engel aus seinem Palast kommen. Er fragte ihn: „Wer bist du?" Er antwortete: „Ich bin dein guter Ruf." Er schwieg. Dann sah er eine Frau mit einem wunderbaren Gesicht und umgeben von himmlischem Glanz seinen Palast verlassen. Nie zuvor hatte er eine so prächtige Erscheinung gesehen. Er fragte sie: „Wer bist du?" Sie antwortete: „Ich bin dein Charakter." Sofort fiel ihr *Prahlāda* zu Füßen und flehte sie an, seinen Palast nicht zu verlassen. Sie erfüllte seinen Wunsch und ging zurück. Die anderen, Ruf, Reichtum und Königreich, folgten ihr sofort. Deshalb lässt sich sagen, dass jemand, der einen guten Charakter hat, alle anderen Güter auch besitzen wird. Also sage ich oft zu unseren Studenten:

„Politik ohne Prinzipien,
Wissenschaft ohne Menschlichkeit,
Handel ohne Moral und
Bildung ohne Charakter
Sind nicht nur nutzlos, sondern auch gefährlich."
Ich sage euch immer wieder:
„Das Ziel aller Erziehung ist Charakter,
Das Ziel der Kultur ist Vollkommenheit,
Das Ziel allen Wissens ist Liebe,
Das Ziel aller Weisheit ist Freiheit."

Was ist Charakter? Vollkommene Harmonie in Gedanken, Worten und Taten ist Charakter. Was auch immer ihr denkt, sagt es und handelt danach. Euer Denken, eure Worte und Taten müssen übereinstimmen. Das ist Charakter. Nur die Bösen denken, sprechen und handeln unterschiedlich. Dies wurde von *Hanumān* im *Ramayana* vorbildlich demonstriert. *Rāma* befahl ihm, *Sītā* jenseits des weiten Meeres suchen zu gehen. Er tat das mit seinem göttlichen Segen. Nachdem *Hanumān* diese göttliche Weisung erhalten hatte, sagte er „ja" und sprang sofort vom Gipfel des Mahendra-Berges.

Hier sollten drei Punkte beachtet werden. *Hanumān* beschloss, der Anordnung seines Herrn zu folgen. Diese Entscheidung ist der erste Schritt, der getan werden muss. Dann erklärte er auf dem Gipfel des Mahendra, dass er diesen Auftrag ausführen werde. Diese Erklärung ist der zweite Schritt. Danach machte er sich auf den Weg und flog über das Meer. Die Handlung folgte der Erklärung. Das ist der dritte Schritt. Bei *Hanumān* finden wir diese drei Schritte: Entschluss – Gedanke, Erklärung – Wort und Handlung – Tat. Wir können auch sagen, die drei „H" sind in perfekter Übereinstimmung (im Engl. head = Kopf; heart = Herz und hand = Hand; Anm. d. Ü.) Das ist Charakter.

Da gibt es noch etwas Wichtiges, was man immer beachten sollte, um seinen Charakter zu schützen. Ich gebe euch das englische Wort „watch" als Stichwort. Hier hat jeder Buchstabe eine Botschaft und Weisung. „Watch" ist ein Wort mit fünf Buchstaben. Der erste Buchstabe „W" steht für die „Worte", die wir gebrauchen. Also achtet auf eure Worte. Die Worte sollten voller Wahrheit sein. Ihr sagt die Wahrheit. Also achtet darauf, dass die Worte die Wahrheit ausdrücken. Der zweite Buchstabe „A" steht für „Aktion". Achtet auf eure Handlungen. Sie sollten dharmisch sein. Der dritte Buchstabe ist „T" und repräsentiert „Gedanken" (im Engl. thought). Achtet auf eure Gedanken. Sie sollten ruhig, niemals störend und beunruhigend sein. Also lasst eure Gedanken friedlich sein. Der vierte Buchstabe ist „C". Achtet auf euren „Charakter". Euer ganzes Leben lang sollte euer Charakter vollkommen sein. Das ist möglich, wenn ihr voll reiner Liebe seid. Liebe wird es euch ermöglichen, alles in der Welt zu erreichen. Der menschliche Charakter gründet sich auf selbstlose, reine und göttliche Liebe.

Der fünfte Buchstabe ist „H". „H" repräsentiert das „Herz". Achtet auf euer Herz. Das Herz heißt auf Sanskrit *hridaya.* Das ist *hri* zusammen mit *dayā. „Dayā"* ist Mitgefühl. Wer Mitgefühl hat, hat ein Herz, *hridaya.* Wo Gewalt ist, gibt es kein Mitgefühl. Ihr solltet in euren Worten, Gedanken und Taten frei von Gewalt sein. Ihr solltet anderen nicht durch eure Blicke, Worte, Gedanken und Taten Schaden zufügen. Ihr könnt auf euer Herz achten, wenn ihr eure Gedanken, Worte und Taten versteht, so dass euer Herz frei von Gewalttätigkeit ist. Gewaltlosigkeit kann durch Verständnis erreicht werden.

Also repräsentieren die fünf Buchstaben des Wortes „watch" Wahrheit, Rechtschaffenheit, Frieden, Liebe und Gewaltlosigkeit. Diese Werte machen den Charakter aus. Ist Charakter vorhanden, kann die Menschheit zur Stufe der Göttlichkeit aufsteigen. Ohne Charakter sinkt der Mensch auf die Stufe des Tieres hinab. In gewisser Hinsicht sind Tiere sogar besser als Menschen, da ihr Verhalten oft von der Jahreszeit und anderen Umständen bestimmt wird.

Wir können Charakter von zwei Seiten her betrachten. Einmal gibt es den individuellen Charakter und dann den nationalen Charakter. Der individuelle Charakter betont das Verhalten. Der zweite ist nationaler Charakter. Jeder sollte sich nationalen Interessen entsprechend verhalten. Heutzutage gibt es politische Führer, die weder das eine noch das andere besitzen. Das ist die Ursache für den traurigen Zustand des Landes. Wenn Studenten beides besitzen, werden sie zu idealen Bürgern des Landes werden. Eine wahre Nation sollte Charakter haben. Ohne Charakter ist ein Mensch schlimmer als ein Affe. Charakter ist also absolut notwendig, und man kann davon reden, wenn die drei „H" – wie ich es oft in unserem Erziehungsprogramm in Menschlichen Werten sage – Haupt (Wort), Herz (Gedanke) und Hand (Handlung) in vollkommener Übereinstimmung sind.

Frage 202: Bhagavān! Wir sind Dir wirklich sehr dankbar dafür, dass Du uns so klar und lebendig beschreibst, wie unsere Lebenseinstellung sein sollte. Welche wesentlichen Eigenschaften sollten wir Deiner Ansicht nach entwickeln?

Bhagavān: Wenn das Fundament nicht stark ist, kann ein Gebäude nicht fest und dauerhaft sein. Also ist das Fundament sehr wichtig. Man kann unzählige Stockwerke bauen, wenn ein festes Fundament vorhanden ist. Selbstvertrauen ist das feste Fundament. Gegenwärtig haben viele Menschen kein Selbstvertrauen. Sie versuchen nicht einmal, etwas Wertvolles zu tun, weil sie kein Selbstvertrauen besitzen. Wie können sie erfolgreich sein? Was kann, wenn jemand kein Selbstvertrauen hat, getan werden, damit er vorankommt? Auf dem Fundament des Selbstvertrauens werden die Wände der Selbstzufriedenheit errichtet. Nur jemand, der sich selber vertraut, wird zufrieden sein können. Ein Mensch ohne Selbstvertrauen wird in seinem ganzen Leben keine Selbstzufriedenheit entwickeln können. Also ruhen die Wände der Selbstzufriedenheit auf dem Fundament des Selbstvertrauens. Dann muss das Dach gesetzt werden. Selbstaufopferung ist das Dach. Wenn man aus seinem Vertrauen Zufriedenheit gewinnt, bereitet man sich auf das Opfer vor. In einem Haus, das kein Dach hat, kann man nicht leben. Das Dach ruht auf den Wänden, und die Wände ihrerseits stehen auf dem Fundament. Dann leben wir in dem Haus. Das Leben in einem solchen Haus ist Selbstverwirklichung. So müssen alle diese vier „S" entwickeln – Selbstvertrauen, Selbstzufriedenheit, Selbstaufopferung und Selbstverwirklichung.

Man sollte auch drei „D" entwickeln. Man muss wissen, dass ein VIP, wie z.B. der Staatspräsident Indiens, immer von zwei Leibwächtern begleitet wird, einer auf jeder Seite. Das erste „D" steht für Pflicht (im Engl. duty) und bezieht sich auf den Staatspräsidenten. Er wird von einem „D" auf jeder Seite begleitet, Disziplin und Hingabe (im Engl. devotion). Um die Pflichten gut zu erfüllen, ist Disziplin außerordentlich wichtig. Ohne Disziplin wird man niemals Erfolg haben.

Die normale Körpertemperatur ist 36,5° C. Der normale Blutdruck ist 120/80. Gibt es Abweichungen von diesen Normalwerten, ist man krank. Verändert sich der Blutdruck, können Herzbeschwerden auftreten. So ist unser Körper eine GmbH, bei der alle Systeme einer rigorosen Disziplin unterworfen sind. Das Auge kann die Intensität des Lichtes nur bis zu einem gewissen Grade sehen. Wenn die Grenze überschritten wird, treten Verbrennungen an der Retina des Auges auf. Ebenso kann das Ohr Geräusche innerhalb eines gewissen Bereichs hören, wenn diese Grenze überschritten wird, platzt das Trommelfell. Dies ist eine Lektion in Disziplin, die wir von unserem Körper lernen können.

Das zweite, was erforderlich ist, um die eigene Pflicht zu erfüllen, ist Hingabe. Hingabe ist Liebe.

Pflicht mit Liebe ist wünschenswert,
Pflicht ohne Liebe ist bedauernswert,
Liebe ohne Hingabe ist dämonisch,
Liebe ohne Pflicht ist göttlich.
Jeder sollte seine Pflichten gern und diszipliniert erfüllen.

Frage 203: Swami! Wir müssen uns bemühen, unsere eigene Befreiung zu erreichen. Aber wie können wir die grundlegende menschliche Eigenschaft spirituell entwickeln? Wird spirituelles Bewusstsein uns helfen, menschlicher zu sein, und uns schließlich das Göttliche erfahren lassen?

Bhagavān: Heutzutage scheint der ein menschliches Wesen zu sein, der einen menschlichen Körper hat. Aber man ist nur aufgrund seines Verhaltens und seines Wesens ein Mensch. Ihr solltet ein menschliches Wesen sein. Ihr scheint den Wert des menschlichen Lebens vergessen zu haben. Der Körper *(kāya),* Zeit *(kāla),* Handlung *(karma),* Pflichten *(kartavya)* und der Sinn des Lebens *(kārana)* werden alle entweder missbraucht oder fehlgeleitet oder vergeudet. Obwohl die Fortschritte in Wissenschaft und Technologie beträchtlich sind, sind die fundamentalen menschlichen Werte verloren gegangen. Überall herrscht eine Atmosphäre der Angst, Furcht, Spannung oder Unsicherheit und des Aufruhrs und der Ruhelosigkeit.

Um die menschlichen Werte zu pflegen, sind zwei Eigenschaften wesentlich: äußere Disziplin *(yama)* und innere Disziplin *(niyama)* und die fünf Prinzipien Gewaltlosigkeit *(ahimsā)*, Wahrheit *(satya),* Freiheit von Habgier *(asteya),* Begierdelosigkeit *(aparigraha)* und Enthaltsamkeit *(brahmacarya).*

A*himsā* bedeutet nicht nur, das Töten und Verletzen anderer Menschen zu unterlassen. Gedanken, Worte oder Taten sollten niemanden verletzen oder ihm weh tun. Das ist wahre Gewaltlosigkeit. Wenn man zu jemandem unfreundlich ist, ist dies bereits ein Ausdruck von Gewalt. Wenn man Böses über jemanden denkt, ist es Gewalt. Wenn man jemandem böse Blicke zuwirft, ist es Gewalt. Daher bedeutet Gewaltlosigkeit, dass man niemandem schadet und niemanden durch Gedanken, Worte und Taten verletzt.

Das zweite Prinzip ist Wahrheit, *satya.* Normalerweise glaubt man, Wahrheit sei der Bericht über das, was man sehe, höre und wisse. Das ist die Wahrheit der Welt. Selbst wissenschaftliche Gesetze sind nicht ewig gültig. Sie verändern sich im Lauf der Zeit, abhängig von neuen Erfindungen, Entdeckungen, Beobachtungen und Experimenten. Man kann sie wissenschaftliche oder materielle Wahrheiten nennen. Zeitungen berichten Fakten, aber nicht Wahrheit. Was also ist Wahrheit? Was dauerhaft, ewig und unveränderlich ist, ist Wahrheit. Wahrheit ist Gott. Man sollte die Wahrheit so sagen, dass sie akzeptabel und angenehm ist.

Das dritte Prinzip ist Freiheit von Habgier *(asteya).* Man soll den Besitz eines anderen nicht begehren. *Asteya* heißt wörtlich, weder an den Besitz eines anderen denken noch etwas haben wollen, was einem nicht gehört.

Das vierte Prinzip ist Begierdelosigkeit *(aparigraha).* Erwartet von niemandem etwas. Nehmt von niemandem etwas an. Aber ihr könnt

Dinge von euren Eltern, eurem Guru und Gott annehmen. Belästigt oder plagt eure Eltern nicht mit Forderungen, die sie nicht erfüllen können. Ihr solltet Weisheit und Freundlichkeit von eurem Lehrer akzeptieren. Aber von Gott müsst ihr alles annehmen, was er euch gibt. Also dürft ihr nichts von irgendjemandem annehmen. Ihr solltet niemandem etwas schulden. Gebt, aber nehmt nicht.

Das fünfte Prinzip ist Enthaltsamkeit *(brahmacarya).* Das heißt nicht Ehelosigkeit. Ein *brahmacārin* ist jemand, der sich auf den spirituellen Pfad *(brahmamārga)* begibt. Wer in *Brahman* wandelt, ist ein *brahmacārin.* Übereinstimmung in Gedanken, Worten und Taten ist *brahmacarya.*

Dann gibt es fünf religiöse Pflichten *(niyama):* Das sind Askese *(tapas),* Sauberkeit (shauca), Zufriedenheit *(santosha),* Studium der heiligen Schriften (svādhyāya) und Hingabe an Gott (īshvarapranidhāna).

Shauca schließt äußere und innere Reinheit ein. Es genügt nicht, auf äußere Sauberkeit zu achten, täglich ein Bad zu nehmen und gebügelte Kleidung zu tragen. Man sollte auch innen sauber sein. Bindung und Hass verunreinigen den Geist. Man sollte darauf achten, dass der Geist dadurch nicht verunreinigt wird. Deshalb sind äußere und innere Reinheit notwendig.

Die zweite Pflicht ist Askese, *tapas.* Das heißt nicht, dass man von zu Hause weglaufen und sich von seinem Besitz trennen sollte. Es heißt nicht, dass man die Familienbande zerreißen und in die Wildnis gehen oder einen Kopfstand machen sollte. Nein, wahres *tapas* bedeutet zu sagen, was man denkt und entsprechend zu handeln. In anderen Worten, die 3 „H", Haupt, Herz und Hand, sollten in gemeinsamem Denken, Reden und Handeln verbunden sein. *Tapas* heißt, böse Gedanken und Taten aufzugeben. Sehnsucht nach Gott ist Askese. Die Reinigung des Herzens durch heilige Gedanken ist Askese.

Die dritte Pflicht ist Zufriedenheit *(santosha).* Ihr habt den Eindruck, dass ihr zufrieden und glücklich seid, wenn ihr euch eure Wünsche erfüllt. Nein. Zufriedenheit entsteht durch Begrenzung der Wünsche. Durch zu viele Wünsche wird euer Leben unglücklich. Man kann alle möglichen Gegenstände und Materialien ins Feuer werfen, es wird alles zu Asche verbrannt. Das Feuer sagt niemals „nein" oder „das ist genug". Wünsche sind ebenso unersättlich.

Die vierte Pflicht ist das Studium der heiligen Schriften. Man sollte täglich in den heiligen Schriften lesen. Die tägliche ehrfurchtsvolle Lektüre eines religiösen Werks wird „parāyana“ genannt. Dadurch wird der Geist bis zu einem gewissen Grade gereinigt.

Die fünfte Pflicht ist die Hingabe an Gott. Gott ist in der Form eures Gewissens in euch. Ihr solltet euer Gewissen zufrieden stellen. Das ist ungemein wichtig.

So werden die fünf Prinzipien von *yama* und die fünf Glieder von *niyama* euch helfen, die Ziele des Lebens zu erreichen, die menschlichen Werte aufrecht zu erhalten und euch zu wahren Menschen zu machen.

Frage 204: Swami! In alten Zeiten wurde der Wahrheit höchste Bedeutung zuerkannt. Heutzutage ist das nicht so. Ist Wahrheit so wichtig?

Bhagavān: Es heißt, dass unter allen Werten des Lebens die Wahrheit an höchster Stelle steht. Wahrheit ist die Grundlage für alles. Gott ist Wahrheit. Die ganze Schöpfung trat aus dieser Wahrheit hervor und wird letztlich wieder darin aufgehen.

Erkennt also, dass Gott die Wahrheit und die Wahrheit Gott ist und lebt in Wahrheit. Wahrheit ist die Grundlage rechtschaffenen Verhaltens und der Weg zum Frieden, und dies wird euer Leben mit Liebe füllen.

Warum erinnern wir uns bis zum heutigen Tage an die Geschichte von *Harishcandra*? Weil er unter allen Umständen an der Wahrheit festhielt und sogar seine Frau, seinen Sohn und sein Königreich opferte.

Zu jener Zeit war *Prahlāda* König. Eines Tages sah er, wie eine schöne weibliche Gestalt den Palast verließ. Er fragte sie: „Darf ich wissen, wer du bist?“ Sie antwortete: „Ich bin dein Charakter.“ *Prahlāda* sagte nichts darauf. Am nächsten Tag sah er wieder eine schöne Frau aus dem Palast kommen und als er sie fragte, wer sie sei, sagte sie, sie sei sein Königreich. Er schwieg. Am nächsten Tag sah er, wie eine unvergleichlich schöne Frau aus dem Palast kam. Er fragte sie: „Mutter! Darf ich wissen, wer du bist?“ Sie erwiderte: „Ich bin dein guter Ruf.“ Er hinderte sie nicht daran zu gehen.

Am nächsten Tag sah er erneut eine große und majestätische Gestalt, wie er sie noch niemals zuvor in seinem Leben gesehen hatte aus dem Palast kommen. Er fragte sie höflich und ehrerbietig: „Mutter! Darf ich wissen, wer du bist?“ Sie antwortete: „Ich bin die Wahrheit.“ Da fiel *Prahlāda* ihr zu Füßen und bat sie, den Palast nicht zu verlassen. Schließlich willigte sie ein, wieder in den Palast zurückzugehen und ihn nicht mehr zu verlassen. Was passierte dann? Die anderen Engel, Charakter, Königreich und Reputation folgten ihr und gingen einer nach dem anderen zum Palast zurück. Das heißt, dass alle folgen, wenn man sich an die Wahrheit hält.

Frage 205: Swami! Wir haben keine genaue Vorstellung davon, was *Dharma* ist, und unser Verhalten spiegelt unser geringes Wissen wider. Gelehrte erklären *Dharma* auf verschiedene Weise. Sie bezeichnen etwas als *Dharma* in einem gewissen Zusammenhang und etwas ganz anderes in einem anderen Kontext. Dies vergrößert unsere Verwirrung. Swami! Bitte erkläre uns, was *Dharma* ist.

Bhagavān: Was unsere Vorfahren und Gelehrten über *Dharma* gesagt haben, muss richtig verstanden werden. Man sollte nicht vorschnell zu dem Schluss kommen, ihre Meinungen seien widersprüchlich. Nehmt z.B. die Aussage: „Es gibt keine höhere Pflicht als die Wahrheit, keinen höheren *Dharma* als die Wahrheit" (satyān nāsti paro dharmah). Was sollte hier besonders beachtet werden? Die Aussage ist: Kein Dharma ist höher als Wahrheit und auch nicht mehr als Wahrheit. Die tiefere Bedeutung ist: Die Grundlage von *Dharma* ist Wahrheit. Jetzt nehmt eine andere Aussage: „Gewaltlosigkeit ist die höchste Tugend" (ahimsā paramo dharmah). Was bedeutet das? Im ersten Beispiel ist es die Wahrheit, die als Basis von *Dharma* bezeichnet wird. Jetzt wird Gewaltlosigkeit *(ahimsā)* als höchster *Dharma* bezeichnet. Nun bedeutet *„ahimsā"* nicht nur Gewaltlosigkeit. Wahre Gewaltlosigkeit bedeutet, niemanden durch Gedanken, Worte und Taten zu verletzen. Hier bezieht man sich offenbar indirekt auf die Wahrheit. Die Wahrheit kennt weder Angst noch Wut. „*Satyagraha*" ist kein treffendes Kompositum. Wo Wahrheit ist, gibt es keine Wut. Wahrheit fügt keinen Schmerz zu. Wer seine Wurzeln in der Wahrheit hat, kann keine Gewalt anwenden. Vielmehr erkennt er in Gewaltlosigkeit sein *Dharma*. Es heißt auch: „Der Veda fürwahr ist die Wurzel des *Dharma*" *(*vedah kila dharmamulam). Die Veden, die Opferzeremonien und andere Rituale beschreiben, bezeichnen deren Durchführung als *Dharma.* Es ist unsere Pflicht, diese Handlungen durchzuführen, wie sie uns von den Veden vorgeschrieben werden. Hier sollte man den *Dharma* aus der Perspektive der Pflicht betrachten. Man muss seine Pflicht erfüllen, seinen Verpflichtungen nachkommen. Deshalb heißt es: „Die Pflicht wird Yoga genannt" (kartavyam yogam negate).

In der Gita heißt ein Vers (3.35): „Es ist besser, bei der Erfüllung der eigenen Pflicht (svadharma) unterzugehen, als den Pflichten eines anderen nachzukommen; denn dem Pfad eines anderen zu folgen, ist gefährlich." Man sollte erkennen, dass *„svadharma"* sich auf den *ātmadharma* bezieht. Andererseits hängen die *Dharmas* der vier Kasten und der vier Lebensstufen von der Geburt ab. Die Bevölkerung der Welt ist eine Mischung aus schwarz, weiß, gelb und braun, und man findet sie in allen Ländern. Die *Dharmas* der vier Lebensphasen, des Schülers *(brahmacarya),* des Familienvaters *(grihastha),* des Einsiedlers *(vānaprastha)* und des Asketen *(samnyāsa)* müssen als vier unterschiedliche Stufen, als vier Prozesse spiritueller Praxis angesehen werden, um *Brahman* zu erreichen, nachdem man seine Pflichten getan hat. Die Bedeutung von *Dharma* ist daher sehr subtil. Während das Wesen von Wahrheit sich in Worten ausdrückt, so äußert sich das Wesen *Dharmas* im Handeln.

Frage 206: Swami! Wie kann es zu einer Transformation des Menschen kommen?

Bhagavān: Im eigentlichen Sinne ist die Transformation des Menschen eine Transformation seines Geistes. Man neigt fälschlicherweise dazu, es eine Transformation des Herzens zu nennen. Mit Herz ist nicht das physische Herz gemeint, das sich in der linken Brustseite befindet. Das spirituelle Herz ist etwas ganz anderes, es durchdringt alles. Es ist Sein oder Bewusstheit und ist keiner Veränderung unterworfen. Die Transformation des Denkens ist wirklich wichtig, denn nur der, der mit geistigen Fähigkeiten ausgestattet ist, kann als Mensch bezeichnet werden. Ein Individuum stirbt, aber sein Geist lebt weiter. Der Geist allein ist die Ursache, warum der Mensch gebunden oder frei ist. Wenn der Geist sich ausbreitet, wie er es im weltlichen Leben tut, saugt er sich voll mit Wünschen, Ideen und weltlichen Angelegenheiten. Aber wenn er sich auf dem Weg nach innen befindet, treten all diese Dinge in den Hintergrund. Dieser Zustand völliger Entäußerung wird *„amanaska"* genannt. Er erleichtert die Erfahrung von Frieden und Freude. Nur so lässt sich die Transformation des Geistes verstehen. Nur dann ist die Transformation des Menschen möglich.

Frage 207: Swami! Wie können wir den dreifältigen Weg von Handeln *(karma)*, Hingabe *(bhakti)* und Erkenntnis *(jnāna)* verstehen?

Bhagavān: Schauen wir uns einmal unsere Armbanduhr an. Jede Uhr hat drei Zeiger: den Sekunden-, den Minuten- und den Stundenzeiger. Der Sekundenzeiger sollte sechzigmal vorrücken, bevor der Minutenzeiger eine Stelle weiterrückt. Dann sollte der Minutenzeiger sechzigmal vorrücken, bis der Stundenzeiger auf den nächsten Platz rückt. Der Sekundenzeiger lässt sich mit dem Pfad des Handelns *(karmamārga)* vergleichen, dem Pfad selbstloser Arbeit. Der Minutenzeiger steht für den Weg der Hingabe *(bhaktimārga),* den Pfad der Verehrung, während der Stundenzeiger den Weg der Erkenntnis *(jñānamārga)* repräsentiert, den Pfad der Weisheit.

Ich will euch noch ein Beispiel geben. Die meisten von euch fahren in den Ferien mit dem Zug nach Hause. Man kann das Ziel auf dreifache Weise erreichen. Man kann einen Expresszug nehmen, der einen direkt zum Zielbahnhof bringt. Man kann auch einen Zug wählen, bei dem der Wagen, in dem man sitzt, unterwegs an einen anderen Zug angehängt wird. Es ist eine direkte Verbindung, und man muss nirgends umsteigen. Dann gibt es noch eine andere Möglichkeit. Man steigt in einen Zug und fährt ein Stück, steigt auf einem Bahnhof aus und nimmt einen anderen Zug, um nach Hause zu kommen.

Diese drei Arten zu reisen lassen sich auch gut mit den drei spirituellen Wegen vergleichen. Der Pfad des selbstlosen Dienens *(karmamārga)* ist die Reise, bei der man umsteigen muss. Der Weg der Hingabe *(bhaktimārga)* lässt sich mit einer direkten Verbindung vergleichen, bei der der Wagen an einen anderen Zug gehängt wird, ohne dass man umsteigen muss. Schließlich lässt sich der Weg der Weisheit *(jñānamārga)* mit einem Expresszug vergleichen, der einen direkt ans Ziel bringt.

Frage 208: Swami! Es heißt, dass wir den Folgen unserer Handlungen nicht entkommen können. Das heißt, wir sind für die guten und die schlechten Erfahrungen verantwortlich. Die Früchte unseres Handelns müssen wir also ernten. Wie kann dann Hingabe zu Gott uns helfen? Warum sollten wir dann überhaupt Gott verehren?

Bhagavān: Gott schuf die ganze Welt und gab sie dem Menschen, damit er glücklich sei und sie frei nutze. Aber er knüpfte eine einzige Bedingung daran: „O Mensch! Tu, was immer du willst, aber denke daran, dass du die Früchte deines Tuns ernten musst. Den Folgen deiner Taten kannst du nicht entkommen. Von jetzt an kannst du in Kenntnis deiner Verantwortung dich an allem erfreuen und alles tun, was du auf der Welt tun möchtest."

Also liegen allen guten und bösen Erfahrungen eure Handlungen zugrunde. Nun wollt ihr wissen, warum ihr Gott verehren sollt und wie euch das hilft. Ihr könnt entscheiden, nach eurem Gutdünken Zwiebeln oder Jasmin auf eurem Feld anzupflanzen, aber ihr müsst die entsprechenden Steuern für das Land entrichten. Genauso unausweichlich ist das Ergebnis eurer Handlungen.

Doch solltet ihr eins beachten. Ihr zahlt Einkommensteuer. Ihr müsst sie proportional zu eurem Einkommen zahlen. Da ist nichts zu machen. Aber eine Ausnahme ist vorgesehen. Das hat mit Steuerhinterziehung absolut nichts zu tun. Wenn ihr eine Prämie für die Lebensversicherung gezahlt habt, wenn ihr einen gewissen Betrag für soziale Zwecke gespendet habt, kann das von der Steuerschuld abgesetzt werden. So werden euch also Steuern erlassen. Ebenso helfen spirituelle Übungen wie tägliches Gebet, soziale Aktivitäten, Meditation und Gottesdienste die Intensität und Schwere der Folgen eurer vergangenen Taten, denen ihr euch stellen müsst, zu mildern. Sie geben euch den Mut und die Selbstbeherrschung, die ihr braucht, um das Leiden auszuhalten.

Frage 209: Swami! Gott ist allgegenwärtig. Es gibt keinen Ort, keinen Gegenstand, keine Person ohne Göttlichkeit. Alle Namen sind – wie Du gesagt hast – sein. Du hast auch gesagt, dass alle Formen sein sind. Wie sollen wir in einem solchen Fall Gott verstehen, visualisieren und erfahren?

Bhagavān: Unsere Schriften sagen, dass Gott einer ohne einen zweiten ist. Er hat sich als viele manifestiert, seinem Willen entsprechend: „Einer bin ich, vielfältig will ich sein" (eko 'ham bahuh syām). Alles ist göttlich. Die Vielfalt oder Mannigfaltigkeit oder Verschiedenheit ist von Name und Form abhängig.

Ihr werdet bemerken, das der Erkennende *(jnānin),* der Prozess des Erkennens *(jneya)* und das Erkannte *(jnāna)* ein und dasselbe sind. Das wird dreigeteilte Manifestation *(tripūti)* genannt. Alles ist aus dem ursprünglichen Prinzip des *Atman* oder Bewusstseins hervorgegangen.

Der grobstoffliche Körper *(sthūla),* der feinstoffliche Körper *(sūkshma)* und der Kausalkörper *(kārana)* eines jeden Menschen sind aus dem *Atman* allein hervorgegangen. Ihr kennt die Tamarindenfrucht. Ihre äußere grüne Schale *(sthūla),* das weiche Innere *(sūkshma)* und der innere steinharte Same sind nur aus dem ursprünglichen Samen entstanden. Es ist der Same, der einen weiteren Samen in der Zukunft bildet. So sind also diese drei nichts als *Atman.*

Ich sage meinen Studenten oft: „Ihr seid nicht einer, sondern drei: der, für den ihr euch haltet (physischer Körper), der, für den andere euch halten, der individuelle Geist *(mind),* und der, der ihr wirklich seid, *Atman,* Bewusstsein.“ Ihr werdet mit einer Frage geboren: „Wer bin ich?“ Wenn die Antwort lautet: „Ich bin der Körper“ (aham dehāsmi), ist die erste Stufe erreicht, das ist der, für den ihr euch haltet. Wenn die Antwort auf dieselbe Frage lautet: „Ich bin eine einzelne Seele“ (aham jīvāsmi), ist die zweite Stufe erreicht, das ist der, für den andere euch halten. Aber wenn die Antwort auf die Frage: „Wer bin ich?“ lautet: „Ich bin Gott“ (aham brahmāsmi), dann sagt man die Wahrheit, dann befindet man sich auf der dritten Stufe, das ist der, der man wirklich ist. Das ist euer wahres Wesen.

Es ist derselbe *Atman*, der in allen drei Bewusstseinszuständen anwesend ist, im Wachzustand *(jāgrat),* im Traumzustand *(svapna)* und im Tiefschlaf *(sushupti).* Der *Atman* im Wachzustand (ātmavaishvānara) spielt alle drei Rollen. Im Wachzustand operiert der *Atman* zusammen mit dem Körper, dem Geist und dem Intellekt. Der *Atman* im Wachzustand kann „*vishva*“ genannt werden. Der *Atman* im Traumzustand wirkt nur auf den Geist ein. Im Traumzustand gibt es keinen Körper, da er auf dem Bett liegt. Die ganze Sache ist nichts als die Schöpfung eures Geistes, und der Geist erschafft euch, während ihr Traumerfahrungen macht. Dieser *Atman* des Traumzustandes ist als „*taijasa*“ bekannt. In der dritten Phase, der des Tiefschlafs, existiert derselbe *Atman* wie in den zwei vorangegangenen. Im Tiefschlaf existieren Körper, Geist und Intellekt nicht. Der *Atman* bleibt als der Erfahrende übrig und wird „*prajnā*“ genannt. Der *Atman* des Menschen ist reine, unbefleckte, nicht verunreinigte, ewige und unsterbliche Wahrheit im vierten letzten Bewusstseinszustand *(turīya),* der sich auf den drei Ebenen des Bewusstseins ausgedrückt hat. Im Wachzustand ist er „*vishva*“, im Traumzustand ist er „*taijasa*“, während er im Tiefschlaf „*prajnā*“ ist. Das sind nur Namen, die demselben *Atman* in diesen drei Bewusstseinszuständen gegeben werden, wie bei einem Schauspieler, der drei Rollen spielt. Ein Schauspieler namens Mallaya (ātmavaishvānara, *turīya)* spielt die Rolle des *Dharmaja* in einer Szene *(vishva), Arjuna* in einer anderen Szene *(taijasa)* und *Bhīma* in einer weiteren Szene *(prajnā),* während Mallaya *(Atman)* im Grunde derselbe bleibt.

So ist in diesem Universum alles im wesentlichen *Atman*. Die fünf Elemente, die fünf Wahrnehmungsorgane, die fünf Handlungsorgane, die fünf Lebenshauche, die fünf Hüllen und der Körper konstituieren einen weiten Bereich, der „bhūtākāsha" genannt wird. Der Impuls, der Einfluss und die Wirkungen all der Komponenten dieser Sphäre – die aus der äußeren Welt stammen –, sind in einem kleinen Bereich enthalten oder ihm eingeprägt, der „cittākāsha" genannt wird. Aber dann ist da der *Atman*, der Körper, Geist, Intellekt, das Ichbewusstsein, das als „cidākāsha" bekannt ist, überwacht und durch sie wirkt. Diese drei entsprechen dem grobstofflichen (sthūla – bhūtākasha), feinstofflichen (cittākāsha – sūkshma) und dem Kausalkörper (cidākāsha – kārana).

Christus sagte das auch in seiner ersten Feststellung: „Ich bin der Bote Gottes." Das ist Dualismus *(dvaita).* Die nächste Feststellung von Jesus war: „Ich bin der Sohn Gottes." Das ist qualifizierter Nicht-Dualismus *(vishishtādvaita).* Schließlich sagte Jesus am Kreuz: „Ich und mein Vater im Himmel sind eins." Das ist Nicht-Dualismus *(advaita).* Auch im Persischen heißt es: „Ich bin im Licht", was den Zustand des Dualismus ausdrückt. Später heißt es: „Das Licht ist in mir," was den qualifizierten Nicht-Dualismus ausdrückt, und schließlich wird festgestellt: „Ich bin das Licht." Dies ist die Position des Nicht-Dualismus. Wir können in all diesen Zuständen die Einheit in der Vielfalt erkennen. Wenn man sich mit dem Körper identifiziert (aham dehāsmi), dann ist es der, für den man sich hält oder der Ausspruch von Jesus: „Ich bin der Bote Gottes" oder es ist „bhūtākasha", dies alles repräsentiert den Dualismus. Wenn man sich für ein Einzelwesen (aham jīvāsmi) hält, für den, den die anderen in einem sehen, drückt sich darin dieselbe Haltung aus wie in Jesus' Feststellung: „Ich bin der Sohn Gottes" oder dem persischen Satz: „Das Licht ist in mir" oder „cittākāsha", nämlich qualifizierter Nicht-Dualismus. Aber die letzte Erfahrung liegt in der Erkenntnis dessen, was man wirklich ist (aham brahmāsmi), was Christus so formulierte: „Ich und mein Vater im Himmel sind eins" oder wie die Perser sagten: „Ich bin das Licht" oder „cidākāsha". Das alles spiegelt die Haltung des Nicht-Dualismus wider.

Dieser muss erkannt und erfahren werden. *Hanumān* sagte dasselbe zu *Rāma*: „O *Rāma*! Wenn ich mich für meinen Körper halte, bin ich dein Diener; wenn ich mich für eine Einzelseele *(jīva)* halte, bist du mein Gott, und wenn ich denke, dass ich *Atman* bin, sind du und ich eins." Dies ist der Erkenntnisweg, der zur Entdeckung des eigenen wahren Wesens führt.

Frage 210: Swami! Gottes Schöpfung ist absolut gut. Woher kommt dann das Böse im Leben? Wenn es nichts Böses in der Schöpfung gibt, wie kann es da überhaupt böse Handlungen geben? Oder sagst Du, dass es in der Schöpfung sowohl Gutes als auch Schlechtes gibt? Bitte kläre diesen Zweifel auf.

Bhagavān: Die Schöpfung ist absolut rein und gut. Es gibt keine Spur von Bösem in Gottes Schöpfung und es ist kein Raum dafür da. Es ist nur der Faktor Zeit, der euch dazu bringt, Dinge für gut oder schlecht zu halten. Ihr esst heute eine gute Frucht *(phala)*. Morgen verwandelt sich die köstliche Frucht, die ihr heute gegessen habt, in Faeces *(mala)*. Ist es nicht dieselbe Frucht? Ist es nicht die Zeit, die diese Veränderung bewirkt hat? Daher sind aus eurer Perspektive gesehen Gut und Böse vorhanden. Aber für Gott ist beides dasselbe, da er nichtdualistisch ist.

Gott erschuf alles zu eurer Freude. Der Gebrauch allein macht Dinge gut oder schlecht. Ein Beispiel: Ihr habt alles Notwendige auf dem Markt gekauft und in die Küche gebracht. Jetzt müsst ihr aus diesen Vorräten ein gutes Gericht kochen. Der Geschmack hängt von eurer Kochkunst ab, wie und in welcher Menge ihr die Zutaten vermischt. Ihr habt die notwendigen Werkzeuge und Materialien. Jetzt hängt es von euch ab, das Essen so zuzubereiten, dass es köstlich schmeckt. So hat euch auch Gott alles gegeben. Von der Art und Weise, wie ihr das euch anvertraute Material gebraucht, hängt es ab, ob das Ergebnis gut oder schlecht ist.

Frage 211: Swami! Verzeih, wenn ich diese Frage stelle. Wenn unser Gedächtnis in vorgerücktem Alter nachlässt, werden wir uns nicht mehr an alles erinnern können, was notwendig wäre. Was lässt sich da machen?

Bhagavān: Das stimmt nicht. Sagt niemals, dass euer Gedächtnis nachlässt. Ihr sagt, ihr seid alt. Das ist nur eine Entschuldigung, es entspricht nicht wirklich den Tatsachen. Ihr erinnert euch an euren Geburtstag, ihr wisst genau, wann ihr geheiratet habt, wann eure Kinder geboren wurden, wann sie geheiratet haben, wann eure Enkel geboren wurden, wann ihr die militärische Ausbildung begonnen habt und wann ihr in den Ruhestand getreten seid. Wie könntet ihr euch an all dies erinnern, wenn eure Feststellung, dass euer Gedächtnis im Alter nachlässt, richtig wäre? Nur weil ihr eure Familie liebt, erinnert ihr euch an diese Daten. Ihr seid an diesen Angelegenheiten interessiert. Da ihr spirituellen Dingen keine so große Liebe und kein so intensives Interesse entgegenbringt, schützt ihr ein Nachlassen des Gedächtnisses im Alter vor, was aber nur eine lahme Entschuldigung ist. Eine Frucht kann vollkommen reif sein, aber der Same in ihrem Inneren ist hart.

Frage 212: Swami! Was ist der Ursprung für Frieden, Glück, Reichtum, Komfort und Annehmlichkeiten? Wie können wir das bekommen? Warum gehen einige, die sich diese Dinge sehnlichst wünschen, leer aus?

Bhagavān: Alles im Leben hat seinen Preis. Man bekommt diese Dinge, wenn einer der drei folgenden Gründe gegeben ist. Nehmen wir ein einfaches Beispiel: Ihr kennt euch in Bankgeschäften aus. Ihr habt ein Bankkonto. Nehmen wir an, ihr braucht etwas Geld. Was ist zu tun? Ihr geht zur Bank und hebt es dort ab. Aber auf eurem Konto sollte genügend Geld vorhanden sein. Wenn ihr dann einen Scheck mit eurer Unterschrift eingereicht habt, könnt ihr das Geld abheben. Wenn aber nichts auf eurem Konto ist, bekommt ihr auch kein Geld. Doch ihr braucht Geld. Was nun? Wenn ihr euren festen Besitz wie Gold oder Grundstücke verpfändet, wird euch die Bank entsprechend Gelder zur Verfügung stellen. Habt ihr keinen festen Besitz und braucht dennoch Geld, muss ein Reicher für euch eine Bürgschaft übernehmen. Dann ist die Bank bereit, euch das benötigte Geld auszuzahlen. Dies sind die drei Möglichkeiten, Geld von der Bank zu erhalten.

Hier ist „Geld" ein Bild für Gottes Gnade. Wenn ihr in der Gegenwart Gutes tut, d.h. einen Geldbetrag auf euer Konto einzahlt, könnt ihr in Zukunft das Geld, d.h. Gottes Gnade, abheben. Wenn gegenwärtig nichts eingezahlt wird, gibt es vielleicht gute Taten in der Vergangenheit, die als euer fester Besitz an die Bank verpfändet werden können, was euch dann berechtigt, Geld zu erhalten. Liegen keine guten Taten vor, habt ihr immer noch eine Chance, Geld von der Bank abzuheben, wenn ein reicher Mann, d.h. Gott oder ein *Avatar* oder ein Sadguru, für euch bürgt. So könnt ihr Gottes Gnade entweder aufgrund eurer vergangenen oder gegenwärtigen Verdienste erhalten oder wenn ein Reicher für euch bürgt. Einen anderen Weg gibt es nicht. Dies sind die Gründe dafür, dass jemand Reichtum, Luxus, ein glückliches Leben, Komfort und Annehmlichkeiten hat.

Frage 213: Swami! Du sagst uns, dass wir nicht Staub, mrinmaya, sondern Bewusstsein, cinmaya, sind. Deshalb sollten wir *Devotees* wissen, dass wir nicht einfach der Körper, sondern Bewusstsein sind. Du sagst auch häufig: „Ihr seid Gott." Warum sollten wir dann aber beten, wenn wir Gott sind? Warum sind dann all diese spirituellen Übungen nötig?

Bhagavān: Vielleicht wisst ihr es, vielleicht auch nicht, vielleicht stimmt ihr zu, vielleicht auch nicht, vielleicht glaubt ihr es, vielleicht auch nicht, aber ihr seid in der Tat göttlich. *Krishna* sagt in der *Gita*: „Ihr seid mein, ihr seid Funken meiner Göttlichkeit" (mamaivāmsho jīvaloke).

Die drei göttlichen Eigenschaften Sein *(sat)*, Bewusstsein *(cit)* und Glückseligkeit *(ānanda)* sind in euch. Das Gewissen *(prajnā)* in euch ist göttlich. Deshalb heißt es: „Brahman ist Bewusstsein" (prajnānam brahma). Einer der höchsten vedischen Lehrsätze lautet: „Das bist du" (tat tvam asi).

Es gibt heute intelligente Leute, die in der Einheit Pluralität oder Vielfalt erkennen. Aber gute, edle und fromme Personen, die in der Vielfalt Einheit entdecken, sind selten. Einmal passierte es, dass ein kleines Tigerjunges in eine Schafherde geriet. Nach einiger Zeit glaubte es, es gehöre zur Schaffamilie. Eines Tages kam ein Tiger an der Herde vorbei und griff die Schafe an. Als das Junge den Tiger sah, fing es an zu zittern und flehte: „O! Töte mich nicht, ich gehöre zu den Schafen und bin auch so schwach." Da sprach der Tiger zu dem Jungen: „Warum hast du Angst? Du gehörst nicht zu den Schafen. Du bist ein Tiger. Komm, folge mir! Schau in den Fluss und vergleiche deine Gestalt mit meiner. Du wirst die gleichen Streifen auf deinem Fell sehen, Barthaare um das Maul und eine laute Stimme. Warum glaubst du, du seiest ein Schaf in dieser Herde? Mein Lieber, du hast dein wahres Wesen und deine Identität vergessen.." Da erkannte das Junge seine wahre Natur und hatte fortan keine Angst mehr.

So klärt euch im Bereich der Spiritualität ein Lehrer durch seine Unterweisung *(upadesha)* über eure wahre Identität auf. Wenn ihr euch einmal von allem trennt, was nicht euer wahres Selbst ist, werdet ihr euer wahres Wesen, d.h. den *Atman,* erfahren. Deshalb ist die Erkenntnis des Selbst wesentlich. Ich sage, dass ihr Gott seid, aber diese Wahrheit habt ihr noch nicht erfahren. Ihr solltet eure spirituelle Praxis fortführen, bis sich diese Erfahrung eingestellt hat. Ihr müsst das Bhajan-Singen, Meditationen usw. fortsetzen, bis ihr die Wirklichkeit erfahren habt.

Frage 214: Swami! Wir wissen nun recht gut Bescheid über das, was göttlich ist. Was brauchen wir sonst noch in dieser Welt?

Bhagavān: Ihr macht einen Fehler. Es genügt nicht, wenn ihr nur etwas wisst. Wann werdet ihr Glückseligkeit erfahren, wenn ihr euer Leben lang mit Bücherlesen verbringt? Die Erfahrung ist wichtig und nicht theoretisches Bücherwissen. Die Gita bezieht sich auf drei spirituelle Stufen: Wissen *(jnātum)*, Sehen *(drashtum)* und Erfahrung *(praveshtum)*.

Stellen wir uns vor, jemand möchte eine köstliche Speise zu sich nehmen. Was macht er zuerst? Er kennt köstliche Gerichte wie Kurmā, Pulao usw. Der nächste Schritt ist, dass diese zwei Köstlichkeiten auf einem Teller angerichtet werden. Das Wissen allein genügt nicht. Man muss es auch sehen, nicht wahr? Und schließlich muss man es essen und die Speise genießen. Information und Wissen allein sind nutzlos. Man sollte praktizieren und realisieren. Das ist Weisheit, und wenn ihr das erreicht, taucht ihr schweigend in Glückseligkeit ein.

Genau dieselben Schritte werden auch im *Brahmasūtra* erklärt. Das erste Prinzip ist: „Und nun beginnt die Erforschung des *Brahman*" (athāto brahmajijnāsah). Aber was heißt „nun"? Wann genau sollten wir Interesse an *Brahman* entwickeln? Dieses Wort „und nun" (athāto) wird von Gelehrten und Sehern auf verschiedene Weise interpretiert. Ganze Bände sind damit angefüllt. Aber was zuerst sein sollte, ist Interesse am Tun (karmajijnāsā), später Interesse an der Urteilsfähigkeit (dharmajijnāsā) und schließlich Interesse an Gott (brahmajijnāsā).

Ich gebe euch einfache Beispiele, damit ihr das versteht. Nehmen wir an, ihr wollt Kokosnusschutney essen. Was macht ihr zuerst?. Ihr solltet alles, was ihr für die Zubereitung braucht, besorgen. Das ist karmajijnāsā. Ihr solltet dann das Material gut zerkleinern. Das ist dharmajijnāsā. Ihr müsst es auf die Zunge tun, um es abzuschmecken und herauszufinden, ob noch etwas hinzuzufügen ist. Das ist brahmajijnāsā. Das heißt, karmajijnāsā genügt nicht. Auf der nächsten Stufe ist dharmajijnāsā nötig, und schließlich entwickelt man Interesse an *Brahman* (brahmajijnāsā). Die so erworbene Weisheit muss praktiziert und erfahren werden. Ihr solltet das Glück mit anderen teilen.

Frage 215: Swami! Wir vollbringen gute und schlechte Taten. Beseitigen unsere guten Taten die bösen Wirkungen unserer schlechten Taten? Heben sie sich nicht wenigstens gegeneinander auf? In anderen Worten, werden unsere guten Taten die bösen Wirkungen unserer schlechten Taten aufheben?

Bhagavān: Da du Wirtschaftswissenschaften studierst, hast du diese Frage gestellt. Dein Denken bewegt sich zwischen Aktiva und Passiva (oder Soll und Haben). Aber Gott, weißt du, ist ein göttlicher Superbuchhalter. Sein Bilanzbogen sieht deinem nicht ähnlich. Du wirst die Folgen deiner Taten auf dich nehmen müssen, die guten für die guten Taten und die bösen für die bösen Taten. Er wird den Folgen deiner Handlungen nichts hinzufügen und auch nichts davon abziehen.

Ich werde euch in diesem Zusammenhang ein kleines Beispiel geben. Nehmen wir an, ihr habt ein paar Samen sowohl von Dornenbüschen als auch von Obstbäumen. Was passiert, wenn ihr sie in den Boden legt? Die Samen der dornigen Büsche werden zu dornigen Büschen heranwachsen und die Samen der Obstbäume werden entsprechend zu Bäumen heranwachsen, die Früchte tragen. Es ist unmöglich, dass etwas anderes geschieht. Genau so verhält es sich mit euren bösen und euren verdienstvollen Taten.

Sicher kennt ihr einige, die geloben, sie würden *Venkateshvara* zehntausend Rupien opfern, wenn sie im Lotto Millionen gewinnen würden. Können sie nicht verstehen, dass Gott, der ihnen Millionen Rupien geben kann, ihre 10.000 Rupien nicht erwartet? Sie denken nicht logisch und nicht vernünftig. Die Leute gehen von ihrem weltlichen Standpunkt aus. Aber Swami möchte, dass ihr auch eure weltlichen Handlungen zu spirituellen macht.

Frage 216: Swami! Genügt es nicht, wenn wir gut sind? Wie können wir Gott erkennen?

Bhagavān: Entfernt aus dem engl. Wort „good“ (dt. gut) ein „o“. Wenn dieses überzählige „o“ oder Körperbewusstsein *(prakriti)* aufgegeben wird, entsteht im Englischen das Wort „god“ = Gott. Ihr kennt den Buchstaben „W“. Man spricht ihn im Englischen „double you“ (dt. zweimal du) aus, d.h. ihr habt eine Individualseele *(jīvātman)* und die kosmische Seele *(paramātman)*. Es ist *Maya*, die Illusion, die euch daran hindert, die Einheit der beiden zu erkennen. Wenn ihr das englische Wort „my" (dt. mein) ein paar Mal wiederholt, klingt es wie *Maya*.

Das Gefühl von „mein" und „dein" ist für alles Elend auf der Welt verantwortlich. Es macht euch nicht das Geringste aus, wenn das Auto eures Nachbars zu Schaden gekommen ist. Aber wenn auch nur ein kleiner Kratzer an eurem eigenen Wagen ist, seid ihr sehr ärgerlich und aufgebracht. Wenn euer Nachbar sein Haus verkauft oder sich davon trennt, berührt es euch nicht. Aber wenn die Umstände euch zwingen, euch von eurem eigenen Haus zu trennen, werdet ihr sehr traurig sein. Warum? Das Gefühl: „Dies ist mein Haus", macht euch traurig. Dieses Gefühl von „mein" ist *Maya*. Wenn das verschwunden ist, werdet ihr Einheit in der Vielfalt erfahren.

Frage 217: Swami! Es heißt, dass wir den Folgen unserer Handlungen nicht entgehen können. Warum gibt es dann böse Leute, die trotz ihrer betrügerischen Taten glücklich sind?

Bhagavān: Hier sollten wir auf einen wichtigen Punkt achten. Ihr sagt, ein paar böse Leute seien glücklich. Sie mögen lächelnd Böses tun, aber später müssen sie weinen und leiden. Einige Handlungen zeigen sofortige Wirkung, bei einigen dauert es etwas länger, bei anderen sehr lange. Ich gebe euch ein kleines Beispiel: Wenn ihr euch in den Finger schneidet, schießt das Blut sofort aus der Wunde heraus. Dies ist eine Handlung, die sofort eine Wirkung hat. Es dauert ein wenig länger, eine Kuh zu melken, um Milch zu erhalten. Dies ist die zweite Kategorie. Wenn wir Nahrung zu uns nehmen, dauert es einige Stunden, bis sie verdaut ist. Dies ist die dritte Kategorie.

Wenn ihr einen Samen in die Erde legt, dauert es lange, bis er keimt und zu einer Pflanze heranwächst. So zeigen eure Handlungen auch zu verschiedenen Zeiten Wirkungen. Alles ist eine Frage der Zeit. Fest steht jedoch, dass man die Folgen seines Tuns ohne Ausnahme auf sich nehmen muss.

Frage 218: Swami! Warum muss der Herr eine menschliche Gestalt annehmen, wenn doch alle Formen und Namen göttlich sind?

Bhagavān: Ihr wisst nicht, dass alle Formen und Namen ihm gehören, bis ich es euch sage. Man muss euch über eure göttliche Natur aufklären, d.h. über Sein *(sat)*, Bewusstsein *(cit)* und Glückseligkeit *(ānanda)*. Das ist der Zweck der Inkarnation. Gott in menschlicher Form ist die Verkörperung der Liebe. Er lehrt Liebe und lässt jeden Menschen Liebe erfahren.

Obwohl Blumen, Nadel und Faden vorhanden sind,
Braucht ihr nicht jemanden, der die Girlande anfertigt?
Obwohl Gold und Perlen vorhanden sind,
Sollte es nicht auch einen Goldschmied geben, der eine Kette daraus macht?
Der Docht, der Behälter und Öl werden kein Licht hervorbringen,
Wenn ihr die Lampe nicht anzündet, nicht wahr?

Der Avatar, der inkarnierte Gott, ist ein Ideal für die ganze Menschheit. Nichts braucht er in dieser Welt, da alles ihm allein gehört.

Frage 219: Swami! Wir haben das Gefühl, dass das Leben immer weiter geht. Aber es scheint so zweck- und ziellos zu sein. Sage uns bitte etwas über den Zweck des Lebens.

Bhagavān: Es ist notwendig, dass ihr zu eurem Ursprung zurückkehrt. Wahrhaftig, ihr solltet wissen, dass ihr von Gott gekommen seid und zu Gott zurückkehren müsst.

Ein Topf, eine Platte usw. können aus Ton hergestellt werden. Nehmen wir an, ihr habt einen Topf. Nachdem ihr ihn eine Zeitlang gebraucht habt, lasst ihr ihn aus Versehen fallen. Er fällt zu Boden und zerbricht in Stücke, über die mehrere Autos fahren, die die Stücke weiter zerbrechen. Was geschieht? Ihr bekommt den Ton zurück. Es war am Anfang Ton und am Ende ist es wieder Ton. Der Topf ist auch aus Ton gemacht. Ebenso seid ihr von Gott gekommen und werdet zu Gott zurückkehren, und ihr seid auch Gott. Die Erkenntnis dieser Wahrheit ist der Zweck des Lebens.

Ein Beispiel: Jeder Brief, den man absendet, sollte zwei Adressen haben, einmal die Adresse des Adressaten, dann die des Absenders, so dass der Brief, falls er den Empfänger nicht erreicht, wenigstens zurückgesendet werden kann. Aber wenn die Adressen fehlen, gilt er als „unzustellbar". So solltet ihr auch wissen, woher ihr kommt und wohin ihr von hier aus geht.

Die Vereinigung mit Gott oder das Einswerden mit der Wirklichkeit oder die totale Identität mit Gott ist das letzte Ziel des Lebens. „Wieder Geburt und wieder Tod, wieder hilflos im Schoß der Mutter liegen." *(Ādishankara,* Bhaja Govindam; Anm. d. Ü.). Schließlich ist das Ganze ein Zyklus wiederholter Geburten und Tode. Nach dem Tod muss man in den Mutterschoß zurückkehren und wiedergeboren werden. Nichts als ein Leben nach dem anderen. Aber ein spirituelles Leben kann sozusagen dazu beitragen, nicht wieder geboren zu werden. Wer gestorben ist, muss nicht wieder sterben, weil er sich erneut inkarniert hat. Man nimmt eine Arznei, damit man nicht wieder krank wird. Der Tod sollte einen unsterblich machen.

Ein weiteres Beispiel: Ein Gefangener wurde nach Ablauf seiner Gefängnisstrafe entlassen. Der Gefängnisaufseher sagte zu ihm: „Pack deine Sachen zusammen und geh!" Der Gefangene antwortete: „Warum soll ich mir die Mühe machen zu packen? Ich bin ja doch bald wieder da." Damit wollte er sagen, dass er wieder straffällig werden und zurückkehren würde. Unser Leben sollte dem nicht gleichen. Es sollte wie die Tageszeitung sein. Die Zeitung von heute wird morgen nicht gelesen. Warum? Die Zeitung von heute wandert morgen in den Papierkorb (im Engl. Wortspiel: „newspaper" – „wastepaper"; Anm. d. Ü.). Denkt immer daran, dass ihr von Gott kommt, in Gott seid und zu Gott zurückkehrt.

Frage 220: Swami! Viele Leute scheinen traurig zu sein. Auch reiche Leute und die, die eine hohe Position bekleiden, sind traurig. Was ist der Grund dafür? Bitte sage uns, was wir tun sollten.

Bhagavān: Dafür gibt es zwei Gründe. Die Leute sind traurig, weil sie sich an Vergangenes erinnern. Wisst ihr nicht, dass sich Geschehenes nicht ungeschehen machen lässt? Warum müsst ihr zurückschauen, wenn ihr doch die Strecke schon zurückgelegt habt und an so vielen Dingen vorbeigegangen seid? Vergangen ist vergangen. Brütet nicht über der Vergangenheit. Der zweite Grund für diese Traurigkeit ist, dass man sich Sorgen wegen der Zukunft macht. Wer garantiert euch, dass ihr am Leben bleibt, bis ihr eure Pläne realisiert habt? Wisst ihr, was euch im nächsten Augenblick widerfahren wird? Was vorherbestimmt ist, wird eintreten, wenn die Zeit dafür da ist. Alles geschieht nach Gottes Willen. Warum macht ihr euch Sorgen? Die Zukunft ist unsicher. Nehmen wir an, ihr spart Geld, weil ihr euren Sohn zum Studium ins Ausland schicken wollt. Wie könnt ihr aber sicher sein, dass er Erfolg im Studium haben wird? Denkt also weder an die Vergangenheit noch an die Zukunft. Lebt in der Gegenwart und seid glücklich. Dies ist nicht die gewöhnliche Gegenwart. Das ist die Allgegenwart (im Engl. Wortspiel: „ordinary present" – „omnipresent"; Anm. d. Ü.). Dafür ein einfaches Beispiel: In der Vergangenheit gab es einen Baum. In der Gegenwart habt ihr einen Samen jenes Baums. In der Zukunft entsteht daraus ein Baum. Also ist die Gegenwart das Ergebnis der Vergangenheit und die Grundlage für die Zukunft. Vergesst das nicht. Dann braucht ihr euch keine Sorgen zu machen und traurig zu sein.

Es gibt noch einen Grund für eure Traurigkeit: Es sind eure zahllosen Wünsche. Wenn ihr z.B. ein Stück Tuch fallen lasst, fällt es zu Boden. Es fällt wegen seines Gewichts zu Boden, nicht wahr? Aber wenn es Baumwolle ist, fällt es niemals zu Boden, stattdessen steigt es hoch. Was ist der Grund dafür? Da das Gewicht der Baumwolle so gering ist, steigt sie hoch. Der Mensch verliert auf dem Mond sein Gewicht. Nachdem ihr fünfzig Jahre lang Familienvorstand wart, solltet ihr alle Bindungen aufgeben. Ein Haushälter *(grihastha)* sollte ein Einsiedler *(vānaprastha)* und dieser schließlich ein Asket *(samnyāsin)* werden. Wenn ihr weniger Wünsche habt, werdet ihr glücklicher sein. „Weniger Gepäck bringt mehr Komfort und macht das Reisen zu einem Vergnügen", ist der Slogan der Bahn.

Je mehr ihr Gott liebt, desto glücklicher werdet ihr sein. Dafür ist Glaube notwendig.

Wo Glaube ist, ist Liebe.
Wo Liebe ist, ist Frieden.
Wo Frieden ist, ist Wahrheit.
Wo Wahrheit ist, ist Gott.
Wo Gott ist, ist Glückseligkeit.
Am Anfang ist Glaube und am Ende Glückseligkeit.

Frage 221: Swami! Wie kann ich erkennen, dass ich ewig bin? Ich sehe mich Schwierigkeiten gegenüber und bemerke überall Veränderungen. Wie kann ich spüren, dass ich ewig bin?

Bhagavān: Ein einfaches Beispiel: Ein armer Dorfbewohner hatte eine Frau und einen Sohn. Er fand es schwer, mit seinem Verdienst auszukommen. Um seine Situation zu verbessern, ging er in eine andere Stadt, um dort zu arbeiten, und ließ seine Frau und seinen Sohn zurück.

Eines Tages hatte er einen Traum, in dem er ein reicher Mann mit fünf Söhnen war. Nach einer Weile wachte er auf. Als er zu seinem Heimatort zurückkam, teilte ihm seine Frau mit, dass sein einziger Sohn gestorben sei, da er die Trennung vom Vater nicht habe ertragen können. Das berührte den Mann wenig. Da fragte ihn seine Frau: „Bist du nicht traurig über den Tod deines einzigen Sohnes? Was ist mit dir passiert?" Der arme Mann antwortete: „Das ist wirklich tragisch. Aber ich weiß nicht so recht, über wen ich eigentlich weinen sollte. Sollte ich den Verlust von fünf Söhnen im Traum beweinen oder den Tod des einen Sohns hier?" So solltet ihr ebenfalls wissen, dass das eine ein Tagtraum ist und das andere ein Traum in der Nacht. Der eine existiert nicht, wenn der andere existiert, aber ihr seid in beiden Bewusstseinszuständen gegenwärtig. Ihr habt Erfahrungen im Wach- und Traumzustand.

Was ist dann der Unterschied zwischen dem Tag- und dem Nachttraum? Der Tagtraum ist an Faktoren wie den Körper *(kāya),* die Zeit *(kāla),* die Handlung *(kārya),* den Grund *(kārana)* und die Pflicht *(kartavya)* gebunden. Nehmen wir an, ihr seid nach Guntur gefahren und ihr wisst, wann, warum und wie. Ihr seid mit dem Bus gefahren und wart in zehn Stunden am Ziel, und ihr habt alle Erfahrungen pflichtgemäß mit eurer Frau geteilt. Aber in einem Traum existieren diese Faktoren nicht. Wie reist ihr und wie lange dauert die Reise, während euer Körper im Bett liegt? Zwischen diesen beiden Zuständen gibt es also Unterschiede, aber ihr seid in beiden gegenwärtig. Also seid ihr ewig (nitya).

Frage 222: Swami! Gott ist der Schöpfer. Er hätte nur Glück erschaffen sollen. Warum hat er Schwierigkeiten und Probleme hervorgebracht? Verzeih mir, Swami, dass ich diese Frage stelle.

Bhagavān: Ohne Probleme kann man niemals Glück erfahren. Glück entsteht nicht aus Glück. Keine Mühsal endet in Mühsal. Ohne Schwierigkeiten kann man niemals erkennen, welchen Stellenwert Vergnügen hat.

Zum Beispiel verbringt ihr eure Zeit in diesem klimatisierten Raum. Soll der Wert einer Klimaanlage erkannt werden, so ist es angezeigt, bei hellem Tag im Freien herumzulaufen. Selbst eine Mutter wäre nicht imstande, ihr Kind zu lieben, wenn es keinen Tod in der Familie gäbe. Hier ist eine Orange. Sie hat eine äußere Schale, die bitter ist. Aber im Inneren befindet sich süßer Saft. So bestehen Gutes und Schlechtes nebeneinander. Die bittere Schale schützt den süßen Saft im Inneren, nicht wahr? Desgleichen stellt man auch fest, dass eine Sache, die einen jetzt glücklich macht, einen später bedrückt. Ebenso kann etwas, was einen jetzt traurig macht, einen später glücklich machen.

Also gibt es nichts, was einem absolutes Glück oder Unglück bringt. Ein Wollmantel im Winter z.B. macht einen glücklich, aber in einem heißen Sommer kann man ihn nicht gebrauchen, nicht wahr? Genauso macht ein Heizofen einen im Winter warm und glücklich. Aber im Sommer ist es das Gegenteil, nicht wahr? Glück und Unglück hängen daher von der Zeit, den Umständen und dem Standort ab. Freude ist ein Intervall zwischen zwei Leiden. Leid ist ein Intervall zwischen zwei Freuden. Wenn man an die Schwierigkeiten und die Intensität des Leidens in Zeiten der Traurigkeit denkt, verdoppelt sich das Leid. In schlechten Zeiten sollte man sich an die Tage und Augenblicke erinnern, da man glücklich war. Dann nimmt die Intensität des Leidens ab.

Man sollte sich allen Problemen stellen, als seien sie Prüfungen Gottes. Ein Gläubiger sollte solche Schwierigkeiten als Prüfungen seiner Hingabe und seines Glaubens willkommen heißen. Wie kann man erwarten, dass ein Student in die nächste Klasse versetzt wird, ohne dass er sich einem Test unterzieht? Andernfalls muss er eben in derselben Klasse bleiben. Kann ein Arzt die Krankheit seines Patienten diagnostizieren, Medizin verschreiben und ihn behandeln, ohne dass er ihn untersucht? Wie kann man erwarten, dass rohes Gold glänzt, wenn es nicht erhitzt, gehämmert und poliert wird, so dass daraus ein Schmuckstück gemacht werden kann? Kann man von einem Goldschmied erwarten, dass er unserem Wunsch, ein glänzendes Juwel zu bekommen, nachkommen kann, wenn man verlangt, dass das Gold nicht gehämmert oder erhitzt werden darf?

Ihr wisst auch, wie Zucker hergestellt wird. Das Zuckerrohr muss zerstampft werden, und der Saft muss erhitzt und behandelt werden, um daraus Zucker zu gewinnen. Anders lässt sich der Zucker nicht herstellen. Ihr wisst, wie ein Topf und eine Platte gemacht werden. Der Ton muss wiederholt erhitzt werden, damit daraus ein Gefäß gemacht werden kann, das man hochheben und auf dem Kopf tragen kann. Bevor der Ton zu einem Topf gemacht worden ist, ist jedermann darauf herumgetrampelt. Der Topf verdient also seinen Platz auf unserem Kopf, weil der Lehm es zuließ, gebrannt und bearbeitet zu werden. Also solltet ihr vor Schwierigkeiten im Leben keine Angst haben.

Im Epos *Mahabharata* betete *Kuntī* zu *Krishna*, er möge ihren Söhnen und ihr immer Probleme schenken, so dass sie unaufhörlich und inständig an ihn denken würden. Folglich ist Gutes und Schlechtes von Gott erschaffen, damit ihr erlöst und befreit werdet.

Frage 223: Swami! Woher ist das Böse gekommen? Sagst du, dass der Geist *(mind)* der Ursprung ist? Was ist jenseits von Gut und

Böse? Wie kann das Böse beseitigt werden? Swami allein kann das ausgezeichnet erläutern. Niemand sonst vermag das. Bitte erkläre es uns.

Bhagavān: Das Böse stammt nicht aus dem Geist. Es stammt vielmehr aus früheren Fertigkeiten und Neigungen. Der Geist ist voller Gedanken. Der Geist besteht im Wesentlichen aus Absichten und Abneigungen. Da er hart wie Wachs ist, wird er durch ein wenig Hitze weicher. In diesem Zustand bleibt alles an ihm haften. Wenn Wachs ins Feuer geworfen wird, schmilzt es völlig. Bindung und Hass haften nur am Geist, wenn er im weichen Zustand ist. Wenn der Geist geschmolzen ist, haftet nichts mehr daran. Wie bringt man nun den Geist dazu, vollkommen wegzuschmelzen? So wie Feuer das Wachs vollkommen schmelzen lässt, so lässt Weisheit *(jnāna)* den Geist schmelzen.

Der *Atman* ist jenseits von Gut und Böse, und nichts kann ihn berühren oder verletzen. Da der *Atman* ein Zeuge ist, transzendiert er den Dualismus. Achtet einmal auf das kleine Beispiel: Die Lotosblume blüht in Wasser und Schlamm. Ohne diese kann sie nicht existieren. Aber weder Wasser noch Schlamm haften am Lotos. Der Schlamm steht für die vergangenen Leben *(samskāra)*, und Wasser repräsentiert die Wirkungen gegenwärtiger Handlungen. Die Blume der Seele ist jenseits von Vergangenheit und Gegenwart.

Wünsche, die durch die Zeit begrenzt sind, bringen Geschicklichkeit hervor, während Göttlichkeit, die aus der Tiefe des Herzens kommt, Synthese ist. In anderen Worten, das eine ist nach außen gerichtet *(pravritti),* das andere orientiert sich nach innen *(nivritti).* Wenn Geschicklichkeit eine Sache des Geistes *(mind)* ist, ist Göttlichkeit eine Sache des Herzens. Ein kleines Beispiel: Um Felder zu bewässern, wird ein Wasserlift benutzt. Er schöpft Wasser. Ein langer Holzbalken, an dessen einem Ende ein schwerer Stein mit einem Seil befestigt ist, wird über einen Brunnen gelegt. Am anderen Ende des Balkens hängt ein Eimer. Wenn der Eimer tief in den Brunnen oder den Kanal hinuntergeht, füllt er sich mit Wasser. In diesem Augenblick geht der schwere Stein hoch wie bei einer Wippe. Der Stein repräsentiert Wünsche, daher das Gewicht. Das sind die früheren Errungenschaften. Aber der Eimer verhält sich anders. Er sinkt tief in den Brunnen des Herzens hinab und füllt sich mit dem Wasser der Göttlichkeit. Gibt es Spiele, die sich ohne einen Platz spielen lassen? Gibt es ein Lied ohne Rhythmus? Der Vogel kommt aus dem Ei und der Baum aus dem Samen. So ergänzen sich das Wesen des *Atman* und das der Menschen. Also übersehen einfach das Böse, dann verschwindet es. Betrachtet es als Illusion. Das wäre gut.

Heilige Schriften und Sai Baba

Ramayana

Frage 224: Swami! *Kaikeyī* hatte *Rāma* am Vorabend seiner Ernennung zum Kronprinzen in die Wildnis geschickt. Wie verhielt sich *Rāma* ihr gegenüber? Im Allgemeinen hätte das doch zu Feindseligkeit geführt, nicht wahr?

Bhagavān: *Rāma* ist die Verkörperung der Rechtschaffenheit *(dharma),* die Verkörperung der Gelassenheit. Er empfand keinerlei Hass *Kaikeyī* gegenüber. Nachdem er ihr zu Füßen gefallen war, brach er in den Wald auf, begleitet von *Sītā* und *Lakshmana. Bharata*, der sich nach dem Anblick *Rāmas* sehnte, zog auch in den Wald, begleitet von Lehnsfürsten, der Armee, Bürgern von *Ayodhyā* und den Weisen. Er fiel *Rāma* zu Füßen, bat ihn, das Geschehene zu entschuldigen, nach *Ayodhyā* zurückzukehren und die Herrschaft über das Reich anzutreten. *Kaikeyī* stand verlegen daneben. *Rāma* blickte über die Versammlung hinweg. Dann richtete er folgende Worte an *Bharata*: „*Bharata*! Ist deine Mutter *Kaikeyī* anwesend? Wo ist sie?" Er wandte sich ihr zu und verneigte sich vor ihr. Ihre Worte hatten wie das Vorspiel eines großen Dramas die Aufgabe dieser Inkarnation eingeleitet. Hätte sie ihren Wunsch nicht so, wie sie es getan hatte, geäußert, hätten sich die Ereignisse im *Ramayana* nicht so abgespielt. Sie hatte erfolgreich die Umsetzung des großen göttlichen Plans eingeleitet. *Rāma* wusste das natürlich. Also wo ist dann Raum für Feindschaft und Hass?

Außerdem musste *Rāma* in diesem Zusammenhang noch ein anderes *Dharma* aufrecht erhalten. Als *Kaikeyī Dasharatha* heiratete, hatte ihr Vater, der König von Kekaya, folgenden Wunsch bekannt gegeben: „O König *Dasharatha*! Du hast eine Ehe mit meiner Tochter *Kaikeyī* in Erwägung gezogen, um Nachkommen zu haben. Dann sollte ihr Sohn den Thron besteigen und dein Nachfolger werden, nicht wahr? Kannst du das akzeptieren? Wenn deine Königinnen *Kausalyā* oder *Sumitrā* Söhne gebären, würde *Kaikeyīs* Sohn sein Thronrecht verlieren, nicht wahr?" König *Dasharatha* hörte diesen Wunsch, beriet die Angelegenheit mit *Kausalyā* und *Sumitrā*, erklärte ihnen die Bedeutung und gewann ihre Zustimmung. Dann sagte *Kausalyā*: „Swami! Nachdem du zugesagt hattest, dass *Kaikeyīs* Sohn allein König von *Ayodhyā* werden würde, selbst wenn wir Söhne empfangen und gebären würden, würden sie niemals gegen das Ehrenwort ihres Vaters handeln. Es ist vollkommen ausgeschlossen, dass jemand in unserer Dynastie geboren wird, der nicht die Wünsche seines Vaters voller Achtung erfüllt." Für *Shrī Rāmacandra* hatte also rechtschaffenes Handeln und die Erfüllung der Wünsche seines Vaters absoluten Vorrang. Daher ist *Kaikeyīs* Anliegen gerechtfertigt und rechtschaffen. Dies war *Rāma* nicht unbekannt.

Frage 225: Swami! Ist es richtig von *Rāma*, *Tātakā*, eine Frau, zu töten?

Bhagavān: *Rāma* verkörpert Rechtschaffenheit. Mit *Lakshmana* ging er unter der Führung von *Vishvāmitra* in die Wildnis, nur um Dämonen zu töten. Diese Dämonen, die Opferzeremonien besudelten und große Weise töteten, machten Einsiedeleien zu Krematorien. In der Tat hatte *Vishvāmitra,* als er *Dasharatha* darum bat, seine Söhne *Rāma* und *Lakshmana* in die Wildnis zu schicken, einzig und allein die Vernichtung der Dämonen im Sinn. Der Weise hätte selber, wenn das sein Wunsch gewesen wäre, den Dämonen den Garaus machen können. Aber da er dem Opfergelübde unterworfen war, musste er sich von aller Gewalt fernhalten. Außerdem erwartete der Auftrag der Inkarnation *Rāmas* seine Erfüllung. Alles muss gemäß dem göttlichen Plan ablaufen. Die Taten der Dämonen waren extrem grausam. Um diese grässlichen Grausamkeiten auszulöschen und die Rechtschaffenheit zu schützen, mussten die Dämonen beseitigt werden. *Tātakā* mag eine Frau gewesen sein. Aber ihre Handlungen waren dämonisch, nicht wahr? Daher war die Tötung Tātakās gerecht und in voller Übereinstimmung mit dem Prinzip der Rechtschaffenheit.

In diesem Zusammenhang ist es unwesentlich, ob die Vertreter des Bösen Männer oder Frauen sind. Worauf es ankommt, ist der Nutzen ihrer Taten. Wegen seines unbotmäßigen Verhaltens wurde *Vali,* der König der Affen, obwohl er männlichen Geschlechts war, nicht verschont, nicht wahr? *Tārā* gab *Vali* den Rat: „ Herr! *Sugrīva* war noch vor ein paar Tagen schwer verwundet und floh. Wie kann es sein, dass er es jetzt wagt, dich herauszufordern? Er hat *Rāmas* Unterstützung, weißt du das nicht? *Rāma* ist in der Tat kein gewöhnlicher Mensch. Obwohl du sehr viel Mut hast, ist *Rāma* entschlossen, *Sugrīva* zu unterstützen und dich wegen deiner Untaten zu töten. Wirf dich *Rāma* zu Füßen und bitte um Hilfe!" *Vali* missachtete ihre Worte und erlag einem Pfeil *Rāmas*. So ist das wichtigste Kriterium die Wiederherstellung der Rechtschaffenheit. Das Geschlecht ist ohne Bedeutung.

Frage 226: Swami! Bitte verzeih mir und verstehe, dass diese Frage durch den Einfluss der modernen Lebensführung ausgelöst worden ist. Unsere Gesellschaft betrachtet *Sītā* und *Rāma* als das ideale Paar. Bitte, Swami, sei nicht ungehalten! Welch Glück gab es denn für dieses Paar? Nichts als Probleme, das ist doch sicher. Wie kann das die ideale Ehe sein?

Bhagavān: Dieses Ideal lässt sich in einem Satz zusammenfassen: Kein einziges Mal setzte sich *Sītā* über *Rāmas* Wünsche hinweg, und ebenso verhielt sich *Rāma* gegenüber *Sītās* Wünschen. Das ist eine ideale Ehe. Du denkst sicherlich daran, dass *Rāma Sītā* aufgrund gewisser Äußerungen eines Wäschers fallen ließ. Ist es nicht möglich, dass es in einem Königreich neben dem Wäscher viele andere gab, die an der Keuschheit der tugendhaften *Sītā* zweifelten? Das waren die Worte des Wäschers. Viele andere mögen ähnliche Empfindungen gehabt haben. Die Episode, in der *Sītā* der Feuerprüfung unterworfen wird, dient nur dazu, ihre Keuschheit vor der Welt zu bezeugen. *Rāma* weiß alles. Er ist allwissend.

Frage 227: Swami! Millionen Menschen verehren die edlen Charaktere in den indischen Epen, denn sie haben ihr Herz bewegt, sie zu Hingabe inspiriert und ihnen Zuflucht geboten. Wenn Du uns voller Mitgefühl diese Figuren erklärst, erscheinen sie uns so neu und ehrfurchtgebietend. Sie werden lebendig, berühren unser Herz durch ihre Würde und Majestät. Ich habe eine Frage. Am Ende des großen Kriegs schlägt *Lakshmana Rāma* vor, sie sollten sich im goldenen Königreich *Lankā* niederlassen. Er sagt: „*Bharata* herrscht über *Ayodhyā*, mein älterer Bruder! Lass uns diese schöne Insel *Lankā* zu unserem bleibenden Wohnsitz machen!" Ist *Lakshmana* Reichtum und Pomp verfallen?

Bhagavān: Nein, keineswegs. *Kaikeyī* wünschte, dass *Rāma* in die Wildnis geschickt würde. Es bestand keine Notwendigkeit dafür, dass *Lakshmana* ihn begleitete. Aus eigenem Antrieb gab *Lakshmana* königliche Freuden und Luxus auf und ließ seine edle Frau zurück, da er seine erste Pflicht darin sah, *Rāma* Tag und Nacht zu dienen. Daher ist *Lakshmana* ein Symbol für bedingungslose Hingabe. Dieser Vorschlag *Lakshmanas, Rāma* solle die Herrschaft über *Lankā* übernehmen, ist bedeutsam, denn er führte zu der Antwort, die eine deutliche Botschaft an die Menschheit ist. *Rāma* begegnete *Lakshmanas* Vorschlag mit diesen Worten: „Die Mutter und die Heimat sind größer als der Himmel." Ist die Mutter, selbst wenn sie hässlich ist, nicht eure Mutter? Wird eine Fremde, nur weil sie schön ist, eure Mutter? *Lakshmanas* Vorschlag löste *Rāmas* lebhaften patriotischen Appell an die Welt aus. Hat nicht sein Vorschlag, *Rāmacandra* könne jetzt das goldene *Lankā* regieren, *Rāma* dazu bewogen, der Welt ein erstrebenswertes Ideal vorzustellen? So geschah das ganz einfach, und der Grund war keinesfalls *Lakshmanas* Verblendung durch Besitz und Luxus.

Lakshmanas Ergebenheit *Rāma* gegenüber war unbegrenzt. Einmal sah *Lakshmana* in einiger Entfernung von ihrer Einsiedelei eine Staubsäule zum Himmel aufsteigen. Da kletterte er auf einen Baum in der Nähe und entdeckte weit weg *Bharata* an der Spitze eines Heeres mit seinen vier Abteilungen – Infanterie, Kavallerie, Elefanten und Streitwagen. Er sagte zu *Rāma*: „Mein älterer Bruder! *Bharata* begnügt sich nicht damit, uns in die Wildnis zu schicken, er kommt sogar hierher mit der Absicht, uns Schaden zuzufügen, denn er bringt alle vier Waffengattungen mit." *Rāma* wies *Lakshmana* wegen seiner Bemerkungen freundlich zurecht und erklärte, dass *Bharata* eine Art Pilgerreise mache und ihn bitten wolle, in sein Königreich zurückzukehren. In dieser Situation mag man den Eindruck gewinnen, dass *Lakshmana* jähzornig ist. Ein solcher Schluss ist nicht fair. Konnte *Bharata* nicht allein kommen, wenn er *Rāma* bitten wollte, die Herrschaft zu übernehmen? Warum sollte er in Begleitung eines riesigen Heers mit allen Waffengattungen kommen? Dies verursachte *Lakshmanas* Verdacht. Es war kein vorschnelles Urteil, wie man vielleicht vermuten könnte. Aber es war auch nicht *Bharatas* Schuld. Als er sich aufmachte, *Rāma* die Herrschaft über *Ayodhyā* erneut anzutragen, folgten ihm die Seher *(rishi),* die Streitkräfte und mehrere Führer, um *Rāma* zu sehen. So ist also *Bharata* nicht zu tadeln. Heute ist es von besonderer Bedeutung, die Charaktere in unseren Epen und *Puranas*, ihre Motive, die Ursachen ihrer Taten ebenso wie ihre Größe, Würde und Großzügigkeit zu beschreiben. Man sollte diesen Charakteren nicht die eigenen Eigenschaften zuschreiben.

Frage 228: Swami! Ich weiß nichts über *Shatrughna*, außer dass ich ihn unter die Namen der Brüder einreihe: *Rāma, Lakshmana, Bharata* und *Shatrughna.* Bitte erzähle uns wenigstens eine Episode, die seinen Charakter beschreibt.

Bhagavān: *Shatrughna* zeichnete sich ebenso sehr durch seinen Mut wie durch seine Rechtschaffenheit aus. Seine Hingabe dem Meister gegenüber war ganz außergewöhnlich. Seine Bruderliebe war beispielhaft. Ihr wisst sehr gut, dass *Lakshmanas* Name neben *Rāmas* steht. Deshalb werden ihre Namen wie ein Kompositum behandelt: „*Rāma-Lakshmana*". Ebenso fand sich *Shatrughna* immer auf der Seite *Bharatas*, so dass der Ausdruck „*Bharata-Shatrughna*" zu einem geflügelten Wort wurde. So wie *Lakshmana Rāma* mit unerschütterlicher Hingabe diente, so diente *Shatrughna Bharata.*

Shatrughna brachte *Rāma* tiefe Liebe entgegen. Hier ist ein Beispiel: Zusammen mit *Bharata* kehrte *Shatrughna* nach *Ayodhyā* zurück. Dies Ereignis fand statt, als sie das Königreich von Kekaya, ihrem Onkel mütterlicherseits, verließen. Als *Shatrughna* erfuhr, dass *Kaikeyī Rāmas* Aufbruch in die Wildnis veranlasst und dass sie die Krönung *Bharatas* geplant hatte, empfand er tiefen Schmerz. Er erfuhr auch, dass *Mantharās* böser Rat *Kaikeyī* veranlasste, *Dasharatha* um die Erfüllung der zwei Gelübde zu bitten. Wutentbrannt warf er einen Blick ungezügelten Hasses auf *Mantharā,* die gerade vorbeiging. Zu dieser Zeit war *Mantharā* sehr glücklich. Die Nachricht von der Krönung *Bharatas,* dem Sohn ihrer Königin, machte sie unendlich glücklich. *Shatrughna* sah sie lächelnd vorübergehen, prachtvoll gekleidet und mit allerlei Juwelen geschmückt. Er ging auf sie zu und ließ seinem Zorn freien Lauf, indem er sie in den Leib stieß. Sie fiel zu Boden, und ihre Kette zerriss, und die auf dem Boden verstreuten Diamanten und Perlen leuchteten wie die Sterne am Himmel. In der Zwischenzeit erschien *Bharata* und sagte: „Lieber Bruder! *Rāma* schätzt es gar nicht, wenn Frauen so brutal behandelt werden. Solche Handlungen gefallen ihm nicht im mindesten. Beruhige dich!" So groß war *Shatrughnas* Liebe.

Frage 229: Swami! Im *Ramayana* ist die Rolle *Hanumāns* sehr bedeutsam. Er ist das beste Beispiel für die Ergebenheit *(dāsyabhakti)* eines treuen Dieners, einer der neun Wege der Hingabe. Wir schätzen uns glücklich, von Dir über *Hanumāns* Hingabe zu hören. Wür-

dest Du uns bitte erzählen, wie moderne Jugendliche seinem Beispiel nacheifern können?

Bhagavān: *Hanumān* ist wegen seiner physischen Stärke, Intelligenz, seines vollkommenen Charakters und seiner Gelehrsamkeit bekannt. Doch wisst ihr, was er sagte, als er den Hof von *Rāvana* betrat? Indem er sich vorstellte, sagte er: „Ich bin ein Diener *Rāmas*." Die Stellung eines Dieners von *Rāma* empfand *Hanumān* als Auszeichnung und Prestige.

Rāma fragte die Affen (vānara), wer von ihnen das Meer überqueren und *Sītā* suchen könne. Einer von ihnen sagte, er traue sich zu, zehn Kilometer zu schwimmen, ein anderer sagte, es könnten 40 Kilometer sein und so ging es weiter, aber niemand konnte sagen, er könne weiter als 100 Kilometer *(shatayojana)* über das Meer springen. Dann fragte *Rāma Hanumān*: „Kannst du das tun und erfolgreich zurückkehren, nachdem du *Sītās* Aufenthaltsort herausgefunden hast?" *Hanumān* antwortete: „Ja, ich werde es tun." Daraufhin stellte *Rāma* die Frage: „*Hanumān*, du hast bislang keine Erfahrung, wie man über das Meer springt. Du hast niemals vorher *Sītā* gesehen, so dass du sie nicht identifizieren kannst. Wie kannst du also so bestimmt sagen, dass du über den mächtigen Ozean springen kannst, um *Sītā* auf *Lankā* zu suchen und dann zurückzukehren?" *Hanumān* erwiderte: „Swami! Würdest du mir nicht die notwendige Stärke, Fähigkeiten und Fertigkeiten schenken, damit ich den von dir erteilten Auftrag durchführe, und mir dann den Befehl erteilen, es zu tun? Würde ich nicht mit deinem Segen und deinem unbeugsamen Willen alles erfüllen, was man von mir erwartet?" So groß war seine Hingabe!

Junge Menschen sollten Gottes Gebot ohne zu zögern folgen. Sie sollten niemals zweifeln, in Frage stellen, ungehorsam sein oder es kritisieren. Strenger Gehorsam dem göttlichen Gebot gegenüber wird Hingabe genannt. Wenn man diese Art von Hingabe Gott gegenüber entwickelt, kann man nur Erfolg haben.

Während *Hanumān* das Meer überquerte, war er ein Vorbild an Mut und Tapferkeit, weil seine Hingabe zu *Rāma* so tief war. Der Berg Maināka bat ihn, eine Weile auf seinem Gipfel auszuruhen, während er auf dem Weg zur Insel *Lankā* war. Maināka wollte diese Gelegenheit nutzen, sich bei *Vāyu*, dem Gott des Windes und Vater *Hanumāns*, zu bedanken, der ihn früher gerettet hatte. Aber *Hanumān* wies das Angebot höflich zurück und sagte, dass er nicht ruhen werde, bis er die ihm von *Rāma* übertragene Aufgabe vollendet habe und dass er auf der Rückreise von *Lankā* Maināka besuchen werde. So hatte *Rāmas* Auftrag für ihn den höchsten Stellenwert.

Dieses Vertrauen, aus der Hingabe zu *Rāma* geboren, trug ihn über ein breites Meer. Da er *Rāmas* Befehl befolgte, gewann er seine Gnade. Normalerweise ist ein Affe wegen seines unsteten und unruhigen Geistes bekannt, aber indem *Hanumān* sich *Rāma* unterwarf, wurde sein Denken absolut ruhig und fest auf die Pflicht ausgerichtet. Das ist der Grund, warum *Hanumān* heute verehrt wird.

Zum Zeitpunkt der Krönung *Rāmas* – gegen Ende des Epos – verteilte er Geschenke an alle seine Untertanen. Aber er gab *Hanumān* kein Geschenk. Da fragte *Sītā* leise: „Mein Gemahl! Hast du *Hanumān* vergessen? Wie kommt es, dass du ihm kein Geschenk gegeben hast?" *Rāma* lächelte und sagte: „*Sītā*! Das ist wahr. Ich möchte, dass du ein Geschenk für ihn wählst." Da gab *Sītā Hanumān* ihre eigene Halskette aus Perlen. Aber *Hanumān* fing an, in die Perlen der Kette zu beißen, bis sie zersprangen, dann hielt er jede Perle ans Ohr und ließ sie dann auf den Boden fallen. *Sītā*, die ihn beobachtete, sagte: „Was ist los, *Hanumān*! Hast du die Gewohnheiten der Affen noch nicht aufgegeben? Was machst du mit der Perlenkette, die ich dir geschenkt habe?" Da sagte *Hanumān*: „Mutter! Du hast mir eine sehr kostbare Perlenkette gegeben, aber ich möchte, dass jede einzelne Perle der Kette den Namen meines Herrn *Rāma* singt. Also untersuche ich jede einzelne Perle, indem ich sie zerbreche und ans Ohr halte, um herauszufinden, ob der Name des Herrn ertönt. Ich werfe sie eine nach der anderen weg, da ich seinen Namen in keiner der Perlen höre." Nichts in diesem Universum ist kostbarer als der heilige Name Gottes, *Rāma*.

Die ganze Versammlung wurde für den Tag aufgehoben. *Rāma* zog sich in sein Schlafzimmer zurück und *Sītā* folgte ihm. Siehe da! *Hanumān* wollte auch das Zimmer betreten. Da sagte *Rāma*: „Hallo, *Hanumān*! Was machst du hier?" *Hanumān* sagte: „Herr! *Sītā* folgt dir. Also komme ich auch zu dir." *Rāma* sagte: „*Ānjaneya,* sieh mal, *Sītā* hat einen roten Fleck auf ihrer Stirn, der sie berechtigt, in mein Schlafzimmer zu kommen." Daraufhin verließ *Anjaneya* den Raum und kehrte nach einer Weile zurück. In der Zwischenzeit war er von einem Laden zum anderen gegangen, hatte Kumkum gekauft und seinen ganzen Körper damit eingerieben. Nun kam er zurück und stand so vor *Rāma*. Er sagte: „O Herr! Nur weil Mutter *Sītā* einen Kumkum-Fleck auf ihrer

Stirn hat, darf sie dein Schlafzimmer betreten. Sieh mich an! Ich habe diese rote Farbe an meinem ganzen Körper. Was kannst du jetzt noch sagen?“ Das war die Tiefe seiner Hingabe und der feste Entschluss, immer nahe bei Gott zu sein.

Ein anderes Mal trafen sich die drei Brüder *Rāmas*, sprachen eine Weile miteinander und teilten die Pflichten unter sich auf, die sie persönlich gegenüber *Rāma* zu erfüllen hatten. *Hanumān* bemerkte dies, und als er feststellte, dass man ihm keine Pflichten für seinen Herrn übertragen hatte, fragte er sie leise: „ Meine Herren! Wenn der Herr gähnt, braucht man jemanden, der mit den Fingern ein Geräusch hervorbringt, der seinem königlichen Stand angemessen ist. Wir wissen nicht, wann er zu gähnen pflegt, deshalb sollte ich die ganze Zeit bei ihm sein.“ Also musste *Hanumān* sich in der Nähe von *Rāma* aufhalten, während seine Brüder ihre Pflichten, die sie übernommen hatten, zu verschiedenen Zeiten erfüllen konnten. So war *Hanumān* ein Musterbeispiel für Demut, Hingabe, Disziplin und Unterwerfung.

Er besaß alle Reinheit, um bei Gott zu sein. Er tat, was er dachte und sagte. In seinem Inneren bestand vollkommene Harmonie zwischen Gedanken, Worten und Taten. Er beschloss, sich auf die Suche nach *Sītā* zu machen, er sagte das und tat es sofort. Seine Entscheidungen, Erklärungen und Handlungen waren in vollkommener Übereinstimmung. Das ist die Bedeutung des Satzes: „Das Studium des Menschen ist die wahre Aufgabe der Menschheit.“

Das untrügliche Erkennungszeichen eines charaktervollen Menschen ist diese Einheit von Denken, Sprechen und Handeln. Aber in einer bösen Person herrscht Disharmonie. Was sie denkt, sagt und tut, stimmt niemals überein.

Bei einer anderen Gelegenheit sagte *Hanumān* zu *Rāma*: „O Herr! Wenn ich in dir meinen König sehe, bin ich dein Diener. Wenn ich mich als Einzelseele *(jīva)* sehe, bist du mein Gott (deva). Wenn ich *Atman* bin, bist du Bewusstsein. Der Grund ist, dass wir beide eins sind.“ Indem *Hanumān* den Pfad eines treuen Dieners wählte und sich durch stetige intensive Hingabe auszeichnete, durchschritt er diese drei Stufen und erlebte schließlich die Einheit mit Gott. Als er glaubte, er sei der Diener des Königs *Rāma,* befand er sich auf der Stufe des Dualismus. Als er sich als Einzelseele erkannte und *Rāma* als seinen Gott, war dies ein Ausdruck des qualifizierten Nicht-Dualismus, und als er schließlich die Einheit mit Gott erlebte, drückte dies den Nicht-Dualismus aus.

Als *Hanumān* auf *Lankā* den Palast *Rāvanas* betreten hatte, musste er viele Frauen im Schlaf anschauen, da er Mutter *Sītā* zu identifizieren hatte. Seine Ehrerbietung jeder Frau gegenüber war so groß, als sei sie seine eigene Mutter. Das war seine beste Charaktereigenschaft. *Hanumān* war die Verkörperung der Hingabe, die Personifizierung der Demut und das Symbol für Aufrichtigkeit und Gehorsam. Alle jungen Leute sollten in ihm ihr Ideal sehen.

Frage 230: Swami! *Rāvana* war der Enkel von *Pulastyabrahmā*. Er war ein glühender Verehrer *Shivas*. Er war ein hervorragender Kenner aller Schriften und Veden. Insbesondere war er ein tapferer Krieger und ein Experte im Bogenschießen. Eine solche Persönlichkeit kam zu Fall. Was könnte das Geheimnis hinter einer solchen Niederlage sein?

Bhagavān: Betrachtet man die Situation von einem spirituellen Gesichtspunkt, so lehrt der Fall *Rāvanas* durch *Rāmas* Hand, dass man sich selber völlig zugrunde richtet – ungeachtet von körperlicher Stärke, Intelligenz, einer großen Armee, von Reichtum und spiritueller Praxis –, wenn man Opfer seiner niedrigen Begierden wird.

Dieses Ereignis hat noch eine tiefere Bedeutung. Am Himmelstor gab es zwei Torhüter namens Jaya und Vijaya. Sie behandelten die Weisen *Sanaka* und *Sananda* unhöflich, die *Vishnu* besuchen kamen. Diese verfluchten die zwei Torhüter, die folglich den Himmel verlassen mussten. Da baten sie um Verzeihung und um einen Vorschlag, wie sich die Sache bereinigen ließe. Die Weisen rieten ihnen, drei Geburten als Dämonen *(rākshasa)* zu wählen. Sie würden dann *Vishnu* furchtbaren Hass entgegenbringen und durch seine Hand sterben, wodurch sie eine schnelle Rückkehr in den Himmel würden erwirken können. So wurden Jaya und Vijaya als Dämonenbrüder, *Hiranyāksha* und *Hiranyakashipu, Shishupāla* und *Dantavakra* und *Rāvana* und *Kumbhakarna* wiedergeboren. Sie lebten in bitterer Feindschaft *Vishnu* gegenüber und starben durch seine Hand. Auf diese Weise konnten sie an ihren ursprünglichen Platz im Himmel zurückkehren.

Rāvanas Handlungen sollten in diesem Zusammenhang gesehen werden. Wie kommt es, dass er *Sītā* während ihres ganzen Aufenthalts auf *Lankā* nicht berührte, wenn ihrer Entführung irgendwelche bösen Motive zugrunde gelegen hätten? Hätte er *Sītā* nicht entführt, hätte *Rāma* nicht mit ihm gekämpft. Die einzige Möglichkeit, durch die Hand

Rāmas zu sterben, war der offene Kampf mit ihm. Der Höhepunkt des *Ramayana*, der Sieg *Rāmas* und der Tod *Rāvanas*, deutet an, wie sehr *Rāvana* sich nach *Rāma* sehnte.

Frage 231: Swami! *Vibhīshana* war ein Dämon, und gleichzeitig war er ein Anhänger *Rāmas*. Bitte erzähle uns etwas über *Vibhīshana*.

Bhagavān: *Vibhīshana* ist ein Paradebeispiel für einzigartige Hingabe an Gott. Gott ist an eurem Rang, eurem Besitz, eurer Bildung, eurem Stand und eurer Konfession nicht interessiert. Was Gott von euch erwartet und erhält, ist nichts als reine Liebe. Mit Hingabe könnt ihr alles auf dieser Welt erreichen. Allein diese Art von Hingabe verwandelte

einen Affen, der wegen seiner Unruhe bekannt ist, in *Hanumān*, der der Verehrung würdig ist;

einen Vogel, der wegen seiner schnippischen Blicke bekannt ist, in *Garuda*, das Reittier *Vishnus*;

einen Stier in *Nandi*, das Reittier *Shivas*;

einen Pfau in das Reittier *Subrahmanyas* und

einen Löwen in das Reittier der Göttin *Durgā*.

Das Besondere hier ist, dass diese Tiere und Vögel allein durch ihre Hingabe und Liebe zu Gott ihre angeborenen Eigenschaften aufgeben und sich in Reittiere Gottes verwandeln konnten und nun selber zusammen mit Göttern und Göttinnen verehrt werden.

So war auch *Vibhīshana*, obwohl er selber ein Dämon war, ein glühender Verehrer *Rāmas*, und deshalb verdiente er dessen Gnade. Er riet seinem älteren Bruder *Rāvana* wiederholt, Mutter *Sītā* nicht zu entführen und später keinen Krieg gegen *Rāma* zu führen. Er warnte auch *Rāvana* und sagte unheilvolle Konsequenzen voraus, falls er seine Absichten nicht ändere. Doch *Rāvana* missachtete seine Worte der Hingabe und der Weisheit, und der Rest ist die Geschichte, die ihr alle kennt. Schließlich verließ *Vibhīshana* seinen Bruder *Rāvana* und suchte Zuflucht bei *Rāma*. Dies ist ein Beispiel dafür, wie ein Anhänger seinen eigenen Bruder verlässt, wenn ihn dieser auf seinem Weg zu Gott behindert. Meiner Meinung nach ist *Vibhīshana* größer als *Bhīshma*. *Bhīshma* besaß Weisheit, Askese, Hingabe, Entschlusskraft und Erfahrung in der Kriegsführung. Obwohl er sehr wohl wusste, dass die *Kauravas* ungesetzliche, lasterhafte und niederträchtige Handlungen begingen, blieb er doch ihr Oberbefehlshaber während des *Kuruskshetra*-Kriegs. Er konnte den frommen, rechtschaffenen und edlen *Pāndavas* nicht helfen.

Hanumān betrat auf *Lankā* das Schlafzimmer *Vibhīshanas* auf der Suche nach *Sītā* und fand ihn beim Singen des heiligen Namens von *Rāma*. Er machte ihn durch laute Geräusche auf sich aufmerksam. *Vibhīshana* öffnete die Augen und sah *Hanumān* dort. Nachdem sie sich als Anhänger von *Rāma* miteinander bekannt gemacht hatten, fragte *Hanumān Vibhīshana*: „O König! Du sagst, du seiest ein Anhänger *Rāmas*. Du wiederholst seinen heiligen Namen. Aber das ist nicht genug. Neben der Wiederholung seines Namens solltest du dich an seinem heiligen Auftrag *(kārya)* beteiligen. Hast du jemals *Sītā* besucht? Hast du einen Versuch unternommen, sie zu befreien? Auf welche Weise hast du *Rāma* bei seiner Mission geholfen? Weißt du nicht, dass das Singen des Namens und die aktive Teilnahme an seiner Mission sich ergänzen und zusammen gehören? Du hast *Rāma* nicht über den Aufenthaltsort von *Sītā* informiert. Hast du irgendeinen Versuch unternommen, sie zu befreien? Auf welche Weise hast du *Rāma* bei seiner Mission geholfen? Wie kannst du dich dann einen Anhänger von *Rāma* nennen?“ Seit diesem Tag beteiligte sich *Vibhīshana* an der göttlichen Mission *Rāmas*.

Frage 232: Swami! Die Rollen, die Frauen im *Ramayana* spielen, ist sehr bedeutend. Frauen in aller Welt finden bis zum heutigen Tag ihre Vorbilder dort. Swami! Du erklärst uns auf unvergleichliche Weise diese subtilen Dinge. Würdest Du uns bitte die Rolle der Frauen im *Ramayana* darlegen.

Bhagavān: Die Hauptabsicht des *Ramayana* gilt dem Wohl und dem Fortschritt der Menschheit. Jede weibliche Rolle im Epos trägt zu diesem Ziel bei, aber auf unterschiedliche Weise.

König *Dasharatha* hatte drei Ehefrauen, *Kausalyā, Sumitrā* und *Kaikeyī.* Sie gingen wie Schwestern liebevoll miteinander um. Sie heirateten *Dasharatha* nur, um Kinder zu gebären und so seinen Wunsch zu erfüllen. Auf Anraten seines Lehrers *Vasishtha* führte *Dasharatha* die Opferhandlung durch, die nötig war, um einen Sohn zu erhalten, und bekam heiligen „Reispudding“ (yajnapāyasa) von der Gottheit und gab die geheiligte Speise an seine drei Frauen weiter. Er wollte, dass sie nach der Haarwäsche etwas von der Speise zu sich nähmen. Die zweite Frau, *Sumitrā,* stellte die goldene Tasse mit der Speise neben sich und verlor sich in folgenden Gedanken: Der Sohn, den *Kausalyā* auf die Welt bringen würde, würde der zukünftige König sein, da sie die älteste Königin war. Der Sohn der *Kaikeyī* würde auch eine Chance haben,

König zu werden, denn ein solches Versprechen *Dasharathas* hatte die Vermählung erst möglich gemacht. In jedem Falle hätte ihr Sohn keine Chance, außer dass er dem Bruder, der König werden würde, dienen würde. In der Zwischenzeit stieß ein roter Vogel herunter und schnappte die goldene Tasse mit der Speise. *Sumitrā* war entsetzt. Sie wusste, was es für Folgen haben würde, wenn König *Dasharatha* davon hören würde. Sie wusste auch, dass der Lehrer der Familie, *Vasishtha*, sich entsetzlich darüber aufregen würde. Sie war sehr traurig, dass sie ihren Teil der Opferspeise verloren hatte. Da trösteten die anderen zwei Königinnen, *Kausalyā* und *Kaikeyī*, sie und gaben ihr die Hälfte ihres eigenen Anteils der heiligen Speise. Während *Kausalyā Rāma* zur Welt brachte und *Kaikeyī Bharata*, gebar *Sumitrā* Zwillinge, *Lakshmana* und *Shatrughna. Lakshmana* folgte *Rāma* wie ein Schatten, während *Shatrughna* immer *Bharata* begleitete. Die drei Königinnen lebten wie Schwestern in völliger Harmonie zusammen. Schwesterliche Liebe und Zuneigung soll die Welt von ihnen lernen.

Neben diesen begegnen wir drei weiteren Frauen im *Ramayana,* die ihre Rolle sehr gut spielten. Das waren *Tātakā*, *Ahalyā* und *Sītā*. Sie symbolisieren die drei Grundeigenschaften aller Dinge. *Tātakā* steht für Dumpfheit *(tamoguna), Ahalyā* repräsentiert Leidenschaft *(rajoguna),* während *Sītā* die Verkörperung der Reinheit *(sattvaguna)* ist. Wenn *Rāma Tātakā* tötet, so entspricht dies der Ausrottung tierischer Eigenschaften *(tamoguna)*. Bosheit und dämonische Eigenschaften sind tamasischer Natur. *Ahalyā* war die Frau des Weisen *Gautama.* Ungehorsam ist Ausdruck rajasischen Temperaments. Auch Emotionen und Leidenschaften gehören hierher. *Ahalyā* widersetzte sich *Gautama*, und deshalb wurde sie verflucht. *Rāma* reinigte sie von ihren rajasischen Eigenschaften, indem er sie von dem Fluch befreite. Jahrelang lag sie betäubt wie ein Stein da, aber als *Rāmas* Füße sie berührten, erwachte sie wieder zum Leben. *Rāma* nahm *Sītā*, die die Verkörperung der Tugendhaftigkeit *(sattvaguna)* war, zur Frau. Das heißt, er akzeptiert sattvische Eigenschaften (Frömmigkeit, Sanftheit, Güte und Gelassenheit).

Das Wort „strī", das „Frau" bedeutet, enthält drei Komponenten: „sa", „ta", „ra". „Sa" bezieht sich auf *„sattvaguna"*, „ta" entspricht *„tamoguna"* und „ra" bezeichnet *„rajoguna"*. Jede Frau hat diese drei Eigenschaften. Die sattvischen Eigenschaften einer Frau sind Frieden, Geduld, Mitgefühl, Barmherzigkeit, Freundlichkeit, Gelassenheit und so weiter. Die rajasischen Eigenschaften einer Frau sind ihre Gefühle und

Leidenschaften, ihre Bereitschaft, ihr Leben für die Familie zu opfern, während die tamasischen Eigenschaften ihre Schüchternheit, Zurückhaltung und Bescheidenheit sind. Jede Rolle im *Ramayana* verkündet eine Botschaft.

Frage 233: Swami! Würdest Du uns bitte erläutern, wie Mutter *Sītā* die edelste der Frauen werden und Jahrhunderte lang ein Ideal für alle Frauen bleiben konnte, obwohl sie sich als göttliche Gefährtin *Rāmas* vielen Problemen und Prüfungen stellen musste.

Bhagavān: Es heißt, dass das *Ramayana* ebenso die Geschichte von Mutter *Sītā* ist. *Sītā* war die Tochter von Mutter Erde *(bhūmātā)* und sie war auch Kalyānacaritra, eine Gestalt, die Wohlergehen schenkt.

Während des Festes, auf dem die Braut den Bräutigam wählt, konnte nur *Rāma* den Bogen *Shivas* (shivadhanus) heben und zerbrechen. Der König von Kosala konnte den Bogen nicht heben, obwohl er kräftig und stark war. *Rāvana* konnte ihn nicht einmal bewegen, obgleich niemand ihm an Mut und Stärke gleichkam. Dreitausend Diener und zweiundneunzig Elefanten brachten den Bogen von König *Janakas* Heiligtum an den Hof. Wie konnte *Rāma* den Bogen heben, den Pfeil spannen und ihn dann zerbrechen?

Rāma war ein vollkommen reiner Magnet. Deshalb konnte er den mächtigen Bogen handhaben. *Sītā* war ebenfalls ein reiner Magnet. In ihrer Kindheit passierte es eines Tages, dass der Ball beim Spielen unter den Bogen rollte. Da ging *Sītā* hin, hob den Bogen ohne Mühe hoch, stellte ihn beiseite und holte den Ball völlig intakt hervor. Dieses magnetische Prinzip ist in jedem von uns. Wenn eine Ameise auf dem Bein herumkrabbelt, wird der Kopf das bemerken, und selbst im Gespräch mit anderen, wird die Hand sie ergreifen und sofort und unwillkürlich entfernen.

Wenn ein Magnet rostig und staubig ist, wird er kein Eisen anziehen. Ein Eisenstück oder eine Eisenstange wird wegen der langen Verbindung mit einem Magneten auch magnetisch werden. Das ist die Bedeutung des vedischen Verses: „Wer *Brahman* erkennt, wird selbst zu *Brahman*" (brahmavid brahmaiva bhavati). Man sollte darauf achten, dass das Eisen des Lebens durch weltliche Begierden nicht rostig wird. Sonst ist das Leben am Ende ein Trümmerhaufen.

Sītā war überaus intelligent. Am Vorabend seines Weggangs von *Ayodhyā* sagte *Rāma*, seinem Vater gehorchend, zu *Sītā:* „*Sītā*! Da ich in die Wildnis gehe, bleiben meine Eltern zurück und haben niemanden, der ihnen dient und sie tröstet. Warum bleibst du nicht in *Ayodhyā* und bist ihnen zu Diensten, bis ich zurückkomme?“ *Sītā* antwortete langsam, aber mit großer Bestimmtheit: „Swami! Als deine Mutter *Kausalyā* dir folgen wollte, sagtest du ihr, sie solle in *Ayodhyā* bleiben und deinem Vater *Dasharatha* dienen. Du hast sie auch darauf hingewiesen, dass die heiligen Schriften der Frau vorschreiben, ihrem Gatten zu dienen. Jetzt aber willst du, im Gegensatz zu dem, was du deiner Mutter gesagt hast, dass ich dir nicht folge und hier bleibe. Offenbar hast du ein *Dharma* für deine Mutter und eins für mich. Swami! Ist das richtig?“ Darauf sagte *Rāma*: „*Sītā*! Du wirst nur grüne Blätter im Wald essen können. Du wirst lange Zeit keine köstlichen Speisen bekommen. Du kannst im Wald keine kostbaren Saris und Juwelen tragen. *Sītā!* Wird es nicht schwierig sein für dich, unter solchen Umständen zu leben?“ *Sītā* antwortete: „O mein Gemahl! Warum sollte ich solche Annehmlichkeiten brauchen, die du nicht hast? Wenn du all diese Dinge nicht brauchst, brauche ich sie auch nicht. Ich will nur bei dir sein und dir bis zu meinem Lebensende dienen.“ *Rāma* stellte ihr eine weitere Frage: „*Sītā*! Du weißt, im Wald gibt es viele wilde und grausame Tiere. Hast du keine Angst vor ihnen? Kannst du da leben?“

Mit diesen Worten wollte *Rāma Sītā* davon abhalten, ihm zu folgen. Er wollte, dass sie in der Stadt blieb. Das verstand sie und sagte schließlich: „Swami! Bis jetzt glaubte ich zu Unrecht, mein Vater habe mich mit einem tapferen und ritterlichen Mann verheiratet und nicht mit jemanden, der sich so verhält wie du!“ Da verstummte *Rāma* und sagte kein Wort mehr. Schließlich erlaubte er *Sītā*, ihm in die Wildnis zu folgen. Dies zeigt, wie intelligent und geschickt *Sītā* in der Kunst des Gesprächs ist.

Der Weise *Vasishtha,* der Lehrer der königlichen Familie, wollte *Sītā* statt *Rāma* krönen, der auf Geheiß seines Vaters in die Wildnis gehen musste. *Sītā* sagte: „O gelehrter Weiser! Was redest du da! Hast du je gesehen, dass das Mondlicht getrennt vom Mond existiert? Können die zwei, Mond und Mondlicht, voneinander getrennt werden? Ist *Rāmacandra* nicht der Mond und ich das Licht, das ihm überallhin folgt? Kann ich ohne ihn existieren?“

Dies war der Charakter einer züchtigen Ehefrau, die sich ganz dem Ehemann hingibt. Es ist schon bemerkt worden, dass *Sītā* außerordentlich intelligent war. Bei der Hochzeit musste sie *Rāma* eine Girlande um den Hals legen. Wie ihr wisst, war *Rāma* von sehr hohem Wuchs. Wie konnte sie, die sie viel kleiner war, ihm eine Girlande umlegen? *Lakshmana*, der die Gunst der Stunde nutzen wollte, bückte sich in diesem Augenblick, um die Füße *Rāmas* zu berühren. *Rāma* musste sich nun auch hinabbeugen und *Lakshmana* aufrichten, indem er ihn an den Schultern fasste. *Sītā* nutzte diese Gelegenheit und bekränzte *Rāma*. *Lakshmana* ist *Ādishesha*, die siebenhaubige Weltenschlange, die die Erde trägt und auf der *Vishnu* ruht. Er hob auch das Stückchen Erde an, wo *Sītā* stand, um sie größer zu machen.

In Indien gibt es einen Hochzeitsritus, der darin besteht, dass Braut und Bräutigam sich abwechselnd heilige gelbe Reiskörner über den Kopf schütten. *Rāma* war der Sohn des Kaisers *Dasharatha* und *Sītā* war die Tochter eines anderen Herrschers namens *Janaka*. So nahmen sie statt der Reiskörner Perlen für dieses Ritual. *Sītā* hielt ein paar Perlen in der Hand, um sie auf den Kopf *Rāmas* zu schütten. Da ihre Hand aussah, als wäre sie das Blatt einer Rose, schimmerten die Perlen auch rötlich. Als sie diese Perlen über *Rāmas* Haupt schüttete, fingen sie an wie Diamanten zu glänzen, da *Rāma* einen weißen Turban trug. Bei diesem Vorgang fielen ein paar Perlen zu Boden. Diese waren weder rot noch weiß und waren auch gar nicht schön oder anziehend.

All diese Details haben eine tiefe Bedeutung. Die Perlen, die zu Boden fielen und gar nicht schön waren, repräsentieren das Merkmal von *tamoguna,* Passivität, Trägheit und Gefräßigkeit, während die weißen Perlen, die wie Diamanten auf dem Kopf *Rāmas* glänzten und schimmerten, Frömmigkeit, Ruhe und Gelassenheit *(sattvaguna)* symbolisieren. Die rötlichen Perlen in der Hand *Sītās* repräsentieren Gefühle und Leidenschaft *(rajoguna)*. In anderen Worten, wer sich in der Nähe des Gottes *Rāma (purusha)* befindet, ist ein sattvischer Mensch, was durch die weiße Farbe angezeigt wird; wer sich bei der Natur *(prakriti)* aufhält, ist ein rajasischer Mensch, was die rote Farbe anzeigt, und wer sich weder bei Gott noch bei der Natur aufhält, ist ein tamasischer Mensch.

Nehmen wir ein anderes Beispiel aus dem *Ramayana*: Im *Ashoka*-Hain auf *Lankā* überkam *Hanumān* große Traurigkeit wegen der Gefahr, in der sich *Sītā* befand, die unter der Trennung von *Rāma* sehr litt. Er zeigte ihr *Rāmas* Ring und tat ihr so kund, wer er war, und sagte ihr dann, dass er sie auf seinen Schultern zu *Rāma* tragen und sie auf diese Weise retten würde. Da sagte *Sītā: „Anjaneya*! Ich schätze deine Hingabe *Rāma* gegenüber. Aber du hast ein wesentliches dharmisches Prinzip vergessen. Kommt es nicht einer Entführung gleich, wenn du mich auf deinen Schultern von *Lankā* wegträgst, ohne *Rāvanas* Kenntnis und Erlaubnis? Wie unterscheidest du dich von *Rāvana*, wenn ich dir meine Erlaubnis dazu gebe? *Rāvana* tat das Gleiche, indem er mich ohne Wissen *Rāmas* hierher brachte, und er trug eine Maske. Welche Selbstachtung werde ich haben, wenn ich mir gestatte, mich von dir tragen zu lassen? Wird das meinen guten Namen nicht verderben? *Rāma* sollte selbst hier erscheinen, um *Rāvana* für den begangenen Fehler zu bestrafen. Es ist notwendig, dass *Rāma* ihn zuerst besiegt und tötet. Dann sollte er mich in seinem Wagen mitnehmen, wie es guter Sitte entspricht. Das ist mein Wunsch.“

Frage 234: Swami! *Rāvanas* Entführung von *Sītā* ist eine herzzerreißende Episode im Ramayana. Wie konnte es sein, dass Sītā sich einen goldenen Hirsch wünschte, was doch ein ziemlich ausgefallenes Phänomen ist? Wie seltsam ist es, dass *Lakshmana,* der die Anweisung hatte, sie zu beschützen, letztlich die Entführung nicht verhindern konnte. Würdest Du bitte die Bedeutung dieser Episode uns allen klar machen, die wir sonst ziemlich im Unklaren über seine tiefe Bedeutung sind?

Bhagavān: Die Entführungsepisode enthüllt viele Geheimnisse. Eine Inkarnation Gottes oder ein *Avatar* bringt immer Beispiele, die andere nachahmen sollten. Jede seiner Handlungen ist sehr subtil und enthält viele Lehren. Diese Feinheiten werden beim flüchtigen Lesen des Werks nicht leicht verstanden.

Nachdem *Sītā* ihren Vater *Janaka*, einen Kaiser, verlassen und alle Reichtümer, Annehmlichkeiten und Schätze, die ihr als Königin zustanden, aufgegeben hatte, nachdem sie ihren Schwiegervater *Dasharatha*, der auch Kaiser war, verlassen hatte, entschloss sie sich, ein asketisches Leben zu führen und *Rāma* in die Wildnis zu folgen. Sie hatte alle Wünsche *(kāma)* hinter sich gelassen und konnte so in der Nähe *Rāmas* sein. Aber die Faszination, die vom Anblick des „goldenen Hirsches“ ausging, zeigt, dass sie wieder in den Bann von Wünschen geriet, was die Ursache für ihre Trennung von *Rāma* war. Wo es also Wünsche gibt, ist Gott nicht anzutreffen. Wo *Rāma* ist, hat *kāma* keinen Platz.

Es gibt noch eine Lektion in dieser Episode. *Rāma* befahl *Lakshmana, Sītā* während seiner Abwesenheit zu schützen. *Lakshmana* sollte also dem Befehl entsprechend in *Sītās* Nähe bleiben. Aber *Lakshmana* konnte die Anschuldigungen *Sītās* und die Unterstellung böser Motive durch sie nicht ertragen. Also verließ er den Ort auf der Suche nach *Rāma*, den *Sītā* in Gefahr glaubte, als sie den Ruf: „O *Sītā*! O *Lakshmana*!" hörte und für seinen hielt.

Als *Rāvana* von Subahus Tod erfuhr, befahl er *Mārīca*, ihm bei seinem Racheakt gegenüber *Rāma* zu helfen. *Mārīca,* der eher durch *Rāmas* Hand sterben wollte als durch *Rāvanas*, nahm die Gestalt eines goldenen Hirsches an, wodurch er *Rāvana* zu einem kurzzeitigen Erfolg verhalf, der zu *Rāmas* Gesamtplan gehörte, während er selber in dieser Episode von *Rāma* getötet wurde. In diesem Moment erschien *Rāvana,* fand *Sītā* allein vor und entführte sie.

In einem gewissen Sinne war *Lakshmana* sicherlich für die Trennung *Sītās* von *Rāma* verantwortlich. *Lakshmana* bereute bis zum Ende seines Lebens, dass er die ihm von *Rāma* übertragene Pflicht vernachlässigt hatte. Hier können wir auch den großen Plan *Rāmas* erkennen. *Mārīca* und Subahu waren die Dämonen, die gegen *Rāma* kämpften, und dabei wurde Subahu durch *Rāma* getötet, während *Mārīca* entkam und diese Botschaft *Rāvana* überbringen konnte. Es war *Rāmas* Plan, einen der zwei Dämonen, zumindest für eine gewisse Zeit, zu verschonen, so dass die Nachricht *Rāvana* erreichen und ihn weiter gegen *Rāma* aufbringen konnte, so dass ein Krieg zwischen den beiden unvermeidlich war.

In der Tat, ihr werdet auch bemerken, dass der Weise *Bharadvāja*, der zukünftige Ereignisse voraussehen konnte, zu einem früheren Zeitpunkt *Rāma* und seinem Gefolge, *Sītā* und *Lakshmana* eine gewisse Zeit lang seine Gastfreundschaft gewährte und sie dann anwies, weiter in den Wald hinein zu gehen. Wären sie über einen längeren Zeitraum in seiner Einsiedelei geblieben, hätte *Rāvana Sītā* nicht entführen können. Es hätte auch keinen Krieg gegeben, und *Rāvana* wäre folglich nicht getötet worden. *Bharadvāja* wusste sehr wohl, dass *Rāma* der inkarnierte Gott war, doch er wies ihn an, seine Reise fortzusetzen, und leitete so die Ausführung des göttlichen Plans, d.h. die Tötung *Rāvanas*, ein. Das war der göttliche Plan. So sagen alle Episoden in diesem großen Epos viel über die menschlichen Werte aus, während sie außerdem die Geheimnisse des *Avatars Rāma* offenbaren.

Frage 235: Swami! *Rāma* war die Verkörperung der Wahrheit und der Rechtschaffenheit. Er war tatsächlich die Inkarnation des allwissenden, allgegenwärtigen und allmächtigen Gottes *Vishnu*. *Rāma*

war sehr mitfühlend und deshalb die Zuflucht der Verlorenen. Wie passt das aber damit zusammen, dass er Mutter *Sītā* ins Exil schickte, weil er den Worten eines Wäschers glaubte? Verstößt das nicht gegen Rechtschaffenheit und Wahrheit, die grundlegenden Eigenschaften, die *Rāmacandra* doch verkörpern soll?

Bhagavān: Es ist eure Unwissenheit, die Gott einen Fehler anlastet. Niemand hat das Recht, das Verhalten Gottes anzuzweifeln oder in Frage zu stellen. Er ist selbstlos, und was auch immer er tut und sagt, hat eine Bedeutung und vermittelt eine Botschaft. Er ist ein Ideal für die ganze Menschheit. Gott ist vollkommen. All seine göttlichen Taten gelten dem Wohl der Menschheit. Unsere Epen schätzen diese Ideale als menschliche Werte.

Man sollte die grundlegende Wahrheit erkennen, dass *Rāma* König war. Er war bereit, alles zu opfern, um den *Dharma* in seinem Königreich aufrecht zu erhalten. Er war sogar bereit, seine Gemahlin *Sītā* zu opfern, wenn es um den Schutz des *Dharma* ging. Dass *Sītā* aufgrund eines Verdachts weggeschickt wurde, erfüllte zwei Ziele: Erstens wird *Rāma* bis zum heutigen Tag als idealer Herrscher verehrt, und zweitens hat die Welt die Keuschheit *Sītās* erkannt.

Man sollte auch noch auf etwas anderes achten: Als *Rāma* das Ehegelübde ablegte, erklärte er feierlich, alles zusammen mit *Sītā* zu tun, wie es sich für einen Haushaltsvorstand ziemte. Aber wenn es um Angelegenheiten ginge, die seine Königsherrschaft *(rājyapālana)* betrafen, würde er ausschließlich als König handeln, unabhängig von allen anderen Beziehungen und Überlegungen. *Rāma* sagte also niemals, er würde *Sītā* in Herrschaftsangelegenheiten folgen. Also machte er in dieser Hinsicht keinen Fehler noch war es ein Mangel an Mitgefühl. Ihr habt die ganze Episode missverstanden. Ihr kennt die Wirklichkeit nicht. Was auch immer *Rāma* tat, es entsprach auf jeden Fall dem Prinzip des *Dharma.*

Frage 236: Swami! *Kaikeyī,* so heißt es, liebte *Rāma* mehr als dessen eigene Mutter *Kausalyā.* Wie konnte es dann aber sein, dass sie König *Dasharatha* um eine solche Gunst bat, wodurch *Rāma* vierzehn Jahre lang ins Exil musste? War das nicht ein Fehler von ihr?

Bhagavān: *Dasharatha,* der mit *Kaikeyīs* Diensten zufrieden war, hatte ihr schon zwei Wünsche gewährt, die ihr kennt. *Dasharatha* hatte ihr gesagt, sie könne zu einer ihr genehmen Zeit um die Erfüllung der zwei Zusagen bitten. Er selber bestimmte die Zeit keineswegs. Es bedeutete nur, dass sie irgendwann irgendetwas erbitten könne. So ist es also der Fehler *Dasharathas*, ihr einen Blankoscheck gegeben zu haben, der es ihr erlaubte, irgendetwas zu irgendeiner Zeit zu erbitten. Hätte er sie andererseits darum gebeten, ihm zum Zeitpunkt seiner Zusagen mitzuteilen, was sie genau vorhatte, hätten wir allen Grund gehabt, *Kaikeyī* wegen eines so verräterischen Verhaltens zu tadeln. Jetzt müsste es euch ganz klar geworden sein, dass *Dasharatha* für den Gang in die Wildnis zu tadeln ist und nicht *Kaikeyī*.

Frage 237: Swami! Obwohl *Mantharā* und *Shūrpanakhā* zwei weibliche Nebenrollen im Epos *Ramayana* spielen, scheinen beide sehr bedeutsam zu sein, da sie größere Entwicklungen einleiten. Welche Lektionen sollten wir von diesen beiden Charakteren lernen?

Bhagavān: Im *Ramayana* symbolisiert *Mantharā* Wut und *Shūrpanakhā* Begierde. *Rāma* und *Lakshmana* spielten in ihrer Kindheit einmal Ball. Es war Pech, dass der Ball die bucklige *Mantharā* traf. Alle Kinder, die mit *Rāma* und *Lakshmana* spielten, sahen das und lachten so laut, dass sie sich furchtbar aufregte und gedemütigt fühlte. Sie glaubte, *Rāma* habe den Ball absichtlich in ihre Richtung geworfen und sie getroffen. Seit diesem Tag sann sie auf Rache und hielt nach einer Gelegenheit Ausschau, ihm das zu vergelten. Dies brachte sie dazu, viel Falsches über *Rāma* an dessen Krönungstag zu verbreiten, was schließlich zu *Kaikeyīs* Forderung führte, *Rāma* ins Exil zu schicken und *Bharata* zu krönen.

Shūrpanakhā, Rāvanas Schwester, sah *Rāma* im Wald und war von seiner Persönlichkeit ganz fasziniert. Sie bat ihn, sie zu heiraten. *Rāma* schickte sie mit freundlichen und liebenswürdigen Worten weg und sagte ihr, dass er schon verheiratet sei, dass seine Frau *Sītā* auch bei ihm sei und wenn sie immer noch heiraten wolle, könne sie sich doch an *Lakshmana* wenden. Also wandte sich *Shūrpanakhā* mit der gleichen Bitte an *Lakshmana*. *Lakshmana* schnitt ihr dann Nase und Ohren ab und wies sie ab. Als sie nach *Lankā* zurückgekehrt war, sagte sie zu ihrem Bruder *Rāvana*: „O Bruder! Mir fehlen die Worte, um *Sītās* Schönheit zu beschreiben. Was für eine wunderbare Frau sie ist! Ich denke, dass kein anderer als ein König von deinem Rang und deiner Größe *Sītā* als Gemahlin besitzen sollte. Schließlich ist *Rāma* nur ein menschliches Wesen, deshalb verdient er sie nicht. Bruder! Du solltest versuchen, ihre Hand gewinnen!“

Da fragte *Rāvana* sie: „Schwester! Was tatest du, als dir Nase und Ohren abgeschnitten wurden? Hast du still gehalten und dich nicht gewehrt?“ Da antwortete *Shūrpanakhā*: „Bruder! Was könnte ich noch sagen, außer dass ich in diesem Augenblick nur still hielt. Ich war die ganze Zeit völlig verzaubert von der majestätischen Schönheit und göttlichen Persönlichkeit *Rāmas*. Ich wusste nicht, was geschah.“

Daher sollte es euch jetzt klar sein, dass *Mantharās* Wut zu *Rāmas* Exil führte. Die Folge davon war dann der Tod von König *Dasharatha*. Das ist die Abfolge der Ereignisse, wie sie sich aus der Wut *Mantharās* ergab.

Nun wieder zurück zu *Shūrpanakhā*. Ihr Wunsch, *Rāma* zu heiraten, der nicht erfüllt wurde, die Demütigung, die ihr *Lakshmana* zufügte, und ihr Bericht über die wunderbare Schönheit *Sītās*, den sie *Rāvana* vortrug, führten schließlich zur Entführung *Sītās* und der Trennung von *Rāma*. War es nicht ihre Begierde, die der Hauptgrund für diese Ereignisse ist? Beide Charaktere sind also Zeugnisse für die Tragödie jener, die Wut und Begierde erliegen.

Frage 238: Swami! *Kausalyā* wird als Mutter *Rāmas* geehrt, und *Kaikeyī* ist dadurch bekannt geworden, dass sie ihre Hand im Spiel hatte, als *Rāma* ins Exil geschickt wurde. Über *Sumitrā* wissen wir allerdings nicht viel. Bitte beschreibe uns ihr Wesen.

Bhagavān: *Sumitrā* ist eine angesehene Frau, außerordentlich tugendhaft. Als *Rāma* in die Wildnis aufbrach, weinte *Kausalyā* bitterlich. Da ging *Sumitrā* zu ihr und sagte: „Liebe ältere Schwester! Warum klagst du? Weil dein Sohn *Rāma* in den Wald gegangen ist? Ist mein Sohn *Lakshmana* nicht aus freien Stücken an seiner Seite? Warum klagst du noch? Wäre es *Rāmas* Aufgabe gewesen, hier zu bleiben, wäre er nur König von *Ayodhyā*. Aber da er jetzt in der Wildnis lebt, ist er der König ganz Indiens *(bhārat)* geworden. Ich bin mit meinem Sohn *Lakshmana* ganz zufrieden, der seinem Bruder aufrichtig zu Diensten ist. Ich habe zwei Söhne – *Lakshmana* und *Shatrughna*. Während *Lakshmana Rāma* dient, dient *Shatrughna Bharata*! Wie gesegnet ich bin! Da, wo sich *Rāma* aufhält, ist *Ayodhyā*!“ So freute sich *Sumitrā* über ihr Glück. Das ist der Adel und die Reinheit ihres Wesens.

Frage 239: Swami! Du hast der Welt gezeigt, dass das *Ramayana* das Ideal wahrer Bruderschaft vorstellt. Würdest Du uns bitte die-

sen Aspekt des *Ramayana* erläutern, der das Verhalten von Brüdern beschreibt?

Bhagavān: Hinter der Erscheinung jeder Inkarnation Gottes verbirgt sich ein Geheimnis. Gott steigt als menschliches Wesen auf die Erde herab, um zu zeigen, wie alle sich auf dieser Welt auf ideale Weise verhalten und betragen sollten. Ein Beispiel dafür ist die Art und Weise, wie sich *Rāma* gegenüber seinen Brüdern verhält. Zwischen den vier Brüdern *Rāma, Lakshmana, Bharata* und *Shatrughna* herrschte wahre Liebe. Aber heutzutage findet man unter Brüdern eine solche Liebe nicht. Die Liebe ist nicht so groß, dass sie verhindern könnte, dass sie wegen Besitzstreitigkeiten vor das höchste Gericht ziehen. Es lässt sich kaum in Worten wiedergeben, wie zornig *Bharata* reagierte, als er erfuhr, dass seine Mutter *Kaikeyī Rāmas* Exil veranlasst hatte. Er konnte seinen Zorn kaum beherrschen und war sogar bereit, sie dafür zu enthaupten. So groß und intensiv war seine Liebe zu seinem Bruder. *Shatrughna* folgte *Bharata* wie ein Schatten. Das war das unzerstörbare Band der Liebe zwischen ihnen.

Ihr wisst sehr gut, wie unzertrennlich *Rāma* und *Lakshmana* seit ihrer frühen Kindheit waren. Sie waren immer zusammen gewesen. Stellt euch vor, was passierte, als sie Babies waren. *Rāma* sollte in einer Wiege schlafen, und so wurde *Lakshmana* in eine andere Wiege gelegt. Die zwei Babies weinten dauernd. Die drei Königinnen *Kausalyā, Sumitrā* und *Kaikeyī* konnten sie nicht dazu bringen, einzuschlafen oder mit dem Schreien aufzuhören. Als der Weise *Vasishtha* sie besuchte, berichteten die Königinnen ihm das. Da riet *Vasishtha* ihnen, beide Babies in eine Wiege zu legen. In dem Augenblick hörten sie auf zu weinen und schliefen sofort ein. Das war die unzertrennliche, tiefe Verbindung zwischen den beiden Brüdern von früher Kindheit an.

Ihr werdet auch die Angst *Rāmas* bemerkt haben, als *Lakshmana* auf dem Schlachtfeld ohnmächtig wurde. Er sagte: „Auf dieser Welt kann man alles zurückbekommen, was man verloren hat – Stellung, Besitz, Freunde oder sogar eine Frau. Aber wenn man seinen Bruder verloren hat, kann man ihn nicht zurückbekommen.“ Als *Rāma* über seine Brüder sprach, sagte er: „*Bharata* ist der größte von ihnen allen. Er regiert das ganze Königreich von Nandigrāma aus, hat meine Sandalen (pādukā) auf den Thron gestellt, wiederholt meinen Namen, ernährt sich von Wurzeln und Früchten wie ein Asket und wartet sehnsüchtig auf meine Rückkehr.“ An dieser Stelle lassen sich zwei Arten der Verehrung erkennen: *Lakshmanas* Verehrung gilt der Form Gottes *(sākārabhakti),* während *Bharatas* Verehrung dem formlosen Aspekt Gottes *(nirākārabhakti)* gilt.

Als sie *Pancavatī* erreichten, wünschte *Rāma,* dass Lakshmana an einem Platz seiner Wahl eine kleine Hütte für sie baue. *Lakshmana* fiel *Rāma* zu Füßen und fing an zu weinen. Da fragte *Rāma* ihn: „Bruder! Warum weinst du? Was ist passiert? Habe ich irgendetwas gesagt, was dich zum Weinen bringt?" Daraufhin sagte *Lakshmana*: „*Rāma*! Du willst eine Hütte an einem Platz, den ich bestimme? Habe ich eine Vorliebe oder eine Wahl oder einen freien Willen? Dein Wunsch ist auch mein Wunsch. Alles, was ich kann, ist, dir zu folgen und deinen Befehl auszuführen." So sollte die Treue, Aufrichtigkeit, Vertrautheit und Zuneigung unter Brüdern sein. Das ist das Ideal, dass *Rāma* uns zeigt.

Frage 240: Swami! Bist Du der Meinung, dass es während der Zeit des *Ramayana* keine kriegerischen Auseinandersetzungen gab? *Rāma* in die Wildnis zu schicken und *Bharata* zu krönen – ist das nicht ein leicht durchschaubares politisches Spiel? Ist die Art und Weise, wie *Rāma Vali* tötete, gerecht? Ist die Entführung *Sītās* nicht abscheulich? Wie kann dann das *Tretāyuga* makellos genannt werden? Bitte verzeih, dass ich aufgrund meines Unwissen diese Frage stelle und aus Anmaßung meine Grenzen übertrete. Lass uns bitte wissen, wie Du darüber denkst.

Bhagavān: Ziel und Zweck der Inkarnation *Rāmas* war die Aufrechterhaltung der Rechtschaffenheit und der Wahrheit. Er wollte der Welt ein neues Ideal schenken. Alle Ereignisse im *Ramayana* illustrieren diese Wahrheit. Betrachtet die erste Episode, als *Rāma* in Begleitung von *Sītā* und *Lakshmana* im Wald eintraf. Vergesst nicht, dass *Bharatas* Besuch in *Rāmas* Einsiedelei, zusammen mit den Bürgern von *Ayodhyā*, hervorragenden Weisen und Vertretern der vier Waffengattungen, nur das Ziel hatte, *Rāma* nach *Ayodhyā* zurückzuholen. In dieser Schar befand sich auch *Jābāli*, der in einem Gespräch folgende Worte an *Rāma* richtete: „O *Rāma*! Dein Vater *Dasharatha* starb, weil er die Vorstellung, von dir getrennt zu sein, nicht ertragen konnte. Jetzt bist du nicht mehr an die Worte deines Vaters gebunden, der dich auf Wunsch *Kaikeyīs* in die Wildnis schickte. Herr! Du solltest selber *Ayodhyā* regieren." *Rāma* ging auf diese Worte nicht ein, sondern wandte sich *Bharata* zu und sagte: „*Bharata*! Die Zulassung *Jābālis* und ähnlicher Leute zum

Hof hat den Ruf unseres Vaters befleckt. Du solltest ihm keinen Zugang zum Hof gewähren. Denn nichts ist größer, als das Wort seines Vaters zu ehren. König *Dasharatha* und *Dasharatha* als Gemahl von *Kaikeyī* und mein Vater *Dasharatha* unterscheiden sich nicht voneinander. Du magst annehmen, dass unseres Vaters Tod durch die Trennung von mir herbeigeführt worden ist. Das stimmt nicht. Die betagten Eltern von Shravanakumar starben, indem sie den Tod ihres Sohnes beklagten, den unser Vater mit einem Pfeilschuss getötet hatte. Der Fluch dieses alten Paares führte zu seinem Ableben. Meine Pflicht steht an erster Stelle." *Jābāli* ergriff wieder das Wort: „O *Rāmacandra*! Deine Hingabe an Rechtschaffenheit und Wahrheit ist auf der ganzen Welt wohl bekannt. Ich sagte das nur, um dich nach *Ayodhyā* zurückzubringen." *Rāmas* Entschluss ist felsenfest, wenn es um Rechtschaffenheit und Wahrheit geht. Mit größter Disziplin setzte er diese Ideale in die Tat um und war so ein Vorbild für die Menschheit.

Du hast die Tötung *Valis* durch *Rāma* erwähnt. Als *Vali* starb, fragte er *Rāma*: „O *Rāma*! Du hast einen Pfeil auf mich abgeschossen, als du hinter einem Baum standest. Ist das fair?" *Rāma* erwiderte: „Du bist ein Affe, und ich bin ein König. Die Jagd ist Teil der königlichen Natur. Könige dürfen Tiere im Wald jagen und töten. Wie kannst du mich also beschuldigen, aus dem Hinterhalt auf dich geschossen zu haben?" *Vali* fragte weiter: „*Rāma!* Du hast die Unterstützung meines jüngeren Bruders *Sugrīva* gesucht. Deshalb dein Entschluss, mich zu töten. Ist das gerecht? Hättest du dich an mich gewandt, hätte ich dir alle erdenkliche Hilfe geleistet. Was meine Stärke angeht, so kann *Rāvana* sich nicht mit mir messen. Auch *Sugrīvas* Stärke zählt nicht." *Rāma* antwortete: „O *Vali*! Ich verstehe *Sugrīvas* Not. Da ich von *Sītā* getrennt bin, weiß ich, dass auch er unter der Trennung von seiner Frau leidet. Der Hauptgrund meiner Freundschaft mit *Sugrīva* ist die Ähnlichkeit unserer Lebenssituation. Es heißt, Kämpfe, Eheschließungen und Freundschaften sollten unter Ebenbürtigen stattfinden." Darauf bemerkte *Vali*: „O *Rāma*! Du magst wohl König von *Ayodhyā* sein, aber dies ist ein Wald. Müssen wir, die wir uns hier frei bewegen, bestraft werden?" *Rāma* hatte eine passende Antwort parat: „Mein jüngerer Bruder *Bharata*, Herrscher von *Ayodhyā*, wohnt in Nandigramā und regiert in meinem Namen. Diese ganze Region ist unser Herrschaftsgebiet, und ich trage Verantwortung dafür, dass Ungerechtigkeit bekämpft und bestraft und Rechtschaffenheit geschützt wird. Deshalb verdienst du die Strafe."

Nachdem *Vali* festgestellt hatte, dass alle seine Fragen ausführlich beantwortet waren, meinte er zum Schluss: „*Shrī Rāma*! Wir leben hier entsprechend dem Moralkodex der Affen. Dein auf die Menschen bezogener Moralkodex betrifft uns nicht. Ist es gerechtfertigt, mich zu töten?“ *Rāmas* Antwort war angemessen und direkt und brachte *Vali* schließlich zum Schweigen: „O *Vali*! Obwohl du behauptetest, ein Affe (vānara) zu sein, sprachst du von Rechtschaffenheit. So lange du nicht weißt, was Rechtschaffenheit ist, gibt es an deinem Verhalten nichts auszusetzen. Aber du hast ausdrücklich von Rechtschaffenheit gesprochen, nicht wahr? Weißt du nicht, dass die Frau eines jüngeren Bruders der eigenen Tochter gleich kommt? Ist dein Verhalten nicht lasterhaft? Kann dir unbekannt sein, was Unrecht ist, wenn du weißt, was Rechtschaffenheit ist? Deshalb musst du bestraft werden.“ Auf diese Weise hat *Rāma* der Welt gezeigt, wie Rechtschaffenheit gelebt werden muss, und auf die Bedeutung hingewiesen, das zu lehren.

Was nun noch übrig bleibt, ist deine Frage nach *Sītās* Entführung. Selbst das ist ein Beweis für Gottes Mitgefühl. *Rāvana,* auf dem ein Fluch lastete, so dass er als Dämon geboren wurde, entführte *Sītā* nach Art eines abtrünnigen Gläubigen (vairabhakti), wodurch er *Rāma* bat, ihn mit eigener Hand zu töten und damit seine Rückkehr in den Himmel *(vaikuntha)* in die Gegenwart *Vishnus* sicherzustellen. Seine einzige Sehnsucht war, durch *Rāmas* Hand zu sterben. Eine solche edle Gottesliebe ist auch rechtschaffen. Ihr solltet euer Verständnis so erweitern, dass ihr die Feinheiten des *Dharma* richtig erfasst und ihre tiefe Bedeutung anerkennt.

Frage 241: Swami! Im *Ramayana* soll es sogar unter Feinden ideale Figuren geben. Rivalen gaben gewisse Werte niemals auf. Würdest Du uns bitte sagen, wie Feinde sich auf ideale Weise auseinandersetzen?

Bhagavān: *Ramayana* ist eine andere Bezeichnung für Idealismus. Es zeigt die ideale Lebensweise, die man erstreben sollte, um die Göttlichkeit in seinem Inneren zu verwirklichen. Das *Ramayana* macht deutlich, wie die richtige Beziehung zwischen Individuen aussehen sollte, zwischen dem Individuum und seinem Vaterland und schließlich zwischen einem Land und der ganzen Welt. Feindseligkeiten können jederzeit aus jedem Grunde aufflammen. Aber selbst als Rivalen sollte man sich an gewisse Werte halten.

Einmal gaben einige Dämonen *Rāvana* folgende Ratschläge: „O König! Wir sind Dämonen, die jede gewünschte Form annehmen können. Warum nimmst du nicht die Gestalt *Rāmas* an und suchst dann *Sītā* auf, so dass sie dich annimmt?" *Rāvana* erwiderte: „Welch schändliche Geschöpfe ihr seid! Ihr seid Narren! Wie könnt ihr in der Gestalt *Rāmas* so wollüstig sein, dass ihr hinter einer Frau herlauft, die eines anderen Ehefrau ist? Kann Begierde *(kāma)* da sein, wo *Rāma* ist? *Rāma* hat eine Frau, gebraucht nur einen Pfeil, um den Feind zu töten, und hält sein Wort (eine Frau, ein Pfeil, ein Wort, Wahrheit). Kennt ihr diese heiligen und edlen Eigenschaften von *Rāma* nicht?" So pries er den großen, unvergleichlichen und edlen Charakter *Rāmas*, der sein Rivale war. Jetzt könnt ihr auch die großzügige und edle Geste *Rāmas* verstehen. Als *Rāvana* im Sterben lag, schickte *Rāma* seinen eigenen Bruder *Lakshmana* zu ihm, damit dieser von ihm die königliche Gesetzgebung (rājadharma) kennenlernte, die für die Verwaltung und das Volk wichtig war. *Rāvana* war ein ergebener Anhänger *Shivas* und war reich an administrativer Erfahrung.

Vibhīshana, der einzige überlebende jüngere Bruder *Rāvanas*, war nicht bereit, das Sterberitual nach dessen Tod durchzuführen. Da befahl ihm *Rāma*, das zu tun, und er ging sogar einen Schritt weiter. Er sagte, er selber würde diese Aufgabe übernehmen, falls *Vibhīshana* auf seiner Weigerung bestehe.

Ihr werdet auch im *Ramayana* erkennen, wie *Vali,* von *Rāmas* Pfeil getroffen, starb. Bevor er starb, trug er *Rāma* alle seine Zweifel vor, die dieser entkräftete. Dann starb er durch *Rāmas* Hand und sagte, es sei sein großes Glück und Verdienst, durch *Rāma* getötet zu werden. Obwohl *Vali* ein Feind *Rāmas* war, pries er dessen edle Charakterzüge. Dies sind einige Ideale, denen sich auch Gegner in dem großen Epos *Ramayana* verpflichtet fühlen.

Frage 242: Swami! Werden im *Ramayana* auch Dinge erwähnt, die durch Gottes Gnade gelöst wurden und zwar allein durch Gottes Gnade? Wie haben die Charaktere das im Verlauf der Erzählung gezeigt?

Bhagavān: Kurz gesagt, spricht das *Ramayana* von drei Dingen: Sünde (pāpa), Fluch (shāpa) und Leiden (tāpa). Von diesen können zwei nur durch Gottes Gnade korrigiert werden. Welches sind diese zwei? Sünde und Fluch. Auf keine andere Weise können sie gebüßt werden.

Mandodarī, die Gattin *Rāvanas*, wusste zum einen, dass *Sītā* im *Ashoka*-Garten gefangen gehalten wurde, und zum anderen, dass sie vor *Rāvana* furchtbare Angst hatte. Aber sie konnte sie nicht befreien. Obwohl *Mandodarī* die Göttlichkeit *Rāmas* erkannte, konnte sie *Sītā* weder Trost noch Glück geben. Dies lag nur daran, dass sie in *Sītā* eine gewöhnliche Frau sah. Das ist eine Sünde. *Ahalyā* ist ein Beispiel für die zweite Gruppe. Da sie sich undiszipliniert verhielt, traf sie *Gautamas* Fluch. Befreiung von Sünde und Fluch kann nur durch die Gnade Gottes geschehen. Die dritte Gruppe ist Leid und Verzweiflung. *Sabarī* versuchte *Rāma* zu treffen. Jahrelang dachte sie an *Rāma*. Ihr Wunsch, *Rāma* persönlich mit eigenen Augen zu sehen, brachte sie in äußerste Not. Eine solche Not ist Buße. So spricht das *Ramayana* von Sünde, Fluch und Leiden. Man sollte solch subtile Geheimnisse erfassen.

Der Dämon Subahu versuchte *Rāma* und *Lakshmana* mit der Hilfe der Vierzehn zu schaden. Wer sind diese Vierzehn? Sie setzen sich aus den fünf Handlungsorganen, den fünf Wahrnehmungsorganen, dem Verstand *(mind),* dem Intellekt, dem inneren Bewusstsein und dem Egoismus zusammen. In dieser Stunde befahl *Rāma Sītā* und *Lakshmana*, in der Höhle zu bleiben. Was ist mit „Höhle" gemeint? Das unbeeinflussbare menschliche Herz. So müssen die Feinheiten des *Dharma* erkannt werden.

Frage 243: Swami! Verfolgten die Verfasser des *Ramayana* und des *Adhyātmarāmāyana* verschiedene Ziele? Es gibt viele Versionen des *Ramayana*. Wie sollen *Devotees* damit umgehen? Sie neigen dazu, den Teil, der sich Sundarakānda nennt, zu wiederholen. Warum ist das so, Swami? Ihre Authentizität wird dadurch nicht in Frage gestellt. Lass uns genaueres dazu aus Deinem Munde hören.

Bhagavān: Das *Ramayana* entstand, damit der Mensch den *Dharmas* folgen könne, die als Ideale darin vorgestellt werden, und damit er ein reines Leben führen könne. Das *Adhyātmarāmāyana* beabsichtigt, der Menschheit die Erfahrung des göttlichen *Atman* im Menschen aufzuzeigen. In anderen Worten, das *Ramayana* ist für den Menschen, das *Adhyātmarāmāyana* ist für den Geist. Seither ist eine Serie von *Ramayanas* von frommen Menschen verfasst und nach ihnen benannt worden. Dazu gehören das Tulasīrāmāyana, Mollarāmāyana und das Kambarāmāyana. Doch haben sie alle ein gemeinsames Thema: *Rāma*! In den *Puranas* wird die Geschichte des Herrn dargestellt, des vollkommenen Menschen, dessen Leben nachgezeichnet wird.

Was das Sundarakända angeht, so ist es voller schöner (sundara) Beschreibungen. Ganz reizend sind die Skizzen des prächtigen *Lankā*: *Hanumāns* Sprung über das Meer, die *Ashoka*-Vergnügungsgärten und der Kummer Mutter *Sītās*. Da Mutter *Sītās* Kummer (shoka) in den *Ashoka* (frei von Leid)-Gärten aufhörte, halten *Devotees* das Rezitieren des Sundarakända für hilfreich, um Leid zu lindern und Not zu vertreiben.

Mahabharata

Frage 244: Swami! Unsere Zeit gleicht einem Alptraum. Ungerechtigkeit, Unordnung, Lasterhaftigkeit und Falschheit nehmen kein Ende. Vergib mir, Swami, wenn meine Frage unpassend ist. Bitte räume meine Zweifel aus. Wie viel Gerechtigkeit gab es zur Zeit des *Mahabharata*? Die *Kauravas* servierten den *Pāndavas* vergiftete Nahrung, setzten den wächsernen Palast in Brand und versuchten, sie auf verschiedene Weise zu ermorden, verweigerten ihnen ihren rechtmäßigen Anteil am Königreich, gewährten ihnen nicht einmal fünf Dörfer, eine Fläche, kleiner als eine Nadelspitze. Wie viel vom Moralkodex oder Gesetz jener Zeit haben die Kauravas befolgt? Wie wenig Frieden gab es in jenem Zeitalter?

Bhagavān: Der spezifische *Dharma* des *Dvāparayuga* wird in jenem Zeitalter nicht unbedingt rein gelebt. Die Anfänge des *Kaliyuga*, dessen Eigenart und Verhalten, machen sich schon bemerkbar. Am bösen Verhalten der *Kauravas* trägt *Shakuni* die Hauptschuld. Seinen Rat befolgend und von ihm angetrieben, verhielten sie sich so, wie wir es kennen. Es besteht natürlich kein Zweifel, dass sich die *Kauravas* selber auf einen unheilvollen Weg machten. Denken wir daran, dass alles im Königreich des blinden Königs *Dhritarāshtra* stattfand. Blindheit steht hier nur für die Unfähigkeit, Wahrheit *(satya)*, Rechtschaffenheit *(dharma)*, Frieden *(shanti)* und Liebe *(prema)* zu erkennen. Als *Dharmarāja* eines Tages die Hauptstraße entlangging, sah er einen Bauer, der Säcke mit Reis auf einem Wagen transportierte. Er fragte den Bauer: „Sag einmal! Warum transportierst du Reis in Säcken? Du kannst ihn doch auf den Feldern lassen, nicht wahr?" Der Bauer antwortete: „O König! Vor ein paar Tagen wurde unser Reis von den Feldern gestohlen. Deshalb schütten wir ihn in Säcke und bringen ihn in unser Heim." *Dharmarāja* sah darin Zeichen des kommenden *Kaliyuga*. Ein anderes Mal bemerkte er, wie eine Frau auf der Hauptstraße frech mit einem Mann daherkam und ganz ohne Hemmungen und Scheu mit ihm sprach. Er dachte: „O! Das *Kaliyuga* ist da!" Des weiteren beobachtete er Bürger, die Eisenklumpen am Eingang zu ihren Häusern anbrachten. Er fragte sie : „Was ist das denn?" Die Leute antworteten: „Jetzt, da so viele Diebstähle passieren, gibt es keine Sicherheit mehr für unseren Besitz, unseren Schmuck und unser Getreide. Deshalb benutzen wir diese Eisenklumpen, die man auch Schlösser nennt." So traten auch schon im *Dvāparayuga* Symptome des *Kaliyuga* auf.

Frage 245: Swami! Wir verfügen nicht über ausreichendes Wissen bezüglich vieler Dinge. Unsere Gottesvorstellung ist nicht umfassend. Deshalb neigen wir dazu, die Realität zu ignorieren und Gott anzuzweifeln. Es ist beschämend, dass wir auch Gott Fehler zuschreiben und menschliche Fehlbarkeit. Im *Mahabharata* erscheint uns Krishna zu sehr Partei für die *Pāndavas* zu ergreifen, und so tat er vieles, was einem inkarnierten Gott nicht gut anstand, um sie zu verteidigen. Wir können dafür Beispiele anführen wie das Töten *Dronācāryas*, *Bhīshmācāryas* und einiger anderer. Wir bitten Dich, unsere fehlerhaften Ansichten zu kommentieren und uns zu belehren.

Bhagavān: Gott ist makellos. Er ist rein und unbefleckt. Es gehört zu den schlimmsten Sünden, Gott irgendwelche Fehler zuzuschreiben. Selbst der kleinste Teil Gottes – wenn man es so sagen kann – besteht nur aus Selbstlosigkeit, und was immer er sagt und tut, geschieht zum Wohle der Menschheit. Er gibt und vergibt. Er will von keinem etwas zurück noch behält er irgendetwas, was ihm nicht gehört. Es gibt überall Menschen mit engen, selbstsüchtigen Idealen, die körperliche und geistige Unruhe und Störungen hervorbringen. Das mögen Folgen des *Kaliyuga* sein. Der moderne Mensch besitzt keine Dankbarkeit. Er geht sogar so weit, dass er seine Eltern nicht beachtet. Sein Verhalten ist dämonisch geworden. Also ist es schwierig für ihn, Gott zu erkennen.

Die *Kauravas* waren boshaft und verbrachten ihr Leben in Ungerechtigkeit, Unwahrheit und Lasterhaftigkeit. Sie waren voller Hass und Eifersucht. Aus Habgier und Neid verübten sie viele Grausamkeiten: sie versuchten, die *Pāndavas* zu vergiften, setzten ihr Haus in Brand, betrogen sie beim Würfelspiel, um ihrem Leben ein Ende zu setzen. Also mussten sie in ihre Schranken gewiesen und kontrolliert werden. Man weiß, dass nur ein Diamant einen anderen Diamanten schleifen kann. Man kann einen Dorn nur mithilfe eines anderen Dorns entfernen. Ein einfaches Beispiel an dieser Stelle wird diesen Punkt verdeutlichen: Wenn Diebe sich mit Wertgegenständen durch die Hintertür davonmachen, sollte man sich auch zur Hintertür begeben, um sie zu fangen. In diesem Augenblick ist es falsch zu sagen: „Was! Ich bin der Besitzer des Hauses. Ich kann es nur durch die Vordertür verlassen und nicht durch die Hintertür." So ist der Weg durch die Hinterfür die einzige Möglichkeit, die Diebe zu fassen, nicht wahr? Ebenso mussten die *Kauravas*, die sich auf dem falschen Weg befanden, genau dort gefasst werden. *Krishna* tat genau dasselbe, um die *Pāndavas* zu schützen und ihren Sieg herbeizuführen. Es war keine Spur von Selbstsucht in *Krishna*.

Frage 246: Swami! *Krishna* veranlasste *Dharmaja*, eine Lüge auszusprechen. Er sagte, *Ashvatthāman* sei getötet worden und fügte leise hinzu, „der Elefant“. Dies führte zum Tod von *Dronācārya*. War es richtig von *Krishna, Dharmaja* zu einer solchen Lüge zu veranlassen?

Bhagavān: Das ist eine törichte Frage. Da du die Tatsachen nicht genau kennst, denkst du so. Es gab weder einen Fehler auf *Krishnas* Seite noch auf *Dharmajas*. *Drona* hatte seinen Tod selbst verschuldet. *Dharmaja* sagte laut: „*Ashvatthāman* ist tot“ und fügte leise hinzu, „der Elefant.“ *Dronācārya* hörte nicht genau zu, was *Dharmaja* gesagt hatte. Er hörte nur den ersten Teil, dass *Ashvatthāman* gestorben sei. Da *Dronācārya* eine so starke Bindung an seinen Sohn hatte, starb er sofort, als er den ersten Teil der Feststellung *Dharmajas* hörte. Er starb an Schock. Seine Bindung war die einzige Ursache für seinen Tod. So liegt die Schuld ausschließlich bei *Dronācārya*, der nicht geduldig die vollständige Aussage *Dharmajas* anhörte. Wie stehst du dazu, dass *Dronācārya*, der *Arjuna* mehr liebte als seinen eigenen Sohn, bereit war, gegen ihn zu kämpfen und ihn zu töten? War es in Ordnung, dass er sich als Lehrer und Brahmane zu einem solchen Kampf bereit fand? Der Fehler liegt also bei *Drona* allein.

Frage 247: Swami! Es ist bedauernswert, das Töten junger schuldloser Leute wie *Abhimanyu* und *Ghatotkaca* im *Mahabharata* mitzuerleben. Es ist gerecht, wenn böse Menschen getötet oder bestraft werden. Aber wie kann man den Tod dieser jungen Leute erklären?

Bhagavān: Die Antwort ist ganz einfach. Ich werde euch hier ein kleines Beispiel geben, damit ihr die Antwort auf die Frage gut versteht. Was tut man gewöhnlich, wenn zahllose Moskitos im Haus herumschwirren? Man versprüht ein Insektizid wie Flit oder DDT im ganzen Haus, um alle Moskitos zu töten, nicht wahr? Man muss auf eine Sache achten: Alle Moskitos werden vernichtet, weil das versprühte Insektizid giftig ist. Aber schließlich haben nur ein oder zwei Moskitos einen gestochen, nicht wahr? Aber all diese Moskitos, die einen nicht gestochen haben, kommen ebenfalls bei dieser Aktion um. Ebenso sterben auch ein paar Unschuldige in einem Krieg. Das ist nur natürlich.

Frage 248: Swami! Wir erfahren, dass *Arjuna* der einzige war, der aus der militärischen Lotosformation *(padmavyūha)*, die als Todesfalle geplant wird, ausbrechen und siegreich hervorgehen konnte. *Abhimanyu* dagegen wusste nur, wie man hineinkam und nicht, wie man wieder herauskam. Das hatte seinen Tod zur Folge. Um diese Episode aus dem *Mahabharata* ranken sich einige Geschichten. Es scheint, als ob *Krishna Nārada*, der *Abhimanyu* das ganze Manöver beschrieb, als dieser sich noch im Mutterleib befand, daran hinderte, dem ungeborenen Baby den Weg aus der Lotosformation zu beschreiben! Was sagst Du zu dieser Geschichte, Swami?

Bhagavān: Die alte Literatur Indiens hat viele Geheimnisse, die noch enthüllt und erfasst werden müssen. So viele subtile Details sind noch nicht allen bekannt. Sie zeigen das Lebensziel und die Lebensweise auf. Sie erinnern einen an die Pflichten, Verantwortlichkeiten und Verpflichtungen, die man der Gesellschaft, in der man lebt, schuldet. Sie weisen auch auf die Fehler der Menschen hin, damit diese sie korrigieren und berichtigen und so den Gott im Inneren erfahren können. Jede Episode oder Anekdote in den Epen oder in den religiösen Texten enthält eine Botschaft.

Arjuna ehrte man durch viele Titel wie *Savyasācin*, *Phālguna*, *Pārtha*, Vijaya und so weiter, die viel mehr bedeuten als unsere modernen Beinamen Padmasri, Padmavibushan und dgl. *Arjunas* Hingabe an *Krishna* war vollkommen. Das befähigte ihn dazu, aus der undurchdringlichen Lotosformation herauszufinden. Das Wort „*Arjuna*" bedeutet „weiße Farbe" oder „Reinheit", und es war die Reinheit seines Geistes und seines Herzens, die ihm die notwendigen Fähigkeiten schenkte.

Abhimanyus Situation unterschied sich grundsätzlich davon. Der Auftrag zu kämpfen und sich auf das Schlachtfeld zu begeben, erreichte ihn zu einer Zeit, da seine Frau Uttara schwanger war. Sein Vater *Arjuna* war nicht zu Hause und auch sein Onkel *Krishna* war nicht da. *Abhimanyu* hatte eine starke Bindung *(abhimāna)* an seine Frau und seinen Vater. Diese Bindung ließ ihn in die Falle gehen, so dass er nicht aus der Lotosformation herausfinden konnte und schließlich starb.

So ist die ganze Welt eine Lotosformation. Der Mensch ist in diesem Labyrinth gefangen, und seine Anhaftung und seine Besitztriebe lassen ihn nicht herausfinden. Da *Abhimanyu* sich mit dem Körper identifizierte *(abhimāna)*, trug er diesen Namen.

Frage 249: Swami! Es heißt, *Draupadī* lachte über *Duryodhana* im Mayasabhā, was ihn wütend und rachsüchtig machte und schließlich zum *Kurukshetra*-Krieg führte. Dürfen wir Deine besondere Interpretation hören?

Bhagavān: Wer dies sagt, kennt die Realität nicht. *Draupadī* war keine gewöhnliche Person. Sie war eine Königin, die wegen ihrer Keuschheit berühmt war. Sie war die Frau der großen *Pāndavas*. Es ist lächerlich zu sagen, sie lachte über *Duryodhana* in der Versammlungshalle (mayasabhā). Du machst da einen Fehler. Sie war nicht der Typ, der sich über andere lustig machte. Wer nicht weiß, was tatsächlich passierte, ist dieser Meinung.

An jenem Tag hatte *Draupadī* ihr Haar gewaschen und wollte durch den Haupteingang aus dem Palast gehen, um ihr Haar zu trocknen. In diesem Moment fiel *Duryodhana* hin, da er den Platz für eine offene Fläche hielt, während dort Wasser war. Die Dienerinnen, die das beobachteten, lachten über den komischen Anblick. Als *Draupadī* in diesem Augenblick herauskam, sah *Duryodhana* sie und glaubte, sie lache über ihn. Tatsächlich lachte sie überhaupt nicht. Es war also *Duryodhanas* Fehler, das zu vermuten.

Draupadī hatte keine Schwächen. Sie erhob zu keiner Zeit ihre Stimme. Zufrieden mit dem, was sie hatte, wurde sie nie müde, den *Pāndavas* in allen Lebenslagen zu dienen. Ihr edler Charakter überragte alle. Es ist töricht zu denken, sie habe über *Duryodhana* oder irgendeine andere Person gelacht.

Frage 250: Swami! Wir haben jetzt aus Deinen göttlichen Gesprächen verstanden, dass die *Pāndavas* Problemen die Stirn bieten und sich Aufregungen und Spannungen widersetzen konnten, weil *Krishnas* unendliche Gnade auf ihrer Seite war. Es ist äußerst befriedigend, Gottes Anteilnahme und Liebe seinen *Devotees* gegenüber festzustellen. Gib uns bitte ein gutes Beispiel dafür.

Bhagavān: Ja, ja und ja. Das ist die Wahrheit aller Wahrheiten. Es ist nicht gänzlich richtig zu sagen, dass Gott liebt. Nein.

Gott ist Liebe,
Liebe ist Gott,
Lebt in Liebe.

Wie lässt sich das erreichen? Wahrscheinlich liebt ihr maximal einen oder zwei Menschen. Aber wenn ihr Liebe werdet, wenn ihr die Liebe selbst seid, wird sie unendlich und ihr liebt alle. Also werdet keine Liebhaber, sondern die Liebe selbst. Ihr könnt Gott nur durch Liebe verwirklichen, da er die Verkörperung der Liebe ist. Ihr könnt den Mond nur sehen, wenn das Licht des Mondes da ist. Ebenso erfahrt ihr Gott, der Liebe ist, wenn ihr liebt, und dann erlebt ihr Glückseligkeit.

Die *Pāndavas* waren allen Schwierigkeiten gewachsen, weil *Krishna* sie gesegnet hatte. Es war ihre bedingungslose Liebe zu und Hingabe an *Krishna*, die sie jede gefährliche Situation und jede Herausforderung als seinen Willen und Segen annehmen ließ. *Krishna* war bereit, alles für sie zu tun, um sie aus mancherlei Katastrophen zu retten.

Die *Pāndava*-Brüder waren mit *Draupadī* und *Kuntī* im Exil. Eines Abends gingen *Dharmaja* und *Draupadī* im Wald umher und sahen eine große Frucht auf dem Boden liegen. Sie glaubten, dass sie groß genug war, um sie zum Abendessen untereinander aufzuteilen. *Draupadī* ging zu der großen Frucht hin, konnte sie jedoch nicht hochheben. Daraufhin versuchte *Dharmaja,* ihr dabei zu helfen, aber mit demselben Ergebnis. Beide waren erschöpft. Als *Bhīma* und *Arjuna* feststellten, dass *Dharmaja* und *Draupadī* noch nicht zurückgekehrt waren, machten sie sich nacheinander auf, um sie zu suchen. Sie fanden sie und wollten ihnen beim Aufheben der Frucht ebenfalls helfen, aber es gelang ihnen auch nicht. Nach einer Weile kamen *Nakula* und *Sahadeva*, aber sie alle konnten die Frucht nicht hochheben. Dann bemerkten sie plötzlich, dass sich etwas unter ihren Füßen bewegte. Es war schwarzes Haar, das wie ein Teppich auf dem Boden ausgebreitet war. Sie hoben den Kopf, sahen umher und bemerkten, dass das lange Haar zu einem Weisen gehörte, der in einiger Entfernung in der Pose eines Asketen saß. Der Weise war niemand anders als Romarshi („Roma" bedeutet „Haar" und „Rishi" ist ein „Weiser").

Der Weise war gerade dabei, die Augen zu öffnen. Er lebte schon lange Zeit asketisch wegen dieser Frucht, die ihn von Durst und Hunger befreien würde. Die *Pāndavas* waren nun zufällig in die Nähe der Frucht gekommen und versuchten, sie nach Hause zu nehmen. Sie fühlten sich schuldig und fürchteten den Fluch des Weisen. *Draupadī* bat *Krishna* von ganzem Herzen um seine göttliche Hilfe und seinen Beistand.

Krishna erschien vor ihr, erkundigte sich nach dem Problem und sagte: „Schau, *Draupadī*! Es ist wahr, dass ich komme, um meine *Devotees* zu retten, aber ich bin auch ein Bewohner der Herzen meiner *Devotees*. Was ihr getan habt, ist falsch. Romarshi übte lange Zeit Askese wegen dieser Frucht. Ihr wolltet sie ihm wegnehmen. Wie kann ich euch helfen, wenn der Weise euch in einem Anfall von Zorn verflucht?" Da fiel *Draupadī Krishna* zu Füßen und sagte: „O Herr! Wir sind auf uns selbst angewiesen. Ohne dich hätten wir nicht überleben können. Wir geben unseren Fehler zu. Bitte verzeih uns und rette uns vor dem drohenden Fluch des Weisen." Darauf sagte *Krishna*: „Gut! Aber beachtet meine Anweisungen und handelt strikt danach. Ich werde mich nun zu Romarshi begeben und mit ihm ein Gespräch anfangen. Ihr erscheint zehn Minuten später."

Krishna ging zu Romarshi, der ihn voller Hingabe und Aufrichtigkeit empfing und sagte: „O Herr! Wir sollten zu dir kommen. All unsere Buße und Askese sind nur dazu gut, dich zu erreichen. Wie kann ich mein großes Glück jetzt fassen? Der Herr selber stattet mir einen Besuch ab!" *Krishna* begann ein Gespräch mit ihm, und nach zehn Minuten erschienen die *Pāndavas*. Da fiel *Krishna* jedem einschließlich *Draupadī* zu Füßen. Romarshi, der das beobachtete, schloss daraus, dass diese *Pāndavas*, vor denen sogar *Krishna* auf die Knie fiel, erhabene Weise allerhöchsten Ranges sein mussten. Da tat Romarshi es *Krishna* gleich und bezeugte den *Pāndavas* seine Ehrerbietung. So wurde sein Zorn besänftigt. Er beruhigte sich. Er konnte diejenigen, die er respektvoll begrüßt hatte, nicht mehr verfluchen.

Diese Anekdote spricht Bände, was die unergründliche Liebe Gottes zu seinen Verehrern angeht und das Ausmaß seines Einsatzes. Aber es erübrigt sich, darauf hinzuweisen, dass der Anhänger des Mitgefühls auch würdig sein sollte.

Der *Mahabharata*-Krieg war in vollem Gange. *Bhīshma* legte einen Schwur ab, dass er die *Pāndavas* am nächsten Tag töten würde. *Draupadī* war verzweifelt, als sie von *Bhīshmas* Schwur hörte. In ihrem Kummer betete sie zu *Krishna*, und der Herr empfand Mitgefühl für sie. Deshalb besuchte er sie in jener Nacht selber. Die Nacht war schon ziemlich fortgeschritten. Auf dem Schlachtfeld lag der betagte *Bhīshma* in einem Zelt, war unruhig und konnte nicht einschlafen. Er bereute seinen Schwur, weil die *Pāndavas* auf der Seite der Gerechtigkeit und Rechtschaffenheit waren. Er ging außerhalb des Zeltes auf und ab, in Gedanken verloren und voller Reue.

Krishna ging zum Zelt, wo *Bhīshma* sich aufhielt. Er gab *Draupadī* ein Zeichen, *Bhīshma* zu Füßen zu fallen. Sie tat das. Als *Bhīshma* merkte, dass eine Frau seine Füße berührte, segnete er sie mit den Worten: „Mögest du eine lange glückliche Ehe haben!" Als er sich hinunterbeugte, um zu sehen, wer seine Füße berührt hatte, erkannte er *Draupadī*. Er war überrascht. Eine Frage tauchte unvermittelt in seinem Geist auf: Wie konnte er die *Pāndavas* töten, wenn er doch gerade *Draupadī* eine lange glückliche Ehe gewünscht hatte? *Bhīshma* sah *Krishna* auf der Seite stehen und sagte: „Herr! Das ist dein göttlicher Plan. Die Dinge geschehen deinem göttlichen Willen entsprechend. Du kannst alles einfädeln und wieder rückgängig machen. Wir sind nur Instrumente in deiner Hand. Herr! Was trägst du in dem Bündel? Du hast etwas in ein Tuch gehüllt und hast es bei dir. Darf ich wissen, mein Herr, was du da trägst?" *Krishna* sagte: „*Bhīshma*! Die Nacht ist weit fortgeschritten. Du bist kein junger Krieger mehr. Du musst sehr müde gewesen sein und versucht haben zu schlafen. Ich wollte nicht, dass dein Schlaf durch das Geräusch von *Draupadīs* Schuhen gestört würde. Deshalb habe ich ihre Sandalen in ein Tuch gehüllt und sie mitgenommen, und das hast du gesehen."

So schützt und rettet Gott diejenigen, die ihn verehren. Gott wird sich voll und ganz einsetzen, um sein Versprechen zu halten. Daran gibt es gar keinen Zweifel.

Frage 251: Swami! Die Inkarnation *Krishnas* wird die „vollkommene" Inkarnation genannt. Wie ist dann die Inkarnation *Rāmas* anzusehen? Was ist der Unterschied zwischen diesen beiden Inkarnationen des Herrn? Sollten wir, wenn wir sie verehren, einen Unterschied hinsichtlich ihres Ranges oder Status machen? Bitte erläutere uns dies.

Bhagavān: *Rāma* bezeichnete sich selber als Sohn *Dasharathas* (Dasharathātmaja) und sich als menschliches Wesen. Der einzige Zweck der Herabkunft *Rāmas* war, der Menschheit den idealen Menschen und die Heiligkeit des Menschseins aufzuzeigen. Dennoch wussten nicht wenige um die Göttlichkeit *Rāmas*. Alle großen Weisen wussten, dass dieses große Drama damals inszeniert wurde. *Vasishtha* vertraute *Da-*

sharatha Folgendes an: „Mein König! Ich bin nicht an deinen Hof gekommen, nur um dein Priester zu sein. Der Herr wird bald in deiner Familie geboren werden. Ich bin an den Hof gekommen, um nach Herzenslust seine Streiche, seine Späße und seine süßen Worte zu genießen.“ *Vishvāmitra* lehrte *Rāma* und *Lakshmana* den mächtigen Zauber der beiden Mantren Bala und Atibala, gab ihnen einen Köcher, der immer mit Pfeilen gefüllt sein würde, und als Wohltäter der Menschheit führte er sie in das *Gāyatrī-Mantra* ein. Er wusste über das Wesen der Inkarnation *Rāmas* hinlänglich Bescheid. Andere große Weise wie *Agastya, Bharadvāja, Matanga* und *Sharabhanga* waren sich der göttlichen Identität *Rāmas* voll bewusst. Es war *Sharabhanga,* der *Rāma* und *Lakshmana* zu *Sugrīva* schickte, der damals auf dem Berg *Kishkindha* lebte, und ihnen sagte, dass dieser ihnen bei der Suche nach *Sītā* helfen würde. Also machten sich *Rāma* und *Lakshmana* nach *Kishkindha* auf. *Sugrīva* und sein Gefolge beobachteten sie von weitem. *Sugrīva*, der vor kurzem davongelaufen war, weil er *Valis* Schläge nicht hatte ertragen können, argwöhnte, dieser hätte vielleicht wieder jemanden geschickt, um ihn anzugreifen, und war entsetzt. Er ließ *Hanumān* kommen und befahl ihm, die Wahrheit herauszufinden. Dieser kam seinem Befehl nach und näherte sich *Rāma* und *Lakshmana* als alter Brahmane verkleidet. Voller Achtung und Anstand wählte er die richtigen Worte und enthüllte seine wahre Natur und seine Herkunft. Er erfuhr seinerseits, wie und warum *Rāma* und *Lakshmana* nach *Kishkindha* gekommen waren. Vielleicht möchtet ihr wissen, warum *Hanumān* sich als Brahmane verkleidet hatte. Er glaubte, dass sie, wenn er als Affe erschiene, seinen Worten keinen Glauben schenken würden. Doch er teilte ihnen ja Tatsachen mit, nicht wahr? Dahinter steckt also kein böser Trick. *Rāma* sagte immer wieder, indem er sich auf sich selber bezog: „Ich bin ein Mensch“, „Ich bin der Sohn *Dasharathas.“* Auf diese Weise wollte er dem Menschen das neue Ideal vor Augen führen.

Aber bei *Krishna* sieht alles ganz anders aus. Indem er sagte: „Denke immer an mich und kämpfe“ (mām anusmara yuddha ca); „Erfülle deinen Geist mit mir, sei mir hingegeben, entsage um meinetwillen, sei mein Verehrer“ (manmanā bhava madbhakto madyājī mām namaskuru); „Ich werde die Bürde deines Wohlergehens tragen“ (yogakshemam vahāmy aham), bestätigte *Krishna* unmissverständlich in der *Gita* seine Göttlichkeit in unterschiedlichem Kontext. Dies sind die spezifischen Unterschiede zwischen den zwei Inkarnationen. Die Menschen sollten sich so verhalten wie *Rāma* und ihr Leben gemäß der Lehre *Krishnas* führen. Alle Namen gehören dem Herrn und alle Formen. Es gibt keinen Ort und kein Ding in diesem Universum, das nicht göttlich ist. Deshalb könnt ihr Gott in jeder Form verehren, wenn ihr es von ganzem Herzen tut, voller Weitblick und großer Liebe. Wie auch immer der Lauf des Flusses sein mag, sein Ziel ist das Meer. So solltet ihr verstehen, dass alle Formen der Verehrung und der spirituellen Praxis den einen Gott erreichen.

Frage 252: Swami! Alle Deine Reden betonen Werte und sind voller Süße. Wir stellen heutzutage fest, dass es die wertvolle Eigenschaft Dankbarkeit gar nicht gibt. Wie wird dieser Wert in unseren ehrwürdigen Epen dargestellt?

Bhagavān: Das *Ramayana* beschreibt diese äußerst wertvolle Eigenschaft Dankbarkeit ganz ausgezeichnet. Samudrudu, der Gott des Meeres, verdankt seine Existenz Sagara, einem König der Sonnendynastie. *Rāma* entstammte auch dieser Dynastie. Also wollte Samudrudu *Rāma* unbedingt seine Dankbarkeit bezeugen, indem er sich an der Rettung *Sītās* beteiligte. Die Gelegenheit, *Rāma* zu dienen, ergab sich für ihn, als *Hanumān* auf der Suche nach *Sītā* unterwegs nach *Lankā* den Himmel durchkreuzte und über das weite Meer sprang.

Samudrudu wandte sich an Maināka und sagte: „Schau, Maināka! Du bist ein Berg, der sich im Meer versteckt. Sicher hast du die alten Zeiten noch in Erinnerung, da alle Berge Flügel hatten und überallhin fliegen konnten, bis *Indra* als Antwort auf die Hilferufe der Menschen ihre Flügel stutzte. Weißt du noch, dass du der einzige warst, dem diese Schmach erspart blieb, weil *Vayudeva,* der Windgott, intervenierte und dir zu Hilfe kam? Nun, dessen Sohn *Hanumān* fliegt nun über den Ozean, wo du liegst. Jetzt hast du eine große Chance, seinem Vater deine Dankbarkeit zu zeigen. Bitte teile ihm das Geheimnis mit, wie Lankinī getötet werden kann. Lankinī ist der weibliche Dämon, der den Eingang zu *Lankā* bewacht. Das Geheimnis ist, dass sie sofort sterben wird, wenn jemand sie auf die Wange schlägt. Sie weiß, dass sie auf diese Weise umkommen wird, wenn ein Affe *Lankā* betritt. Der Fall *Lankās* und der Tod *Rāvanas* werden die direkten Folgen sein."

Also nutzte Maināka die Chance, erhob sich aus dem Meer und betete zu *Hanumān*: „O Herr! Dein Vater *Vayudeva* half mir. Ich hätte sonst meine Flügel verloren. *Hanumān*! Bitte ruhe dich hier aus. Nimm ein paar Früchte zu dir und fliege dann weiter. Lass mich dir auch sagen, wie man Lankinī töten kann, die Dämonin, die das Tor zu *Lankā* bewacht. Schlag ihr auf die Wange. Dann wird sie aufgrund eines Fluchs sterben." *Hanumān* antwortete: „Maināka! Ich werde weder essen noch trinken noch mich eine Sekunde ausruhen, bevor die mir von *Rāma* übertragene Aufgabe vollendet ist." So drückten sowohl Maināka als auch Samudrudu ihre Dankbarkeit aus. Alle sollten sie sich zum Vorbild nehmen.

Es gibt eine weitere Episode im *Ramayana. Vali* entführte *Sugrīvas* Frau *Rūmā. Rāma* tötete *Vali* und setzte *Sugrīva* wieder als Ehemann und König ein. Um *Rāma* dafür seine Dankbarkeit zu erweisen, bot *Sugrīva Rāma* an, ihm ein Heer von Affen (vānara) zur Verfügung zu stellen, damit er *Rāvana* und andere Dämonen töten und *Sītā* retten könne. Aber die praktische Umsetzung verzögerte sich unglücklicherweise. Daraufhin sandte *Rāma Lakshmana* zu *Sugrīva*, damit dieser ihn an sein Versprechen erinnere.

Wütend ging *Lakshmana* zu *Sugrīva. Sugrīva* schickte, da er den Ernst der Situation richtig einschätzte, *Tārā* zu der Unterredung mit *Lakshmana*. Sie sagte: „Swami! Die Regenzeit geht bald zu Ende. Wenn du zurückkehrst, werden dreihundert Millionen Affen bereit stehen, um dich im Kampf gegen die Dämonen auf *Lankā* zu unterstützen. Mein Mann *Sugrīva* hat das Versprechen, das er *Rāma* gab, nicht vergessen. Er ist nicht undankbar ihm gegenüber. Swami *Lakshmana*! Weißt du nicht, wie traurig ein Paar ist, wenn es voneinander getrennt ist? Du hast doch *Rāma* auch in der Zeit seiner Trennung von *Sītā* erlebt. Unsere Lage war bis vor kurzer Zeit die gleiche. Wir fühlten uns elend, weil wir voneinander getrennt waren. Erst jetzt sind wir dank Rāma wieder glücklich miteinander. Das heißt nicht, dass wir das ihm gegebene Versprechen vergessen haben. *Sugrīva* ist nicht so." Diese Worte *Tārās* besänftigten den Zorn *Lakshmanas*.

Sugrīva steht für Dankbarkeit. Es ist das schlimmste Vergehen, das Gute zu vergessen, das man von jemandem erfahren hat. Ein Hund ist ein gutes Beispiel für Dankbarkeit. Wenn man einem Hund einen Bissen Nahrung gibt, wird er einen nie vergessen. Solltet ihr nicht Swami gegenüber dankbar sein, der euch wie seinen Augapfel in jedem Augenblick eures Lebens behütet? Swami will und erwartet nichts von euch. Diese Werte, die ich erwähnt habe, sind euch selber von Nutzen.

Frage 253: Swami! Verzeih, wenn wir die Schriften missverstehen. Wir haben den Eindruck, dass sich gewisse Feststellungen widersprechen, und wissen nicht, was akzeptiert und was verworfen werden sollte. An einer Stelle heißt es: „Gott ist Wahrheit, während die Welt Illusion ist" (brahma satyam jagan mithyā). Du sagtest: „Es gibt keine Illusion." Wie sollen wir die Feststellung in den Schriften im Lichte dessen, was du uns über *Maya* gesagt hast, verstehen? Im Übrigen wird im selben Text gesagt: „Das ganze Universum ist göttlich" (sarvam vishnumayam jagat). Was und wo ist dann Illusion oder *Maya*? Welche dieser zwei widersprüchlichen Feststellungen ist wahr?

Bhagavān: Beide Feststellungen sind in gleichem Maße wahr, obwohl sie sich zu widersprechen scheinen. Der ganze Fehler liegt darin, dass ihr die Sache falsch versteht oder missversteht. Dies hängt von eurer eigenen Geistesverfassung ab; eure Erfahrung bestimmt die Ebene eures Verständnisses von Wahrheit.

Hier ist ein Beispiel für dich: Wenn ich dich fragte, wann du gekommen bist, würdest du antworten: „Gerade eben, Swami!" Nicht wahr? Analysiere deine Antwort. Wenn du sagst, du seiest gerade gekommen, was bedeutet dann dieses „Ich"? Bezieht sich dieses „Ich" auf dich selber oder auf deinen Körper? Du hast dich mit deinem Körper identifiziert. Du denkst, du seiest dein Körper. So ist der, der gekommen ist, dein Körper (das ist Körper-Bewusstsein). Später beginnst du zu klagen: „Mein Bein schmerzt, mein Kopf ist durcheinander, meine Hand zittert." Prüfe diese Feststellungen genau. Du sagst „mein Bein, meine Hand, mein Kopf" und so weiter. Jetzt frage dich selber einmal: „Wer ist dieses ‚mein'?" Wenn du sagst: „Dies ist meine Hand", bedeutet das, dass du dich von dieser Hand unterscheidest. Du unterscheidest dich von den Gliedmaßen, den Sinnen und so weiter. Du bist der Besitzer oder Meister, und alles übrige sind Instrumente. In diesen Feststellungen teilst du indirekt oder unbewusst mit, dass du nicht der Körper bist. Als du vorhin sagtest, du seiest gerade gekommen, meintest du den Körper, und jetzt, als du von deinem Bein, deinem Kopf sprachst, meintest du, du seiest mit deinem Körper nicht identisch.

Wenn in der spirituellen Praxis der dualistische Gesichtspunkt oder die Identifikation mit dem Körper vorherrschen, ist die erste Feststellung „Gott ist Wahrheit, während die Welt Illusion ist", wahr (dies entspricht dem Körperbewusstsein – ich bin gerade gekommen). Aber wenn der Zugang nicht-dualistisch ist, das heißt, aus der Sicht des *Atman* gesprochen wird, ist deine zweite Feststellung, dass du nicht mit deinem Körper identisch bist (mein Bein, meine Hand, mein Kopf), wahr.

Also ist die Wahrheit in dem Satz: „Das ganze Universum ist göttlich", über jeden Zweifel erhaben. Ihr müsst die Feststellung in diesem Sinne verstehen. Ihr solltet niemals meinen, dass sich die Aussagen in unseren Schriften widersprechen. Sie sind so formuliert, damit sie den Bedürfnissen der Menschen entsprechen, deren geistige Ebenen sich unterscheiden.

Bhāgavatam

Frage 254: Swami! *Krishna* befand sich in Begleitung von acht Gefährtinnen, und es heißt, er sei mit 16.000 Kuhhirtinnen liiert gewesen. Es ist unangenehm und peinlich zu erfahren, dass *Krishna* viele Frauen hatte. Erkläre es uns bitte.

Bhagavān: Das habt ihr aus Filmen erfahren, nicht wahr? Der *Krishna* des *Bhāgavatam* war ganz anders als der, über den berichtet wird. Wegen solcher pervertierter und verzerrter Darstellungen nimmt die Zahl der Atheisten Tag um Tag zu, und die Hingabe schwindet. Die ewige, nicht-duale und göttliche Wahrheit wird mit flüchtigen weltlichen Maßstäben gemessen und aus dieser Perspektive betrachtet. Das ist die bedauernswerte Situation der modernen Zeit. Die Schriften möchten, dass die Welt als göttliche Manifestation angesehen wird, aber Gott auch vom weltlichen Standpunkt betrachtet wird. Gott selber ist frei, und nur er kann dich von der Knechtschaft der Welt befreien.

Sagt mir, wer die acht Gefährtinnen *Krishnas* waren! Jedes menschliche Herz ist eine Lotosblume mit acht Blättern. Diese acht Blätter sind die acht Gefährtinnen. Im menschlichen Körper sind die sechs mystischen Chakren. Das Chakra am Steißbein ist das Mūladhara-Chakra, und das sechste oberhalb des Scheitels wird Sahasrāra genannt. Im *Samādhi*-Zustand steigt die Kundalini vom Mūladhara zum Sahasrāra auf. Das Sahasrāra-Chakra wird als tausendblättriger Lotos bezeichnet. Jedes der Blütenblätter hat 16 Farbnuancen oder Gesichter. So ergeben sich daraus die 16 000 *Gopis,* mit denen *Krishna* liiert gewesen sein soll.

Tatsächlich war *Krishna* ein Kind, als er in *Brindāvan* war. All diese Hirtinnen waren ältere verheiratete Frauen. Sie spielten mit *Krishna*, wie sie es mit ihren eigenen Kindern desselben Alters taten. *Krishna* schien für diese Hirtinnen in allen Dingen zu sein. Das Kumkum, das sie auf die Stirn rieben, war blau. Sie trugen blaue Arm- und Fußringe und blaue Saris. Jeder Gegenstand, den sie gebrauchten, war blau. Das lag daran, dass *Krishnas* Gesichtsfarbe blau war. Was ihre Hingabe an *Krishna* anging, so überstieg sie die *Nāradas* und all der anderen himmlischen Sänger. Die Hirtinnen liebten *Krishna* mehr als ihre Ehemänner. Sie verharrten in einem Zustand der Freude und Ekstase und priesen ihn die ganze Zeit. Gab es einen Augenblick lang eine Trennung von *Krishna*, ergriff sie eine außerordentliche Unruhe. Als *Krishna* nach *Mathurā* aufbrach, schien es den Hirtinnen, als würde ihr Körper von Flammen verzehrt, und sie krümmten sich in unerträglichem Schmerz, was auf die Trennung von ihrem geliebten *Krishna* zurückzuführen war. Sie tadelten *Akrūra* und beschuldigten ihn, dass er ihn ihnen weggenommen hatte. Sie spürten die Seligkeit des *Atman*. Eure Gefühle sind weltlich, physisch und engstirnig. Daher betrachtet ihr das Erhabene vom Standpunkt der eigenen Sinneswahrnehmung. Eigentlich kann niemand die Intensität, die Tiefe und die Hingabe der Hirtinnen beurteilen. Ihre Hingabe an *Krishna* bleibt für immer unfassbar und unergründlich für den normalen Sterblichen.

Frage 255: Swami! Nachdem wir Deine göttlichen Reden und wunderbaren Gespräche gehört haben, erkennen wir, dass alles, was wir aus anderen Quellen über *Shrī Krishna* erfahren haben, verzerrte und falsch interpretierte Tatsachen sind. Du deckst so viele verborgene Geheimnisse und subtile Feinheiten auf. Wir bitten Dich, uns weitere Einzelheiten über *Krishna* zu berichten.

Bhagavān: Die göttlichen Wunder *Krishnas* sind überwältigend, geheimnisvoll und unergründlich. Jedes Wunder hat eine Bedeutung und eine Botschaft, zeigt uns ein Ideal und erfüllt uns mit nicht-dualistischer und absoluter Glückseligkeit.

Ihr wisst, wie *Krishnas* Pflegemutter *Yashodā* ihn hätschelte und liebkoste. Alle Frauen in der Nachbarschaft beklagten sich, dass er heimlich Butter aus ihren Häusern nahm. *Yashodā* sagte zu ihm: „*Krishna*! Warum naschst du heimlich in anderen Häusern? Siehst du nicht, wie sie sich alle beklagen! Magst du die Butter bei uns zu Haus nicht? Warum isst du nicht unsere selbstgemachte Butter? Warum findest du die Butter in anderen Häusern schmackhafter?“ *Krishna* sagte: „Mutter! Ich bin nirgends hingegangen, und ich habe auch niemals von anderer Leute Butter genascht. Schau doch in meinen Mund, und du wirst es am Geruch merken, ob ich etwas gegessen habe.“ Während er in aller Unschuld wie ein winziger Knirps sprach, lächelte Mutter *Yashodā* glückselig. Eines Tages geriet sie in Wut, als sie die Klagen über sein Verhalten hörte. Also beschloss sie, ihn an einen Pfahl zu binden. Aber ist es denn euch oder jemand anderem möglich, Gott irgendwo festzubinden? Zornentbrannt suchte sie nach *Krishna*, vergeblich. Da bemerkte sie *Krishnas* Fußspuren, die Reste von Quark und Butter anzeigten. Da beschloss sie, diesen Spuren zu folgen, und so erwischte sie ihn schließlich. Hier solltet ihr euch etwas Wichtiges merken. *Yashodā* konnte *Krishna* aufspüren, indem sie seinen Fußspuren folgte. Ebenso könnt ihr Gott näherkommen, wenn ihr auf dem Pfad seiner Gebote bleibt. Also sage ich ständig meinen Studenten: „Mein Leben ist meine Botschaft." Immer wieder weise ich darauf hin, dass sie dem Herrn, ihrem Gott, folgen sollten, dass man Gott durch Liebe erreichen könne, da er Liebe ist. Dies war die Botschaft *Krishnas.*

Eines Tages hielt *Yashodā,* die *Krishna* einzufangen versuchte, ein Stück Butter in einer Hand und einen Stock in der anderen, den sie hinter ihrem Rücken versteckte, so dass *Krishna*, angelockt durch die Butter, zu ihr kommen und ihr Gelegenheit geben würde, ihn zu schlagen. Ebenso habe ich in einer Hand die Butter der Ausbildung in unseren Institutionen und in der anderen einen Stock strenger Erziehung. Wenn die jungen Leute hierher kommen, um eine gute Ausbildung zu erhalten, trainiere ich sie so, dass sie die ideale Jugend in unserer Gesellschaft werden. Dies ist mein Plan.

Eines Tages bemerkte *Krishna,* wie eine Frau Wasser an einem Brunnen holte. Sie füllte zwei Gefäße und versuchte, sie übereinander auf dem Kopf zu tragen. Sie fand es recht schwer, allein beide Gefäße übereinander auf den Kopf zu stellen. Da sagte sie zu *Krishna*: „*Krishna*! Kannst du mir bitte helfen? Ich stelle ein Gefäß selber auf den Kopf, hebe bitte das andere darauf. Dann wird es leicht für mich sein, das Wasser von hier nach Hause zu tragen." *Krishna* sagte: „Nein, ich tue das nicht." Die Frau schaffte es schließlich allein und ging nach Hause. Dort sah sie *Krishna* stehen, der ihr seine Hilfe anbot. Sie sagte: „*Krishna*, was ist los! Als ich dich vor ein paar Minuten darum bat, mir mit den Gefäßen zu helfen, lehntest du das ab. Jetzt aber bist du dazu bereit, ohne dass ich dich darum bitte. Nun, das verstehe ich nicht." Da erwiderte *Krishna*: „Weißt du, ich möchte niemals jemandem eine Last auflegen. Aber ich nehme dir gern deine große Last ab, die du jetzt trägst, damit du dich erleichtert fühlst. Verstehst du?" Dieses Beispiel hilft euch, das göttliche Geheimnis zu verstehen, das darin besteht, dem Menschen seine Lasten abzunehmen. Deshalb sage ich: „Kommt her mit euren Säcken voller Probleme, Schwierigkeiten und Ängsten. Leert sie hier zu meinen Füßen aus. Dann seid ihr leicht und frei und könnt glücklich nach Hause zurückkehren."

Auf diese Weise verkündet jede Episode im *Bhāgavatam* eine Botschaft. Obwohl der Weise *Vyāsa* nicht weniger als 18 *Puranas* schrieb und das gefeierte Epos *Mahabharata*, obwohl er alle *Veden* sammelte, fand er keinen Seelenfrieden, bis er das *Bhāgavatam* auf Anraten des Weisen *Nārada* verfasst hatte. Das *Bhāgavatam* lehrt die Menschen die neun Wege der Hingabe. Wir sollten die verschiedenen Geschichten, die in diesem unsterblichen Werk erzählt werden, lesen und hören.

In der Tat hat schon das Wort *„Bhāgavatam"* eine tiefe Bedeutung: „Bha" bedeutet *bhakti,* Hingabe; „ga" bedeutet *jnāna,* Weisheit; „va" bedeutet *vairāgya,* Entsagung; „ta" bedeutet *tattva,* göttliches Prinzip; „m" bedeutet *mukti,* Befreiung. Das *Bhāgavatam* erzählt nicht nur die Geschichte von Gott (bhāgavatamkathā). Im Telugu bedeutet „bagavatām": „Wir werden gut werden". Man sollte seine tiefe Bedeutung kennen, sich entsprechend verhalten und nach der eigenen Befreiung streben.

Frage 256: Swami! *Rādhā* war eine glühende, vertrauensvolle und ideale Anhängerin von *Krishna*. Sie repräsentiert unendliche Hingabe, unvergleichlich und bedingungslos, und wenn du über *Rādhās* Hingabe sprichst, tauchen wir in die Ekstase der Verehrung ein. Würdest Du uns bitte mehr über *Rādhās* Hingabe sagen?

Bhagavān: Die Kenntnis der Schriften kann Hingabe nicht vermitteln. Man kann sie nicht von einem Guru erhalten. Kein Freund kann Hingabe schenken. Sie sollte im eigenen Herzen geboren werden. Sie kann nicht ins Herz gestopft werden. Die Hingabe der *Gopis* war rein und selbstlos. Sie war beständig, unerschütterlich und zuverlässig. *Rādhā* war die bedeutendste von ihnen. Sie fühlte sich mit *Krishna* eins, identifizierte sich völlig mit ihm. *Rādhā* sehnte sich nur nach Gott und hatte keine weltlichen Wünsche mehr.

Eines Tages fuhr *Krishna* in seinem Wagen mit *Rukminī* zu einem nahegelegenen Ort. Alle Einwohner des Ortes versammelten sich, hießen sie freudig willkommen und jubelten ihnen zu.

Rukminī bemerkte, dass *Krishna* eine Person aufmerksam ansah. Diese Person warf ihm ebenfalls Blicke zu. *Krishna* sagte leise und sanft zu *Rukminī: „Rukminī*! Kennst du *Rādhā*? Sie ist eine meiner glühenden Anhängerinnen." Als *Rukminī* das hörte, stieg sie aus dem Wagen, lief zu *Rādhā,* wechselte ein paar freundliche Worte mit ihr und lud sie ein, mit ihr einige Zeit im Palast in *Dvārakā* zu verbringen. Am folgenden Tag ging *Rādhā* also nach *Dvārakā. Rukminī* empfing *Rādhā* am Haupteingang und begleitete sie in den Palast. *Rādhā* blieb eine Weile bei

Rukminī im Palast, und sie sprachen über *Krishna* und sangen Lieder zu seiner Ehre. Sie fingen an, die wundervollen Erfahrungen mit *Krishna* auszutauschen. *Rukminī* bot *Rādhā* heiße Milch an, damit diese länger dableiben und noch ein wenig über *Krishna* sprechen konnte, während sie kleine Schlucke trank. Aber *Rādhā* stürzte die ganze Tasse heißer Milch auf einmal hinunter. Dennoch ging das Gespräch noch eine Weile weiter, und dann verließ *Rādhā* den Palast, um zu ihrem Dorf zurückzugehen.

Krishna kam am Abend sehr müde zurück. Er sagte zu *Rukminī*: „Schau, *Rukminī*! Ich bin sehr müde und erschöpft, es kommt mir vor, als hätte ich die Füße verbrannt, der Schmerz ist unerträglich." *Rukminī* bemerkte ein paar Blasen an seinen Füßen und fragte sich, wie und warum so etwas geschehen konnte. *Krishna* sagte dann: „*Rukminī*! Du hast *Rādhā* sehr heiße Milch serviert, als sie dich heute Nachmittag auf deine Einladung hin besucht hat, nicht wahr? *Rādhā* trank die Milch in einem Schluck aus. Da meine Füße in ihrem Herzen sind, verteilte sich die heiße Milch auf meinen Füßen, und deshalb findet man jetzt Brandblasen an den Stellen, wo ich die Verbrennung spüre." So tief war *Rādhās* Hingabe.

Um *Rādhās* Hingabe zu testen, gab eine Hirtin ihr eines Tages einen Topf mit Löchern, um Wasser vom Fluss Yamunā zu holen. *Rādhā* bemerkte das nicht. Sie wiederholte beständig den heiligen Namen *Krishnas*, als sie den Topf ins Wasser tauchte. Während sie *Krishnas* kostbaren Namen wiederholte, schloss sich ein Loch nach dem anderen. Der Topf war nicht undicht, und *Rādhā* brachte einen Topf voll Wasser nach Hause. So groß war ihre Hingabe!

Im Namen *Rādhā* bedeutet „r" „*Rādhā*"; „a" ist *ādhāra,* Grundlage; „d" bedeutet *dhārā,* immer fließender Strom, und das nächste „a" ist *ārādhana,* Verehrung. Ihre Hingabe war wie beständig fließendes Öl *(dhārā).*

Wie *Rādhā* den Namen *Krishnas* wiederholte, so dachte auch *Krishna* immer wieder an *Rādhā*. Dies ist die Verbindung und die Vertrautheit zwischen einem *Devotee* und seinem oder ihrem Gott *(deva).*

Frage 257: Swami! Das *Bhāgavatam* preist Gott und seine göttlichen Eigenschaften, aber es berichtet auch von der Größe und dem Adel seiner Anhänger. Wir haben gesehen, dass *Devotees* Freudentränen vergossen haben, als sie Deine Reden über das *Bhāgavatam* hörten.

Swami, würdest Du bitte auf das Wesen und die Hauptprinzipien dieses Textes eingehen, damit sowohl junge Leute als auch Erwachsene sie zu ihrem Nutzen befolgen können?

Bhagavān: Die Beziehung zwischen Gott und seinen Verehrern ist immer sehr eng. Gott lässt seine Verehrer sein Allwissen, seine Allgegenwart und Allmacht erkennen und durch seine göttlichen Wunder erfahren. Gott und der Gottsucher sind voneinander abhängig, und einer ohne den anderen ist bedeutungslos. Daher preist das *Bhāgavatam* die Ehre Gottes und berichtet auch von der Verehrung, dem Geist der Hingabe, dem Wesen des spirituellen Weges und der Nicht-Anhaftung der Anhänger.

Das *Bhāgavatam* lehrt, dass jede Handlung im Geiste der Hingabe durchgeführt werden sollte, damit sich daraus Weisheit entwickeln kann. Kein Vermittler kann zwischen Gott und dem Gottsucher stehen. Sie sind direkt miteinander verbunden. Es ist nur eure Hingabe, die euch die Gnade Gottes empfangen lässt. Es kann auch gesagt werden, dass die Kultur Indiens aus diesen drei Komponenten besteht: Gottsucher *(bhakta),* Gott und das *Bhāgavatam*. Gott ist die einzige Zuflucht des Gläubigen. Er ist Reichtum, Leben, ja alles.

Der junge Knabe *Dhruva* wollte auf dem Schoß seines Vaters sitzen. Aber seine Stiefmutter erlaubte ihm dies nicht. Er ging schweren Herzens nach Hause, und nachdem er es seiner Mutter erzählt hatte, entschloss er sich, in die Wildnis zu gehen und sich strenger Askese zu unterziehen. Im dichten Wald führte er ein asketisches Leben, ohne sich durch Hitze, Kälte oder Regen abhalten zu lassen. Gott war mit ihm zufrieden und erschien vor ihm und versprach ihm alles, was er haben wollte. Darauf sagte *Dhruva*: „Swami! Ich möchte dich!“ Gott antwortete: „*Dhruva*! Du wolltest etwas Bestimmtes und hast dich deswegen einer strengen Askese unterworfen, und jetzt bittest du um etwas anderes. Ursprünglich wolltest du doch nur auf dem Schoß deines Vaters sitzen, aber jetzt sagst du etwas anderes, nämlich dass du mich besitzen möchtest. Hast du nicht gehört, dass Gedanken, Worte und Taten übereinstimmen sollten? Ein edler Mensch sollte auf Harmonie im Denken, Sprechen und Handeln achten. Zunächst erfülle dir deinen Wunsch. Sei eine Zeitlang Herrscher in deinem Königreich und erfülle deine Pflichten in den kommenden Jahren. Schließlich werde ich dich so segnen, dass jeder sich an dich erinnern wird, wenn du die irdische Szene verlassen hast. Du wirst der einzige leuchtende Stern sein, der auf ewig an seinem Platz im Himmel bleiben wird." Deswegen heißt es: „Die wahre Aufgabe der Menschheit ist die Erkenntnis des Menschen."

Obwohl *Prahlāda* von einem Berggipfel in ein loderndes Feuer geworfen wurde, obwohl er tödliches Gift trinken musste, obwohl er unter die Füße eines riesigen Elefanten geriet, obwohl er im tosenden Meer ertränkt wurde, hörte er nicht auf, den Namen Gottes zu singen. Er pries Gottes Ehre unaufhörlich. Er achtete nicht auf die Lehren seiner Guru*s* Canda und Amarka. Er ging sogar noch einen Schritt weiter, indem er zu seinem Vater sagte: „Du konntest die ganze Welt erobern. Du konntest die Bewegungen der Sterne und Planeten kontrollieren, die Sonne, den Mond und alle anderen. Du konntest alle fünf Elemente beherrschen, aber du konntest die eigenen inneren Feinde nicht besiegen!" Als sein Vater *Hiranyakashipu* ihn fragte, wo Gott sei, antwortete er: „Du solltest keinen Augenblick an seiner Allgegenwart im Universum zweifeln. Gott ist überall!" *Hiranyakashipu* fragte: „*Prahlāda*! Ist dein Gott in diesem Pfeiler anwesend?" *Prahlāda* antwortete: „Ja!" Als *Hiranyakashipu* den Pfeiler zerbrach – wie ihr alle wisst –, manifestierte sich der Herr als Avatar *Narasimha*.

Hier sollte man die tiefe Bedeutung dieses denkwürdigen Moments erkennen. Ein Pfeiler ist ein Bild für Gewand oder Körper (upādhi). „Den Pfeiler zerbrechen" heißt „die Bindung an den Körper aufgeben". So lange man sich an den Körper bindet, ist man voller Ego, Stolz, Besitzgier, Eifersucht etc, was einen für die allgegenwärtige Gottheit blind macht. *Prahlādas* bedingungslose Liebe und Hingabe an Gott war vollkommen.

Gajendra, der König der Elefanten, wurde von einem Krokodil geschnappt und konnte nicht aus dem Fluss herauskommen. *Gajendra* kämpfte mit aller Kraft, um aus dem Maul des Krokodils freizukommen, aber es war vergeblich. Schließlich war er so entmutigt, dass er keine Energie mehr hatte, den Kampf auf eigene Faust fortzusetzen. Da flehte er inbrünstig zu *Govinda,* seinem Retter: „O Gott! Du bist meine einzige Zuflucht, meine einzige Rettung. Ich kenne niemanden, nur du allein kannst mich aus dieser misslichen Lage retten. Wer kann mir zu dieser Stunde zu Hilfe kommen? O mein Gott! Rette mich, rette mich, rette mich!" In dieser Sekunde wurde er aus dem Maul des Krokodils gerettet.

Man sollte die tiefe Bedeutung dieser ganzen Episode verstehen. Der Fluss repräsentiert das Leben. Das Krokodil steht für Wünsche und Sinnesfreuden. *Gajendra* ist die Einzelseele *(jīva).* Zu Beginn hielt er sich mit seinem Rüssel an einem Baum fest und betete. Gott antwortete nicht. Erst als er den Griff lockerte, seinen Rüssel anhob und von ganzem Herzen zu Gott betete, wurde er gerettet. Man sollte diese Episode als ein weiteres Beispiel für bedingungslose Hingabe oder Unterwerfung ansehen. *Shrī Mahāvishnu*, der Herr, schickte sein Rad namens *Sudarshana*, das das Krokodil tötete und *Gajendra* rettete. „Su“ bedeutet „gut“ und „*darshana*“ bedeutet „Blicke des Mitgefühls“. Es ist also seine Gnade, die einen rettet, und nicht die eigene Stärke, Kraft oder Reichtum. Gott reagiert nur, wenn die Hingabe vollkommen ist.

Draupadī befand sich in einer ähnlichen Situation, als man sie am Hofe in der Öffentlichkeit entkleiden und demütigen wollte. Sie hielt mit einer Hand ihren Sari fest und betete zu Gott, damit dieser ihre Keuschheit rette und schütze. Gott reagierte nicht. Erst als sie beide Hände vor der Brust zusammenlegte *(namaskāra)*, rettete *Krishna* sie. Das heißt, dass die zehn Finger beider Hände beim Gebet zu *Krishna* zusammengelegt wurden. Die fünf Sinnesorgane *(jnānendriya)* und die fünf Handlungsorgane *(karmendriya)*, die durch je fünf Finger einer Hand repräsentiert werden, müssen Gott unterworfen werden, wofür das Zusammenlegen der Hände beim Gebet symbolischer Ausdruck ist. Gott hält nichts von Partnerschaft. Er akzeptiert Teilzeit-Hingabe nicht. Ein Gottsucher sollte überall an Gott denken und ihn preisen, nicht nur wenn er in Not und Schwierigkeiten ist. Ein Kind wird seine Mutter nicht verlassen, selbst wenn sie es schlägt. Es umarmt die Mutter noch stärker, wenn es geschlagen wird. Ebenso sollte man sich noch vertrauensvoller an Gott klammern, wenn sich Schwierigkeiten einstellen. Wenn der Mensch in Not ist, ist Gott ihm nahe. Wenn dem Menschen ein Unheil droht, hat Gott eine Chance. Man ist kein Gottsucher, wenn man sich von Gott abwendet und den Glauben aufgibt, weil man im Leben auf Probleme stößt. So ist das ganze *Bhāgavatam* voll solcher Episoden, die auf die Aufrichtigkeit, Beständigkeit, den unerschütterlichen Glauben, die vollkommene Hingabe und tiefe Verehrung bestimmter Gläubiger hinweisen und gleichzeitig die Größe, Liebe und Barmherzigkeit Gottes preisen.

Frage 258: Swami! Der Weise *Vyāsa* verfasste sowohl das *Bhāgavatam* als auch die *Brahmasūtras*. Welches ist dem anderen überlegen?

Bhagavān: Nun, ich will es euch am Beispiel eines Collegestudenten erklären. Du willst einen akademischen Grad in Naturwissenschaften erwerben. Du hast die Fächer Mathematik, Physik und Chemie gewählt. Welches der drei Fächer ist den anderen beiden überlegen? Um den Grad zu erwerben, musst du notwendigerweise alle drei Fächer studieren, nicht wahr? Ebenso sollte man das *Bhāgavatam* studieren, um zu lernen, was Hingabe *(bhakti)* ist, und das *Brahmasūtra*, um Weisheit *(jnāna)* zu erwerben. Weisheit und Hingabe sind gleichermaßen wichtig.

Frage 259: Swami! Es gibt zwei große Epen, das *Ramayana* und das *Mahabharata* neben den achtzehn *Puranas*. Die *Puranas* handeln von den verschiedenen Namen und Eigenschaften Gottes in erzählender Form und machen den größeren Teil indischer Mythologie aus. Sie vermitteln der gesamten Menschheit eine universelle Botschaft, alle Aspekte des Lebens betreffend. Bitte zeige uns die Hauptprinzipien, die darin enthalten sind, so dass wir sie im täglichen Leben in die Tat umsetzen können.

Bhagavān: Der Weise *Vyāsa,* der alle achtzehn *Puranas* verfasste, fasste ihre Essenz in zwei Sätzen zusammen: „Anderen zu helfen, ist verdienstvoll“ (paropakārah punyāya). „Anderen zu schaden, ist Sünde“ (pāpāya parapīdanom). Ihr habt den Körper nicht nur bekommen, um zu essen, zu schlafen, zu trinken und zu sterben. Ihr habt den Körper nicht nur bekommen, um egoistisch zu sein. Gott hat euch mit einem Köper gesegnet, um anderen zu dienen. Was ist der Körper, dass ihr euch so an ihn bindet? Er besteht nur aus ganz widerlichen und ekelhaften Exkrementen, Urin und Blut. Er ist nichts als vergänglich, und dann wollt ihr mit diesem Körper unvergängliche Ergebnisse erzielen? Wie ist das möglich? Wie könnt ihr ewige Glückseligkeit mit dem Körper erfahren?

Die Jugend vergeht wie schmelzendes Eis, Wolken und Nebel. So ist der Körper wie eine Wasserblase. Seine Form und Ausstattung sind so, dass er den Armen und Bedürftigen dienen kann, und es reicht nicht, sich nur am Essen und Trinken zu erfreuen, wie es Vögel und Tiere, Fliegen und Insekten auch tun. Was ist so außerordentlich an euch? Es genügt, wenn ihr niemandem schadet. Das ist die größte Hilfe. *Vyāsa* sagte, anderen zu dienen ist ein Verdienst *(punya)*. Das heißt, ihr solltet niemandem durch Gedanken, Worte und Taten schaden. Was ist dann Sünde *(pāpa)*? Anderen Schaden zuzufügen, ist Sünde.

„Paropakārah punyāya“ lässt sich auch anders interpretieren. „Param“ heißt „Gott“, „upa“ heißt „nahe“ und „kāra“ heißt „sich anschließen". Die Bedeutung ist also „nahe an Gott herankommen". Daher ist die größte Hilfe, die ihr jemandem leisten könnt, ihn näher an Gott heranzuführen und selber Gott näher zu kommen. Das ist möglich durch gute Taten und gute Gedanken. Die zweite Feststellung „pāpāya parapīdanom" hat auch noch eine weitere Bedeutung: „param" = „Gott", „pīda" = „die Betrachtung des einen Gottes, als seien es viele". Die Grundbedeutung der Feststellung ist, dass es eine Sünde ist, sich Gott als Vielheit vorzustellen. Pluralität oder Multiplizität hat in der Göttlichkeit keinen Platz.

Es gibt nur einen *Atman* in jedem Menschen. Aber wenn man ihn in Stücke zerteilt und Vielfalt erlebt, ist es eine Sünde. Ich sage meinen Studenten oft, dass die Essenz aller achtzehn Epen die Aufforderung ist: „Helft immer, schadet niemandem." Wenn ihr diese zwei Dinge in eurem täglichen Leben beachtet, genügt es, um Befreiung zu erreichen.

Frage 260: Swami! Welchen Stellenwert sollen die Epen und *Puranas* auf unserem spirituellen Weg und in unserem spirituellen Leben haben?

Bhagavān: Unsere Epen und *Puranas* lehren viele Aspekte des Lebens. Sie sprechen von menschlichen Werten, beziehen sich auf den Gott in euch und lehren euch, wie man ein ideales Leben führt, zeigen euch Zweck und Ziel des Lebens und erklären euch in einfachen Worten durch viele Anekdoten die Kultur Indiens. Sie weisen auch deutlich darauf hin, dass der Mensch zugrunde geht, wenn er dem Weg des *Dharma* oder den menschlichen Werten nicht folgt. Sie betonen die Notwendigkeit eines rechtschaffenen Lebens und dessen gute Auswirkungen auf den Einzelnen und die Gesellschaft. Sie erklären anschaulich euer wahres Wesen, das der *Atman* selber ist. Aber heutzutage gibt es viele, die sie falsch interpretieren, ihre Lehre verzerren und ihre wahre tiefe Bedeutung verkennen. Es scheint, als ob keiner von euch Nutzen aus den Lehren unserer Epen und *Puranas* zieht.

In der Tat sind die Epen Berichte unserer Geschichte und Kultur. Sie sind das Licht der Weisheit und des spirituellen Erwachens. Sie verbinden die Einzelseele *(jīva)* mit Gott *(deva)*. Jeder Text ist eine Brücke, über die man vom Ufer dieser Welt an das Ufer der göttlichen Welt gehen kann. Jeder Text zeigt, wie Gott sich als Mensch inkarnierte und der ganzen Menschheit zeigte, wie ein ideales Leben geführt werden kann, wobei er der Regisseur ist und die Rollen perfekt spielt.

Zum Beispiel wusste *Rāma* in *Vālmīkis* Epos *Ramayana* sehr wohl, dass er Gott war. Weise wie *Vasishtha* und *Bharadvāja* wussten, dass *Rāma* die Inkarnation des Gottes *Vishnu* war. Aber er verhielt sich im ganzen *Ramayana* wie ein Mensch. Er weinte wegen *Sītā,* weil er die Trennung von ihr nicht ertragen konnte. Das *Ramayana* lehrt, wie man sich als Sohn, Bruder, Ehemann und Herrscher verhalten sollte. Seine Lehren schließen gewisse Regeln für freundschaftliche Beziehungen und Lehrer-Schüler-Beziehungen ein. Wahrheit, Rechtschaffenheit *(dharma),* Gehorsam dem Vater gegenüber und das Prinzip der Monogamie lehrt das *Ramayana*. Dies ist das wahre Ziel des *Ramayana* und das Geheimnis, das sich hinter der göttlichen Inkarnation *Rāma* verbirgt. Der Text lehrt die gesamte Menschheit einige fundamentale und zeitlose menschliche Werte. Das *Ramayana* zeigt, wie eine Persönlichkeit wie *Rāvana*, der sich durch Gelehrsamkeit und Askese auszeichnete, der sich als absoluter Herrscher über sein Volk im Glanze seines Reichtums sonnte, seinen Untergang herbeiführte, als er seiner Begierde *(kāma)* verfiel. Das soll sein Leben uns lehren.

Dann zeigt das *Bhāgavatam* deutlich, wie viel seelischer Schaden durch Hass entsteht. Wer wütend ist, verliert seine Selbstachtung, gefährdet seinen Reichtum und verdirbt alle anstehenden Aufgaben. Man wird körperlich schwach und geistig unruhig, wenn man sich ärgert. Charaktere wie *Kamsa*, *Shishupāla*, *Jarāsandha* und *Dantavakra* verloren ihre Bedeutung, ihren guten Ruf und ihr Leben, weil sie Wut zuließen. Sie entwickelten Hass Gott gegenüber, verloren ihr geistig-seelisches Gleichgewicht, weil sie sich dem eigenen Ego unterwarfen, und schließlich wartete ein furchtbares Ende auf sie.

Das andere von *Vyāsa* verfasste Epos ist das *Mahabharata*. Die *Kauravas* waren hundert an Zahl. Sie besaßen physische Tapferkeit, enorm viele Untertanen, ein Königreich und eine riesige Armee. Aber was passierte mit ihnen am Ende? Nicht einer von den hundert *Kauravas* überlebte die Schlacht von *Kurukshetra*. Sie hinterließen Eltern, die den Verlust ihrer Kinder beklagten. Niemand war übrig geblieben, um die Todesriten zu vollziehen. Was für eine beklagenswerte Situation! Was war der Grund dafür? Habgier war das Grundübel, das an diesem großen Unglück schuld war. Die *Kauravas* weigerten sich, die Hälfte des Königreichs den *Pāndavas* zu überlassen, denen es rechtmäßig zustand. Später weigerten sie sich sogar, den fünf Brüdern nur fünf Dörfer zu geben. Das war der Gipfel ihrer Habsucht. Die *Kaura-*

vas versuchten immer wieder, die *Pāndavas* zu töten. So groß war ihre Habsucht!

Während das *Ramayana* lehrt, wie gefährlich Begierde und Wut sind, zeigt das *Mahabharata*, dass Zerstörung die Folge von Habgier ist. Man mag eine Menge Tugenden und Verdienste haben, und doch genügt ein Laster wie Begierde oder Hass oder Habgier, um den eigenen Untergang herbeizuführen, wie es in unseren Epen berichtet worden ist. Ihr müsst aus den Episoden, die in den Epen *(itihāsa)* und *Puranas* unseres Landes berichtet werden, lernen.

Sathya Sai Baba

Frage 261: Swami! Wir nehmen täglich zwei üppige Mahlzeiten zu uns. Neben einem umfangreichen Frühstück und unserem Abendtiffin trinken wir im Laufe des Tages mehrere Tassen Kaffee. Dennoch fühlen wir uns schwach und erschöpft. Du nimmst nicht mehr als ein oder zwei Löffel Nahrung zu Dir. Du legst täglich mehrere Meilen zurück. Wie kommt es, dass Du über so viel Energie verfügst?

Bhagavān: Das ist Göttlichkeit. Ihr bezieht eure Energie aus der Nahrung. Wenn ihr weniger esst, werdet ihr schwach. Aber Swamis Energie stammt nicht aus der Nahrung. Ich nehme kein Frühstück zu mir. Ich trinke lediglich ein Glas Wasser um etwa 10 Uhr morgens. Ich esse sehr wenig. Ich nehme weder Quark, Ghee, Süßigkeiten, Eiscreme noch ölige oder gewürzte Speisen zu mir. Meine Nahrung ist die eines Armen, Hirsebrei. Im vergangenen Jahr habe ich abends nichts mehr gegessen. Ich arbeite viel. Ich kümmere mich persönlich um jedes Detail, was unsere Institutionen hier betrifft: die Schulen, das Krankenhaus und der Tempel, außerdem das laufende Wasserprojekt. Ich habe persönlichen Kontakt mit jedem *Devotee.* Niemand steht zwischen ihm und mir. Da es keine Geheimnisse gibt, brauche ich keinen Sekretär (im Engl. Wortspiel: „secret" – „secretary"; Anm. d. Ü.). Es handelt sich nur um eine Liebes- oder Herzensverbindung. Man schätzt, dass ich für die Arbeit, die ich tue, 1500 Kalorien benötige. Aber in der Nahrung, die ich zu mir nehme, sind kaum 200 Kalorien. Woher bekomme ich also die notwendige Energie? Nicht aus der Nahrung. Ihr müsst wissen, dass ich Energie bin, nein, der Ursprung der Energie.

Mein biologisches Alter ist 70 Jahre. Doch ich kann aus großer Entfernung sogar eine Ameise sehen. Ich trage keine Brille. Ihr braucht schon mit 40 Jahren eine Brille. Ich kann jedes Geräusch hören, selbst das leiseste, und meine Zähne sind stark und scharf. Ich habe kein einziges graues Haar. Ich würde gerne längere Wege zurücklegen. Aber da mir viele folgen, wo immer ich hingehe, würde ich ihnen damit viele Unannehmlichkeiten bereiten. Ich komme meiner persönlichen Arbeit nach. Vielleicht wundert ihr euch, warum meine Sinne so gut sind.

Wie betet ihr vor dem Essen? Ihr betet zu Gott in der Form von *Vaishvānara* und bietet ihm die Nahrung dar, da er sie verdaut, assimiliert und die Essenz an die verschiedenen Körperteile weitergibt. Deshalb kommt die Nahrung, die ihr esst, zu mir und ich bin in euch. Prüft einmal, warum eure Sinne schwach sind. Die Antwort ist einfach: Missbrauch der Sinne, Selbstsucht und Engstirnigkeit. Vom Kopf bis zum Fuße gibt es kein bisschen Selbstsucht in mir. Ihr seid mein. Mein einziges Anliegen ist euer Wohl und spiritueller Fortschritt.

Frage 262: Swami! Verzeih, wenn ich Dich dies frage. Einerseits habe ich ein wenig Angst, Dir diese Frage zu stellen, andererseits möchte ich doch sehr gern Deine Antwort wissen. Da Du uns das höchste göttliche Mitgefühl entgegenbringst, habe ich den Mut gefasst, diese Frage zu stellen. Swami! Du sprichst zu einigen *Devotees*, sobald sie da sind, während Du zu anderen, die sich hier schon eine ganze Weile aufhalten, nicht sprichst. Wie sollen wir diese beiden Tatsachen auf einen Nenner bringen?

Bhagavān: Fragen zu stellen, wenn man auf der Suche nach Wahrheit ist, ist in Ordnung. Es ist nicht gut, voller Zweifel zu sein. Insbesondere Gott gegenüber.

Ihr solltet immer darauf vertrauen: Was auch immer geschieht, ist zu eurem Nutzen. Nur Gott weiß, was, wann, wie, warum und wem gegenüber etwas geschehen muss. Ihr versteht das nicht. Jede Handlung Swamis wird euch helfen. Swami spricht vielleicht mit einigen sofort, und andere müssen eine Weile warten. Für euch ist das eine Zeitfrage. Aber Swami ist jenseits von Zeit und Raum.

Ich gebe euch hier ein einfaches Beispiel. Stellen wir uns vor, ein Bus würde hier abfahren und die Reisenden steigen gerade ein. Was stellt man dann fest? Der Reisende, der zuerst den Bus betritt, geht nach vorne und setzt sich neben den Fahrer. Der letzte Reisende muss nahe an der Tür stehen. Was passiert aber, wenn dann der Bus am Ziel anhält und die Reisenden wieder aussteigen? Der Reisende, der zuletzt eingestiegen ist und in der Nähe der Tür steht, steigt zuerst aus, und wer zuerst eingestiegen ist und neben dem Fahrer sitzt, steigt zuletzt aus, nicht wahr? Die ersten werden also die letzten sein und die letzten die ersten. Das trifft auch auf Swamis *Devotees* zu.

Der Heilige Mrikanda stellte dem Weisen *Nārada* eine ähnliche Frage: „*Nārada*! Wie kann es sein, dass ein so kleiner Knabe wie *Prahlāda* die göttliche Manifestation in einem so frühen Alter sah, während wir, die wir seit Hunderten von Jahren asketisch leben, dies nicht können? Was ist der Grund dafür?“ *Nārada* antwortete wie folgt: „*Prahlāda* ist zweifellos sehr jung, aber sicher hat er sich in mehreren vergangenen Leben nach Gott gesehnt. Dies ist die Folge, die Summe seiner vergangenen Leben, die er mit sehnsuchtsvollen Gebeten an Gott verbracht hat. Du denkst vielleicht, dass du jahrelang asketisch gelebt hast. Aber du hast das doch nur während eines Lebens gemacht. Der Körper *Prahlādas* ist jung, aber seine Seele hat sich seit vielen vergangenen Leben nach Gott verzehrt. Du bist jetzt alt an Jahren, aber dein Versuch, Gott nahe zu kommen, erstreckt sich nur über einen kurzen Zeitraum.“

Ich will euch noch ein Beispiel geben: Ein junger Mann wollte mit einem Hammer einen Stein zertrümmern. Trotz zwanzig Schlägen zersprang der Stein nicht. Ein alter Mann, der vorbeikam, versetzte dem Stein zwei Schläge mit dem Hammer – und siehe da, er zerbrach! Vielleicht wundert euch das. Der Alte konnte den Stein zertrümmern, was der Junge nicht fertig gebracht hatte. Wisst ihr den Grund? Der Stein hatte ja schon zwanzig Schläge des jungen Mannes über sich ergehen lassen müssen. Mit den zwei Schlägen des alten Mannes waren es insgesamt zweiundzwanzig. Ganz ähnlich verhält es sich mit dem Erreichen der Gottesverwirklichung. Aus eurer Perspektive gesehen, mag es euch früh oder spät erscheinen. Aber die Wirklichkeit ist eine andere.

Frage 263: Swami! Wir tun uns schwer, unsere eigenen Schwächen herauszufinden. Selbst wenn wir sie erkennen, rechtfertigen wir sie, und wegen unserer Engstirnigkeit verstehen wir Deine unendliche Liebe nicht. Wir bezweifeln und schränken Deine Liebe ein. Wenn wir Pech haben, siehst Du uns in den Darshan-Reihen nicht an, und manchmal sieht es so aus, als würdest Du uns übersehen. Wir sind deprimiert, weil Du weder zu uns sprichst noch uns ansiehst. Wie sollen wir mit dieser traurigen Situation umgehen?

Bhagavān: Glaubt es oder auch nicht, Swami ist von Kopf bis Fuß nicht im geringsten selbstsüchtig! Was auch immer ich sage, es ist zu eurem Nutzen. Warum bin ich manchmal streng zu euch? Das ist meine Liebe zu euch, und um euch zu prüfen und zu transformieren, gebe ich vor, streng und unzugänglich zu sein. Warum sollte ich mich darum bemühen, eure Fehler zu berichtigen, wenn ich nicht glaubte, dass ihr zu mir gehört? Es ist meine Pflicht, eure Fehler zu korrigieren, da ihr ein Teil von mir seid.

Ihr seid traurig, wenn ich nicht zu euch rede, weil ihr meine Worte schätzt. Euer Wankelmut und eure Kleingläubigkeit veranlassen euch, den Worten unverantwortlicher Menschen zuzuhören und danach zu handeln. Ihr werdet von ihnen beeinflusst. Unerwünschte Gedanken steigen in euch auf und unschöne Verhaltensmuster bilden sich aus. Deshalb tue ich so, als hielte ich euch von mir fern. Was ist der Grund dafür? Meine Absicht ist, eine schnelle Änderung bei euch herbeizuführen.

Hier ein Beispiel: Was macht ihr bei Straßenreparaturarbeiten? Es gibt eine Umleitung, und ihr fahrt eine andere Strecke, nicht wahr? Ebenso gebe ich oft vor, euch zu übersehen und nicht zu beachten, um eine Änderung in euch herbeizuführen. Am Tag, an dem diese Veränderung eingetreten ist, kehrt alles zur Normalität zurück, so wie der Verkehr wieder aufgenommen wird, wenn die Straße repariert worden ist. Es ist Gottes intensive und unendliche Liebe zu euch, die ihn menschliche Gestalt annehmen lässt, damit ihr eure Fehler ablegt und ihm folgt. Auf diese Weise behandle ich jene, die auf dem falschen Weg sind, in meinem „Hospital" in *Prashānti Nilayam*. Wenn sie bald danach geheilt sind und ihre Gesundheit wieder hergestellt ist, entlasse ich sie und nehme die alte und übliche Beziehung zu ihnen wieder auf.

Ich muss euren Glauben erneut bestätigen, wiederherstellen und verjüngen. Ich muss ein gutes und starkes Fundament bei euch legen, damit ihr ein glückliches und rechtschaffenes Leben führen könnt. Ich muss euch Selbstvertrauen geben, damit ihr nicht weltlichen Sinnesfreuden zum Opfer fallt. Euer Gebet bringt vielleicht nicht den Weltfrieden herbei. Bemüht euch eher darum, schlechte Eigenschaften wie Habgier und Gewalt abzulegen. Es ist eine harte, raue und schwierige Arbeit, diesem Weg zu folgen. Aber ihr müsst es tun. Zögert nicht länger und erlaubt den schlechten Eigenschaften nicht, die ihr seit langem angenommen und genährt habt, euch und euer Leben zu bestimmen. Gebt sie sofort auf.

Wenn jemand in der Vergangenheit in Puttaparthi krank wurde, überließ man die Behandlung einem nicht studierten, unwissenschaftlichen, unqualifizierten und unerfahrenen Quacksalber. Folglich verschlechterte sich der Zustand des Patienten oft drastisch. Später fuhr man dann nach Anantapur, Chickballapur, Vellore und so weiter, um den Patienten zu retten. Hätte man einen erfahrenen Arzt hinzugezogen, der die richtige Behandlung eingeleitet hätte, wäre die Situation nicht entstanden, nicht wahr? Einige selbsternannte Gurus, die bei der Lösung ihrer eigenen Probleme versagt haben, laufen wie Bettler herum, und ihr lauft ihnen hinterher. Was erwartet ihr von ihnen? Lasst keinen Raum für Egoismus und Stolz. Macht Gott zum Führer und Regisseur eures Lebens und folgt ihm getreulich.

Frage 264: Swami! Über die Jahre hinweg haben wir Tausende von Büchern gelesen und unzählige Reden gehört. Aber die Reden unseres Swami sind einzigartig, unvergleichlich, liebreizend, immer neu, und sie berühren unsere Seele. Was ist das Geheimnis?

Bhagavān: Was natürlich ist, muss schön sein. Was aus dem Herzen kommt, ist immer frisch. Weisheit *(jnāna)* lässt sich nicht z.B. aus Büchern lernen, sondern aus Erfahrungen, die man wie einen exquisiten Duft genießt.

Ihr werdet als Individuen, Glieder der Gesellschaft, angesehen. Individualismus erblüht nur aus Lehren, die erfrischend kühn, wahr und ewig sind. Ein Individuum ist mehr als eine Form, eine Gestalt. Es wird zu einer Persönlichkeit *(vyakti),* wenn sich die Eigenschaften des inneren Selbst entfalten. Es sind die Lehren eures Lehrers *Sathya*, die euch eure eigene Göttlichkeit vor Augen führen und euch befähigen, sie zu erkennen.

Frage 265: Swami! Deine Reden und Gespräche sind voller Beispiele und kurzer, reizender Geschichten, Sie lassen sich leicht und problemlos verstehen. Sie beziehen sich auf Situationen aus unserem Alltag. Sie machen uns unsägliche Freude. Was ist das Geheimnis?

Bhagavān: Heutzutage gibt es sehr wenige Lehrer, die spirituelle Angelegenheiten kennen und sie deutlich erklären, geschweige denn aus Erfahrung sprechen. So wird ihre tatsächliche Bedeutung und ihr wahrer Sinn nicht richtig vermittelt. Verzerrte Versionen, falsche Anschauungen, verkehrte Interpretationen werden der Allgemeinheit vorgesetzt. Folglich wird die Realität niemals verstanden und erfahren, und das geht so weit, dass viele moderne Leute unter Spiritualität etwas höchst Verwirrendes und Widersprüchliches verstehen.

Ich gebe euch viele kleine Beispiele aus dem alltäglichen Leben. Sollte man nicht tüchtige Zeugen haben, wenn man einen Prozess gewinnen will? Diese Beispiele sollen den Gegenstand unterstützen, damit ihr ihn verstehen und euch leicht an ihn erinnern könnt.

Frage 266: Swami! Bitte versteh uns nicht falsch. Bitte verzeih, wenn sich bei uns oft das Gefühl einstellt, in Deinen Reden seien viele Wiederholungen. Wir meinen, dass die Dinge, die wir gehört und schon verstanden haben, einfach wiederholt werden. Was lässt sich da tun?

Bhagavān: Ihr irrt euch gründlich. Weil ihr egoistisch seid, wisst ihr es nicht besser. Niemals sollte dieses Gefühl auftreten, besonders wenn ihr auf dem spirituellen Weg seid. Jede Religion hat einen spirituellen Text wie die Bibel, den Koran usw. Zur spirituellen Praxis der Anhänger des Hinduismus gehört es, die *Bhagavadgita* und das Sundarakānda des *Ramayana* zu lesen. Diese Schriften erinnern uns an unsere Pflichten, Verpflichtungen, Aufgaben und Ziele, und außerdem ermöglichen sie es uns, unsere Zeit auf heilige Weise zu verbringen. Für spirituelle Sucher und Aspiranten sind die Schriften das Licht der Weisheit. Daher verehren und lesen Gottgläubige heilige Bücher. Ihr habt das Gefühl, immer wieder dieselben alten Botschaften zu hören? Aber habt ihr sie erfahren? Habt ihr das alles praktiziert? Tatsächlich sollte man diese spirituellen Dinge von Zeit zu Zeit wiederholen, bis sie praktiziert werden.

Schriften wie die Veden, die *Upanishaden* und die *Bhagavadgita* erwähnen mehrmals und pointiert wichtige spirituelle Aspekte wie Hingabe, *Karma*, Nicht-Anhaftung und Weisheit. Sie leiten Sucher an, gesunde spirituelle Gewohnheiten und Eigenschaften zu entwickeln, um Befreiung zu erreichen, indem sie an verschiedenen Stellen Dinge wie Hingabe, *Karma* und Weisheit betonen und wiederholen. Habt ihr denn vergessen, dass eure physische Mutter (dehamātā) das Kind Telugu-Wörter wie amma (Mutter), māma (Onkel), atta (Tante), tāta (Großvater) und so weiter wiederholen lässt und ihm so das Sprechen beibringt? So ist Sai die Mutter des Universums (lokamātā) und ebenso die Mutter der Veden (vedamātā). Mutter Sai wiederholt die grundlegenden Dinge immer wieder um des Kindes willen.

Oft tragt ihr dieselbe Kleidung. Ihr nehmt jeden Tag Nahrung zu euch. Ihr trinkt mehrmals am Tag Kaffee. Trotz dieser Wiederholungen möchtet ihr diese alten Gewohnheiten beibehalten und seid nicht gelangweilt oder ihrer überdrüssig. Ebenso müsst ihr diese spirituellen Dinge oft hören, damit ihr sie nicht vergesst. Wenn es um Spiritualität geht, sollte euch nichts abstoßen. Es ist noch schlimmer, wenn einige bei spirituellen Diskussionen Kopfschmerzen bekommen oder einschlafen. Aber während eines Gesprächs über weltliche Angelegenheiten oder Klatsch zeigen sie größtes Interesse und folgen dem Gespräch voll Aufmerksamkeit. Solche Leute sollten wissen, dass alles, was sie in spiritueller Hinsicht tun, umsonst ist. Ein Cakoravogel kann vielleicht müde werden, wenn er auf den Mond wartet. Eine Nachtigall, die wegen ihres schönen Gesangs bekannt ist, ist vielleicht manchmal erschöpft. Man kann vielleicht himmlischen Nektar trinken und findet es nicht einmal köstlich. Aber wenn es um Gott geht, sollte niemand sich angewidert, gelangweilt oder müde fühlen. Das ist wichtig für einen Gottsucher. Ein Narr wie du fragte einmal einen Priester bei der Eheschließung seiner zweiten Tochter: „Was soll das! Du wiederholst die Mantren, die du bei der Hochzeit meiner ersten Tochter rezitiert hast!" Mantren verändern sich nicht von einer Hochzeit zur anderen. Das ist der Gipfel der Dummheit.

Man kann unzählige Bücher lesen. Man kann hören, was in den heiligen Schriften steht. Man kann Reden über spirituelle Themen halten. Wenn man nicht anfängt, das zu praktizieren, woran man glaubt, ist alles andere umsonst. Eine kleine Geschichte soll euch das veranschaulichen. Es war einmal ein *Pandit*, der in der *Bhagavadgita* sehr bewandert war. Er war sehr arm und fand es schwer, seine Familie zu ernähren. So beschloss er, zum König zu gehen, Reden über die Gita zu halten und ihm so zu Gefallen zu sein. Er erwartete, der König würde ihn für seine lehrreiche Darbietung reich belohnen. Tatsächlich war der König selber ein großer Gelehrter, was die Gita anging, und er hatte sogar die darin verkündete Wahrheit erfahren. Aber niemand wusste, dass der König ein Kenner der Gita war.

Der *Pandit* ersuchte den Minister, dem König seine Absicht, Reden über die Gita am Hofe zu halten, vorzutragen. Als der König das erfuhr, schickte er eine Botschaft an den *Pandit*, in der er ihm mitteilte, dass er das Wesen der Gita noch nicht verstanden habe. Nach fünfzehn Tagen wandte sich der *Pandit* erneut über den Minister an den König. Aber der König lehnte seine Bitte rundweg ab und teilte ihm mit, dass er die Gita noch nicht tief genug verstehe. Der *Pandit* war sehr aufgebracht und enttäuscht, als er nach Hause zurückkehrte. Er weigerte sich, seiner Frau zu antworten, als sie den Grund für seine Traurigkeit wissen wollte. Nach einer Weile brachte sie ihm Tee und Gebäck und entlockte ihm sanft eine Erklärung für seine Enttäuschung. Der *Pandit* sagte zu seiner Frau: „Du weißt doch, dass ich ein Experte bin, was die Gita angeht. Niemand kommt mir gleich, wenn ich über das heilige Buch rede. Ich habe verschiedene Titel und Grade erworben und auch öffentliche Anerkennung für meine Vorträge und Interpretationen der Gita bekommen. Aber zum ersten Mal fühle ich mich gedemütigt, weil der König mir den Zutritt zum Hof und einen Vortrag dort verweigert hat. Wäre es irgendjemand anders gewesen, hätte ich ihn zur Rechenschaft gezogen."

Da sagte die Frau: „Mir scheint, der König hat Recht." Der *Pandit* ärgerte sich sehr über ihren Kommentar und fuhr sie an: „Was für einen Unsinn sagst du da? Bist du ein Narr? Kenne ich etwa die Gita nicht? Bin ich etwa kein Gelehrter? Was meinst du mit deiner Behauptung, der König habe Recht?" Da sagte die Frau höflich und voller Achtung: „Ich bin glücklich, dass ich in den vergangenen Jahren deinen ausgezeichneten Reden über die Gita habe zuhören dürfen. Ich erinnere mich sehr gut daran, dass du sagtest, Gott habe seinem *Devotee* zugesichert, er werde sich um alles kümmern, wenn sich der *Devotee* nur auf Gott konzentriert. Du sagtest auch, Gott habe hinzugefügt, dass er sogar Befreiung gewähren würde. Aber ich bin überrascht, dass du dich an den König wendest statt an Gott! Vielleicht glaubst du, er werde sein Versprechen nicht halten. Stimmt das?"

Ebenso haben wir heute viele Gelehrte, die die Gita ausgezeichnet auslegen können. Sie glauben jedoch nicht daran. Sie zitieren nur, wiederholen alles wörtlich und predigen anderen. Das ist nicht wichtig. Man muss wenigstens ein oder zwei Prinzipien von dem, was man studiert, gelernt und gesagt hat, in die Tat umsetzen.

Frage 267: Swami! Wie schön wäre es, wenn wir Deinem beispielhaften Verhalten folgen, Dein Leben als Deine Botschaft ansehen, alles zur rechten Zeit tun könnten! Wir sehen, dass Du sofort Geschenke verteilst, wenn Du Dich entscheidest. Bitte zeige uns Wege und Möglichkeiten auf, wie wir Dir nacheifern können.

Bhagavān: Ihr solltet es niemals aufschieben, Gutes zu tun. Eure Gedanken, Worte und Taten sollten vollkommen in Übereinstimmung sein. Das ist der wahre Wert eines Menschen. Ich gebe euch ein einfaches Beispiel: Was passiert, wenn ihr mit einem Gewehr schießt? Wenn die Kugel den Lauf des Gewehrs verlässt, gibt es im selben Moment einen lauten Knall. Ebenso sollten Entscheidung und Umsetzung gleichzeitig stattfinden.

Im *Mahabharata* gibt es eine kleine Episode. Einmal näherte sich ein armer alter Brahmane *Dharmaja* mit der Bitte um Hilfe, da er sich in großer Not befand. *Dharmaja* ging voller Mitgefühl auf ihn ein, aber er bat den Brahmanen, doch am nächsten Tag wiederzukommen. *Bhīma*, der auch zugegen war, hörte das Gespräch. In dieser Nacht gab er Anweisungen, die Stadt zu schmücken. Riesige Bühnen wurden errichtet und verschiedene Geschenke zum Verteilen an diejenigen, die arm waren und sich verdient gemacht hatten, bereitgestellt. Am nächsten Morgen stand *Dharmaja* wie üblich auf und war überrascht, wie hektisch es überall in der Stadt zuging. Er fragte *Bhīma* nach dem Grund.

Bhīma sagte: „Bruder! Gestern hörte ich, wie du den armen alten Brahmanen, der dich um Hilfe bat, auf heute vertröstet hast. Es machte mich glücklich zu erfahren, wie sicher du dich deines Lebens fühltest. Das Leben ist unsicher. Aber du warst dir dessen so sicher. Das machte mich glücklich und veranlasste mich, deine Sicherheit in Bezug auf das Leben in großem Stile zu feiern." So ließ er seinen Bruder indirekt wissen, dass Gutes sofort getan werden sollte.

Es gibt noch eine kleine Geschichte: Eines Tages nahm *Karna* ein Ölbad. Ein Diener massierte seinen Körper mit Öl aus einer goldenen Tasse. Ein armer Mann erschien und bat *Karna* um Hilfe. *Karna* gab ihm sofort die goldene Tasse, die er in seiner linken Hand hielt. Der arme Mann sagte: „König! Ziemt es sich, dass du mir ein Geschenk mit der linken Hand gibst? Warum hast du das getan?" Darauf sagte Karna: „Es stimmt, ich gab dir die goldene Tasse mit der linken Hand. Hätte ich mir die Zeit genommen, sie in die rechte Hand zu nehmen, hätte es sein können, dass ich auch meinen Entschluss zurückgenommen hätte. Das habe ich befürchtet. Also gab ich sie dir sofort mit der linken Hand, ohne weiteren Gedanken Raum zu geben." Genau das solltet ihr tun. In dem Augenblick, in dem ihr etwas Gutes tun wollt, tut es sofort und verschiebt es niemals auf den nächsten Tag.

Frage 268: Swami! Deine Liebe ist unvergleichlich und einzigartig. Sie übertrifft den Himmel und das Meer an Weite und Tiefe. Du repräsentierst die höchste Opferbereitschaft. Warum können wir das nicht verstehen?

Bhagavān: Man kann Wasser aus dem Meer schöpfen, aber nur so viel das eigene Gefäß fassen kann, nicht wahr? Euer Herz ist ein kleines Gefäß. Wie könnt ihr Swamis Liebe fassen, die so groß ist wie das Meer. Wie könnt ihr sie einschätzen? Schließlich befindet ihr euch auf der Körperebene. Also vergleicht ihr euren Körper mit meinem Körper. Was sagt ihr dann über das Herz? Euer Denken ist so eng. Swamis Herz ist so weit wie der unendliche Himmel. Ihr könnt vielleicht die Gegenwart kennen, aber Swami kennt die Vergangenheit, Gegenwart und Zukunft. Mein Auto hat einen Vorwärts- und einen Rückwärtsgang.

Beachtet: Gott hat die drei Eigenschaften, jemanden anziehen können (ākarshana), sich angezogen fühlen (samkarshana) und Anziehungskraft auf andere übertragen (prakarshana). Wenn ich im Tempel auf dem Stuhl sitze, kommt ihr zu mir, betrachtet mich und geht zurück. Aber ich tue das nicht. Ich gehe immer wieder in eurer Mitte durch die Reihen. Ihr seid sehr glücklich, wenn ich das tue. Dies überträgt sich auf mich. Glückseligkeit ist meine Nahrung. Tausende von *Devotees* kommen hierher zum *Darshan.* Ich kümmere mich um sie, gewähre ihnen Unterkunft und Verpflegung. Sie kehren glücklich und zufrieden nach Hause zurück. Sie lieben Swami über alles.

Wenn man seine Sinne beherrscht (nigraha), empfängt man Gnade (anugraha). Hier ist ein kleines Beispiel: Was tut man, wenn man zu einem Goldschmied geht? Man gibt ihm das Gold, beschreibt, welchen Schmuck man möchte und stellt das exakte Gewicht des Goldes fest, nicht wahr? Man sagt nicht: „Leg das Gold, das ich dir gegeben habe, nicht ins Feuer. Ich möchte nicht, dass du es mit einem Hammer bearbeitest und es schneidest." Aber was man wünscht und erwartet, ist, dass das Schmuckstück später der eigenen Vorstellung und dem Gewicht entspricht. Ich mache hier das Gleiche. Ich bringe euch gutes Betragen bei, einwandfreies Verhalten und diszipliniertes Handeln. Ich verwandle euch in kostbare Schmuckstücke.

Denkt immer daran, dass ein Junge gutes Benehmen haben sollte, ein Erwachsener gute Manieren und ein *Devotee* Disziplin. Ihr kennt die Firma Godrej. Godrej ist nicht wichtig. Wichtig ist, dass Gott eure Lebensqualität erhöht (im Engl. Wortspiel: „Godrej" – „God raise"; Anm. d. Ü.). Ihr müsst dazu bereit und darauf vorbereitet sein. Man bezeichnet einen Menschen im Telugu als „manisi". Wenn man dieses Wort von hinten nach vorn liest, entsteht das Wort „cinema". Das Leben sollte nicht so künstlich sein wie das Kino oder ein Film. Wie könnt ihr mich, wenn ihr solch ein künstliches Leben führt, erkennen und erfahren?

Frage 269: Swami! Du bist die Verkörperung der Liebe. Deine göttlichen Reden sind immer von Liebe durchtränkt. Wenn wir auch nur ganz wenig davon verstehen, sind wir gesegnet. Bitte erläutere uns, welchen Stellenwert Liebe in spiritueller Hinsicht hat.

Bhagavān: Es gibt nichts Größeres als Liebe. Liebe allein ist Leben. Liebe ist das Fundament von allem. Es gibt keine bessere spirituelle Praxis, als Liebe zu praktizieren. Liebe ist das höchste Ziel. Liebe allein ist der Schlüssel zu Glückseligkeit. „Liebe ist Gott, Gott ist Liebe." Von diesen zwei Aussagen ist „Liebe ist Gott" richtig. Das Wesen und Sein Gottes habt ihr weder erkannt noch erfahren. Also übersteigt es euer Wissen und eure Erfahrung und ist deshalb ohne jede Bedeutung, wenn ihr sagt, Gott sei Liebe. Aber es gibt niemanden ohne Liebe. Es kann durchaus sein, dass der Mensch das eine oder andere nicht hat und dass es ihm fehlt. Das kann Bildung, Reichtum und Autorität sein. Aber es gibt keinen Menschen und keinen Ort, der ohne Liebe ist. Liebe ist die Grundlage des Gebäudes, das Gott genannt wird. Die Liebe Gottes wird von der ganzen Menschheit bestätigt, erkannt und erfahren. Von wo ist die Liebe gekommen? Ist sie aus der Außenwelt gekommen? Nein, nein. Sie stammt vom Selbst. Die Liebe ist in eurem Inneren. Liebe ist der Schlüssel zu allen spirituellen Übungen. Ihr wiederholt den Namen Gottes? Tut ihr das ohne Liebe? Könnt ihr ohne Liebe meditieren? Ihr wendet euch nur jenen spirituellen Übungen zu, die ihr liebt. Liebe ist von höchster Bedeutung in eurer spirituellen Praxis. *Shankara* ist der Kenner der Advaita-Lehre und hat sie überall verbreitet. Eben dieser *Shankara* verfasste das berühmte *Govinda*-Lied und warnte: „Ihr Toren! Verehrt *Govinda*!" So wies er darauf hin, wie man Gottes Liebe erfahren kann. In anderen Worten, Liebe übersteigt die höchsten Ebenen der Weisheit. Der Mensch erfährt Liebe auf verschiedene Weise: indem er zum Sklaven seiner Bindung an weltliche Dinge wird *(mamakāra);* indem er Zuneigung zu seinen Kindern und Enkeln entwickelt *(vātsalya);* indem er Verlangen nach einer Frau hat *(anurāga);* indem er stolz auf seine Familie ist *(abhimāna);* indem er die Gesellschaft von Kollegen und Leuten seines Alters sucht *(maitrī).* Vor allem gibt es die Liebe zu Gott, Hingabe. Reine, selbstlose und beständige Liebe ist ideale, transzendentale Hingabe. Da Gott selber Liebe ist, kann er nur durch Liebe erkannt werden. Füllt euer Herz mit Liebe. Das Leben ist Liebe. Teilt sie miteinander und freut euch darüber.

Frage 270: Swami! Wenn wir Deinen Gesprächen, Lehren und Reden zuhören, ist das wahres Wissen. Wird dieses Wissen in die Tat umgesetzt, entsteht aus dieser Erfahrung Weisheit, praktische Weisheit. Wann verschwindet unser Unwissen? Deine subtilen, er-

habenen Reden sind ein Fest für unsere Ohren, begeistern und inspirieren uns.

Bhagavān: Was nützt einfaches Zuhören? Genügt es, einen kurzen Blick auf die gekochte Speise zu werfen? Erworbenes Wissen muss zu Erfahrung werden. Dieses Juwel Weisheit, *jnāna,* muss mit viel Sorgfalt, Liebe und Frömmigkeit erworben werden. Hier ist ein Beispiel: Eine unreife Frucht kann weggeworfen werden, ohne dass der Frucht oder euch dadurch ein Schaden entsteht. Aber was passiert, wenn ihr eine reife, süße Mango wegwerft oder fallen lasst? Die Frucht platzt, und der süße Saft spritzt auf den Boden, nicht wahr? Deshalb müsst ihr die reife Frucht sicher und vorsichtig in beiden Händen halten. Ebenso muss die reife Frucht *jnāna* behandelt werden, so dass sie nicht zu Boden fällt.

Unwissenheit (ajnāna), unabhängig davon, wie lange sie bestand und wie groß sie war, verschwindet in dem Moment, da sich Weisheit *(jnāna)* zeigt. Selbst wenn man viele Leben hindurch in Unwissenheit verbracht hat, vertreibt das Licht der Weisheit die Dunkelheit des Unwissens in einem Augenblick. Hier ist ein Beispiel: Ihr habt euer Haus abgeschlossen und lebt in einer anderen Stadt. Etwas präziser, ihr habt euer Haus in Guntur abgeschlossen und lebt nun schon sechs Monate in Puttaparthi. Da Swami nach Bangalore gegangen ist, brecht ihr nach Guntur auf und kommt zu eurem Haus. Ihr öffnet die Türen und seht, dass es im Inneren dunkel ist. Diese Dunkelheit herrschte dort während der letzten sechs Monate. Jetzt macht ihr das Licht an. Wie lange braucht die Dunkelheit, um zu verschwinden? Dauert es sechs Monate? Nein, es ist sofort hell. Ebenso verschwindet die Dunkelheit des Unwissens sofort, unabhängig davon, wie lange sie vorher geherrscht hat.

Achtet sorgfältig darauf: Ein Baum kann sehr groß geworden sein und schon sehr lange an diesem Platz stehen. Aber wie viel Zeit braucht man, um ihn zu fällen? Das Feuer der Weisheit, das Schwert der Weisheit beseitigt auch schon sehr lange anhaltendes Unwissen.

Dieses Unwissen ist wirklich Dunkelheit, Ignoranz, Illusion und Täuschung. Vielleicht tragt ihr Ohrringe, Armbänder oder Halsketten. Das Wissen, dass all dies aus Gold hergestellt ist, ist Weisheit, *jnāna.* Wenn man sich die Verzierungen vorstellt, ihre Bezeichnungen und Formen beachtet, ihre Vielfalt, handelt es sich um eine Illusion, eine Täuschung. Es ist Unwissen, Gulabjamun, Basundi, Jangri, Laddu und so weiter als Süßspeisen zu bezeichnen. Es ist Weisheit zu erkennen, dass sie alle aus Zucker hergestellt worden sind. Vergesst nicht, Kühe sind auf der Weide und fressen Gras, und ihr esst Reis.

Die Leistung des Menschen besteht darin, sich nicht wieder mit dem Bösen anzufreunden, wenn das Böse einmal erkannt ist. Die grundlegende Erkenntnis, dass Hunger und Durst die Menschheit kennzeichnen, ist göttlich. Weisheit erkennt also das Gemeinsame in allen Dingen, weil sie göttlich ist. Im Gegensatz dazu ist die Kraft, durch die Unwissenheit, Illusion, Täuschung (avidyā, bhrānti, bhrāma, māyā, ajnāna) wirken, desintegrierend, d.h. sie unterteilt und zerbricht alles in Stücke. Der Mensch, der über Weisheit verfügt, verhält sich privat und in der Öffentlichkeit gleich. Er verzichtet auf Tricks, Posen oder Heuchelei.

Glossar

(Weiterführende Informationen über mehr als 3000 Sanskritwörter finden Sie in: „M. Mittwede, Spirituelles Wörterbuch Sanskrit – Deutsch." Sathya Sai Vereinigung e.V., 4. Auflage, Dietzenbach 2003, ISBN 3-932957-02-4. Es gibt zugleich Zugang zur indischen Mythologie, Ethik und Kultur und bietet sich als Hilfe zu spiritueller Erkenntnis an.)

abhimāna	Stolz, Überheblichkeit, Selbstsucht. Dies ist das Merkmal eines Ego, das sich mit seinem Körper identifiziert.
Abhimanyu	Name des Sohnes von *Arjuna*, der in der großen Schlacht von *Kurukshetra* von den *Kauravas* getötet wurde.
ādhāra	der Träger der Welt; Behälter der Welt.
ādheya	erhalten, bekommen; Bemühung, Anstrengung; Anwendung; Behälter, Grundlage.
ādhibhautika	auf die Erde, das Materielle bezogen.
adhidaivika	auf den Kosmos bezogen.
Adhyātma-rāmāyana	Name eines Textes, in dem *Rāma* als höchster Herr verherrlicht wird; er gilt als ein Teil des Brahmāndapurāna.
ādhyātmika	spirituell, auf das höchste Selbst bezogen.
Ādishankara	wörtl.: „der erste *Shankara*"; ein Name für *Shankara.*
Ādishesha	Name einer großen Schlange, auf der *Vishnu* während der zyklisch wiederkehrenden Weltennacht ruht.
advaitānanda	die Glückseligkeit der Nicht-Zweiheit.
Agastya	Name eines vedischen Sehers; er ist Verfasser mehrerer Hymnen des *Rigveda* und gilt als Bruder des *Vasishtha.*
agni	Feuer, Feuergott; die göttliche Kraft, die dem Feuer der Sonne innewohnt.
Ahalyā	Name der Frau des Weisen *Gautama*, die von *Indra* zum Ehebruch verführt wurde.
ahamkāra	wörtl.: „der Ich-Macher"; Ego, Ichbewusstsein.

ākāsha	Raum, Äther. *Ākāsha* ist das feinste der 5 Elemente und ist nicht mehr atomar aufgebaut. Deshalb kann er das gesamte Universum erfüllen.
Akrūra	wörtl.: „nicht grausam"; Name des Onkels und Beraters von *Krishna.*
amanaska	ohne Denken und Sinneseindrücke seiend. Im meditativen Zustand der Vereinigung mit Gott sein.
ānanda	vollkommene und höchste Glückseligkeit; die Eigenschaft, die den Geist zur Transzendenz hinzieht.
ānandamayakosha	die Hülle, die aus Glückseligkeit besteht. Dies ist die letzte Hülle, die das Selbst verdeckt.
Anasūyā	Name einer Heiligen, der Gattin des weisen Atri. Sogar die Sonne blieb auf ihren Wunsch stehen.
Ānjaneya	ein Name für *Hanumān*, der vom Namen seiner Mutter abgeleitet ist.
anna	Nahrung; alles, was wir mit unseren Sinnen aufnehmen können.
annamayakosha	die aus Nahrung bestehende Hülle; gemeint ist der physische Körper, der die gröbste Manifestation des Selbst *(ātman)* darstellt.
anubhāvajnāna	Erkenntnis aus eigener Kraft; Weisheit, die aus existentieller Erfahrung gewonnen worden ist; das Wissen, das durch eigene Erfahrung erworben wird.
anurāga	Liebe, Bindung.
anurakti	Zuneigung, Bindung oder Liebe zu Gott.
ardhanarīshvara	der Herr in halb männlicher, halb weiblicher Gestalt.
arishadvarga	die Sechsergruppe der Feinde; die sechs schlechten Eigenschaften der Menschen.
Arjuna	Name eines der fünf *Pāndava*-Brüder, der im *Mahabharata* als Kriegsheld beschrieben wird.
artha	Wohlstand, Reichtum; eines der vier Ziele des menschlichen Strebens.
Ashokavana	„Wald ohne Kummer" (ein Name); ein Wald aus Ashoka-Bäumen.
ashtāksharī	Name eines Versmaßes oder Mantras, das *Mahāvishnu* gewidmet ist und aus 8 Silben besteht.

Ashtāngayoga	der *Yoga*, der aus 8 Gliedern besteht; dies ist der *Yoga* des Patanjali.
Ashtottarashatanāmaratnamālā	Girlande der 108 Edelsteine der göttlichen Namen; Titel eines Werks.
Ashvatthāman	Name eines Helden aus dem *Mahabharata.* Er kämpfte auf Seiten der *Kauravas* und war der Sohn *Dronas.*
asteya	das Nichtstehlen; das Nichtverlangen von Besitz.
asūyā	Hass, Neid, Intoleranz.
Atman	(sanskr. ātman) die unsichtbare Grundlage, das wirkliche Selbst.
ātmānubhāva	die dem Selbst zugehörige Kraft, Größe, Majestät, Würde.
ātmavicāra	Erforschung der Natur des Selbst.
ātmavidyā	Erkenntnis des Selbst.
Avatar	(sanskr. avatāra) Herabkunft Gottes; das Erscheinen Gottes auf Erden in einer von ihm frei gewählten Form.
Ayodhyā	Name der Stadt der Sonnenkönige, der Hauptstadt des Königreichs von *Rāmas* Vater.
bālvikās	(Hindi) das Entfalten der Kinder.
Bhagavadgita	(Sanskrit *bhagavadgītā*) wörtl. „der Gesang des Erhabenen"; Name eines Ausschnitts aus dem 13. Buch des *Mahabharata*, der die Belehrung *Arjunas* durch *Krishna* enthält.
Bhagavān	der Erhabene; ein Name für Gott; ehrerbietige Anrede.
Bhāgavatam	Kurzform für *Bhāgavatapurāna*; Name eines heiligen Textes. Es ist das berühmteste der 18 großen *Puranas.*
bhakti	Anbetung, Hingabe, Gottesliebe.
bhaktimārga	der Weg zur Erkenntnis durch Hingabe.
Bharadvāja	Name eines vedischen Sehers (rishi) und Vater *Dronas.*
Bhārat	(Hindi) Indien.
Bharata	ein Bruder von *Rāma.*
bhasman	Asche, heilige Asche.
bhasmāsura	ein Aschendämon.

bhāti	Licht, Helligkeit, Glanz; Erkenntnis, Wahrnehmung.
bhāva	Sein, Existenz, Zustand.
bhāvaroga	das Leiden, welches mit dem Seienden verknüpft ist. Anhaftung an die Welt.
Bhīma	Name des zweitältesten *Pāndava*-Prinzen, der wegen seiner Stärke bekannt war.
Bhīshma	schrecklich, angsterregend; Name des Erziehers der *Kauravas* und *Pāndavas.*
bhūrloka	die Erdenwelt.
bhūta	Geschöpf; Geist; Dämon.
bhuvarloka	Name der Welt, die zwischen der Erden- und Himmelswelt liegt.
Brahma	(sanskr. brahmā) der Schöpfergott, der die Entstehung des Universums bewirkt.
brahmacārin	wörtl. „der, welcher im Brahman wandelt"; ein religiöser Sucher.
brahmacarya	wörtl.: „der Wandel im *Brahman*"; Ehelosigkeit, Keuschheit.
Brahman	(sanskr.: brahman) das Allumfassende, das Selbst, das wahre Ich.
Brahmasūtra	Name einer Sammlung von Aphorismen der Vedanta-Philosophie.
Brindāvana	der Wald von *Brindā,* in dem *Krishna* in seiner Kindheit mit den Hirtinnen und Hirten spielte.
buddhi	Unterscheidungskraft, Intelligenz, die Kraft der höchsten Intuition; sie leiht sich gewissermaßen die Intelligenz und das Bewusstsein des *Atman* und entfaltet alle Fähigkeiten des Menschen bis zur Intuition.
Caitanya	Leben, Lebendigkeit, Intelligenz; Bewusstsein; Name eines großen Heiligen, auch Gaurānga genannt.
candra	der Mond; der Gott des Mondes.
cidākāsha	der Raum des Bewusstseins; Zustand subtiler Erfahrungen.
cit	Bewusstsein; reines Bewusstsein; *cit* umfasst vier Bewusstseinszustände: Wachen, Träumen, Tiefschlaf und *samādhi.*

citta	Geist, Gemüt, Bewusstsein.
cittākāsha	der Raum des Geistes *(citta).*
cittashuddhi	die Reinigung des Geistes; die Läuterung der Denkinhalte.
dama	Selbstkontrolle, Herrschaft über die Sinne.
Damayantī	Name der Gattin von Nala, deren Schicksal im *Mahabharata* beschrieben wird.
Dānava	Name eines Dämons
Dantavakra	Name eines bösartigen, dämonischen Prinzen, der von *Krishna* besiegt wurde.
Dasharatha	wörtl.: „zehn Wagen habend", d.h. Meister der zehn Sinne sein; Name des Königs von *Ayodhyā*, Vater von *Rāma*.
dayā	Mitleid, Güte, Mitgefühl.
devatā	Gottheit; mit dem Wort wird oft eine Bildgestalt Gottes bezeichnet, die in einem Tempel verehrt wird.
Devotee	engl. Bezeichnung eines gläubigen Menschen, der sich einem spirituellen Lehrer anvertraut hat.
Dharma	(sanskr. dharma) Ordnung, Gesetz, Gebot Gottes; die Pflicht des Menschen; Eigenart, Merkmal; Moralkodex; Rechtschaffenheit: eines der vier Ziele, auf das das menschliche Leben ausgerichtet sein kann.
Dharmaja	ein Sohn von *Dharma*; Beiname für Yudhishthira, den ältesten der *Pāndava*-Prinzen.
Dharmarāja	der König der Rechtschaffenheit; ein Name für Yudhishthira, den ältesten der fünf *Pāndava*-Brüder.
Dhoti	Untergewand; traditionelles männliches Untergewand.
Dhritarāshtra	Name des blinden Königs von *Hastināpura*, der der Vater der *Kauravas* und Bruder von *Pāndu* war.
Dhruva	fest, stabil; Name des Sohnes von Uttānapāda, der zum Status des Polarsterns erhoben wurde.
dhyāna	Meditation.
digambara	die Himmelsrichtungen als Kleidung habend; nackt.
drashtum	zu sehen, zu visualisieren.

Draupadī	Name der Tochter von Drupada, dem König von Pancāla, Gattin der fünf *Pāndu*-Prinzen.
Drona	Name des Lehrers, der die *Pāndava-* und *Kaurava*-Prinzen in der Kriegskunst unterwies.
Duhshāsana	wörtl.: „der Schwerzukontrollierende", Name eines der 100 Söhne von *Dhritarāshtra*.
Duryodhana	wörtl.: „unbesiegbar". Name des ältesten der 100 Söhne des blinden Königs *Dhritarāshtra* und Gegenspieler der *Pāndavas*.
Dushyanta	Name eines tapferen Königs, dem Gemahl der Shakuntalā.
Dvāparayuga	Bezeichnung des dritten Zeitalters, des kupfernen oder bronzenen, in dem nur noch ein geringer Teil des göttlichen Bewusstseins des Menschen lebendig ist.
Dvārakā	Name einer Hafenstadt an der indischen Westküste, in der *Krishna* lebte.
dvesha	Hass, Bosheit, Zorn.
ekādashī	der 11. Tag der zweiwöchigen Mondphase, der speziell den Vaishnavas heilig ist. An diesem Tag sollte gefastet werden.
ekāgratā	wörtl.: „Einspitzigkeit"; vollständiges Ausgerichtetsein des Geistes auf einen Punkt.
ekatva	Einheit.
Gajānana	elefantengesichtig; ein Name für *Ganesha*.
Gajendra	ein besonderer Elefant; das Reittier *Indras*.
Gandhārī	Name der Gattin des blinden Königs *Dhritarāshtra*; bei ihrer Hochzeit verband sie sich die Augen, um für den Rest ihres Lebens ebenfalls blind zu sein.
Ganesha	Name des Sohnes *Shivas* und *Pārvatīs*; Gott der Weisheit und Beseitiger aller Hindernisse. Er wird meist elefantenköpfig dargestellt.
Gārgī	Name der Gattin des *Yajnavalkya*.
Garuda	Name des Königs der Vögel; er ist das Reittier *Vishnus*.
Gaurīshankara	Gaurī und *Shankara* zusammen, d.h. *Pārvatī* und *Shiva*.

Gautama — Name verschiedener Personen, insbesondere des Siddharta Gautama, des Begründers des Buddhismus.

Gāyatrī — Name eines berühmten heiligen Verses des Rigveda und ein wichtiges Mantra.

Ghatotkaca — Name eines Sohnes von *Bhīma*.

gomātā — die Kuhmutter, die nährend Milch abgibt:

Gopi — (sanskr. gopī) wörtl.: „Hirtenmädchen, Hirtin"; die Gespielinnen *Krishnas* in *Brindāvana*. Vorbilder für intensive Gottesliebe.

gopura — Eingangstor zum Tempel, über das sich oft ein hoher Turm erhebt.

Govardhana — Name eines Berges in Indien; *Krishna* soll ihn eine Woche lang mit einem Finger getragen haben, um die Einwohner von *Brindāvana* vor einem Unwetter zu schützen.

Govinda — Schützer, Hüter der Kühe; ein Name für *Krishna*.

Guha — geheim; Name des Kriegsgottes.

guna — Eigenschaft, Qualität; es lassen sich drei Grundeigenschaften erkennen: *sattva, rajas* und *tamas*.

gunātīta — jenseits der *gunas*, d.h. auf der absoluten Ebene, im Selbst gegründet.

Gurupūrnimā — wörtl.: „die Lichtfülle des Lehrers; gemeint ist die hellste Vollmondnacht des Jahres (erste Vollmondnacht im Juli). Dies ist der Tag, an dem speziell der spirituelle Meister, der die Dunkelheit vertreibt, verehrt wird.

Hanumān — Name des Heerführers der Affen; er war einer der treuesten Diener *Rāmas* und wird als ein Wesen dargestellt, das zur Hälfte Affe, zur anderen Hälfte Mensch ist.

Harishcandra — Name eines Königs der Sonnendynastie, der wegen seiner Frömmigkeit und Gerechtigkeit berühmt war.

Hastināpura — Name einer Stadt, 50 Meilen nordöstlich von Delhi.

Hiranyakashipu — wörtl.: „der, welcher goldene Kleidung trägt"; Name eines Dämonenkönigs, des Vaters von *Prahlāda*.

Hiranyāksha — der Goldäugige; Name eines Dämons, Zwillingsbruder von *Hiranyakashipu*.

hridayavāsin — der Bewohner des Herzens; der Herr in seiner Gestalt als *paramātman.*

Indra — Name einer Gottheit; in den Veden ist er König der Götter.

itihāsa — wörtl.: „so war es"; Epos, Heldensage.

Jābāli — Name eines Autors. Im *Ramayana* tritt er als Skeptiker auf, wird aber von *Rāma* überzeugt.

jada — unbewusst, dumpf; Materie.

Jagadīshvara — der Herr der Welt, des Universums

jāgrat — Wachheit; dies ist einer der vier Bewusstseinszustände, nämlich der Zustand des Wachens.

Janaka — Name des Vaters von *Sītā.* Er war König von Videha und erlangte durch sein selbstloses Verhalten die Vollkommenheit.

japa — Rezitieren; die Wiederholung eines heiligen Namens oder Mantras als Form der Meditation.

Jarāsandha — Name eines Königs, dessen eine Tochter mit *Kamsa* verheiratet war. Er kämpfte 18mal gegen *Krishna* und schwächte dessen Heer so, dass *Krishna* flüchten musste. Schließlich wurde er aber doch besiegt und von *Bhīma* getötet.

Jatāyu — Name eines halbgöttlichen Vogels, der versuchte, *Sītā* zu retten, als sie von *Rāvana* geraubt wurde.

Jayadeva — Name eines Dichters des 12. oder 13. Jahrhunderts, der ein lyrisches Werk über die Jahre *Krishnas* in *Brindāvan* verfasst hat.

jīva — die Persönlichkeit, das „Ich" des Menschen, der die Außenwelt als Wirklichkeit ansieht.

jīvātman — das individuelle Selbst, die Individualseele.

jnāna — Wissen, Weisheit, Erkenntnis; es ist der spirituelle Weg, dessen Ziel die Erkenntnis Gottes im Inneren und Äußeren ist.

jnānendriya — Erkenntnissinn; es gibt insgesamt fünf: Hören, Fühlen, Sehen, Schmecken und Riechen. Die Sinnesdaten werden vom Geist *(manas)* verarbeitet, von der Unterscheidungskraft *(buddhi)* bewertet und dann dem Selbst *(ātman)* unterbreitet.

jnātum — zu erkennen, zu erfahren.

jneya	das, was zu erkennen ist; das Wahrnehmbare, Erkennbare.
Kabīr	Name eines indischen Mystikers und Dichters (1440-1518).
Kaikeyī	Name einer Gemahlin des Königs *Dasharatha* und Mutter seines dritten Sohnes *Bharata.*
kāla	schwarz, dunkel; Zeit; der Gott der Zeit.
Kālī	die Dunkle, Schwarze; die Göttin der Zeit.
Kaliyuga	das eiserne Zeitalter, das vierte nach der indischen Zeitrechnung; es ist das Zeitalter, in dem wir leben, in dem das soziale und geistige Leben den absoluten Tiefpunkt erreicht.
kāma	Wunsch, Verlangen, Begierde.
Kamsa	Name eines dämonischen Königs, der versuchte, *Krishna* zu töten.
kāra	der Handelnde, der Täter.
kārana	Ursprung, Ursache, Grund.
Karma	(sanskr. karman) Tat, Handlung, Aktivität; Konsequenz der Handlungen; die Summe aller Handlungen eines Individuums in diesem und allen früheren Leben.
karmamārga	der Weg selbstlosen Handelns, des Verzichts auf die Früchte der Handlungen.
karmendriya	Handlungsorgane: Hände, Füße, Sprechwerkzeuge, Organe der Zeugung und der Ausscheidung.
Karna	Ohr; Name des Halbbruders der *Pāndavas. Karna* wuchs zu einem mächtigen Krieger heran und kämpfte später auf der Seite der *Kauravas* gegen die *Pāndavas*.
kartavya	das, was zu tun ist; Pflicht.
karunā	Erbarmen, Mitgefühl, Sanftheit.
kārya	Handlung, Tat, Verpflichtung.
Kāshī	der alte Name für das heutige Vārānasī (Benares). *Kāshī* gehört zu den sieben heiligen Städten Indiens und ist ein berühmter Pilgerort am Ganges. Dort wird *Shiva* als Vishvanātha verehrt.
Kaurava	Nachkommen des blinden Königs *Dhritarāshtra,* die die *Pāndavas* aus ihrem Reich vertrieben.

Kausalyā	eine Prinzessin des Kosala-Geschlechts; Mutter von *Rāma*.
kāya	der Körper; eine Hymne, die „ka“ gewidmet ist.
Kishkindha	Name eines Berges und einer Region nördlich von Mysore, in der der Affenkönig *Sugrīva* mit seinem Volk lebte. Dieser wurde von *Rāma* wieder in seine rechtmäßige Königswürde versetzt.
Krishna	*Avatar* zur Zeit des *Mahabharata*-Kriegs.
krodha	Ärger, Hass, Rache.
Kshatriya	Bezeichnung der zweiten Kaste der Krieger, Fürsten und Könige.
Kumbhakarna	Name des Bruders des Dämonenkönigs *Rāvana*.
Kuntī	Name der Gemahlin Pandūs und Mutter von *Arjuna*.
Kurukshetra	Name einer Ebene nahe bei Delhi, wo die große Schlacht zwischen den *Kauravas* und *Pāndavas* ausgetragen wurde.
Kusha	Name eines Sohnes von *Rāma*
Lankā	der alte Name der Insel Sri Lanka
Lava	Name eines der Zwillingssöhne von *Rāma* und *Sītā*.
līlā	göttliches Spiel; göttliche Tätigkeit; das ganze Universum ist der Schauplatz für die *līlās* Gottes.
lobha	Gier, Besitztrieb.
loka	Ort, Raum, Welt; Universum.
mada	Leidenschaft, Stolz, Dünkel.
madhura	süß, angenehm.
Madhva	Name eines Philosophen der Vaishnava-Tradition (1199 – 1287).
Mahabharata	Name des großen Epos, das den Kampf der Nachkommen des *Bharata* beschreibt. Neben dem *Ramayana* ist es das zweite monumentale Epos der indischen Literatur.
Mahāvishnu	der große *Vishnu*.
Maitreyī	Name der Gattin des Weisen *Yajnavalkya,* die durch ihre Fragen nach der geistigen Wirklichkeit ihren Mann zu seinen Unterweisungen veranlasste.
maitrī	Freundschaft, Güte; ein bindungsfreies Wohlwollen allen Wesen gegenüber.

mala	schmutzig, faul.
mamakāra	das Streben nach Besitz; die Empfindung „mein".
manana	das kritische Überdenken aller gehörten und gelesenen Wahrheiten; die 2. Stufe der Erkenntnis.
manas	Geist; der Bereich der Wünsche, Gedanken und Gefühle.
mānava	menschlich; von Manu kommend; Mensch.
Mandodarī	Name der Gattin des Dämonenkönigs *Rāvana.*
mangalasūtra	wörtl.: „Glücksband"; das perlenbesetzte Band, das die Braut vom Bräutigam als Symbol der glücklichen Verbindung geschenkt bekommt.
manolaya	das Verschmelzen des Geistes mit seinem Ursprung.
manomayakosha	die aus *manas* (Geist) bestehende Hülle, die dritte Hülle des Selbst. Sie wird aus den Gedanken, Begierden, Motiven, Emotionen und Wünschen gebildet.
Mantharā	wörtl.: die Dumme, die Krumme; Name der Dienerin der Königin *Kaikeyī.*
Mārīca	Name eines Dämons, welcher der Minister von *Rāvana* war. Er verwandelte sich in einen goldenen Hirsch, und so gelang es ihm, *Rāma* von *Sītā* wegzulocken und damit den Raub *Sītās* zu ermöglichen.
Mārkandeya	Name eines Weisen, der wegen seiner asketischen Lebensweise und seines hohen Alters berühmt war.
Matanga	Elefant; Name eines Weisen, der unehelicher, niederer Abstammung war und sich durch große Askese bemühte, auf eine höhere Stufe zu gelangen.
Mathurā	Geburtsort *Krishnas.* Stadt am rechten Ufer der Yamunā.
mātsarya	Eifersucht, Hass, Bosheit.
Maya	(sanskr. māyā) Täuschung, Illusion, der Schein der Außenwelt.
mind	engl. Sammelbegriff für Geist, Fühlen, Denken, Gemüt, Verstand.

Mīrā Bāī	Name einer Heiligen (1547 – 1614) und mystischen Dichterin.
moda	Freude, die über die Inbesitznahme eines Objekts empfunden wird.
moha	Verblendung.
Mohinī	wörtl.: „die Täuschende". Name der wunderschönen weiblichen Gestalt, die *Vishnu* annahm, um die Dämonen vom Trinken des Amrit abzuhalten.
moksha	Befreiung, Erlösung; es ist das letzte und höchste Ziel der vier Lebensziele, die ein Mensch erreichen kann.
mudita	Freude, Glück; Fähigkeit, sich über das Glück anderer zu freuen.
mukti	Lösung, Befreiung; Gewahrwerden der eigenen innersten Wirklichkeit.
Nakula	Name eines der fünf *Pāndavas*; Halbbruder von *Arjuna.*
nāmasamkīrtana	das gemeinsame Singen der Namen Gottes.
namaskāra	eine Grußform, bei der man die Handflächen vor der Brust zusammenlegt.
nāmasmarana	dauernde Wiederholung des Namens des Herrn.
nāmāvalī	ein Lied, das den Namen des Herrn besingt.
nara	Mann, Mensch, Person, Urmensch.
Nārada	Name eines der sieben großen Rishis. Er soll der Herr der himmlischen Musikanten gewesen sein.
Narasimha	die Inkarnation *Vishnus* als Mannlöwe, die erschien, um *Prahlāda* vor seinem dämonischen Vater *Hiranyakashipu* zu beschützen.
Nārāyana	eine Bezeichnung Gottes in seinem Aspekt als Urwesen, von dem alles ausgeht.
nididhyāsa	das Vertiefen des Gehörten durch Meditation (3. Stufe der Erkenntnis).
nigraha	Ergreifen, Selbstbeherrschung.
nirākāra	ohne Form; der Herr, der nicht durch irgendeine relative Gestalt begrenzt wird.
nirguna	ohne Eigenschaften.
Nirwana	(sanskr. nirvāna) dieser Begriff beschreibt den Zustand der Befreiung insbesondere im Buddhismus.

nisvārtha	frei von egoistischen Motiven, uneigennützig.
nīti	Betragen, moralischer Grundsatz, Prinzip.
nityānanda	beständige, ewige Glückseligkeit.
nivrittimārga	das innere Leben, der Weg der Rückkehr.
niyama	Notwendigkeit, Regel, religiöse Pflicht; innere geistige Disziplin; das 2. Glied des *Rājayoga* des Patanjali.
Om	Repräsentation des Urklangs, der ersten Schwingung der Schöpfung.
padmavyūha	die Struktur des Lotos; die Anordnung der Lotosblütenblätter.
pancakoshāh	die fünf Hüllen, die das Selbst umgeben.
pancāksharī	die fünf Silben Besitzende; Bezeichnung für ein fünfsilbiges Mantra.
pancaprānāh	die fünf Lebenshauche des Menschen, die den Körper erhalten, anregen und beleben.
Pancavatī	Name des Waldes, in dem *Rāma* während seiner Verbannung lebte.
pancendriyāh	die fünf Sinne.
Pāndava	Bezeichnung für die fünf Söhne von Pāndu, die fünf *Pāndava*-Prinzen, die zu den Hauptpersonen des *Mahabharata* gehören.
Pandit	(Hindi pāndit) Gelehrter, vedischer Gelehrter.
pāpa	schlimm, böse; Sünde, Leid. *Pāpa* ist eine allgemeine Bezeichnung für Verstöße gegen das göttliche Gesetz.
paradharma	Religion oder Pflicht eines anderen.
paramahamsa	der höchste Schwan; ein gottverwirklichter Mensch.
paramārtha	das höchste Ziel, die höchste Wirklichkeit.
paramātman	das höchste Selbst, die ewige Seele, der göttliche Funke.
parameshthin	an der Spitze stehend; der Höchste, Gott.
parameshvara	der höchste Herr.
paropakāra	Dienst am anderen; Wohltätigkeit, Akt der Nächstenliebe.
Pārtha	der von Prithū, d.h. *Kuntī* Stammende; ein Name für *Arjuna*.

Pārvatī	dem Gebirge zugehörend; ein Name für die Gemahlin *Shivas*.
Phālguna	Name eines Monats (Februar-März); ein Name für *Arjuna*.
Prahlāda	wörtl.: „Innere Freude“; Sohn des Dämonenkönigs *Hiranyakashipu*. Aufgrund des Aufenthalts seiner Mutter während ihrer Schwangerschaft bei einem Heiligen nahm er so viel vedische Weisheit im Mutterleib auf, dass er *Vishnu* als seinen höchsten Herrn erkannte.
prajnā	Bewusstsein, Weisheit; Bewusstsein als Wesen des Selbstes.
prakarsha	die Fähigkeit, Anziehungskraft auf andere zu übertragen.
prakriti	Natur; die Urmaterie, aus der das Universum entsteht.
pramoda	die höhere Freude, die empfunden wird, wenn man der Erkenntnis der wahren Wirklichkeit näher kommt.
prāna	Atem; Lebenskraft; die den Körper durchdringende kosmische Energie, die ihn erhält.
pranava	Bezeichnung für *Om*, den kosmischen Urklang, die Klangrepräsentation Gottes.
prānāyāma	die Praxis der Atemregulierung; die Übung, bei der der *prāna* harmonisiert wird.
prānamayakosha	Bezeichnung der aus Lebenskraft bestehenden Hülle, die zweite, bereits feinstoffliche Hülle.
prapanca	die physische Realität.
prāpti	Erlangen, Gewinn, Anteil, Glücksfall.
prārabdhakarman	das aktivierte Karma; die Wirkung von Handlungen aus früheren Geburten, die sich im gegenwärtigen Leben auswirken.
Prashānti Nilayam	Ort des höchsten Friedens; Name des Haupt-Ashrams von Shrī Sathya Sai Baba.
prasthānatraya	die Dreiergruppe, welche das Fundament bildet; gemeint sind die *Upanishaden*, das *Brahmasūtra* und die *Bhagavadgita*.
praveshtum	eingehen in, einswerden.

pravrittimārga	das aktive, weltliche Leben.
premayoga	der Yoga, der auf der Liebe zu Gott beruht.
prithivī	Erde, das Element der Erde.
priya	lieb, nett; Freundlichkeit, Gunst.
Puja	(sanskr. pūjā) Zeremonie, Ritual.
Pulastya	Name eines der Söhne von *Brahma.*
punya	heilig, rein, Glück bringend; Verdienst, Tätigkeit.
Purana	(sanskr. purāna) Name einer Literaturgattung.
purna	voll, gefüllt.
purusha	Mensch; der ursprüngliche, ewige Mensch; das höchste Wesen.
purushārtha	Ziel des Menschen; vier verschiedene Ziele kann ein Mensch ansteuern: Wunscherfüllung *(kāma),* Wohlstand *(artha),* Rechtschaffenheit *(dharma)* und Befreiung *(moksha).*
Puttaparthi	Geburtsort von Sathya Sai Baba in Südindien.
Rādhā	Name der ewigen Gefährtin *Krishnas;* die bekannteste der *Gopis* von *Brindāvana.*
rāga	Leidenschaft, Bindung; in der indischen Musik festgelegte Tonfolgen.
rājarshi	königlicher Weiser, ein Seher (rishi) aus einem königlichen Geschlecht.
rajas	der zweite der drei *gunas*, der sich als Aktivität zeigt.
Rājayoga	der königliche Yoga, von Patanjali ausgearbeitet, besteht aus acht Gliedern.
rajoguna	der *guna rajas*; Begierde, Egoismus.
rājyapālana	königlicher Schutz.
rākshasa	böse, dämonisch, teuflisch.
Rāma	*Avatar,* dessen Leben im Ramayana-Epos beschrieben wird und der als Verkörperung von *Dharma* gilt.
Rāmacandra	*Rāma* in seiner Eigenschaft als höchster Herr, der ruhig, kühl und strahlend wie der Mond den ruhelosen Geist reinigt.
Rāmakrishna	Name eines bedeutenden Heiligen aus Bengalen (19. Jh.), der die innere Einheit aller Religionen betonte.

Ramayana	(sanskr.: rāmāyana) Lebenslauf von *Rāma*; Name eines Epos der Sanskrit-Literatur; als Autor gilt der Heilige *Vālmīki.*
Rāmeshvara	Name eines berühmten Shiva-Tempels und Pilgerorts an der Südspitze Indiens. Hier soll *Rāma* das große Linga mit dem Namen *Rāmeshvara* errichtet haben.
Rāvana	Name eines Dämonenkönigs, der über die Insel *Lankā* herrschte.
rita	göttliche Ordnung; höchste Wahrheit.
Rukminī	Name von *Krishnas* Hauptgemahlin.
Rūmā	Name der Gattin von *Sugrīva*.
sādhaka	ein Gottsuchender, der sich ernsthaft um Fortschritt bemüht.
sādhana	Übungen zur spirituellen Vervollkommnung.
saguna	mit Attributen ausgestattet; oft ist der persönliche Aspekt Gottes gemeint, der sich in Allmacht, Allwissenheit zeigt.
Sahadeva	Name des jüngsten der 5 *Pāndava*-Prinzen.
sahasranāman	die tausend Namen Gottes; im *Mahabharata* werden insbesondere die tausend Namen *Vishnus* aufgezählt.
sākāra	Form, Gestalt besitzend; dieser Begriff dient zur Bezeichnung der relativen Existenzformen.
sālokya	Sich-in-der-gleichen-Welt-befinden; das Bewohnen der gleichen Himmelssphäre.
samādhi	Einheitserfahrung; Bewusstseinszustand jenseits von Wachen, Träumen und Tiefschlaf.
samāja	Gesellschaft, Vereinigung; eine Gemeinschaft, in der Friede herrscht.
samashti	das Ganze, die Totalität.
samkalpa	Gedanke, Entschluss.
samsāra	Wanderung, Kreislauf; die Flut des Wandels; die objektive Welt.
samskāra	Verfeinerung, Kultivierung; die Gesamtsumme der *samskāras* bildet den Charakter des Menschen.
Sanaka	einer der vier Söhne *Brahmas.*
Sananda	einer der vier Söhne *Brahmas*.

sanātana dharma	die ewige Ordnung; es ist die Eigenbezeichnung der in Indien entstandenen philosophischen Traditionen, die auf dem Veda beruhen.
Sanjaya	jemand, der den Sieg errungen hat; Name des Wagenlenkers von König *Dhritarāshtra.*
sannidhi = samnidhāna	Nähe, Gegenwart
sannyāsin = samnyāsin	ein Mensch, welcher der Welt entsagt hat. Gott zu suchen und zu finden, ist seine Bestimmung.
santosha	Zufriedenheit, Genügsamkeit.
sarva	alles, ganz, vollständig.
sarveshvara	der Herr von allem.
sat	Wahrheit, Wirklichkeit; das unwandelbare Sein.
sattva	Ruhe, Frieden, Gelassenheit.
sattvaguna	die Grundeigenschaft von *sattva.*
satya	Wahrheit; eine der fünf Tugenden, die im Leben verwirklicht werden sollten.
satyagraha	die Wahrheit ergreifend; unbeirrbares Sich-an-die-Wahrheit-halten; passiver politischer Widerstand, vor allem M. Ghandis.
Satya Harishcandra	der wahrheitsliebende König *Harishcandra.*
Sāvitrī	Name der Tochter des Königs Ashvapati und Gemahlin von Satyavān. Sie holte ihren Mann ins Leben zurück. Name der Gemahlin von *Brahma,* die als Personifizierung des Verses angesehen wird.
Savyasācin	wörtl.: „derjenige, der den Bogen auch mit der linken Hand führen kann"; ein Name für *Arjuna* und *Krishna.*
sayujya	verbunden, vereinigt; zur selben Grupee gehörend.
Seva	(sanskr. sevā) Nächstenliebe, Dienst.
shabda	Ton, Klang; Schwingung; die Einheit von Bedeutung und Klang eines Wortes.
Shaiva	zu *Shiva* gehörig; die Anhänger *Shivas.*
shakti	Kraft, Macht, Fähigkeit.
Shakuni	Name des Bruders von *Gāndhārī*, der Gattin des *Dhritarāshtra.*
shama	innere Gelassenheit, ruhiges, klares Arbeiten des Geistes; „einer der sechs Schätze".

Shankara	Name eines der größten Heiligen und Philosophen Indiens (ca. 788 – 820), welcher der Hauptvertreter des Advaita-Vedanta war.
Sharabhanga	Name eines weisen Einsiedlers, den *Rāma* und *Sītā* während ihrer Verbannung besuchten.
sharanāgati	die vollkommene Hingabe an Gott; absolute Unterwerfung.
shāstra	Lehrbuch, Heilige Schriften, die oft auf alte Seher (rishi) zurückgehen.
Shatrughna	derjenige, welcher die Feinde erschlägt; Name des Halbbruders von *Rāma.*
Shirdi	Name einer Stadt in Nordindien, in der Sai Baba in seiner letzten Inkarnation gelebt hat.
Shishupāla	Name eines Cousins von *Krishna*, der aber gegenüber diesem große Feindschaft hegte.
Shiva	gütig, freundlich; *Shiva* gehört zu der Trinität *Brahma*, *Vishnu* und *Shiva,* in der er der Gott der Auflösung, Umwandlung und Zerstörung ist. Sein Wirken als Zerstörer der Unwissenheit zeigt aber seine segensvolle Natur.
shivalinga	das Symbol *Shivas*, das seine Schöpferkraft symbolisiert.
shraddhā	Glaube, Vertrauen; innere Gewissheit.
shravana	Hören, Lernen, Studium; dies ist die erste der drei Stufen, die der Vedanta zur Erlangung spiritueller Erkenntnis als notwendig erachtet.
shuddhi	Reinigung; Reinigungsritual; Reinheit, Unschuld.
Shūrpanakhā	Name der Schwester von *Rāvana*, die sich in *Rāma* verliebte.
shvāsa	Atem, Luft, Wind.
Sītā	Ackerfurche; Name der Gattin *Rāmas*.
srishti	Schöpfung, Erschaffung; Entwicklung des Universums aus seinem Keimzustand.
sparshana	Berührung; der Kontakt mit dem Göttlichen.
sthūla	grob, massiv, materiell.
Subrahmanya	Name des zweiten Sohnes *Shivas*, des Bruders von *Ganesha.*
sudarshanacakra	das Rad, welches schön anzuschauen ist. Name

	der gefährlichsten Waffe *Vishnus*; die Waffe des heiligen Blickes Gottes.
Sugrīva	einen schönen Hals habend; Name des Königs eines Affengeschlechts.
sujnāna	richtige, gute Erkenntnis; Weisheit.
sūkshma	fein, klein, feinstofflich.
Sumitrā	Name einer der Gattinnen von *Dasharatha* und Mutter von *Lakshmana* und *Shatrughna.*
Surdās	Name eines nordindischen Heiligen (1483 – 1563). Blind von Geburt an erlebte er eine Schau *Krishnas.*
sūrya	Sonne, Name des Sonnengottes, der im Veda oft beschrieben wird.
sushupti	Tiefschlaf, in dem weder Denken noch Ichbewusstsein vorhanden sind.
svadharma	der eigene *Dharma*, der sich auf das Selbst *(ātman)* bezieht.
svādhyāya	Selbststudium; Studium der heiligen Schriften.
svapna	der Traumzustand; Denken und Vorstellungsvermögen agieren unabhängig vom Körper und der Außenwelt.
svārājya	Selbstbeherrschung, politische Unabhängigkeit.
svarūpa	die eigene Form, das eigene Wesen.
svatantra	frei, unabhängig.
svecchā	der selbständige Wille; der eigene Wille, der nicht von äußeren Einflüssen hin und her getrieben wird; der freie Wille des Selbst.
taijasa	lichtvoll, glanzvoll; im Traumzustand können feinere Aspekte der Wirklichkeit wahrgenommen werden.
tamas	einer der drei *gunas,* die die Struktur der Urnatur bilden; Unwissenheit, Trägheit.
tamoguna	der *guna* der Dumpfheit *(tamas).*
Tanjore	Stadt in Südindien.
tapas	Hitze, Glut; spirituelle Praxis, Disziplin, Askese, die Hitze von *tapas* brennt die Sünde aus und reduziert Karma zu Asche.
Tārā	ein Fixstern; Name einer Göttin, einer göttlichen Energie.

Tātakā	Name einer Dämonin, die von *Rāma* besiegt wurde.
Tirupati	ein bedeutender Tempelort in Südindien.
Tretāyuga	Name eines der vier Weltzeitalter; das silberne Zeitalter.
triguna	die Dreiheit der Grundeigenschaften.
tripūti	die dreigeteilte Manifestation, die die Hülle der einen höchsten Wirklichkeit ist. Subjekt, Objekt und die Beziehung zwischen beiden.
Tukārām	Name eines religiösen Dichters und Heiligen (1608 – 1649).
Tulasī	Name einer dem Basilikum ähnlichen Pflanze.
Tulsīdās	(Hindi); Name eines bedeutenden religiösen Dichters (1532 – 1623).
turīya	die Erfahrung absoluter Stille, das Eintauchen in das Selbst.
tyāga	Entsagung, Loslösung, Opfer. Es kann als Grundprinzip des *Karmayoga* angesehen werden.
Tyāgarāja	der Herrscher des Reiches der Entsagung; Name eines Heiligen und Liederdichters.
Upanishaden	Bezeichnung einer Klasse heiliger Schriften, die den Abschluss der Veden bilden.
upavāsa	das Fasten, die Enthaltung, der Verzicht.
upekshā	Freiheit von Verwicklungen; Bindungslosigkeit.
vāhinī	Fluss, Strom, Quell.
vairāgya	Losgelöstheit, innere Freiheit.
vaishnava	zu *Vishnu* gehörig; ein Verehrer des *Vishnu;* Bezeichnung einer der drei Hauptrichtungen der Gottesverehrung in Indien.
vaishvānara	auf alle Menschen bezogen; Wachzustand des Menschen. Er gehört zu den vier Hauptbewusstseinszuständen und ist identisch mit *jāgrat.* Der Gott *Agni* wird gelegentlich so genannt.
Vali	andere Lautform von Bali; Name eines Königs der Affen, der seinen Bruder *Sugrīva* entthront hatte. Er wurde von *Rāma* getötet.
Vālmīki	Name des Verfassers des berühmten Sanskrit-Epos *Ramayana*, das er durch göttliche Inspiration empfangen haben soll.

vānaprastha	Einsiedler; dies ist die dritte Lebensstufe und dient der Kultivierung der Abgeschiedenheit durch *Sādhana*.
vāsanā	Wunsch, Neigung, Charakterzug; Denkbahnen, die sich u.U. über einen langen Zeitraum hinweg eingeschliffen haben können.
Vasishtha	der Höchste, Beste; Name eines berühmten Heiligen, der schon im Rigveda erwähnt wird. Nach Manu war er einer der sieben großen Rishis.
Vasudeva	Name des Vaters von *Krishna*.
vatsala	Zärtlichkeit, Kindesliebe; dies ist eine der fünf existentiellen Beziehungen *(bhāva),* die der Gottliebende auf dem Weg des Bhaktiyoga erfahren kann.
vāyu	Luft, Wind; der Gott des Windes.
Venkata	Name eines heiligen Berges in der Umgebung von Tirupati.
Venkataramana	der geliebte Gott von *Venkata*.
Venkateshvara	ein anderer Name für *Vishnu*, dessen berühmter Schrein in Tirupati steht.
Vibhīshana	der Schreckliche; Name eines Dämonen und Bruders von *Rāvana*.
videha	körperlos, ohne Körper; Name eines Landstriches.
vidhāna	Vorschrift, Regel; Methode; Ausführen, Veranstalten.
vidhi	Regel, Gesetz, Gebot.
vijnānamayakosha	die Hülle der Erkenntnis.
vikalpa	Zweifel, falsche Vorstellungen.
virakti	Unabhängigkeit von Wünschen.
vishva	alles, die ganze Schöpfung; ganz, vollständig; alldurchdringend, allgegenwärtig.
Vishvāmitra	der Freund von allem; Name eines vedischen Sehers (rishi) und berühmten Heiligen. Er wurde als *Kshatriya* geboren, stieg aber durch intensive asketische Praxis in den Brahmanenstand auf und wurde einer der sieben großen Rishis.
vishvāsa	Glaube, Vertrauen, Zuverlässigkeit.
vishveshvara	der Herr des Universums.
vrata	Gelöbnis, Wille.

vyakta	sichtbar, wahrnehmbar.
vyakti	Offenbarung, der wirkliche Charakter.
Vyāsa	Sammler, Ordner; bekannt geworden ist vor allem jener *Vyāsa*, der die Veden geordnet hat.
yāga	Opfer, Opferzeremonie.
yajna	Opfer, Ritual, Gottesdienst.
Yajnavalkya	Name eines vedischen Sehers bzw. eines berühmten Heiligen am Hofe *Janakas.*
yama	Zügel; Gott des Todes; er lehrt die grundlegenden Gesetze für die menschliche Natur; Bezeichnung für das erste Glied des *Rājayoga* von Patanjali.
Yashodā	Name der Pflegemutter *Krishnas.*
Yoga	Vereinigung, Verbindung, Kontakt.
yogabhūmi	das Land des *Yoga*, ein Name für Indien